Martin Lutterjohann

CITY|TRIP PLUS

TOKYO

Nicht verpassen!

1 Kaiserpalast [F7]
Der Kaiserpalast ist mit seinen sehenswerten Parks das grüne Herz der Stadt (s. S. 22).

15 Kabuki-za-Theater [H9]
Das Kabuki-za ist ein Überbleibsel aus der Edo-Zeit und bietet einen Einblick in die japanische Theaterkunst. Es befindet sich mitten in der Ginza, dem vielleicht exklusivsten Einkaufsviertel des Landes (s. S. 50).

39 Hachikō-Denkmal und Scramble Crossing [B10]
Die inzwischen weltberühmt gewordene Fußgängerkreuzung nahe dem Hachikō-Denkmal gilt als die geschäftigste der Welt und ist das Wahrzeichen von Shibuya, dem Zentrum junger Mode und Jugendkultur. Hier werden weltweite Trends geboren (s. S. 91).

41 Meiji-Schrein [B8]
Dieser bedeutende Shintō-Schrein steht inmitten des größten innerstädtischen Parks, in dem an Wochenenden immer etwas los ist. Das benachbarte Viertel Harajuku ist ein Mekka der Teenagerkultur (s. S. 98).

Leichte Orientierung mit dem cleveren Nummernsystem
Die Sehenswürdigkeiten sind im Text und im Kartenmaterial mit derselben **magentafarbenen ovalen Nummer** 11 markiert. Alle anderen Lokalitäten wie Geschäfte, Restaurants usw. tragen ein **Symbol und eine fortlaufende rote Nummer** (1). Die Liste aller Orte befindet sich auf S. 364, die Zeichenerklärung auf S. 372.

77 Koishikawa Kōrakuen [F5]
Unter den vielen klassischen Gärten Tokyos ist dies einer der schönsten. Er zeigt die für Gärten der Edo-Zeit charakteristischen Miniaturnachbildungen berühmter Landschaften Japans und Chinas (s. S. 138).

96 Nationalmuseum [H4]
Das Tokyo Nationalmuseum mit den bedeutendsten Kunstschätzen aus allen Epochen Japans und Ostasiens sollte sich kein Besucher entgehen lassen. Der umgebende Ueno-Park und der gemütliche Tempelbezirk Yanaka mit riesigem Friedhof und Wohnvierteln erinnern noch an die Edo-Zeit (s. S. 160).

108 Asakusa-Tempel- und Schreinbezirk [J4]
Der Tempelbezirk ist die beliebteste Sehenswürdigkeit der Stadt. Eine immer belebte, von Verkaufsbuden mit allerlei Souvenirs und Snacks gesäumte Gasse führt schnurgerade auf den Tempel zu (s. S. 171).

113 Tokyo Skytree [Karte V]
Der Fernsehturm Skytree ist mit seinen 642 m Höhe von beinahe jedem Punkt der Stadt aus zu sehen. Ein Blick von der Aussichtsplattform ist ein Erlebnis (s. S. 176).

152 Nikkō [Karte IV]
Prächtigere Schreine als die von Nikkō gibt es vermutlich nirgendwo sonst in Japan (s. S. 225).

Inhalt

Stadtspaziergänge

Karten

EXTRATIPP

Vor der Reise

- Für das Anime-Museum **Mitaka Ghibli** müssen Onlinereservierungen jeweils bis zum 10. des Vormonats getätigt sein (s. S. 238).
- Der **Berg Fuji** (149) ist gefahrlos nur von Juli bis September zu besteigen.
- Der **Japan Rail Pass** (s. S. 195) ist nur im Voraus aus dem Ausland zu erwerben.

Vorwahlen

- **Japan:** +81
- **Tokyo:** 03
- **Österreich:** +43
- **Schweiz:** +41
- **Deutschland:** +49

Updates

www.reise-know-how.de/citytrip-plus/tokyo24

Hinweise zur Benutzung

Zeichenerklärung

★★★ nicht verpassen
★★ besonders sehenswert
★ wichtig für speziell Interessierte

[A1] Planquadrat im Kartenmaterial. Orte ohne diese Angabe liegen außerhalb unserer Karten.

Ihre Lage kann aber wie die von allen Ortsmarken mithilfe der begleitenden Web-App angezeigt werden (s. S. 372).

Preiskategorien

Gastronomie

Preise für ein Menü ohne Getränke:

¥	bis 1500 ¥ (ca. 9 €)
¥¥	1500–2500 ¥ (ca. 9–16 €)
¥¥¥	über 2500 ¥ (über 16 €)

Unterkünfte

Preise für eine Übernachtung im Doppelzimmer:

¥	bis 12.000 ¥ (bis 75 €)
¥¥	12.000–25.000 ¥ (75–155 €)
¥¥¥	über 25.000 ¥ (über 155 10€)

Der Schmetterling ...

... zeigt an, wo man Angebote im Bereich des nachhaltigen Tourismus findet.

Museen

Der GRUTTO Pass (s. S. 234) ermöglicht freien oder ermäßigten Eintritt in vielen Museen. Steht das Kürzel „G: frei“ in dem Beschreibungstext, bedeutet das, dass mit dem Pass freier Eintritt besteht.

Angaben zu U-Bahn- und JR-Stationen

Alle Minutenangaben, die auf die Hinweise zu den U-Bahn- bzw.- JR-Stationen bei den Angaben zu Sehenswürdigkeiten und sonstigen Points of Interest folgen, beziehen sich auf die ungefähre Dauer des Fußwegs, die man zum Erreichen des jeweiligen Punktes benötigt.

Besonderheiten von Adressen (jūsho)

Grundsätzlich gibt es in Japan und natürlich auch in Tokyo **keine Straßennamen** mit **Hausnummern.** Es gab einst nur Namen für Fernstraßen wie **Tōkaidō** (Ost-Meer-Weg zwischen Edo und Kyōto am Meer entlang), **Nakasendō** („Mitten-durch-die-Berge-Weg", ebenfalls zwischen Edo und Kyōto) u. a. Für die Olympischen Spiele 1964 in Tokyo benannte man größere Straßen wie Meiji-dōri, Yasukuni-dōri, Sotobori-dōri, Shinobazu-dōri, wobei *-dōri* Straße bedeutet. Aber auch entlang dieser Straßen richten sich die Hausnummern nur nach dem Häuserblock und folgen auf Japanisch dem System von **groß** nach **klein.** Adressen auf Japanisch beginnen mit der 7-stelligen Postleitzahl hinter dem Zeichen für Post 〒, dann Präfektur *(-ken)*, im Fall von Hokkaidō *-dō*, Osaka und Kyōto *-fu*, Tokyo *-tō*, dann Bezirk *(-gun)*, Stadt *(-shi)* bzw. Dorf *(-mura)*, Stadtbezirk *(-ku)*.

In Tokyo funktioniert das System so: Die Adresse des Tourist Information Center (JNTO) in der Marunouchi Naka-dōri lautet z. B. **Tōkyō-to** (Tokyo-Hauptstadt), **Chiyoda-ku** (einer der 23 Stadtbezirke, die an der Endung „-ku" als solche erkenntlich sind), Marunouchi 3-3-1 (Stadtviertel Marunouchi) untergliedert in **chōme,** hier: 3-chōme; die chōme sind untergliedert in **ban(chi),** hier: 3-ban; die letzte Zahl bezeichnet die Hausnummer **(ban) gō**, die sich traditionell nach dem Baujahr richtet, in Tokyo aber großteils regelmäßig angeordnet ist. Leider sind Hausnummernschilder eher selten.

Angaben zu Gebäuden erleichtern die Suche, wenn sie nicht nur auf Japanisch bezeichnet sind, hier: New Tokyo Building (jp. Shin-Tōkyō Biru). **F1** bedeutet Erdgeschoss, wird in Japan meist als 1F angegeben, das erste Untergeschoss als B1F, in diesem Führer aus logischen Gründen als **B1.** Auch die Anordnung ist mit Ausnahme der Zahlenfolge umgekehrt, beginnend mit dem Gebäude, endend mit dem Stadtteil: TIC, New Tokyo Bldg. F1, 3-3-1 Marunouchi. Es gibt auch die offiziell übliche Angabe: 3-1 Marunouchi, 3-chōme, aber logischer und kürzer ist 3-3-1. Bei privaten Adressen folgt auf die drei Zahlen ggf. noch eine vierte, z. B. 103, das ist dann die Apartmentnummer.

Mithilfe von Plänen an größeren Kreuzungen, von Weitem erkennbar am „i" (für Information) über der Tafel, lassen sich die regelmäßig angeordneten chō(me) und ban(chi) gut lokalisieren, zumal die Beschriftung auch in lateinischen Buchstaben angegeben ist. Die Pläne an den Häuserblöcken sind ohne Japanischkenntnisse nicht zu entziffern. Irgendwie muss man dann die Hausnummer finden. Restaurants, deren Namen oft nur auf Japanisch, meist noch kalligrafisch geschrieben, angegeben werden, lassen sich oft nur schwer auffinden, da sie sich irgendwo im Gebäude zwischen Tiefgeschoss(en) und oberen Etagen befinden können. Die Adressenangaben im Führer nennen deshalb – falls nötig – das Stockwerk. Zur Orientierung gibt es zusätzlich zur Adressenangabe auf Visitenkarten und Websites gern kleine Skizzen, wobei zur leichteren Identifizierung benachbarte Läden, Gebäude u. a. mit angegeben werden.

Vielleicht gerade weil die Olympischen Spiele 2021 ohne Zuschauer stattfinden mussten, erleben Tokyo – und Japan insgesamt – seit „Wiedereröffnung“ des Landes 2023 einen wahren Run. All die Investitionen und jahrelangen Vorbereitungen auf das für 2020 geplante Großereignis waren am Ende wohl doch nicht vergebens. Touristen aus dem Westen sah man früher nur gelegentlich, jetzt gehören sie in vielen Stadtteilen zum Straßenbild. Tokyo gilt als eine der angesagtesten und innovativsten Hauptstädte der Welt. Das spricht sich herum.

Interaktives Erlebnis

Seit Februar 2024 ist im Mori JP Tower in Azabu Dai Hills das Mori Digital Art Museum mit spektakulären, inzwischen weltberühmten digitalen Installationen von TeamLab geöffnet (s. S. 118).

Tradition erfahren

Sich einmal in einen traditionellen Kimono kleiden oder sich in kompletter Samurai-Rüstung fotografieren lassen kann man besonders gut im Stadtteil Asakusa rund um den berühmten Asakusa-Tempel (s. S. 177).

Übernachten im Kapselhotel

Früher waren sie ein Kuriosum, das es wirklich nur in Japan geben konnte und das den pflichtbewussten „salarymen“, die über ihre Büroarbeit den letzten Zug verpasst hatten, Nachtquartier bot. Mittlerweile gibt es sie für Paare oder auch nur für Frauen und sind sie eine günstige Alternative für Reisende und Wochenendgäste. Moderne Varianten sind oft komfortabler als ihre klassischen Vorbilder (s. S. 337).

242to-mb

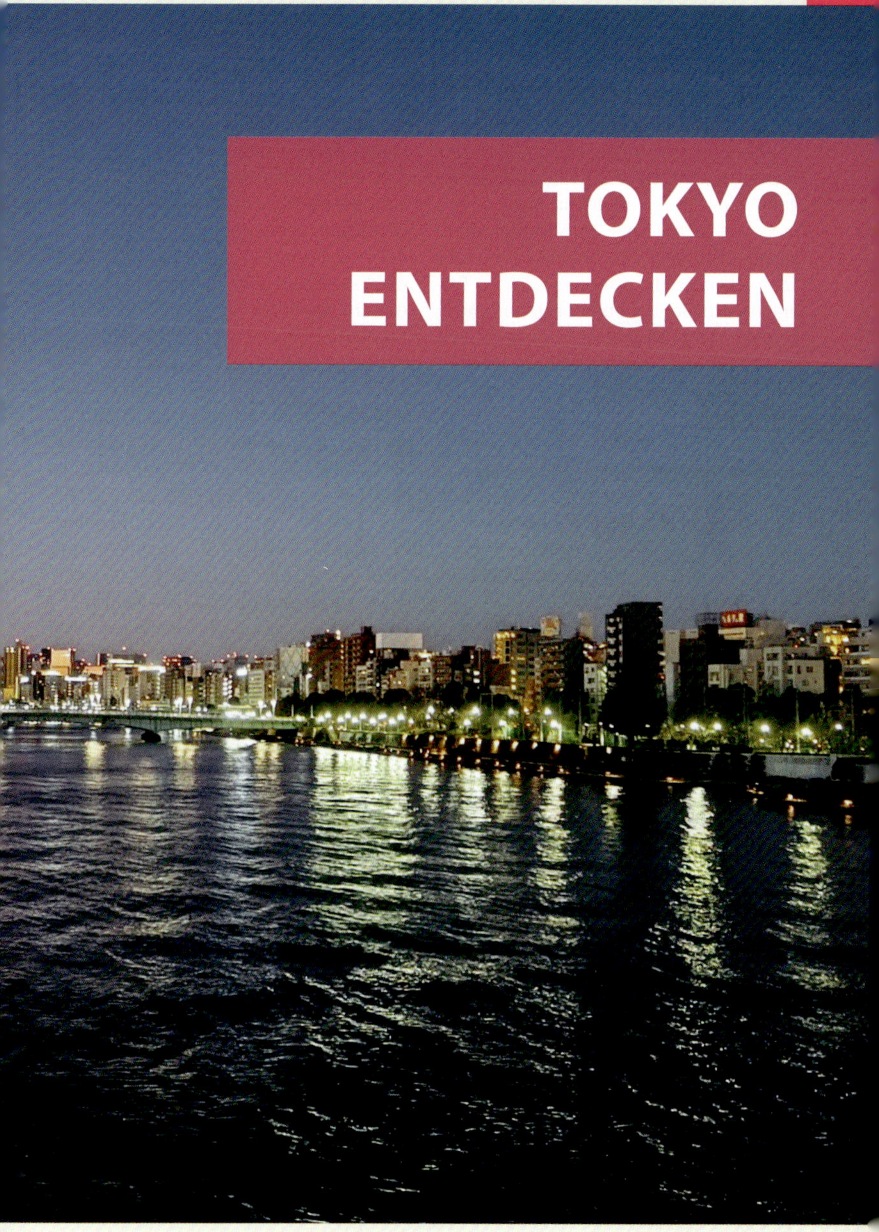

TOKYO ENTDECKEN

Willkommen in Tokyo

Tokyo, oft „heimliche Hauptstadt der Welt“ genannt, ist das Zentrum einer gigantischen Megalopolis, in der im Umkreis von 50 km über **35 Millionen Menschen** leben. Hier wird die Zukunft erprobt oder schon gelebt, aber das Alte und Traditionelle bleibt daneben bestehen. Wirklich alte Gebäude gibt es im Vergleich zu den früheren Hauptstädten Nara, Kyōto und Kamakura (s. S. 210) zwar wenig, lediglich einige Tempel und Schreine oder Teile davon sind aus der Edo-Zeit original erhalten, der Rest verbrannte in den wiederkehrenden verheerenden Bränden. Aber die meisten Tempel und Schreine wurden detailgetreu wieder aufgebaut und vermitteln Zugang zum **alten Edo**, wie die Stadt ursprünglich hieß.

Wie in allen asiatischen Metropolen überwiegen in Tokyo architektonisch weniger interessante Zweckbauten. Edo war wohl einst eine schöne, mit Ausnahme der eng bebauten Handwerkerviertel großteils grüne Stadt. Trotz der vielen Tausend kleinen und auch trotz einiger zentral gelegener großer Parks und Gärten, die häufig noch aus der Edo-Zeit stammen, ist Tokyo heute noch **weit davon entfernt, eine grüne Stadt zu sein.** Aber das, was erhalten ist, fasziniert und überrascht alle Besucher. Die kunstvoll angelegten, bis in Details geplanten und doch natürlich wirkenden japanischen Gärten begeistern zu jeder Jahreszeit. Wenigstens einen der berühmten alten Samuraigärten sollte man besuchen.

Vorseite: Der Fluss Sumida, Lebensader des alten Edo, lässt sich per Ausflugsboot erkunden (s. S. 167)

Zu viele **Tempel und Schreine** ermüden wohl jeden Besucher. Andererseits bilden diese Fenster in die Vergangenheit stets einen **angenehmen Kontrast zum geschäftigen Treiben** der Stadt. Der wichtigste Tempelbezirk der Stadt, der Asakusa-Kannon-Tempelbezirk 108 ist jedoch selbst ein sehr lebhafter Ort und mit den traditionellen Läden der Naka-mise-Straße und anderen Einkaufsstraßen des Viertels ein Muss für alle Besucher. Hier trifft man auch auf die meisten Touristen. Wer zumindest drei Tage Zeit für einen Stadtbesuch hat, sollte sich auch auf keinen Fall einen Bummel durch **Yanaka** mit seinen vielen Tempeln, seinem großen Friedhof und den zahlreichen traditionellen Wohnhäusern entgehen lassen. Das Viertel wurde im Krieg nicht zerstört. Aber auch der Besuch einiger Shintō-Schreine sollte auf dem Programm stehen: etwa der **Meiji-Schrein** 41 im Yoyogi-Park 42, umgeben von hunderttausend Bäumen aus dem ganzen Land, oder der kontroverse, aber dennoch sehenswerte Yasukuni-Schrein 4.

Als politische, kulturelle und wirtschaftliche Hauptstadt des Landes bietet Tokyo **Museen und Kunstgalerien** von Weltklasse. Allein mit dem Besuch der bedeutendsten Museen könnte man Tage und Wochen verbringen. Der kurzzeitliche Besucher muss also auswählen. Die wichtigsten Nationalschätze Japans beherbergt das Tokyo Nationalmuseum 96 im Ueno-Park. Das Edo-Tokyo-Museum 115 in Ryōgoku (erst wieder ab 2025) vermittelt den besten Zugang zur Edo-Zeit, die ja erst gut 150 Jahre zurückliegt.

Junge und modebewusste Menschen werden allein in Shibuya (s. S. 87) und Harajuku (s. S. 94) genug zu entdecken haben, schließlich werden hier stän-

008to-ml

dig neue Modetrends geboren, am ehesten reizt sie vielleicht noch ein Trip auf die künstliche Insel Odaiba mit ihren attraktiven Einkaufszentren (s. S. 73); **Erwachsene**, die sich für Mode interessieren, flanieren entlang des Omotesandō-Boulevard (46) oder der Aoyama-dōri im gleichnamigen Stadtteil. Wer sich für **Elektronik oder Elektrogeräte** interessiert, findet in Akihabara (s. S. 146) sein Mekka. Das gilt auch für Freunde der **Manga- und Anime-Kultur**, die ansonsten auf alle Fälle zusätzlich in die westlichen Vororte Nakano und Asagaya oder in den Manga-Park von Tachikawa fahren werden, in dem 40.000 Bücher zum Schmökern einladen. Neue und gebrauchte Kameras einschließlich Raritäten findet man in Shinjuku nahe dem Westausgang des verkehrsreichsten Bahnhofs der Welt (59). Die Ginza (s. S. 47) bietet das **eleganteste Einkaufsviertel** der Stadt und das wohl anspruchvollste der Welt. Wenn der Wechselkurs stimmt (z. B. 1 €: 150 ¥ und besser) macht Einkaufen doppelt Spaß, da Japan ansonsten nicht gerade als günstiges Reiseziel gilt.

Die **japanische Küche** *(washoku)* ist als UNESCO-Weltkulturerbe anerkannt. Japanische Frauen haben die höchste Lebenserwartung weltweit, auch die Männer nehmen eine Spitzenposition ein. Die Ernährung spielt hierbei eine wesentliche Rolle. Aber was die Küche so interessant macht, ist ihre Vielfältigkeit und auf traditionelle Ästhetik ausgerichtete Präsentation, ihr Respekt für die Natur und der jahreszeitliche Bezug. Essen in einem der berühmten Esstempel kann sagenhaft teuer sein, aber der Genuss japanischer Gerichte auch sagenhaft günstig, zumal die teuren Getränke wegfallen, wenn man sich mit dem kos-

Das Kabuki-za-Theater (15) in der Ginza

tenlos angebotenen Wasser oder grünen Tee zufrieden gibt. Allerdings machen **mehr als 150.000 Lokale** in der Gourmet-Hauptstadt der Welt die Auswahl nicht leicht. Das Kapitel „Tokyo für Genießer" (s. S. 244) vermittelt das notwendige Know-how.

Angesichts der riesigen **Vergnügungsindustrie**, die keine Wünsche offen lässt, ist Tokyo auch hier Weltspitze, wobei das Angebot in erster Linie auf Einheimische zugeschnitten ist. International kann man das Angebot an abendlichem Vergnügen nur bedingt nennen. Natürlich gibt es Bars, Clubs, Discos, vor allem in Roppongi (s. S. 111) und Azabu (s. S. 111), die regelmäßig von Touristen frequentiert werden, aber oft will man lieber unter sich sein, die meisten Bars leben von ihren Stammkunden. Das kulturelle Angebot steht dagegen allen offen: Konzerthallen, Jazzclubs, Theater, Kinos, Galerien u. a. Die Stadtteile Shinjuku, Shibuya, Roppongi und Azabu sowie Ikebukuro bieten die größten Vergügungsviertel, aber auch die näheren Umgebungen der größeren Bahnhöfe halten jede Menge Lokale und Geschäfte bereit.

Wer genug Zeit hat, sollte auch die **westlichen Vororte von Shibuya und Shinjuku**, alle noch zu Tokyo gehörig, besuchen, z. B. Kichijōji, Kōenji, Shimo-Kitazawa. Diese bieten eine angenehme Umgebung zum Einkaufen, Essen und Trinken. Hierfür kann dieser Führer jedoch nur knappe Hinweise geben.

Die **Umgebung Tokyos** bietet hervorragende Möglichkeiten für Tages- und Mehrtagesausflüge. Der Führer gibt Anregungen, muss sich aus Platzgründen jedoch sehr beschränken. Aber einige Tage sollte man auf alle Fälle für Fahrten ins Umland reservieren: Näheres dazu im Kapitel „Entdeckungen in der Umgebung" (s. S. 193).

Der **Tokyo Wide Pass** (s. S. 195) eignet sich hervorragend für Fahrten mit der

160to-ml

Bahn ins Umland, einziger Nachteil: er gilt an drei aufeinanderfolgenden Tagen.

Tokyo hat **kein Stadtzentrum** im europäischen Sinne, nicht einmal einen großen Platz. Der Kaiserpalast ❶ bildet zwar die Stadtmitte, er ist außer von einigen Hochhäusern aus jedoch nicht einmal sichtbar, und nur ein Teil des Palastgeländes kann besucht werden. Was als **Downtown** bzw. Unterstadt *(shita-machi)* bezeichnet wird, sind die östlich und nordöstlich des Palastareals und westlich entlang des Sumida-Flusses gelegenen Viertel Nihonbashi mit Ningyochō, Kanda bis Asakusa und jenseits des Flusses Ryōgoku und Fukagawa. Viertel wie die Ginza und Tsukiji waren ursprünglich Teile der Tokyo-Bucht und wurden erst durch Aufschüttung gewonnen. Westlich erheben sich die Anhöhen und die anschließende Ebene von Musashi bis in die Gebirgsregionen 50 km weiter westlich. Die wie die Finger einer Hand verlaufenden Ausläufer der Anhöhe werden Yamanote („Hand der Berge") genannt. In der Tat ist erstaunlich, wie hügelig Viertel wie Akasaka, Azabu, Roppongi, Hiroo oder Meguro sind.

Die **Ringlinie Yamanote Line** führt um das Zentrum von Tokyo herum und verbindet die wichtigsten Bahnhöfe und damit Stadtzentren miteinander. Die **Stadtteilbeschreibungen folgen dieser Linie im Uhrzeigersinn** ab Bahnhof Tokyo ❺.

Auf S. 342 finden sich Hinweise, wie die Stadt am besten erkundet werden kann.

Das gibt es nur in Tokyo

- ***Cosplay*** *(s. S. 99), also das Verkleiden als Helden japanischer Comics, kann man in Harajuku (s. S. 94) und in den inzwischen berühmten Maid-Cafés (s. S. 151) sehen, von denen es allein in Akihabara Dutzende gibt.*
- *Das* ***größte Elektronik-Einkaufszentrum der Welt*** *92 befindet sich in Akihabara. Hier kann man Produkte sehen und ausprobieren, von denen es 90 % nie auf den Weltmarkt schaffen.*
- *Der* ***größte Fischmarkt der Welt*** *befindet sich in Toyosu auf einer künstlichen Insel in der Tokyo-Bucht. Thunfischauktionen kann man dort von oben hinter Glasfenstern verfolgen 128.*
- ***Kulinarische Spezialitäten,*** *die ihren Ursprung in Edo haben: Edomae Sushi ist in der ganzen Welt als Sushi bekannt, auch Shōyu Rāmen und Soba sind überall in Japan zu haben. Lokale Spezialitäten sind Fukagawa-meshi aus dem gleichnamigen Stadtteil, Monja-yaki in Tsukishima und Tempura Soba sind ebenfalls eine Erfindung Edos.*
- *Tokyoter lieben alle Arten von* ***Themenlokalen.*** *Das Samurai-Restaurant (s. S. 125) zieht dabei alle Register und reizt die Grenzen zu Kitsch und Klischee aus.*
- *Diese japanischen Übernachtungsvarianten gibt es nicht nur in Tokyo, aber dort in weit größerer Zahl als im Rest des Landes:* ***Kapsel-*** *und* ***Love Hotels*** *(s. S. 335).*

◁ *Yosakoi-Gruppentanz vor dem Bahnhof Tokyo* ❺

Tokyo an einem Tag

Wer die heimliche Hauptstadt der Welt in all ihren Facetten kennenlernen will, sollte sich drei Wochen Zeit nehmen. **Tokyo an einem Tag, geht das überhaupt?** Warum nicht, denn jede Stadt zeigt dem flüchtigen Besucher bereits auf den ersten Blick einiges von ihrem Charakter.

Sollte man aus welchen Gründen auch immer wirklich nur einen Tag Zeit für die Stadt haben, möchte man vermutlich seinen persönlichen Interessen Vorrang geben und vernachlässigt dafür gerne übliche Sehenswürdigkeiten. Der Führer bietet hierbei eine Orientierungshilfe. Dennoch soll ein einziger Tag etwas von dem vermitteln, was Tokyo so faszinierend macht: die Kontraste zwischen Tradition und Moderne, zwischen hässlicher Alltagsarchitektur und weltweit beachteten architektonischen Highlights, zwischen der Hektik eines großen Bahnhofs und der Ästhetik eines klassischen japanischen Gartens, Schreins oder Tempels, zwischen der kreativen, global stilbildenden Mode der „Shibuya Girls" und den stets gleichen Anzügen der „Salaymen", der Angestellten der „Japan AG".

Als Tourist geht man mehr zu Fuß als Einheimische, aber für Tokyo kommt man nur zu Fuß nicht weit, ab 4 bis 5 Fahrten ist eine Tageskarte sinnvoll, nur welche? Einzelheiten finden sich auf S. 343.

Vorschlag 1 (mit Kaiserpalast)

Vormittag: Anfahrt bis U: Tsukiji (Hibiya Line), schneller Blick in den Tsukiji-Honganji-Tempel 16 – Tsukiji (Jōgai-Einkaufsviertel, ggf. Teilnahme an der Morgenandacht), Frühstück oder Vormittagssnack) – Bummel durch die Ginza vorbei an Kabuki-za 15, Yon-chōme-Kreuzung bis Yurakuchō – ggf. kos-

Wachturm an der Palastmauer

tenloser Marunouchi-Shuttle bis vor Ōtemon – Kaiserpalast 1, Ni-no-Maru-Garten – U: Takebashi (Tozai Line) bis Nihonbashi 12, umsteigen in Ginza Line bis Asakusa – **Mittag:** Bummel durch den Asakusa-Tempelbezirk 108 und weiter bis zum Skytree 113 – U: Oshiage (Hanzomon Line) bis U: Omotesandō 46 – **Nachmittag:** Bummel durch Aoyama, Harajuku – Besuch des Meiji-Schreins 41 – ab U: MeiJingūmae (Fukutoshin Line) bis U: Shinjuku-Sanchome – **Abend:** weiter durch Shinjuku wie Vorschlag 2. Als Tagesticket genügt der Tokyo Metro Pass.

Vorschlag 2 (mit Hama-Rikyū-Garten)

Vormittag: Tsukiji (Bummel durch Jōgai-Einkaufsviertel und Großmarkt 17, Frühstück oder Snack, 1 Std.) – Hamarikyū-Park 18 (1 Std., Teepause im Teehaus) – U: Shimbashi (Ginza Line bis Asakusa) – Asakusa-Kannon-Tempelbezirk 108, 2 Std., Lunch) – **Nachmittag:** U: Asakusa (Ginza Line bis U: Ginza) – Ginza-Bummel, Nachmittagspause z. B. im Uniqlo Coffee im F12 der Uniqlo-Filiale (s. S. 284) nahe der der Yonchōme-Kreuzung – weiter mit Ginza Line bis U: Omotesandō – Bummel entlang der Omotesandō 46 bis Meiji-Schrein 41 und über die „Cat Street" bis Shibuya, von dort U: Shibuya mit der Fukutoshin Line bis Shinjuku-Sanchome – Bummel durch das Einkaufsviertel an der Ostseite des Bahnhofs Shinjuku 59 (Isetan, Kinokuniya u. a.) durch den Bahnhof zur Westseite zur Tokyo City Hall 60. **Abend:** Bummel durch Kabukichō [B6] mit Abendessen und z. B. einem Theater- oder Kinobesuch im Kabukichō Tower (s. S. 122). Der Tokyo Metro Pass reicht als Tagesticket aus.

Tokyo in drei Tagen

Bei einer Besichtigung an einem Wochenende gibt es Attraktionen, die für die Erkundung Vorrang bekommen könnten, z. B. **Flohmärkte** am Sonntag, die Fußgängerzonen der Ginza Chūō-dōri [G9/H8] oder der Shinjuku-dōri [B6], die häufigen Veranstaltungen im Yoyogi-Park 42, samstags ein Bummel zum Meiji-Schrein 41 in der Hoffnung, einer Hochzeitsgesellschaft zu begegnen. Besondere Feste nehmen natürlich ebenfalls Einfluss auf die Planung. Ein Besuch im berühmten Fischmarkt von Toyosu 128 erübrigt sich an Sonntagen. Montags sind fast alle Museen geschlossen. Tsukiji wird in den Vorschlägen meist als Erstes genannt, weil sich ein Besuch des Tsukiji-Jōgai-Marktes nur bis 14 Uhr lohnt. Sofern der Kauf eines Tagestickets von Vorteil ist, wird dies angegeben.

Tag 1: Bummel durch traditionelle Unterstadtviertel am Sumida-Fluss

Tsukiji – Spaziergang am **Sumida-Fluss** entlang nach **Tsukudajima** (s. S. 54) – von dort mit U: Toei Oedo Line bis **Ryōgoku** – Besuch des **Edo-Tokyo-Museums** 115 (erst wieder ab 2025) – mit U: Oedo Line von Ryōgoku bis Kuramae, dann Asakusa Line bis Asakusa – Bummel durch den **Asakusa-Kannon-Tempelbezirk** 108, zu Fuß über den Sumida-Fluss durch den Sumida-Park und zum **Skytree** 113 oder mit der Asakusa Line direkt zum U: Oshiage. Zurück mit der Asakusa Line bis Asakusa, dort umsteigen in Ginza Line bis **Ueno** – Bummel durch den Park und/oder den **Ameyoko**-Basar. Das Tagesticket **Toei One-Day Pass** deckt alle Fahrten ab.

EXTRATIPP

Ausflüge in die Umgebung

Falls man **drei Tage hintereinander** Zeit für Fahrten in die Umgebung hat, kann man den **Tokyo Wide Pass** (s. S. 195) nutzen. Auch bei zwei Tagen lohnt er sich. Am besten sucht man sich Tage mit gutem Wetter aus. Für die Bōsō-Halbinsel (s. S. 230), Fuji-san (149), Hakone, Kamakura (s. S. 210), Nikkō (152), Yokohama (s. S. 197) und andere Ziele gibt es zusätzlich je eigene Ein-oder Zweitagestickets.

Tag 2: Kultur, Religion und Mode

Museen, v. a. Nationalmuseum (96) und/oder Zoo im **Ueno-Park** (101), danach Bummel durch **Yanaka**, ggf. noch Nezu-Schrein (95). Weiter mit U: Chiyoda Line ab Sendagi oder Nezu bis Omotesandō – Bummel durch **Aoyama** und **Harajuku** bis **Meiji-Schrein** (41) und über „Cat Street“ nach **Shibuya**, ggf. anschließend weiter bis **Shinjuku.**

Tag 3: Kaiserpalast, Big Business und Weltklasse-Shopping

Bhf. Tokyo – ggf. mit kostenlosem Shuttle bis vor Ōte-mon zum **Kaiserpalast** (1) – Bummel durch die Inneren Palastgärten (2), Ausgang am Hirakawa-mon und mit kostenlosem Marunouchi-Shuttle nach **Yurakuchō** – Lunch in der Marunouchi Naka-dōri [G8] oder Snack im International Forum (7) – Bummel durch die **Ginza** mit ihrem Weltklasseangebot für anspruchsvolle Shopper – mit U: Hibiya Line nach **Roppongi** – Bummel durch Roppongi Hills (57) und Tokyo Midtown (54), Dinner in Roppongi.

Tokyo in fünf Tagen

Tag 1: Kaiserpalast, Big Business, Eleganz und junge Mode

Bhf. Tokyo, zu Fuß durch **Marunouchi** oder mit dem kostenlosen Marunouchi-Shuttle in die Nähe des Ōte-mon zum **Kaiserpalast** (1), Bummel durch den Inneren Palastgarten, anschließend im Äußeren Palastgarten (2) zum Fotomotiv der Niju-bashi (Brücken) und weiter nach **Yūrakuchō**, Bummel durch die **Ginza** mit Lunch, Fahrt mit U: Ginza Line bis Omotesandō (46), Bummel durch **Aoyama** und **Harajuku** bis zum **Meiji-Schrein** (41), abschließend durch die „Cat Street“ nach **Shibuya**, Abendessen dort.

Tag 2: das moderne Tokyo

Bhf. Shinjuku (59), Bummel durch das Wolkenkratzerviertel zum Rathaus (60) mit Auffahrt in den F45 bei gutem Wetter, Fahrt mit der U: Toei Oedo Line nach **Roppongi**, Bummel durch Roppongi Hills (57) und Tokyo Midtown (54), evtl. Abstecher nach Azabu Dai Hills, Fahrt nach **Shiodome**, Bummel durch Shiodome, mit der Yurikamome Line nach **Odaiba**, Abendbummel mit Essen. Der Kauf eines Tagestickets lohnt sich nur bedingt. Alternativ bietet sich ein Abstecher in die Todoroki-Schlucht an. Die kleine, wenig bekannte Schlucht nur 15 Bahnminuten südwestlich von Shibuya (ab/bis Todoroki, Tokyu Toyoko und Oimachi Line) bietet einen Wasserfall, Tempel und archäologischen Fundstätten.

[>] Blick vom Strand in Hota auf den Nokogiriyama (156) auf der Bōsō-Halbinsel

004to-ml

Tag 3: das traditionelle Tokyo

Ueno-Park mit Nationalmuseum (96), Spaziergang durch **Yanaka** (s. S. 153), mit der Megurin-Ost-West-Linie nach Asakusa zum **Asakusa-Kannon-Tempel** (108), zu Fuß über den Sumida-Fluss durch den Sumida-Park zum **Skytree** (113) oder mit der U-Bahnlinie Asakusa Line nach Oshiage.

Danach kann man entweder zurück nach Asakusa und dort den Abend verbringen oder vom Skytree östlich entlang des Kanals und an der Einmündung eines zweiten Kanals diesem nach Süden folgend in 1200 m zum **Kameidō-Tenjin-Schrein** (120) (besonders lohnend bei der Blauregenblüte Mitte/Ende April) und weiter nach Kinshichō gelangen und mit der JR Sobu Line eine Station nach Ryōgoku fahren. Von dort geht es vorbei am **Ryōgoku-Kokugikan** (116) zum **Edo-Tokyo-Museum** (115) (erst wieder ab 2025 geöffnet) und schließlich zum Sumida Hokusai Museum (s. S. 180).

Tag 4: weltberühmte Schreine und herrliche vulkanische Landschaft

Nikkō (152): die berühmten Schreine Tōshōgū (154) und Futara (155), Fahrt zum Chūzenji-See mit Kegon-Wasserfall (s. S. 225), Spaziergänge oder Wanderungen am See oder in Nikkō.

Tag 5: Kamakura und Yokohama

Vormittag: Fahrt nach Hanaya oder Hota: zu Fuß oder per Seilbahn auf den landschaftlich und kulturell lohnenden **Nokogiriyama** (156), **Mittag:** Fähre nach Kurihama und mit der Yokosuka Line nach Kamakura, **Nachmittag:** **Kamakura** (s. S. 210), evtl. mit Enoshima (s. S. 216), **Abend: Yokohama** (s. S. 197), alternativ: nur Kamakura und Yokohama, z. B. Vormittag: Yokohama, Nachmittag: Kamakura und Enoshima, Abend: nochmals Yokohama.

Alternative: Fahrt zum Kawaguchi-See (s. S. 221) und **Fuji-san** (149).

1 Kaiserpalast ★★★ [F7]

皇居

Im Zentrum der Metropole Tokyo befindet sich ein fast runder, von alten Palastmauern eingefasster und größtenteils unzugänglicher Park. Hier stand einst die größte Zitadelle der Welt, die riesige Burganlage der Tokugawa-Shōgune (s. S. 302). Seit dem Umzug des Kaisers aus Kyōto im Jahre 1869 in die „Östliche Hauptstadt" (Tōkyō) befindet sich hier der Kaiserpalast.

Die ursprüngliche Anlage hatte einen Umfang von rund 16 km. Sie war von einem äußeren Graben *(sotobori)* umgeben; die gleichnamige Ringstraße Sotobori-dōri folgt diesem heute noch in Teilstücken erhaltenen Graben. Die äußeren Mauern hatten 110 Tore und es gab 30 Brücken. Ab 1873 wurden die Mauern nach europäischem Vorbild abgetragen. Der innere **Palastgraben** *(uchibori)* und die ihn begrenzenden mächtigen, knapp 5 m dicken Mauern sind dagegen noch fast komplett erhalten.

EXTRATIPP

Besuch des Inneren Palastbezirks

Es besteht die Möglichkeit, an **kostenlosen, geführten Besichtigungstouren** (1:15 Std.) in den Inneren Palastbezirk teilzunehmen. Eine Stunde vor Tourstart beginnt die Registrierung hierfür vor Ort. Man kann zur Sicherheit auch im Voraus reservieren, das richtet sich aber in erster Linie an Gruppen.

› https://sankan.kunaicho.go.jp/english/about/koukyo.html, Anf. Jan.–Mitte Juli, Mitte Aug.–Ende Dez. Mo.–Fr. 10 und 13.30 Uhr, Mitte Juli–Mitte Aug. 10 Uhr

Die nach dem Palastgraben benannte Uchibori-dōri führt heute rund um den Palastbezirk. Die Steine, die für den Bau der Mauern verwendet wurden, stammen von der etwa 100 km entfernten Izu-Halbinsel, von der sie per Schiff an diesen Ort transportiert wurden.

Während rund um den Palast mit seinen Parks, Gärten und Museen das geschäftige Leben der Riesenstadt pulsiert, geht es in seinem Herzen ruhig zu. Im Vergleich zum Schloss der Shōgune ist der Kaiserpalast schlicht und bescheiden. Er kann nicht besichtigt werden. Nur **an zwei Tagen ist die Öffentlichkeit zum Inneren Palastbezirk zugelassen:** am 2. Januar während der Neujahrsfeiertage und am Geburtstag des Kaisers, wenn er sich mit seiner Familie hinter dem breiten Fenster der Chowaden („Hall of State") dem Fähnchen schwingenden und „Banzai" rufenden Volk zeigt. Zur Bewunderung der Kirschblüte und auch zur Laubfärbung im Herbst lässt der Kaiser einen anderen Teil des sonst gesperrten Bereichs – die Inui-dōri vom Palast bis zum Inui-mon (Tor an der Nordseite) – einige Tage lang für das Publikum öffnen.

Es gibt jedoch innerhalb und außerhalb des äußeren Palastbezirkes manch Interessantes, für dessen vollständige Besichtigung man einen halben bis ganzen Tag bräuchte. Wer nur Zeit für einen schnellen Blick hat, sollte wenigstens über den Vorplatz der Imperial Palace Plaza zu den beiden Brücken Meganebashi und Niju-bashi mit dem von Kiefern eingerahmten Fushimi-Wachturm im Hintergrund hinübergehen, die beispielhaft für den Gesamtkomplex stehen.

145to-ml

❷ Östliche Palastgärten ★★ [G7]

皇居東御苑

Während ein kleiner Teil des Inneren Palastbezirks nur an wenigen Tagen im Jahr oder nach vorheriger Anmeldung besichtigt werden kann, stehen die sehenswerten Östlichen Gärten allen offen. Mehrere Tausend Besucher machen davon Gebrauch. Vom **Schloss der Shōgune**, das einst hier stand, ist abgesehen von den Grundmauern des mächtigen Schlossturms fast nichts mehr zu sehen. Das Furisode-Feuer von 1657 (s. S. 303) zerstörte den Palast erstmals, 1872 brannte der Rest des Tokugawa-Schlosses bei den Kämpfen gegen das Tokogawa-Shōgunat aus, sodass der Kaiser zunächst im Akasaka-Palast residieren musste, bis ein Ersatz gebaut war. Amerikanische Bomben zerstörten im Zweiten Weltkrieg auch den neu erbauten Palast.

Für den Rundgang sollten ein bis zwei Stunden eingeplant werden. Rasthäuser mit Getränkeautomaten und Toiletten sind vorhanden.

Die Lage der insgesamt 36 Sehenswürdigkeiten der Gärten kann man dem kostenlosen englischen Faltblatt entnehmen, das am Eingang und an den Schautafeln im Park ausliegt. Die hier angegebenen **Nummern in Klammern** beziehen sich auf die Nummern in jenem **Faltblatt:**

Das **Haupttor Ōte-mon** (1) hatte einst der Fürst von Sendai unter immensem Aufwand errichten lassen; 1967 wurde es nach mehreren Zerstörungen wiederaufgebaut. Der Weg steigt etwas an und führt am **Sannomaru Shozokan** (2, wechselnde Ausstellungen aus den Kaiserlichen Sammlungen, Eintritt frei) und einer Informationsstelle mit angeschlossenem Kiosk (hier gibt es die Faltblätter und ausführliche Führer) vorbei zu zwei Wachhäusern, dem Dōshin-bansho (4, rechts) und dem langen Hyakunin-(„100

Beliebt unter Joggern – die 5 km lange Runde um den Kaiserpalast ❶

Spaziergang 1: Kaiserpalast und Umgebung

Dieser Spaziergang ist auf der Karte auf S. 26 mit einer grünen Linie eingezeichnet.

Der vorgeschlagene Weg führt von der Marunouchi-Seite der Tokyo Station ❺, wahlweise auch der U-Bahnstation Ōtemachi (Mita, Chiyoda, Hanzomon, Marunouchi Line) durch das Haupttor Ote-mon in die Östlichen Palastgärten ❷ und weiter zu den Museen des Kitanomaru-Parks ❸ bis zum Yasukuni-Schrein ❹. Wer Zeit und Lust hat, kann danach entgegen dem Uhrzeigersinn außen an den Palastgräben entlang zurückgehen bis nach Marunouchi, gegebenenfalls gepaart mit einem kleinen Umweg durch den Chidorigafuchi National Memorial Garden and Park. Der komplette Rundgang hat eine Länge von ca. 10 km und ist eher am Ende des Tokyo-Besuchs zu empfehlen, da er fast nur durchs Grüne führt.

Vom Nordausgang an der Marunouchi-Seite des Bhf. Tokyo kann man vorbei am Shin-Marunouchi-Building in westlicher Richtung geradeaus durch Marunouchi auf den Palast zugehen, überquert die Wadakura-bashi (Brücke), geht am gleichnamigen, 1960 anlässlich der Hochzeit des gegenwärtigen Kaiserpaares erbauten Brunnen und dann rechts entlang der Uchibori-dōri am Palace Hotel vorbei zur Brücke nach links zum Haupttor Ōte-mon.

Nach dem Besuch des Inneren Palastgartens, des Kitanomaru-Parks und dem Abstecher zum Yasukuni-Schrein (hin und zurück 1,5 km) kann man zum „Leuchtturm“ am nördlichen Ausgang des Kitanomaru-Parks zurückkehren und entlang der Palastgräben entgegen dem Uhrzeigersinn zurück zum Ausgangspunkt gelangen, das sind nochmals gut 4 km. Oder man beendet den Spaziergang am U-Bahnhof Kudanshita.

Der Weg entlang der Palastgräben lohnt insbesondere zur Kirschblütenzeit. Berühmt ist der schmale, 800 m lange ***Chidorigafuchi-Park.*** *Hanami-Partys (s. S. 293) unter den Bäumen sind hier jedoch nicht gestattet. Man darf nur im*

222to-ml

Kirschblütentunnel flanieren. Außer im Winter kann man zur Fahrt im Palastgraben immer Boote ausleihen. Auf dem Weiterweg kann ein Abstecher zum Grabmal des Unbekannten Soldaten im Chidorigafuchi National Cemetry (Chidorigafuchi Senbotsusha Boen) im oben erwähnten Chidorigafuchi National Memorial Garden gemacht werden, der nicht so politisch belastet ist wie der Yasukuni-Schrein, weshalb auch der Kaiser hier am 15. August (Gedenken an das Kriegsende 1945) seine Aufwartung macht. Danach kommt man am Gelände der schön gelegenen und attraktiven Britischen Botschaft [F7] vorbei. In der Gegend befanden sich in der Tokugawa-Zeit die Wachbataillone (Bancho), später ließen sich hier Adelige nieder und bis heute ist dies eine gehobene Wohngegend.

Ein anderer Abstecher auf dem Rückweg führt entlang des National Theater, das traditionellen japanischen Theaterformen vorbehalten ist. Und schließlich kann man auch noch, wenn man nicht zu spät dran ist, das Parlament 51 *besuchen. Der nächste U-Bhf. ist Hanzomon (Hanzomon Line).*

Auf dem Weiterweg Richtung Tokyo Station kommt man am Tor Sakuradamon vorbei, dort kann man auch hindurchgehen und gelangt dann zur Imperial Palace Plaza und ist gleich beim beliebten Fotomotiv der Nijubashi. Über die breite Gyoko-dōri geht es schließlich zurück zum Bahnhof.

◁ Die Nijubashi-Brücke ist ein beliebtes Fotomotiv

Mann-")bansho (5, links). Dahinter kann man nach links auf das Gelände der Hauptzitadelle (Hon-maru) hinaufgehen oder gleich rechts in den schönen **Ni-no-maru-Garten.** Nördlich stehen Bäume, die die 47 Präfekturen Japans symbolisieren sollen, südlich schließt sich der reizvolle eigentliche Ni-no-maru-Garten an, der zur Ni-no-maru-Zitadelle gehörte. Diese diente einst als Alterssitz der Shōgune. Die Azaleenbüsche im Garten sind mit ihrer Blütenpracht im Frühjahr und Frühsommer besonders schön anzusehen. In der Nähe liegt das **Teehaus Suwa-no-chaya** (34) aus dem 19. Jh.

Von dort geht es über den **Shiomi-zaka** (26, „Gezeitenblickhang", früher lag der Palast am Rande der Meeresbucht, *Hibiya)* hinauf zum Hon-maru. Statt vor Resten des früheren Schlosses steht man vor einer leeren Rasenfläche. Rechts hinten im Eck befindet sich der Sockel des einstigen Hauptturmes (20, **Tenshudai).** Der Hauptturm (Tenshukaku) wurde 1607 errichtet und war damals mit 51 Metern der höchste Turm Japans. Bei dem Furisode-Feuer wurde er zerstört und nie wieder aufgebaut. Von der Plattform hat man einen guten Überblick: Die niedrigen Palastgebäude sind zwar hinter Bäumen verborgen und nur von einigen Hochhäusern (z. B. dem Caretta Shiodome in Shimbashi zu sehen); aber das grüne Dach des Nippon Budōkan im Kita-no-maru-Park ragt über die Baumwipfel hinaus. Natürlich sieht man auch die Bürohäuser von Ōtemachi und Marunouchi. Östlich, gegenüber dem Turmsockel, steht die seltsame **Tōka Gakudō** (22, im Volksmund Pfirsichblüten-Musikhalle genannt, wegen der Form des Daches, von Kenji Imai entworfen und 1966 anlässlich des 60. Geburtstages

1 cm = 170 m

200 m

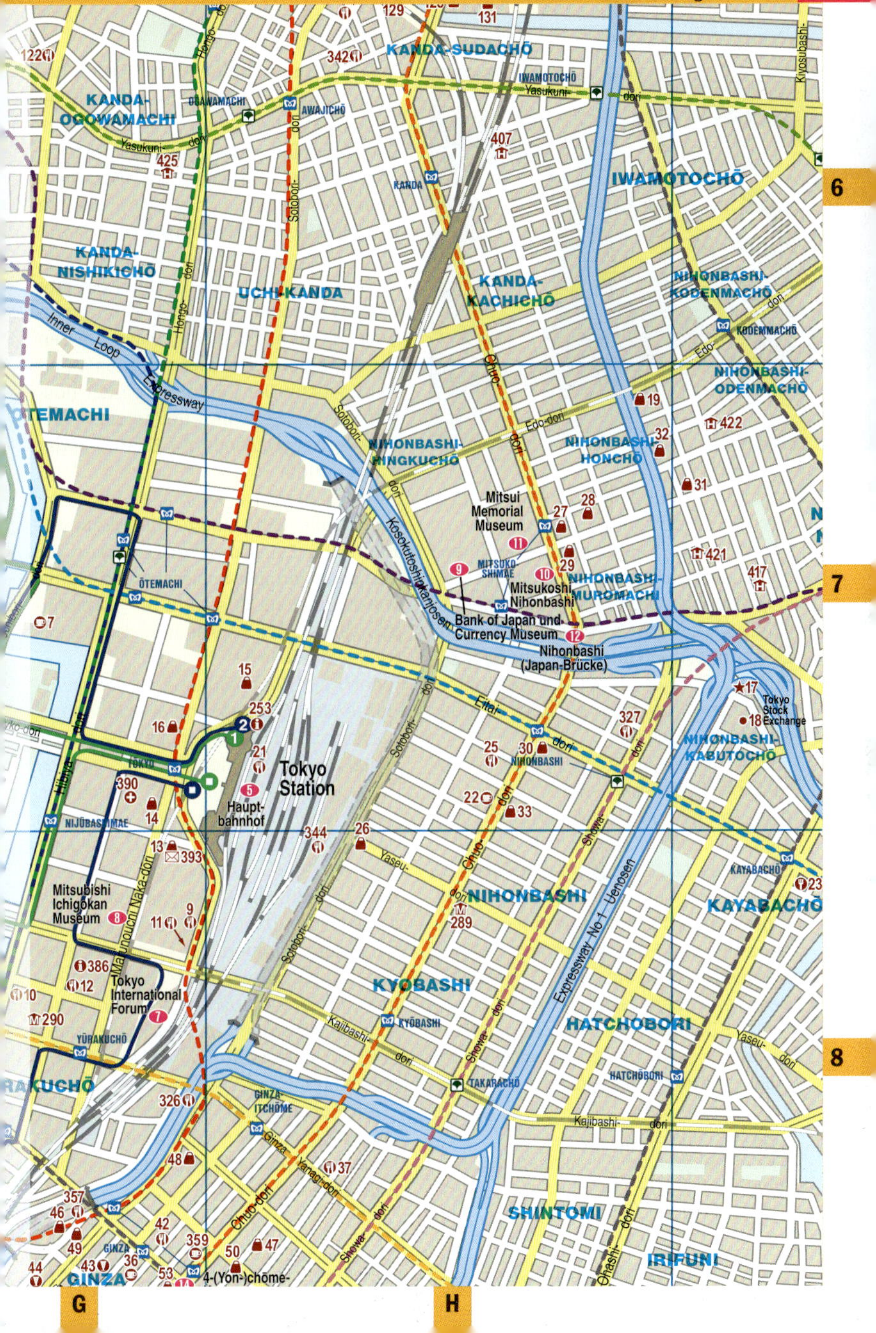
Kanda-Sudachō
Iwamotochō
Yasukuni-dori
Kanda-Ogowamachi
Ogawamachi
Awajichō
Kanda
Iwamotochō
Kanda-Nishikichō
Uchi-Kanda
Kanda-Kachichō
Nihonbashi-Kodenmachō
Kodemmachō
Inner Loop Expressway
Nihonbashi-Odenmachō
Ōtemachi
Nihonbashi-Hongokuchō
Nihonbashi-Honchō
Edo-dori
Chuo-dori
Mitsui Memorial Museum
Mitsukoshimae
Mitsukoshi Nihonbashi
Nihonbashi-Muromachi
Bank of Japan und Currency Museum
Nihonbashi (Japan-Brücke)
Kosokutoshikanjosen
Tokyo Stock Exchange
Eitai-dori
Nihonbashi-Kabutochō
Tokyo Station
Hauptbahnhof
Tokyo
Nijūbashimae
Nihonbashi
Yaesu-dori
Sotobori-dori
Hongo-dori
Hibiya-dori
Marunouchi Naka-dori
Mitsubishi Ichigokan Museum
Tokyo International Forum
Showa-dori
Expressway No 1 Uenosen
Kayabachō
Kyobashi
Hatchobori
Yūrakuchō
Takarachō
Kajibashi-dori
Ginza-itchōme
Ginza Yanagi-dori
Shintomi
Irifune
Ginza
4-(Yon-)chōme-
6
7
8
G
H

037to-ml

der damaligen Kaiserin errichtet), daneben die Kaiserliche Musikakademie, in der die uralte, aus China übernommene Hofmusik des *gagaku* gelegentlich, z. B. zum Geburtstag des Kaisers, aufgeführt wird. Einladungen zu solchen gelegentlichen Konzerten kann man schriftlich bei der Imperial Household Agency erbitten. Hinter der Musikhalle befindet sich das Kaiserliche Archiv.

Geht man ein Stück nach Südwesten, steht jenseits eines Teegartens eine Baumgruppe, an deren Stelle sich einst der mit Kiefern bemalte Gang des Schlosses *(13, Matsu-no-rōka)* befand, der im berühmten Drama der **47 Samurai** eine entscheidende Rolle spielte, denn hier zog Fürst Asano sein Schwert und musste noch am selben Tag rituellen Selbstmord begehen (s. S. 68).

Am Südende der Östlichen Palastgärten ❷ steht der gut erhaltene dreistöckige **Turm Fujimi-yagura** (8, dt. Fuji-Blick-Turm) aus dem Jahre 1659, der nach dem großen Brand wiederaufgebaut wurde. Geht man vom Turm nordöstlich auf die andere Seite des Rasens, kommt man am kleinen **Hon-maru-Rasthaus** (24) vorbei, in dem u. a. ein Modell des einstigen Schlossturms (Hon-maru) steht (es gibt übrigens Bestrebungen, ihn wieder aufzubauen). Oberhalb gibt es in westlicher Reichtung einen guten Aussichtspunkt (25) mit Blick auf den **Hakucho-bori** („Schwanengraben") und Marunouchi. Die 24 Vorfahren der heutigen Schwäne waren übrigens ein Geschenk Deutschlands zur Eröffnung der Palastgärten.

Kirschblüten am Chidorigafuchi-Palastgraben (s. S. 24)

Hinter dem Archiv geht es über den Bairin-zaka (29) hinunter zum **Hirakawa-mon** (30). Es ist das besterhaltene Tor des einstigen Edo-Schlosses und wurde wie andere im Masugata-Stil (zweiteiliges Tor) erbaut. Es war zwar das Haupttor der Zitadelle San-no-maru, ansonsten jedoch ein Nebeneingang zu den Quartieren des Shōgun und wurde hauptsächlich von Frauen benutzt. Die an der Seite des Tors gelegene Tür war das *Fujo-mon,* das „unreine Tor", durch das Leichen herausgetragen und Verbrecher herausgeführt wurden. Die Holzbrücke über den kleinen Graben gilt als besonders hübsch. Die Masugata-Tore waren so angelegt, dass potenzielle Angreifer nach dem Stürmen des ersten engeren Tores in eine gewundene Hohlgasse kamen, in der sie aus Schießscharten beschossen werden konnten, ehe sie das zweite, massivere Tor zu bestürmen versuchten.

Am Ausgang hat man den U-Bhf. Takebashi gleich vor sich. Durch das **Kitahanebashi-mon** (21) gelangt man in den Kitanomaru-Park ❸.

› **Kōkyo Higashi Gaien,** 1–1 Chiyoda, Tokyo Station, Marunouchi-Seite, U-Bhf. Otemachi, geöffnet: Sa., So. u. Di.–Do. 9–16/17 Uhr

3 Kitanomaru-Park ★★ [F6]

北の丸公園

Am südlichen Rand des Kitanomaru-Parks steht rechts das **National Museum of Modern Art** mit Gemälden, Drucken, Kalligrafien und Skulpturen. Vertreten sind hauptsächlich japanische, aber auch ausländische Künstler, größtenteils aus dem 20. Jh.

Daneben steht das **Staatliche Archiv** mit geschichtlich zum Teil bedeutenden Originaldokumenten, auch aus der Literatur und Dichtkunst.

Ein Stück nördlich davon steht das **Science Museum** (s. S. 236) in der stilisierten Form einer Hand. Es soll Aufschluss über den Stand von Wissenschaft und Technik geben, mit viel Gelegenheit zum Spielen und Ausprobieren. Nördlich steht das **Shimizu-Tor** aus dem Jahre 1610, das 1658 nach dem Brand wiederaufgebaut wurde.

Auf reizvollen Spazierwegen gelangt man zur berühmten Halle des **Nippon Budō-kan** (Japan Martial Arts Hall), errichtet für die Olympiade 1964 als Arena für Judō und andere Kampfsportarten wie Aikidō, Karate, Kendō. Die Form ist teilweise der Halle der Träume (Yumedōno) im Hōryuji bei Nara, dem ältesten erhaltenen Tempel Japans, nachempfunden. Das Dach jedoch soll nach Angaben des Architekten Mamoru Yamada den Fuji-Berg 149 symbolisieren. Die Halle bietet knapp 15.000 Besuchern Platz und ist heute eher Schauplatz von Großveranstaltungen wie Popkonzerten. Gelegenheit zum Zuschauen beim Training von Kampfsportarten hat man von 9.30 bis 17.30 Uhr (Tel. 3216–5100).

Von dort gelangt man zum nördlichen Ausgang bzw. Eingang, dem Tor **Tayasumon,** das um 1600 herum errichtet worden war. Das innere Tor ist mit seinen rund 80 cm dicken Holzsäulen beeindruckend massiv gestaltet. Hinter dem Ausgang sieht man linker Hand eine große steinerne Laterne, die von einer goldenen Kugel gekrönt wird. In der Edo-Zeit diente sie den Schiffen in der nahen Bucht als Leuchtturm. Früher stand sie auf dem noch höher gelegenen Gelände des Yasukuni-Schreins 4.

› Kita-no-Maru-Kōen

KURZ & KNAPP

Tennō (天皇)

Die Bezeichnung Tennō („Himmlischer Herrscher") wurde im 7. Jh. aus China übernommen, wo der gleich geschriebene Titel während der Tang-Dynastie nur für den Kaiser Gaozang und die ihm nachfolgende, einzige Kaiserin Chinas, Wu Zetian, verwendet wurde.

Der gegenwärtige, 126. Tennō ist **Kaiser Naruhito,** wie er außerhalb Japans genannt wird. In Japan selbst ist er der Reiwa-Tennō. Reiwa ist sein *nengō,* sein Regierungsmotto, und bedeutet „Schöne Harmonie". Spricht man in Japan über den Kaiser, nennt man ihn nie beim Namen, sondern nennt ihn *tennō heika* (in etwa: „Majestät"). Den Thron bestieg der Tennō am 1. Mai 2019, zum Kaiser gekrönt wurde er am 22. Oktober 2019. Sein Vater, Kaiser Akihito, wählte den 1. Mai als Datum seiner selbst bestimmten und gewünschten Abdankung. Damit endete die Heisei-Ära („Frieden überall") und die Reiwa-Ära begann.

› U-Bhf. Kudanshita (Shinjuku, Hanzomon, Tozai Line) und Takebashi (Tozai Line)

🏛1 [G6] **National Museum of Modern Art,** 3-1 Kitanomaru Kōen, www.momat.go.jp, Di.–So. 10–17 Uhr, Eintritt 500 ¥ (G: frei), Sonderausstellungen 1500 ¥

🏛2 [G6] **Staatliches Archiv,** 3-2 Kitanomaru Kōen, Di.–Sa. 9.15–17 Uhr, Tel. 3214-0621, www.archives.go.jp

4 Yasukuni-Schrein ★★★ [F6]

靖国神社

Der Yasukuni ist ein bedeutender Shintō-Schrein, dessen offizielle Besuche durch japanische Premierminister stets für Provokationen sorgen.

Vom Nordende des Kitanomaru-Parks 3 ist es nicht weit zum großen, 1869 errichteten Schrein, zu dem laut ursprünglicher Widmung die Seelen der Gefallenen eingeladen werden, erkenntlich an den **drei riesigen Toren** *(Torii).*

Der eiserne *Torii* ist 25 m hoch. Sein Vorgänger wurde 1943 zu Kriegszwecken eingeschmolzen, damals war er bereits stark verwittert. 1974 wurde der heutige Große Torii errichtet. Der zweite, bronzene, 22 m große Torii stammt aus dem Jahr 1887. Der dritte und kleinste, der vor der Gebetshalle stehende „chūmon torii," wurde erst 2006 errichtet und besteht aus Zypressenholz aus der Präfektur Saitama.

Eine Allee aus Kirsch- und Ginkgobäumen (besonders attraktiv im Spätherbst) führt zum Göttlichen Tor und den Schreingebäuden auf dem Kudan-Hügel, auf dem sich früher Kasernen befanden. Kudan bedeutet „Neun Stufen" und weist darauf hin, dass der Hügel einst viel steiler war. Im Schrein, dessen Name 1879 in „für den Frieden der Nation" geändert wurde, „residieren" die mehr als **2,5 Millionen Seelen** (jap. *Kami,* also Gottheiten im Sinne des Shintō) der für den Kaiser gefallenen Soldaten aller Kriege seit dem Ende des Tokugawa-Shōgunats bis zum Ende des Koreakrieges (1867 bis 1951), auch Koreaner und Chinesen, darunter aber auch die für den Pazifischen Krieg (Zweiter Weltkrieg) auf japanischer Seite Verantwortlichen wie General Tojo, also hingerichtete **Kriegsverbrecher.**

Neben dem Schrein befindet sich eine Bühne für Nō-Aufführungen im Freien sowie das **Yūshū-kan,** in dem militärische Relikte aufbewahrt werden (u. a. Kamikaze-Bomber, gleich in der Eingangshalle sichtbar, dahinter eine Lokomotive der berüchtigten Todeseisenbahn entlang des River Kwai in Thailand nach Burma), die mehr der Verherrlichung des früheren Militärs als dem Gedenken an die Gefallenen zu dienen scheinen (geöffnet: tgl. 9–17 Uhr, Eintritt: 800 ¥). Einige Denkmäler erinnern an Kriegswitwen und die für die Kriegseinsätze geopferten Tiere (Pferde, Hunde, Brieftauben). An einer Stelle werden abwechselnd Briefe von Gefallenen auf Japanisch und Englisch in Kopien zum Mitnehmen ausge-

EXTRATIPP

Showa-kan

Das Museum in einem eindrucksvollen Gebäude vermittelt im F6 und 7 anschaulich das Leben der Menschen während und nach dem Zweiten Weltkrieg. Mittels Audioguide (Englisch) lassen sich die Exponate sehr gut verstehen.

🏛3 [F6] **Showa-kan,** 1-6-1 Kudan-Minami, Tel. 3222-2577, www.showakan.go.jp, Eintritt 400 ¥, G: frei, Di.–So. 10–17.30 Uhr

legt unter dem Motto: „Ich warte auf Dich im Schrein in Kudan“, bzw. im Yasukuni-Schrein, d. h. nach dem erwarteten Tod im Krieg.

Hinter dem Schrein befinden sich ein stiller Garten mit drei Pavillons für Teezeremonien und ein Sumo-Ring. Im Schrein finden jeweils im April und Oktober Feste statt, außerdem am 15.8. eine Zeremonie zum Gedenken an das Kriegsende 1945.

› **Yasukuni Jinja,** 3-1-1 Kudankita, Tel. 261-8326, www.yasukuni.or.jp/english/index.html, U: Kudanshita (Shinjuku, Hanzomon, Tozai Line), JR Iidabashi bzw. Ichigaya

Kulinarisches

› Entlang der Südseite der Yasukuni-dōri gegenüber dem Schrein (Kudan Minami) gibt es **zahlreiche Lokale.**

4 [F6] **Café 33,** 1-1 Kitanomaru Kōen, 9-17 Uhr. Nahe einem Uhrturm, kurz vor dem Budōkan, steht dieses Café, das Sandwiches, Pizza, Reisgerichte und Desserts zu erschwinglichen Preisen bietet.

5 [F6] **Kudan Kaikan Terrace** ¥, 1-6-5 Kudan-Minami, B1, Mo.-Fr. 11-14 Uhr. Kudan Kaikan ist ein 90 Jahre altes Gebäude direkt neben dem Showa-kan, erbaut im sogenannten *Imperial Crown Style,* der

Wenn der Premier den Schrein besucht – Affront oder Patriotismus?

Kaiser Hirohito entschied sich 1978, den Yasukuni-Schrein **4** *nicht mehr zu besuchen, weil dort auch Kriegsverbrecher der Kategorie „A“ (Kriege planen und anzetteln) als „Kami“ verehrt werden. So hielten und halten es auch seine Nachfolger. Im Gegensatz dazu statten immer wieder Premierminister und andere Kabinettsmitglieder in angeblich privater, aber doch als offiziell wahrgenommener Funktion und in vollem Bewusstsein, dadurch insbesondere China und Korea zu brüskieren, dem Schrein einen Besuch ab. Die japanische Bevölkerung sieht diese Besuche allerdings eher positiv als negativ, zumal es in Japan bis heute nie eine lang anhaltende kritische Auseinandersetzung mit dem Militarismus und dem Pazifischen Krieg gegeben hat. Der Zweite Weltkrieg wird in Japan gern als Verteidigungskrieg gegen den westlichen Imperialismus gesehen. In der Schule wird das Thema nicht behandelt.*

Die Kontroverse könnte beendet werden, wenn die 14 offiziell als Kriegsverbrecher der Kategorie A eingestuften Kami der Verstorbenen in einem Ritual aus dem Schrein entfernt würden und anderswo einen Platz zugewiesen bekämen. Die Leitung des Yasukuni-Schreins weigert sich bisher, dies zu tun. Es gibt kein offizielles Kriegerdenkmal für die Gefallenen. Jährliche Gedenkfeiern werden üblicherweise im nur wenige Minuten vom Schrein entfernten Budōkan am 15. August (Kriegsende) abgehalten. Man könnte der Gefallenen auch im nahegelegenen ***Chidorigafuchi National Cemetry*** *(Chidorigafuchi Senbotsusha Boen) gedenken. Dort liegen die Gebeine unbekannter Gefallener und Opfer der Bombenangriffe am Ende des Kriegs. Für Japaner ist nach gegenwärtiger Auffassung ein Besuch im Yasukuni-Schrein ein patriotischer Akt. Sie nehmen zwar den Affront gegen ihre Nachbarn wahr, das ist den meisten jedoch egal.*

westliche und japanische Architekturelemente kombiniert. Beim Großen Ostasiatischen Erdbeben am 11.03.2011 wurde es beschädigt und musste daraufhin geschlossen werden. Nach der Renovierung nebst Neubau gilt es heute als erdbebensicher und dient wieder als Hotel und Hochzeitslocation. Das Lokal bietet gesunde Kost mit „geretteten" regionalen Produkten, die sich nicht mehr verkaufen lassen. Das VMG Café im F5 ist hochpreisiger:

› **VMG Café Kudan Kaikan,** im Kudan-Kaikan-Gebäude (s. S. 31), F5, tgl. 11.30–20 Uhr

6 [F6] **Mumbai** ¥, 2-2-8 Kudan-Minami, tgl. 11–22 Uhr. Indische Küche, Lunch-Menü um 900 ¥ (Reis/Naan beliebig).

7 [G7] **Starbucks Coffee – Kōkyo Gaien Wadakura Fountain Park,** Sa.–Do. 7–21 Uhr. Das Café der bekannten Kette mit seiner hohen, gebogenen Decke und der Glasfront bietet einen schönen Blick auf Brunnen und Kaiserpalast. Nebenan im Resthouse stehen innen und außen Bänke zum Entspannen, es gibt ein WC und einen Getränkeautomat sowie Faltblätter für die zugänglichen Palastgärten.

8 [F6] **Yukimura** ¥, 3-5-10 Kudan-Minami, tgl. 11.30–15 und 17–23 Uhr. Beliebt für Menüs (teishoku) mit gegrilltem Fisch, ab 790 ¥.

Shopping

Außerhalb des Stadtteils Marunouchi finden sich auf dem Gelände des Kaiserpalastes keine Einkaufsgelegenheiten, lediglich in Kudanshita vor dem Yasukuni-Schrein 4 besteht Anschluss an Jimbochō und damit zur „Kanda-Bücherstadt" (s. S. 151) mit ihren Hunderten von Geschäften für gebrauchte Bücher und neue Musikinstrumente in Richtung Ochanomizu.

Bahnhof Tokyo, Marunouchi und Hibiya-Park

東京駅, 丸の内, 日比谷公園

Einst ein steriles, langweiliges Büroviertel, gewinnt Marunouchi immer stärker an Attraktivität und wurde zum angesagten Stadtteil für anspruchsvolle Konsumenten.

Im Zentrum der Japan AG

Nach Ende der Edo-Zeit (1868) und Restauration der kaiserlichen Macht verloren die früheren Provinzfürsten (Daimyōs) ihren Besitz. Sie wurden zwar in den Adelsstand erhoben und teilweise zu Provinzgouverneuren ernannt, zogen aber aus Tokyo fort, somit lag das Land der früheren Daimyō-Residenzen im Süden und Südosten des Palastes brach und wurde nach anfänglicher Nutzung als Exerzierfeld vor allem an das große Handelshaus Mitsubishi verkauft. Mit den Einnahmen baute die Regierung ihr neues Viertel im Westen des Palastes. Hier entstand Marunouchi („innerhalb des Kreises/der Zitadelle" = „innerhalb des Äußeren Palastgrabens"). An diesem Ort hat ein wichtiger Teil der „Japan AG" sein Zentrum. Die langweilige Nachkriegsarchitektur wird nach und nach durch architektonisch anspruchsvollere Gebäude ersetzt. Das Viertel hat durch attraktive Einkaufszentren und die 1200 m lange von Bäumen und Skulpturen gesäumte Naka-dōri (Mittelstraße) deutlich an Anziehung gewonnen. Hier befindet sich auch das sehr nützliche **Tourist Information Center** (s. S. 326).

Der Name von **Hibiya**, das ursprünglich eine Meeresbucht war und südwestlich von Marunouchi liegt, verbindet sich vor allem mit seinem Park, heute ein beliebter Treffpunkt für Verliebte und für die Angestellten der zahlreichen Firmen in der Umgebung, die während der Mittagspause oder am frühen Abend hierhin kommen. Im Park finden zudem regelmäßig Popkonzerte und andere Veranstaltungen statt. Früher war der Park auch ein Ort großer Demonstrationen. Hibiya ist abgesehen vom Park für seine Theater und Kinos bekannt.

5 Bahnhof Tokyo (Hauptbahnhof) ★ [H7]

東京駅

Der Bahnhof hat zwei völlig unterschiedliche Seiten. Er ist nur dem Namen nach der bedeutendste Bahnhof der Stadt. Den Bahnhof von Shinjuku 59 passieren täglich mehr als zwei Millionen Menschen, im Bahnhof Tokyo sind es „nur" knapp 400.000, die die 3700 Züge auf 28 Bahnsteigen benutzen, die hier abfahren.

Auf der **traditionellen Marunouchi-Seite** im Westen zeigt der Bahnhof seine originale Fassade aus der Meiji-Zeit, die der erste bedeutende Architekt für westliche Baukunst, Dr. Tatsuno Kingo, ein Schüler des Engländers Josiah Conder, in Anlehnung an den Amsterdamer Hauptbahnhof entwarf und nach 6-jähriger Bauzeit 1914 fertigstellte.

Interessant ist für Reisende das **JR East Travel Center** (JR East Infoline Tel. 050 2016–1603, 7.30–20.30 Uhr, Englisch) in der kleinen Halle am Nordausgang des alten Bahnhofsgebäudes. Hier kann man die diversen Zugtickets erwerben (s. S. 343), sich Sitzplätze reservieren lassen und findet im selben Raum eine Abteilung des Tourist Information Center (s. S. 326) vor. In der Halle befindet sich zudem die Kunstgalerie Tokyo Station Gallery mit wechselnden Ausstellungen (meist 1100 ¥). Nebenan befindet sich das Tokyo Station Hotel. Sehr beliebt sind die unterirdischen Laden- und Lokalpassagen.

› **Tokyo Station,** Tōkyō Eki, 1-9-1 Marunouchi

An der **modernen Bahnhofseite,** der **Yaesu-Seite** (im Osten), stehen mehrere Bürotürme, u. a. das Tekkō Building, der Sapia Tower und der Trust Tower. Im Gran Tokyo North Tower befindet sich eine 15-geschossige Filiale der Kaufhauskette **Daimaru.** Unterirdisch erstreckt sich eine kleine Stadt mit einer kaum überschaubaren Zahl von fast 200 Lokalen und Läden.

› 1-chome Yaesu

241to-ml

Die traditionelle Bahnhofsfront auf der Westseite verschwindet fast unter den sie umgebenden Glasriesen

Spaziergang 2: Durch Marunouchi

Dieser Spaziergang ist auf der Karte auf S. 26 mit einer blauen Linie eingezeichnet und etwa 4–5 km lang.

Der Rundgang beginnt und endet am ***Tokyoter Hauptbahnhof*** *(5). Wer zwischendurch oder zum Schluss genug vom Zufußgehen hat, kann jederzeit den kostenlosen* ***Marunouchi Shuttle Bus*** *benutzen. Vom Nord-Ausgang des Bahnhofs an der Marunouchi-Seite findet man rechts vor sich den* ***Marunouchi-Oazo-Block.*** *Zu erwähnen ist hier das Bücherkaufhaus* ***Maruzen*** *(s. S. 38), wo im F4 eine große Auswahl an ausländischer Literatur und Büchern zu finden ist. Der Block besteht aus vier Gebäuden. Früher stand hier die Verwaltung der staatlichen, inzwischen privatisierten Japan Railways. Hauptmieter sind neben Maruzen noch das Marunouchi Tokyo Hotel.*

040to-ml

◁ Ein Stück Natur in der Metropole: der Hibiya-Park (6)

Wer den Bahnhofsvorplatz schräg nach links quert, kommt zum ***Shin-Marunouchi Building,*** *das auch als Shin Maru Biru bekannt ist. Im F7 gibt es eine Terrasse, von der aus man einen Blick auf den Bahnhof werfen kann. Im Übrigen ist das Gebäude eine gute Adresse für Shopping und Essen. An der Ecke beginnt die breite Gyoko-dōri in Richtung Kaiserpalast (1). An der Hibiya-dōri [G7] gelangt man geradeaus zum Wadakura-Brunnen.*

Ab hier kann man einen kleinen Umweg zu einer interessanten Kuriosität machen, indem man rechts in die Hibiya-dōri abbiegt und nach zwei Häuserblocks an der Kreuzung, an der rechts die Zentrale der ***Yomiuri Shimbun,*** *einer großen Tageszeitung in Japan, steht, nach links abbiegt.*

Auf der anderen Straßenseite befindet sich die kleine, offene ***Gedenkstätte Masakado-no-kubi-zuka,*** *an der Taira-no-Masakada begraben liegt. Um diesen rankt sich eine kuriose und typisch japanische Geschichte: Nach dem Jahre 900 erhob sich der rebellische Krieger gegen das Kaiserhaus, unterwarf mehrere Provinzen in Kantō (die Ebene, in der das heutige Tokyo liegt), ernannte sich selbst zum Kaiser, fiel aber 940 in einer Schlacht. Sein Kopf wurde zum Beweis seines Todes an den Hof von Kyōto geschickt. Der Legende nach flog der Kopf jedoch, begleitet von Blitz und Donner, zurück zum Grab am Rande der Bucht, um mit seinem Körper wiedervereinigt zu sein. Bis* *heute wagten sich kein Shogūn und keine mächtige Finanzinstitution daran, an diesem Ort zu bauen. Der einst hier vorhandene Schrein wurde jedoch auf das Gelände des Kanda-Myōjin-Schreins* 89 *verlagert. Man erreicht das Grab auch direkt vom U-Bhf. Otemachi (zwischen Ausg. C4/C5). Anschließend biegt man nach links in die Uchibori-dōri ein und folgt ihr zurück zum Brunnen und geradeaus weiter, bis man im kieferbestandenen Park der Imperial Palace Plaza nach rechts zur schon von Weitem sichtbaren* ***Niju-bashi-Brücke*** *mit dem* ***Fushimi-Wachturm*** *abbiegen kann. Dort stößt man meist auf Touristen, die das bekannteste Fotomotiv des Kaiserpalastes selbst knipsen wollen. Zurück an der Hibiya-dōri geht es bis zur Ecke, an der der Palastgraben nach Westen abbiegt, dann über die Harumi-dōri in den* ***Hibiya-Park*** 6*. Gegenüber befinden sich die wuchtigen eckigen Säulen des* ***Dai-ichi Seimei-Gebäudes,*** *nunmehr überragt vom DN Tower 21.*

Hier befand sich nach dem Krieg das Hauptquartier von General MacArthur.

Vom Hibiya-Park kann man nun noch einen schnellen Abstecher in das berühmte ***Imperial Hotel*** *(Teikoku Hotel) machen. Die Arkade im B1 beherbergt Geschäfte, in denen hochwertige Mitbringsel (Antiquitäten, Porzellan, Samuraischwerter u. a.) erworben werden können. Der von Frank Lloyd Wright entworfene Vorgängerbau wurde 1967 – aus heutiger Sicht unverzeihlicherweise – abgerissen. Nur die Fassade blieb erhalten und wurde im Museumsdorf Meiji Mura bei Nagoya wieder aufgebaut. Dabei stammte der Bau aus der Taisho-Zeit (1912–1926). Gegenüber dem Hotel befindet sich das seit seinem Bestehen ungebrochen beliebte* ***Tokyo Takarazuka Theater,*** *in dem alle Rollen, auch die von Männern, von großgewachsenen, attraktiven Frauen gespielt werden. Nebenan steht das Musicaltheater Nissay. Auf dem Rückweg geht man am Peninsula Tokyo Hotel vorbei in die 1,2 km lange Allee der Naka-dōri. Im Kokusai Bldg. gibt es zahlreiche Lokale.*

Wer mittags preiswert essen möchte, findet dort wie auch anderswo im B1 zahlreiche Lokale, in denen mittags Büroangestellte essen gehen, weshalb sie zwischen 12 und 13 Uhr besonders voll sind. Sehr preiswert sind ein Kombini und Tanita Shokudō mit tgl. wechselnden Menüs.

Schräg gegenüber des Gebäudes steht die empfehlenswerte ***JNTO Tourist Information*** *(s. S. 326). Die Angestellten und älteren Freiwilligen dort sind ebenso engagiert wie diejenigen im Bahnhof, aber das Büro schließt pünktlich um 17 Uhr. Man kann hier übrigens kostenlos Kimonos ausleihen und sich/einander damit vor der Tür in der Naka-dōri fotografieren.*

Von hier aus kann man einen Schlenker zum spektakulären ***International Forum*** 7 *machen, wo man an mobilen Ständen mittags günstig essen kann. Zurück in Richtung Naka-dōri gelangt man zu einem rekonstruierten Gebäude aus der Anfangszeit des Viertels, dem* ***Ichigokan*** *mit seiner Galerie und dem attraktiven Innenhof. So sah es früher mal überall in Marunouchi aus. Bevor der Rundgang am Bahnhof zu Ende geht, sei noch ein Besuch im sog.* ***Kitte Bldg.*** *(s. S. 37) empfohlen. Es enthält neben der Hauptverwaltung der Japan Post Läden und Lokale sowie ein kostenloses Naturkundliches Museum der Tokyoter Universität.*

6 Hibiya-Park ★★ [G8]

日比谷公園

Der erste Park im westlichen Stil, gleichermaßen populär bei Verliebten und Angestellten

Der ungefähr 16 ha große Hibiya-Park wurde 1903 als erster Park westlichen Stils auf dem Gelände eines ehemaligen Exerzierplatzes angelegt. Der Park hat viele Gesichter und ist deshalb sehr beliebt. Popkonzerte und andere Veranstaltungen finden hier häufig statt. Es gibt einen **Brunnen, Musikpavillions** und andere Elemente eines westlichen Parks, darunter einen **Tulpen- und Rosengarten.** Das hölzerne Informationshaus für den Park wird als „Deutsches Haus" bezeichnet. Aus den USA kam eine Kopie der Freiheitsglocke und Blüten-Hartriegelbäume als Gegengeschenke für die Sakurabäume am Potomac, aus Italien eine Kopie der die Zwillinge Romulus und Remus säugenden Wölfin, aus Yap ein Stück Steingeld, aus der Antarktis ein Gesteinsbrocken. Auch aus anderen Ländern kamen Skulpturen, Bäume und andere Geschenke. Ein über 400 Jahre alter Ginkgobaum wurde um 450 Meter in den Park verlegt, um nicht dem Straßenbau geopfert werden zu müssen. Eine Bibliothek gibt es auch!

› **Hibiya Kōen,** U: Hibiya, Kasumigaseki

041to-ml

7 Tokyo International Forum ★★ [G8]

東京国際フォーラム

Der beeindruckende futuristische Komplex von Rafael Viñoly wartet mit dem Aida Mitsuo Museum (poetische Kalligrafien des Dichters), Theater, Veranstaltungsräumen, Lokalen u.a. auf. Vor dem Forum stehen mittags in der Allee zwischen den beiden Gebäudeteilen mobile Fastfoodstände, die bei Angestellten sehr beliebt sind. Am 1. und 3. Sonntag im Monat gibt es hier einen großen **Oedo-Antiquitätenflohmarkt** (3-5-1 Marunouchi, www.antique-market.jp, Tel. 6407-6011, zum Nachfragen bei zweifelhaftem Wetter) mit 250 Ständen und rund 50.000 Besuchern. Im Forum steht eine Statue von Ōta Dōkan, dem Gründer von Edo.

› **Tōkyō Kokusai Fōram,** 3-5-1 Marunouchi, Tel. 5221-9000, www.t-i-forum.co.jp/en, JR Yūrakuchō, 1 Min.

Statue des Stadtgründers Ōta Dōkan in der Halle des International Forum

8 Mitsubishi Ichigokan Museum ★ [G8]

三菱一号館美術館

Das **einzige rekonstruierte Gebäude aus der Anfangszeit von „London Town"** – wie das Viertel damals genannt wurde – vermittelt eine Ahnung davon, wie Marunouchi in der Meijizeit aussah. Das ursprüngliche Gebäude war 1894 erbaut worden. Wechselnde Ausstellungen werden angeboten. Es gibt eine kostenlose digitale Galerie, ein Raum mit Ausstellungsstücken aus jener Zeit kann kostenlos besichtigt werden. Der **„Brick Square"** genannte Innenhof mit Brunnen und Skulptur von Henry Moore ist sehr attraktiv und bei Angestellten während ihrer Pausen beliebt. Das gilt auch für das **Café 1894**, in dem es auch Lunchgerichte gibt.

› Mitsubishi Ichigokan Bijutsukan, 2-6-2 Marunouchi, http://mimt.jp, geöffnet: Di.-So. 10-18 Uhr, Eintritt: Ausstellungen meist 1000 ¥, **bis Herbst 2024 geschlossen**, JR Tokyo & Yūrakuchō 5 Min.

› **Café 1894** ¥, Mitsubishi Ichigokan Bldg., Galerie F1, https://mimt.jp/english/cafe1894, **bis Herbst 2024 geschlossen**

EXTRATIPP

Marunouchi Shuttle-Bus

Täglich 10-20 Uhr, Mo.-Fr. 8-10 Uhr nur nördlicher Teil, alle 12-15 Min. entgegen Uhrzeigersinn entlang Daimyokoji und Hibiya-dōri. Genaue Route in der Marunouchi Area Map, erhältlich bei jeder Touristeninformation in Tokyo. Der kostenlose Bus macht eine Runde durch das gesamte Marunouchi-Viertel.

› www.marunouchi.com/en/information/freebus

Kulinarisches

9 [G8] **Antwerp Central** ¥¥, Tokyo Bldg. Tokia B1, 2-7-3 Marunouchi, www.beerbars-japan.com/dbinx/tc-belgian.html, Mo.-Fr. 11-3, Sa., So. 11-23 Uhr, Bar und Restaurant mit gutem belgischen Essen (besonders die Pommes sind lecker), fünf belgische Fassbiere, insgesamt 30 Sorten Flaschenbiere auf Lager.

10 [G8] **Tanita Shokudō** ¥, Kokusai Bldg. B1, 3-1-1 Marunouchi, Mo.-Fr. 11-14 Uhr. Gesunde Mittagsküche für Büroangestellte, tgl. wechselnde Menüs, ca. 1200 ¥.

11 [G8] **Tsukiji Mottainai Project Uoharu** ¥-¥¥, B1, 3-3-1 Marunouchi, Mo.-Sa. 11-14.30, 16-23.30 Uhr. Hier wird Fisch, der frisch ist, sich aber aus ästhetischen Gründen nicht verkaufen lässt, zu schmackhaften Gerichten verarbeitet.

12 [G8] **Yanmo** ¥¥, Shin-Tokyo Bldg. B1, 3-3-1 Marunouchi, Mo.-Sa. 11.30 (Sa. ab 12)-14 und Mo.-Fr. 18-23 Uhr (Sa., So. bis 22 Uhr). Frischer Fisch von der Izu-Halbinsel, besonders gut vom Grill.

Shopping

13 [G8] **Kitte Building**, JP Tower, 2-7-2 Marunouchi, http://jptower-kitte.jp, Mo.-Sa. 11-21, So. 11-20 Uhr, Restaurants bis 23, So. bis 22 Uhr. Der Bau enthält 96 Läden mit Mode, Lifestyle-Produkten und Lokale auf sieben Etagen, im B1 auch eine Touristinfo. Angeschlossen ist ein kostenlos zugängliches Museum mit Exponaten der wissenschaftlichen Sammlung der Tokyo University.

14 [G7] **Marunouchi Bldg.**, 2-4-1 Marunouchi, www.marunouchi.com, das „Marubiru", wie das 36-stöckige Bürogebäude genannt wird, war das erste Gebäude, das höher sein durfte als der Kaiserpalast. Die Fassade des Sockels ist eine Rekonstruktion des

Vorkriegsbaus und enthält Restaurants und Boutiquen.

15 [H7] **Maruzen,** Oazo Bldg. F1–F4, 1-6-4 Marunouchi, Tel. 5288-881, 9–21 Uhr. Großes Bücherkaufhaus mit 1,2 Mio. Büchern, im F4 große Auswahl an fremdsprachlichen, v. a. englischsprachigen Büchern. Viele Bücher zu Tokyo und Japan. Im Oazo Building gibt es Geschäfte, Cafés und Restaurants mit guter, regionaler japanischer Küche.

16 [G7] **Shin-Marunouchi Bldg.,** 1-5-1 Marunouchi, www.marunouchi.com, Geschäfte: Mo.–Sa. 11–21, So. 11–20 Uhr, Restaurants Mo.–Sa. bis 23, So. bis 22 Uhr. Bürohochhaus mit 150 schicken Läden und Lokalen. Die Terrasse auf F7 bietet einen Ausblick auf den Bhf. Tokyo mit Vorplatz.

› Im **B1 und B2 des Bahnhofs Tokyo** 5 gibt es jede Menge Läden, auch Geschäfte für offiziellen Anime- und Film-Merchandise.

Der Kabuto-Schrein neben der Börse Kabutochō in Nihonbashi hat einem Viertel seinen Namen gegeben (s. S. 42)

Nihonbashi und Ningyōchō

日本橋, 人形町

Zentrum der Finanzwelt Japans und nebenan ein vergleichsweise traditionell gebliebenes Viertel, das noch stärker dem früheren Charakter der Shitamachi (Unterstadt) treu geblieben ist

In Nihonbashi („Japan-Brücke"), dem Stadtteil, der als erster dem Meer abgewonnen wurde, ließen sich während der Tokugawa-Herrschaft eine große Zahl von Handwerkern und Händlern nieder. Einige wenige Läden jener Epoche entwickelten sich im Laufe der Zeit zu großen Handelshäusern. Die bekanntesten Namen sind **Mitsui** und **Mitsukoshi**, die Teil des Firmenkonglomerats Mitsui Zaibatsu sind. Beide Firmen haben ihren Hauptsitz in Nihonbashi.

Von der Nihonbashi-Brücke aus wurden und werden die Entfernungen in andere Landesteile gemessen. Am Fluss luden die Fischer früher ihren Fang ab, woraus sich ein Fischmarkt mit 30 Händlern entwickelte, aber erst nach dem Großen Kantō-Erdbeben 1923 (s. S. 306) entstand der weltberühmte Großmarkt in Tsukiji 17.

Der Name **Ningyōchō** bedeutet wörtlich „Puppenstadt", weil dort einst Puppen für die Bunraku-Theater (s. S. 278) hergestellt wurden. Hier befand sich lange Zeit das sehr beliebte Vergnügungsviertel **Yoshiwara** („Schilfebene"). Auf Druck des prüden Shōgunats wurde das Viertel nach dem großen Feuer von 1657 (s. S. 303) aber nicht mehr hier wiederaufgebaut, sondern weiter in den Norden, ins heutige Nord-Asakusa (damals außerhalb der Stadt, s. S. 166) verlegt. Auch die Puppenherstellung wanderte nach Norden, nach Asakusabashi. Dadurch wurde es in Ningyōchō recht ruhig. Jedes Jahr im November findet das Fest **Ningyōchō Matsuri** statt, dann kann man u.a. günstig alte Puppen kaufen.

9 Bank of Japan und Currency Museum ★ [H7]

貨幣博物館

Das historische Gebäude der Bank wurde 1890–1896 vom ersten japanischen Architekten für westliche Gebäude, Tatsuno Kingo, an der Stelle erbaut, an der sich in der Tokugawa-Zeit die Goldmünze befand. Vorbild war das Gebäude der damaligen Reichsbank in Berlin. Das Gebäude kann besichtigt werden.

› 2-1-1 Nihonbashi-Hongokucho, www.boj.or.jp/en/about/services/kengaku.htm, Touren jeden 3. Mittwoch im Monat

Das **Münzmuseum** befindet sich in einem modernen, zur Bank gehörenden Hochhaus gegenüber dem klassischen Gebäude.

Die sehr informative Münzsammlung zeigt die Entwicklung des japanischen Geldwesens bis zur Gegenwart. Auch auf Englisch sind ausführliche Erklärungen verfügbar. Ausländisches Geld wird ebenfalls, aber nur kompakt vorgestellt. Vor Betreten muss für Statistikzwecke ein Zettel ausgefüllt werden (Land, Personenzahl).

› **Kahei-hakubutsukan,** Bank of Japan Annex Building, 1-3-1 Nihonbashi-Hongokucho, www.imes.boj.or.jp/cm/english, U: Mitsukoshi-mae (Hanzomon Line), Ausg. B1, 1 Min.; Ginza Line, Ausg. A5, 2 Min., JR Tokyo Station, Ausg. Nihonbashi Tel. 3277-3037, Di.–So. 9.30–16.30 Uhr, Eintritt: frei

EXTRATIPP

Nihonbashi- und Ningyochō-Shuttlebusse

Metrolink bietet zwei **kostenlose Shuttle** durch Nihonbashi. Die Busse verkehren im Abstand von 10–15 Min. (Nihonbashi) bzw. 22–25 Min. (die gelbe E-Line, macht auch eine Runde durch Ningyochō) an Werktagen zwischen 8 und 18 Uhr, an Wochenenden und Feiertagen zw. 10 und 20 Uhr. Die Haltestellen sind an den roten Metrolink-Logos an den Hauswänden zu erkennen, meist stehen dort Wartende. Netzpläne zum Mitnehmen gibt es im Bus oder bei der Touristeninformation, z. B. im Travel Café der Tokyo Station 5.

Daneben gibt es noch die kleinen **Edo-Busse** mit einer Nord- und einer Südroute, die ein größeres Gebiet abdecken. Die Südroute bedient die Inseln Tsukuda, Tsukishima, Kachidoki, Harumi und die Ginza; die Nordroute ganz Nihonbashi und Ningyochō (www.city.chuo.lg.jp/documents/5222/2022_07_eigomap.pdf, 100 ¥ pro Fahrt, Tagespass 300 ¥).

10 Mitsukoshi Nihonbashi ★ [H7]

日本橋三越本店

Das zweitälteste Kaufhaus der Welt, auch als „Große Alte Dame der japanischen Kaufhäuser" bezeichnet, steht seit 1673 in Nihonbashi. Schon wegen des Alters ist es einen Besuch wert. Es begann einst als **Kimono-Geschäft**, und die Kimono-Abteilung im Mutterhaus ist immer noch beeindruckend, ebenso die für **Kunsthandwerk.** Das 1935 errichtete gegenwärtige Gebäude steht unter Denkmalschutz. Berühmt sind die Bronzelöwen am Eingang an der Nordostecke, die überreich verzierte Statue der *Ma-*

☐ Liste der Karteneinträge Seite 364

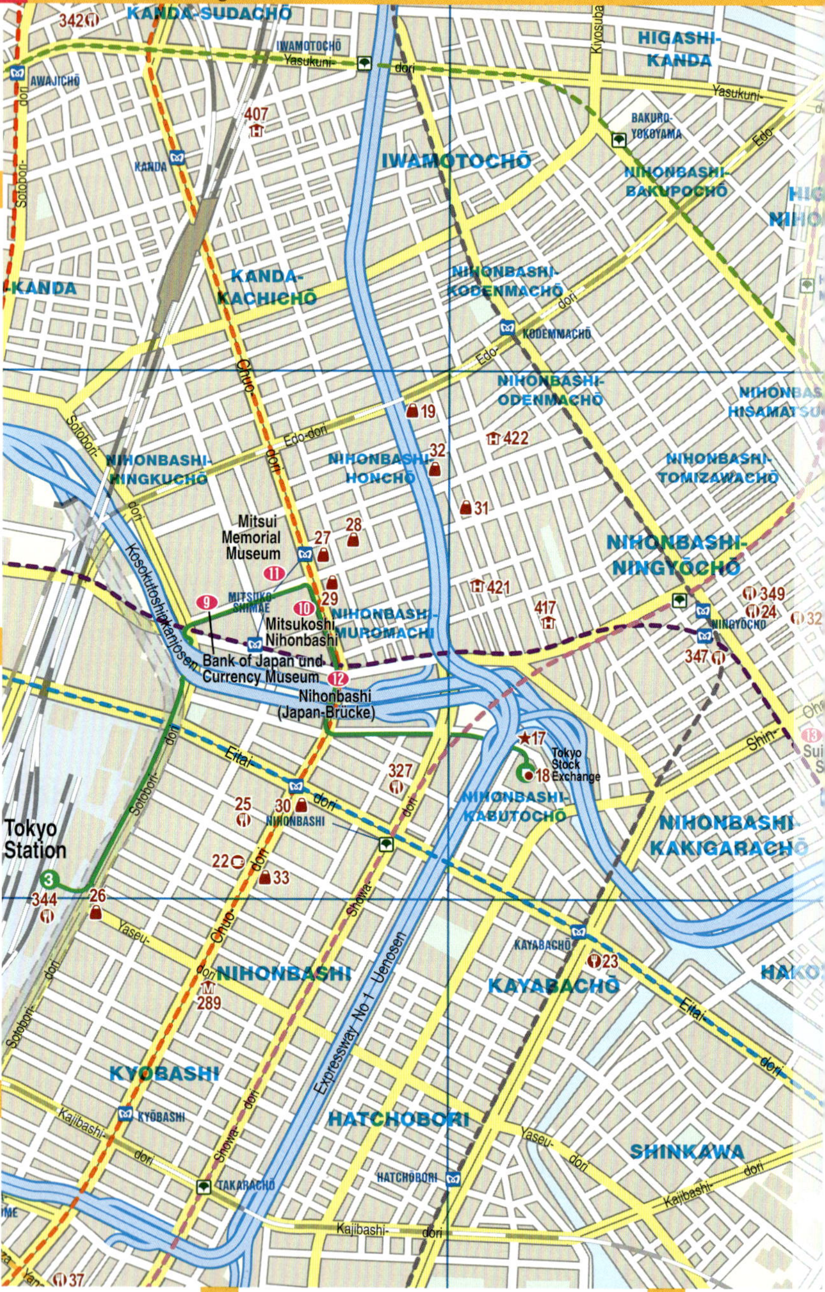

Spaziergang 3: Nihonbashi

Der vorgeschlagene, verhältnismäßig kurze Spaziergang führt mit kleinen Abstechern zu den beiden herausragenden Institutionen der japanischen Finanzwelt, der ***Bank of Japan*** **9** *und der Börse (s. S. 42). Wenn man Lust und Zeit hat, kann man anschließend z. B. entlang der Shin-ōhashi-dōri ins benachbarte, vergleichsweise traditionelle Viertel Ningyōchō gehen, den Schrein Suitengū* **13** *besuchen und durch die Amazake-yokochō und deren Umgebung bummeln. Man wird dabei auf zahlreiche traditionelle Lokale und Läden treffen. Man kann direkt mit der U-Bahn der Hanzomon Line bis zur Sta-*

044to-ml

Die Tokyoter Börse

tion Mitsukoshi-mae fahren und am Ausgang B1 aussteigen oder beginnt am Bhf. Tokyo ❺ und geht von dort zur Yaesu-Seite (nach Osten). Hier kann man im Kaufhaus Daimaru viel Zeit verbringen oder sich in der unterirdischen Stadt der Yaesu Underground Arcade mit ihren Dutzenden Läden und Lokalen verlieren.

Nun geht es nordwärts parallel zum Bahnhof die Sotobori-dori [G9] entlang, wo man die Eitei-dōri und anschließend den Nihonbashi-Fluss unter der Stadtautobahn überquert. Man geht nun direkt auf das historische Gebäude der Japanischen Nationalbank ❾ zu. Gegenüber befindet sich das Bank of Japan Currency Museum ❾. Vom Eingang rechts haltend, gelangt man im nächsten Block zum Hauptgeschäft der Mitsukoshi-Kaufhauskette ❿. Man sollte auf alle Fälle einen Blick hineinwerfen, und zwar von dem von Bronzelöwen flankierten Eingang an der NO-Ecke.

Nebenan befindet sich in der Zentrale des Mitsui-Konzerns das Mitsui Memorial Museum ⓫. Auf der anderen Seite der Chuo-dōri steht eine von mehreren Coredo-Filialen (s. S. 46) mit Geschäften und Restaurants. Erwähnenswert ist der direkt nördlich davon stehende Fukuto-Schrein. Bereits im 8. Jh. gegründet, wurde er mit der Entwicklung des Viertels immer wieder „hin- und hergeschoben“. Jetzt befinden sich unter ihm ein ***Fahrradpark*** *und ein Katastrophenschutzraum. So schaffen es die Schreine, mit der Zeit zu gehen. In Richtung Japan-Brücke ⓬ (südlich) um die Ecke führt eine Seitenstraße zu einer Reihe von Lokalen. Besonders zur Mittagszeit unter der Woche gibt es zusätzliche Foodtrucks und private Stände mit o-Bentō, meist für „one coin“ (500¥). Auf dem Weg zur Brücke kann man über die schmale zweite Straße vor der Brücke (Anjin-dōri) links einen kurzen Abstecher zum Juweliergeschäft Tagawa auf der linken Seite unternehmen. Hier steht am Boden direkt neben dem Laden eine leicht zu übersehende Gedenktafel, die an den Lotsen William Adams, auf Japanisch Miura Anjin, erinnert (s. S. 44). Zurück an der Chuo-dōri sind es nur noch wenige Schritte bis zur berühmten* ***Japan-Brücke Nihonbashi*** ⓬.

Am Ende der Brücke biegt der Weg an der ersten Querstraße nach links ab, führt zum Gebäude der Japan Post (hier stand schon das erste Postamt Japans, das 1871 gegründet wurde) und weiter unter der Stadtautobahn hindurch zu dem kleinen ***Kabuto-Schrein,*** *der diesem Viertel seinen Namen gab. Hier liegt nämlich der Legende nach ein goldener Kriegshelm („kabuto“) begraben. Er gehörte einem vom Kaiser im 11. Jahrhundert beauftragten Krieger, der ihn als Dank an den im Fluss hausenden Drachengott für die Erhörung seiner Bitte um Sieg gegen die Barbaren im Norden der Hauptinsel an dieser Stelle opferte. Gleich auf der anderen Straßenseite steht die* ***Tokyoter Börse.*** *Am Seiteneingang für Besucher geht es hinein. Im sich südlich anschließenden Viertel Kayabacho gibt es eine große Auswahl an Lokalen und preiswerten Bars.*

★17 *[I7]* ***Kabuto-Schrein***

•18 *[I7]* ***Tokyo Stock Exchange,*** *2-1 Kabuto-chō, Nihonbashi, Chūō-ku, Besuchergalerie: Mo.-Fr. 9-16.30 Uhr, www.jpx.co.jp/english/corporate/about-jpx/tour*

gokoro (Göttin der Aufrichtigkeit) in der Haupthalle, die Wurlitzer-Orgel von 1930 auf dem Balkon auf Ebene 2 und das Art-Déco-Theater auf Ebene 6.

› 1-4-1 Nihonbashi-Muromachi, U: Mitsukoshi-mae (Hanzomon, Ginza Line), Tel. 3241-3111, tgl. 10–20 Uhr

Vom B1 besteht Zugang zur Untergrundpassage und zur U-Bahn. Sehenswert ist dort die 17 m lange Bildrolle **„Kidai Shoran"**, deren Original sich im Museum für Asiatische Kunst in Berlin befindet. Sie zeigt den Straßenzug zwischen der Nihonbashi- und Imagawa-Brücke in der Edo-Zeit im Jahre 1805.

11 Mitsui Memorial Museum ★ [H7]

三井記念美術館

Wer sich für japanische Keramik, Porzellan u. a. interessiert, für den lohnt sich ein Besuch dieses attraktiven Museums, das wechselnde Ausstellungen bietet.

› **Mitsui Kinen Bijutsukan,** Mitsui Main Building, F7, Nihonbashi-Muromachi 2-1-1, U: Mitsukoshi-mae, Tel. 5777-8600, www.mitsui-museum.jp/english/english.html, Eintritt: 1000/1300 ¥, G: frei, tgl. 10–17 Uhr (Einlass bis 16.30 Uhr)

KLEINE PAUSE

Nostalgisch speisen

› Das klassische Restaurant **Taimeiken** (s. S. 254) bietet sich für eine Einkehr an – sofern man einen Platz ergattern kann, denn gerade mittags ist es sehr gut besucht. Nebenan (F2, 1-8-3 Nihonbashi-Muromachi) hat der Restaurantbetreiber ein kleines Lenkdrachenmuseum eingerichtet.

043to-ml

12 Nihonbashi (Japan-Brücke) ★ [H7]

日本橋

Die 1603 über den Nihonbashi-Fluss erbaute hölzerne Brücke war der Ausgangspunkt der Gokaidō, der fünf wichtigsten von Edo ausgehenden Fernstraßen: Tokaidō, Nakasendō, Nikkō Kaidō, Ōshu Kaidō and Kōshu Kaidō. Sie war zugleich der Punkt, von dem aus **alle Entfernungen in Japan gemessen** wurden und werden und damit symbolischer Mittelpunkt Japans. Anhand vieler Holzschnitte kann man erkennen, wie die Brücke und die weißen Warenhäuser am Fluss einst aussahen. Die 1911 aus Stein und Metall

Die ehrwürdige Japan-Brücke 12 wird von der Stadtautobahn fast erdrückt. Am unteren Bildrand ist die Nullmarkierung sichtbar.

„Shogun" – der Roman von James Clavell, William Adams und

Shogun ist ein 1975 von James Clavell geschriebener Bestseller, auf dem eine Fernsehserie von 1980 und eine Streaming-Miniserie von 2024 beruhen. Im Roman strandet der Navigator John Blackthorne mit der „Erasmus" an der japanischen Küste und wird gefangen genommen. Fürst Toranaga erkennt sein Potenzial als Experte für Navigation, Bau westlicher Schiffe und als Warner vor dem Einfluss der Jesuiten und der westlichen Kolonialmächte insgesamt; eine Beraterin Toranagas, die christliche Mariko, wird ihm als Lehrerin für das Verständnis Japans zur Seite gestellt. Die beiden gehen eine Affäre ein. Toranaga hat die Macht noch nicht gegen seine Feinde gesichert, erst durch seinen endgültigen Sieg wird er Shōgun.

Der Roman nimmt historische Vorkommnisse um den ersten Tokugawa-Shōgun Ieyasu und den englischen Navigator William Adams (1564–1620) zum Vorbild, der, zunächst in englischen, danach in holländischen Diensten, mit der „Liefde" (früherer Name: Erasmus) 1600 an der Küste der Insel Kyushū strandete (die Gewässer bis dorthin waren von den Spaniern, denen Lateinamerika zugesprochen war, und den Portugiesen, die Afrika und Asien für sich beanspruchten, kontrolliert). Von fünf Schiffen kam nur das von ihm geführte mit wenigen Überlebenden ans Ziel. Er wurde gefangen genommen und von Tokugawa Ieyasu, damals noch Mitglied des Regentschaftsrats, persönlich verhört. Adams' gute Kenntnisse über Schiffe, Schiffbau, Nautik, Astronomie und Mathematik beeindruckten Ieyasu. Nach dessen Sieg in der Entscheidungsschlacht von Sekigahara am 21.Oktober 1600 gegen die Truppen Ishida Mitsunoris wurde er vom Tennō zum Shōgun ernannt. Als solcher erhob er Adams, nachdem dieser 1604 ein 80-Tonnen-Schiff und später ein 120-Tonnen-Schiff in Itō an der Ostküste der Izu-Halbinsel gebaut hatte, als wohl ersten Europäer in den Samuraistand und gab ihm auf der Halbinsel Miura (südlich von Yokohama) ein Gebiet im heutigen Yokosuka als Lehen. Er wurde Berater in Sachen Diplomatie und Handel mit Europäern. Als Protestant war Adams misstrauisch gegenüber Katholiken und hatte Ieyasu vor den Portugiesen, denen Papst Alexander VI. im Ver-

erbaute, von der Stadtautobahn fast erdrückte Brücke im Renaissancestil ist zusammen mit der nahen Kyōbashi (Kyōto-Brücke) die älteste der Stadt. Die Nullmarkierung wird durch eine Bronzescheibe auf der Fahrbahn in der Mitte der Brücke dargestellt, eine Kopie befindet sich an der nordöstlichen Ecke der Brücke. An der Südostseite der Brücke gibt es eine Bootsanlegestelle. Am Fluss bei der Brücke gibt einen Pier für Bootsfahrten, gegenüber an der Südwestseite eine kleine Tourist-Info.

› Nihonbashi 1-chōme

⑬ Suitengū-Schrein ★ [I7]

水天宮

Heute wie damals gehen Schwangere zum Gebet in den Schrein am Südrand von Ningyōchō, der sich heute auf dem Dach des Gebäudes befindet.

die Wirklichkeit

trag von Tordesillas 1494 die halbe Welt, nämlich Afrika und Asien, „geschenkt" hatte, gewarnt, was maßgeblich zum Verbot des Christentums in Japan 1614 und wohl auch zur Abschottung gegen die Außenwelt beigetragen hat. Adams hatte Frau und Kinder in England, durfte das Land jedoch nicht verlassen. Als William Adams wurde er offiziell für tot erklärt und als Miura Anjin („anjin" bedeutet Lotse oder Pilot) „wiedergeboren". Somit konnte er eine japanische Frau heiraten, Oyuki, Tochter des Verwalters des Edo-Schlosses. Ab 1613 arbeitete er mit der englischen Ostindischen Kompanie zusammen und unternahm vom Stützpunkt Hirado nördlich von Nagasaki aus mehrere Handelsfahrten u. a. ins heutige Thailand und Vietnam. Er hatte inzwischen die Erlaubnis erhalten, in die Heimat zurückzukehren. 1620 starb er jedoch - vermutlich an Malaria - in Hirado. Dort steht sein Gedenkstein neben dem von Franz Xaver, dem jesuitischen Missionar. Auf dem Gebiet seines Lehens, auf dem kleinen Berg Tsukayama nahe Yokosuka, befinden sich sein offizielles Grab und das seiner Frau.

Der Name bedeutet „Himmlischer Meerespalast", benannt nach dem von einer Hofdame des besiegten Heike-Clans im 12. Jh. errichteten Schrein in Kurume/Kyūshū, in dem um den Seelenfrieden des jungen Kaisers Antoku und seiner Mutter gebetet wurde.

Die beiden hatten sich nach der Niederlage des Heike-Clans in der Schlacht von Dan-no-ura mit dem Heiligen Schwert in die See gestürzt, in der Annahme, dort den Himmlischen Meerespalast zu finden. Die **Verbindung eines Kindes mit dem Element Wasser** führte zur Überzeugung, dass dieser Schrein besonders für die Bitte um leichte Geburten geeignet sei.

Frauen gehen im fünften Schwangerschaftsmonat traditionellerweise an einem **Tag des Hundes** (nach den chinesischen Tierkreiszeichen) zum Schrein. Dort erhalten sie eine **Baumwollschnur** *(hara-obi)*, die sie um den Bauch binden und bis zur Geburt zum Schutz des Bauches tragen. Der Tag des Hundes wird gewählt, weil Hündinnen üblicherweise problemlos ihre Jungen zur Welt bringen und diese ebenso problemlos aufwachsen. Am 32. Tag nach der Geburt werden Jungen und am 33. Tag Mädchen erstmals dem Schrein präsentiert. Den Namen erhalten die Neugeborenen übrigens am siebten Tag nach der Geburt.

› F2, 2-4-1 Nihonbashi-Kakigarachō

Kulinarisches in Yaesu und Nihonbashi

In der **Yaechika Shopping Mall** findet sich eine ganze Reihe Lokale (bei der Information gibt es Lagepläne), z. B. das Mugimaru in Sotobori 2-dōri (preiswerte Udon-Nudeln). Viele Lokale in Yaesu und Nihonbashi haben sonntags geschlossen.

19 [H7] **Dawn Avatar Robot Café,** 3-8-3 Nihonbashi-Honchō, https://dawn2021.orylab.com/en, Fr.-Mi. 11-19 Uhr. Sehr beliebtes Café, weil hier ferngesteuerte Roboter zur Bestellung und Bedienung eingesetzt werden. Als deren „Piloten" werden gezielt Menschen mit starken körperlichen Einschränkungen eingestellt, die so von zu Hause aus arbeiten können. Reservierung empfohlen, sonst längere Wartezeit.

21 [H7] **Kurobei Yokochō** ¥-¥¥, Tokyo Station Yaesu Nord-Ausg. B1, 1-9-1 Marunouchi. Elegant in schwarz gehaltener Block mit 14 Lokalen und Bars, Lunchmenüs um die 1000 ¥, abends sehr lebhaft.

22 [H7] **Maruzen Café,** Maruzen Tokyu Bldg. F3, 2-3-10 Nihonbashi, tgl. 9.30-20.30 Uhr. Der Gründer von Maruzen, Hayashi-san, hat das Gericht Hayashi Omu-Rice – die Spazialität des Hauses – erfunden. Es ist eine Art jap. Gulasch mit Rindfleisch, Champignons, Omelette und Demi-glace-Soße.

23 [I8] **Nihonshu Stand Moto,** 1-11-7 Nihonbashi-Kayabachō, Mo.-Fr. 15-22.30, Sa., So. 12-21 Uhr. Sake-Stehbar mit 12 Plätzen, dazu kleine Gerichte.

232to-ml

24 [I7] **Ningyochō Imahan** ¥¥¥, 2-9-12 Nihonbashi-Ningyochō, Mo.-Fr. 11-15, 17-22, Sa., So. 11-22 Uhr. Das Restaurant ist bekannt für gutes und teures Sukiyaki und Shabu-Shabu. Es gibt aber auch ein Verkaufsfenster, aus dem heraus preiswerte Snacks, z. B. Sukiyaki-Kroketten, preisgekröntes *karepan* (Currybrot) u. Ä. für um die 200 ¥ bis unter 400 ¥ verkauft werden.

25 [H7] **Otako Honten** ¥, 2-2-3 Nihonbashi (gegenüber dem Bhf. Tokyo Yaesu, Nordausgang in Seitengasse), tgl. 11.30-14 Uhr. Berühmt für Oden, Lunchmenü 670 ¥, entsprechender Andrang!

› **Sasashin** (s. S. 253)

26 [H8] **Yaechika Shopping Mall,** 2-9-1 Yaesu, www.yaechika.com

› **Yamato** (s. S. 264)

Shopping in Nihonbashi

27 [H7] **Coredo Muromachi (1),** 2-2-1 Nihonbashi Muromachi. Einkaufszentrum mit mehreren interessanten Geschäften: Hakuza bietet mit Blattgold bedeckte traditionelle und moderne Gegenstände und Kiya Japan-Küchenmesser, die inzwischen auch bei uns begehrt sind. Ninben verkauft seit über 300 Jahren Katsuobushi (getrockneten Bonito), einer der wichtigsten Bestandteile einer japanischen Brühe. In der Bar gibt es Suppen und Tamagoyaki (Ei) am Stil zum Verkosten. Im B1: Touristinfo mit Café.

28 [H7] **Coredo Muromachi (2),** 2-3-1 Nihonbashi Muromachi. V. a. Delikatessen zum Mitnehmen: Dorobushi bietet Gourmet-Snacks, gelierte Consommés des französischen Restaurants Pérignon in der Ginza,

Im Dawn Avatar Robot Café wird man von Robotern bedient (s. S. 45)

Hakkaisan-Sennen-Kojiya, Lebensmittel, die Reismalz und Reisfermente aus Niigata verwenden inkl. Bar zum Verkosten, Kakiba Hokkaidō Akkeshi frische Austern u. a. Seafood, Nihonbashi Imoya Kinjiro Süßkartoffelgerichte aus Shikoku und Nakasei Fleischgerichte.

29 [H7] **Coredo Muromachi (3),** 1-5-5 Nihonbashi Muromachi. Das Einkaufszentrum beherbergt in den unteren Stockwerken zahlreiche Restaurants und interessante Geschäfte, beispielsweise Claska Gallery & Shop für Inneneinrichtung und Lifestyle (mit Restaurant). Bei Dainippon-ichi gibt es geschmackvolle japanische Souvenirs für die Wohnung in modernem Design, bei Hashicho Essstäbchen und bei Iori kuschelweiche Hand- und Badetücher. Für Bier-Enthusiasten empfiehlt sich der Craft Beer Market mit japanischen Spezialbieren an der Rückseite im F1.

30 [H7] **Haibara,** Nihombashi Tower, 2-7-1 Nihonbashi, Tel. 3272-3801, www.haibara.co.jp, Mo.-Fr. 9.30-17.30, Sa. 9.30-17 Uhr. Haibara verkauft seit 1857 *washi* - handgeschöpftes Japan-Papier in einem an einen Schmuckkasten erinnernden Gebäude.

31 [I7] **Ibasen,** 4-1 Nihonbashi-Kobunachō. Fachgeschäft für japanische Fächer.

32 [H7] **Ozu Washi,** 3-6-2 Nihonbashi-Honchō, Mo.-Sa. 10-18 Uhr, www.ozuwashi.net. Seit 1653 bestehendes Geschäft und Museum für Japanpapier *(washi).* Hier kann man selbst ein Blatt *washi* schöpfen.

33 [H7] **Takashimaya Department Store,** 2-4-1 Nihonbashi. Das Geschäft ist vor allem für japanische Waren bekannt, z. B. Porzellan. Gute, aber nicht gerade günstige Lebensmittelabteilung.

› **Weitere Tipps** bietet die Website www.nihonbashi-tokyo.jp/en/index.html.

Yūrakuchō und Ginza

有楽町　　銀座

Der international bekannteste und, was die Geschäfte betrifft, **eleganteste Stadtteil Tokyos** ist die **Ginza. Yūrakuchō** hat sich hingegen seinen **volkstümlichen Charakter** bewahrt. Der Name Ginza setzt sich aus den Begriffen *Gin* (Silber) und *Za* (Sitz, Zunft) zusammen. Ursprünglich war die Gegend sumpfig und nahe am Wasser der Tokyo-Bucht. Sie gehörte wie Nihonbashi (s. S. 38) zu den **ersten Teilen der Stadt, die ab dem 17. Jh. dem Meer abgerungen wurden.** Zu Beginn ließen sich hier vor allem Handwerker und Künstler nieder. Im Jahre 1612 wurde die Münze der Tokugawa-Herrscher hierher verlegt, daher der Name.

Nach einem der in Edo und Tokyo so häufigen Brände fiel die Ginza 1872 in Schutt und Asche und wurde vom britischen Architekten und Stadtplaner Thomas Waters nach modernen Gesichtspunkten als **„Bricktown"** neu aufgebaut. Über 1000 Gebäude aus Ziegeln wurden errichtet. Die Straßen wurden gepflastert, Weiden *(Yanagi)* angepflanzt, Gaslaternen errichtet. Auch wenn die Menschen zunächst nicht in solchen ungesund anmutenden Steinhäusern leben wollten, strömten sie doch in Scharen herbei, um diesen neuen Stadtteil zu sehen. Tagsüber kamen sie zum Einkaufen, abends flanierten sie durch die beleuchteten Straßen. Und so entstand der Ruf der Ginza als erfolgreiches Geschäftsviertel und - wegen der Gaslaternen - als Zentrum abendlichen Vergnügens.

Zu seiner Attraktivität hatte auch wesentlich beigetragen, dass 1872 die erste japanische Eisenbahnlinie vom inter-

1 cm = 150 m
0
300 m
Mitsubishi Ichigokan Museum
Tokyo International Forum
Hibiya-Park
YURAKUCHŌ
HIBIYA
Nissei Theater
Takarazuka Theater
Theater Creation
GINZA
Ginza Noh Theater
4-(Yon-)chōme-Kreuzung
Kabuki-za-Theater
KYOBASHI
GINZA-ITCHŌME
UCHISAIWAICHŌ
Shimbashi Station
SHIMBASHI
SHIODOME
ADMT Advertising Museum
Shiodome
TSUKIJISHIJŌ
Tsukiji-Fisc Namiyoke-
TSUKIJI
Hama-rikyū
HAMAMATSU CHŌ
DAIMON
Sotobori-dori
Chuo-dori
Showa-dori
Harumi-dori
Shin-Ohashi-dori
Daiichi-Keihin
Hibiya-dori
Uchibori-dori
Atago-dori
Marunouchi Naka-dori
Kajibashi-dori
Ginza Yanagi-dori
Kanni-dori
HIGASHIGINZA
YŪRAKUCHŌ
KYŌBASHI

8
9
10
G
H

NIHONBASHI
KAYABACHŌ
HAKOZAKICHŌ
BASHI
HATCHOBORI
SHINKAWA
SHINTOMI
IRIFUNI
MINATO
AKASHICHŌ
TSUKUDA
TSUKISHIMA
Expressway No 1 Uenosen
Showa-dori
Eitai-dori
Yaseu-dori
Kajibashi-dori
Shin-Ohashi-dori
Harumi-dori
Kiyosumi-dori
Sumidagawa River
Ishikawajima Park
Sumiyoshi-Schrein
Tsukiji Honganji
Tsukiji-Fischmarkt und Namiyoke-Inari-Schrein
Tsukiji-Fischmarkt
KAYABACHŌ
TAKARACHŌ
HATCHŌBORI
SHINTOMICHŌ
TSUKIJI
TSUKISHIMA
KACHIDOKI
289
23
55
16
17
19
57
56
Ueno Station
Kaiserpalast
Shibuya Station
8
9
10
I

nationalen Hafen von Yokohama zum benachbarten Shimbashi führte und dass im ebenfalls benachbarten Tsukiji während der Meiji-Zeit die meisten Ausländer residierten. Der Name **Ginza** wurde gleichbedeutend mit **Einkaufsstraße.** So ist es kein Wunder, dass es Hunderte von Ginzas in Japan gibt. Die eigentliche Ginza ist jedoch nicht eine einzige Straße, sondern ein Viertel mit mehreren großen Geschäftsstraßen und Dutzenden kleinen Gassen.

Westliche Einflüsse in Tokyo fassten zuerst hier Fuß. Das heute nicht mehr existierende Kaufhaus Matsuzakaya war das erste, in das die Käufer eintreten konnten, ohne vorher ihre Schuhe auszuziehen. So bekannte Firmen wie der Kosmetikriese Shiseido und der Uhrenkonzern Seiko begannen in der Ginza. Hier gibt es viele der berüchtigt teuren Clubs für erfolgreiche Geschäftsleute und Politiker mit entsprechendem Spesenkonto, viele der elegantesten Geschäfte und die **größte Ansammlung von teuren Restaurants** und mehr oder weniger teuren Lokalen, die vor allem japanische Küche bieten.

So darf sich die Ginza denn auch als das **Gourmet-Zentrum Japans** empfinden. Jungen Menschen gilt sie jedoch verglichen mit Shibuya oder Shinjuku (s. S. 118) als zu teuer und konservativ. Aber die Ginza, wenn man das so sagen kann, ist stolz auf ihr Niveau. So gibt es **nirgendwo mehr Kunstgalerien als hier.** Auch das klassische Kabuki-za-Theater ⑮ ist ein Muss auf der Liste besuchenswerter Institutionen. Selbst wer nicht auf Shoppingtour gehen will, wird Gefallen an den elegant und künstlerisch dekorierten Schaufenstern finden.

Yūrakuchō schließt sich westlich nahtlos an die Ginza an, ist jedoch weniger elegant als sein östliches Pendant. In der unmittelbaren Nachkriegszeit, als General McArthur im Dai-Ichi Seimei Building am Palastgraben sein Hauptquartier hatte, wimmelte es hier von US-Soldaten und Prostituierten und denen, die mit den GIs kleine oder größere Geschäfte zu machen hofften. Es gab in der Gegend einen großen Schwarzmarkt, geblieben sind sowohl noch zahlreiche volkstümliche als auch gehobene Lokale und für Touristen interessante Einkaufsarkaden. Nicht zu vergessen sind der Theaterdistrikt mit Theatern und Kinos sowie die Einkaufszentren am Yūrakuchō-Bahnhof.

⑭ 4-(Yon-)chōme-Kreuzung ★ [G8]

銀座四丁目交差点

Seit 1932 existiert das Hattori-Gebäude, die **Ikone der Ginza**, in dem die Firma Wakō ein Edelkaufhaus betreibt. Nach dem Krieg nutzten es die Amerikaner als Post. Zusammen mit dem Glaszylinder des San'ai Dream Center gegenüber und der Ginza Plaza mit Nissan- (F1) und Sony-Showroom (F4 & F5) ist dieses Gebäude mit der Kreuzung (auch: Ginza Crossing, genaugenommen Yon-chōme Crossing) zum Symbol der Ginza geworden.

› Ginza Yon-chōme Kōsaten, U: Ginza (Ginza, Hibiya, Marunouchi Line)

⑮ Kabuki-za-Theater ★★★ [H9]

歌舞伎座

Dieses im modifizierten Momoyama-Stil entworfene **Kabuki-Theater** ist das **berühmteste seiner Art** im ganzen Land und verfügt über 2600 Sitzplätze. Kabuki entwickelte sich an diesem Ort zu einer anspruchsvollen und zugleich spektakulären Theaterform.

Fast täglich finden hier Aufführungen statt. Die hintersten Reihen des Balkons sind für Kurzzeitbesucher reserviert, die sich schnell mal einen Akt anschauen oder einen Eindruck von Kabuki bekommen wollen (am besten Opern- oder Fernglas mitbringen). So ein Kurzbesuch dauert 15–40 Min. und kostet 1200–1600 ¥.

Ein Besuch lohnt auch, wenn es kein Programm gibt. Auf Ebene fünf des Kabukiza Tower gibt es einen kostenlos zugänglichen Dachgarten und eine Galerie (Eintritt: 500 ¥), in der man Kostüme und Bühnenzubehör, Videos und anderes ansehen kann. Im B2 gibt es neben der U-Bahnstation Higashi Ginza einen Laden mit Kabuki-Souvenirs und Lokalen.

› 4-12-15 Ginza, U: Higashi-Ginza (Toei Asakusa, Hibiya Line) Ausg. 3, Ginza (Hibiya, Marunouchi Line) Ausg. A6, 5 Min., Tel. 3545-6800, www.kabukiweb.net/theatres/kabukiza
› **Dachgarten und Galerie:** 4-12-15 Ginza, Tel. 3545-6886, tgl. 10–18 Uhr

Galerien

34 [G9] **Ginza Graphic Gallery,** F1, 7-7-2 Ginza, Tel. 5550-1335, https://dnpfcp.jp, Mo.–Sa. 11–19 Uhr. Junge Künstler sowie Drucke und Lithografien großer Meister.

046to-ml

Das Kabuki-za

Kulinarisches

36 [G8] **Cha Ginza,** 5-5-6 Ginza, Di.–So. 11–19 Uhr. Hier gibt es Tee, so wie er für die Teezeremonie zubereitet wird: schaumig geschlagen und zu Pulver zermahlen (Matcha).

35 [H9] **Echigoya Hachikichi,** 4-13-11 Ginza, tgl. 11–15 und 17–23.30 Uhr. Bekannt für preiswerte Menüs mit gegrilltem Fisch für unter 1000 ¥.

37 [H8] **Ginza Hikari** ¥-¥¥, 1-9-12 Ginza, Tel. 3561-0220, Mo.–Fr. 11.30–14.30 u. 17.30–23 Uhr, Sa., So. 17.30–23 Uhr. Preisgünstiges, gutes Seafood-Lokal, gemütliche Atmosphäre nach Art eines Robataya, Spezialität: jahreszeitlicher gegrillter Fisch.

38 [G9] **Ginza Kumasawa** ¥¥, B1, 6-12-15 Ginza (direkt hinter Ginza Six), tgl. 11.30–13.30 und 17–22 Uhr. Günstige Seafood-Lunchmenüs, u. a. Bakudandon – Reis mit Sashimi. Im selben Gebäude: **Ginza Maru** ¥-¥¥, F2, ebenfalls empfehlenswert für gegrillten Fisch.

Kabuki

Kabuki entstand im 17. Jh. und basierte zunächst auf Bunraku-Stücken (s. S. 278). Es wurde anfänglich nur von Frauen, dann von Jünglingen gespielt. Später durften nur noch Männer auftreten, weil sowohl die Frauen als auch die Jünglinge in den Augen der prüden und gestrengen Tokugawa-Shōgune allzu verführerisch wirkten. Bestimmte Rollen werden von einer Generation zur nächsten weitergegeben und bleiben in der Familie. Besonders eindrucksvoll sind die Frauendarsteller („onna-gata"): Selbst Geishas lernten schon von ihnen die perfekten Bewegungen einer anmutigen Frau.

„Ka-bu-ki" bedeutet übersetzt „Gesang-Tanz-Schauspiel" und ist damit so etwas wie das japanische Gegenstück zur klassischen Oper. Es gibt jedoch keine Arien, Duette oder Chöre. Die Begleitmusiker liefern eine Art Gesang. Das Kabuki-za-Theater ⓯ verwendete als erstes Theater die Drehbühne, mit der Szenenwechsel blitzschnell bewerkstelligt werden konnten. Charakteristisch ist auch der „Blumensteg" („hanamichi"), auf dem die Akteure bisweilen durch den Zuschauerraum gehen.

In der Handlung geht es um Helden-, Liebes- und Familiengeschichten. Die Sprache ist altertümlich und für ungeschulte Einheimische schwer zu verstehen, im Kabuki-za kann man aber mittels Kopfhörern der Handlung auf Englisch folgen. Am eindrucksvollsten sind die Tänze. Die Darsteller verharren oft in besonders außergewöhnlichen Posen. Kabuki ist höchst theatralisch, und genau das trägt zur anhaltenden Beliebtheit bei. Komplette Stücke dauern mit Pausen rund fünf Stunden.

39 [G9] **Ginza Lion @ Sapporo Beer Hall** ¥-¥¥, F2, 7-9-20 Ginza, tgl. 11.30–23 Uhr. Westlich-japanische Küche, besonders günstig zum Lunch (Mo.–Fr. bis 15 Uhr). Im Restaurant im F2 sind Salate und Getränke (Kaffee/Tee, Saft) kostenlos, B1 und F1 orientieren sich an Bier und deutscher Küche.

40 [G9] **Kyūsaiko Ginza Corridor** ¥, 7-3-13, F2, New Ginza Bldg. Namiki-dōri, Mo.–Sa. 11.30–7, So. 11.30–23 Uhr, Lunch-Büfett 1100 ¥. Mehr als ein Dutzend Gerichte, unter anderem Mapo Tofu nach Szechuan-Art, Kara-age (frittiertes Huhn) und Chahan (gebratener Reis).

41 [G8] **Nidaime Hachibe** ¥, 1-2-11 Yurakucho, tgl. 16–24 Uhr. Izakaya mit Gerichten aus der Nagano-Region.

42 [G8] **Tempura Abe** ¥, Subaru Bldg. B1 (Zugang per Lift), 4-3-7 Ginza (U: Ginza Ausgang A 10), tgl. 11.30–14 und 17–21 Uhr. Ausgezeichnetes Tempura, sehr günstig zum Lunch: Ten-don- und Kakiage-don-Menü.

Unterhaltung

43 [G8] **High Five,** 26 Polestar Bldg., F4, 5-4-15 Ginza, http://barhighfive.com, Mo.–Sa. 18–2 Uhr. Mehrfach zu einer der 10 besten Bars der Welt gekürt. Besitzer Hidetsugu Ueno gilt als einer der renommiertesten Mixologen. Das Äußere ist hier unwichtig, es wird ernsthaft und präzise gemixt, selbst die Behandlung der Eiswürfel ist bemerkenswert. Empfehlenswert sind die Martinis, White Lady, Bamboo u. a., selbst die

Hot Dogs sind Kult! Cover charge 1000 ¥, Getränke um die 1500 ¥.

44 [G8] **Kuri Sake Bar,** Tony Bldg., F2, 6-4-15 Ginza, Mo.-Do. 18-3, Fr. 18-3.30, Sa. 18-0.30 Uhr, So. und 3. Sa. im Monat geschl. Bar für Sake-Liebhaber, 150 Sorten auf Lager, Gläser zum Verkosten 60 ml, 120 ml und 180 ml, Cover charge.

45 [G9] **Live House Kento's,** Nitta Bldg. F9, 8-2-1 Ginza, U: Ginza, Ausg. C1, 6 Min. zu Fuß, Mo.-Do. u. Sa. 18-2.30, Fr. und vor Feiertagen 18-3, So. 18-23.30 Uhr. Musik Cover 2100 ¥. Hier treten altbekannte Künstler auf und spielen gute alte Musik.

Shopping

Die Ginza ist in gewisser Weise das kommerzielle Zentrum Tokyos und Japans. Anspruchsvolle Konsumenten zieht es unweigerlich hierher. Nicht nur gut situierte Erwachsene, sondern auch jüngere Menschen finden hier ihre Modekaufhäuser wie **Uniqlo & GU, H&M, Abercrombie & Fitch** usw. Die statusbewussten asiatischen Touristen, von denen immer mehr nach Japan strömen, kommen gerade wegen des gehobenen Einkaufsniveaus gern hierher. Direkt an der **Ginza-Hauptkreuzung** steht das Luxuskaufhaus **Wakō**, nebenan das schon von außen sehenswerte Perlengeschäft der Spitzenklasse **Mikimoto** und gegenüber eine große Filiale von **Mitsukoshi** mit guten Lebensmitteletagen im B1, B2 und attraktivem Dachgarten im F9. Das elegante Kaufhaus **Ginza Place** an der Kreuzung mit dem Nissan-Showroom ist ein echter Hingucker. Hier findet im F4 und F5 der Sony Showroom während des Sony-Center-Neubaus eine vorübergehende Heimat. Das Luxuskaufhaus **Ginza Six** erstreckt sich über 19 Etagen, davon sechs unterirdisch.

EXTRATIPP

Ginza-Galerien

Die Ginza weist die größte Konzentration an Kunstgalerien in Tokyo aus. Es sollen 200 bis 300 Galerien existieren, diese sind aber leicht zu übersehen, denn manche befinden sich in Kellern und andere in den oberen Stockwerken. Oft bestehen die Galerien nur aus einem Raum. Manche entdeckt man daher nur zufällig beim Bummeln. Die meisten liegen südwestlich der Harumi-dōri, v. a. im Bereich Ginza 5- und 6-chōme, aber auch in 7-chōme. Eine Auswahl zeigt ein Lageplan, den man im PDF-Format unter www.galleryq.info (Menüpunkt „Access Map & Contact") einsehen und herunterladen kann.

Für Touristen wird es in der Ginza weniger um das Einkaufen gehen als um einen Schaufensterbummel und das Erleben der besonderen Atmosphäre. An Wochenenden und Feiertagen wird die **Ginza-dōri** (Chuo-dōri) zur **Fußgängerzone.** In den TIC (s. S. 326) ist das Faltblatt „Tokyo Official Shopping Map Ginza Marunouchi" erhältlich.

Wer in **Yūrakuchō** und der **Ginza** mehr oder weniger **preiswert** einkaufen möchte, kann dies am ehesten hier tun:

46 [G8] **Ginza 5,** 5-1 Ginza, kleines Einkaufszentrum unter der Stadtautobahn südlich der Harumi-dōri, der F2 ist ein guter Ort für Souvenirkäufe. Auch erschwingliche Antiquitäten; nördlich setzt sich die Straße fort als Nishi-Ginza Department Store mit preiswerter Mode.

47 [H8] **Itōya,** 2-7-15 Ginza, www.ito-ya.co.jp, Mo.-Sa. 10-20, So. 10-19 Uhr. Seit 1904 bestehendes elegantes Hauptgeschäft der Itoya-Kette für stilvolle Schreib- und Bürowaren. Ein Besuch lohnt sich immer.

48 [G8] **Muji,** 3 Chome-3-5, Ginza, www.muji.com. Muji bedeutet *No Name.* Das Geschäft ist trotz des Namens zu einer echten Marke geworden. Es gibt preiswerte, stilvolle Produkte für den Haushalt.

49 [G8] **Tokyu Plaza,** 5-2-1 Ginza, 11–21 Uhr, Restaurants bis 23 Uhr. Spektakulärer Konsumtempel, dessen Äußeres an das geschliffene Kristallglas Edo Kiriko erinnern soll. Erwähnenswert sind F6 und 7 mit der Abteilung „Find Japan". Hier gibt es interessante Lifestyleobjekte aus Japan, die sich gut als Souvenirs eignen.

Erwähnenswerte Spezialgeschäfte

50 [H8] **KitKat Chocolatory,** Oak Bldg. F1/F2, 3-7-2 Ginza (hinter Matsuya), tgl. 11–21 Uhr, Café bis 20 Uhr. Der Schokoriegel ist in Japan mit rund 30 Geschmacksrichtungen (Matcha, Sake, Wasabi, Melone etc.) erhältlich und daher ein sehr beliebtes Souvenir.

51 [G9] **Kōju,** 5-8-20 Ginza, Core Bldg., F4, an der Ginza-Hauptkreuzung. Seit 1580 Hersteller von Weihrauch *(kō),* v. a. für Weihrauchzeremonien, nun allerdings in moderner Umgebung.

52 [G9] **Token Shibata,** 5-6-8 Ginza, Suzuran-dōri, Tel. 3573-2801, tgl. 10–18.30 Uhr. Kleines Fachgeschäft für Samuraischwerter und andere Waffen und Zubehör. In dieser Straße gibt es noch weitere Geschäfte für traditionelles Kunsthandwerk.

53 [G8] **Tokyo Kyūkyodō,** 5-8-6 Ginza, direkt an der Ginza-Hauptkreuzung, tgl. 10–20 Uhr, 3. So. im Monat geschl. Gutes Fachgeschäft v. a. für japanische Schreibwaren und Postkarten. Gute Papierabteilung, Zubehör für Weihrauchzeremonien *(kōdō).*

54 [H9] **Tokyo Pearl,** 6-16-3 Ginza, U: Higashi-Ginza, Tel. 0120 008-670, www.tokyopearl.com/english, Mi.–Mo. 11–19 Uhr. Weniger teuer als Mikimoto. Seit 1959 in der Ginza, große Auswahl.

Tsukiji, Hama-rikyū und Tsukudajima (Tsukishima)

築地

Hier befinden sich auch nach dem Umzug des Großmarkts nach Toyosu der beliebte Tsukiji-Jōgai-Markt 17 *und ein großer Park an der Tokyo-Bucht, dazu das Viertel der ersten Ausländer und ein gemütliches Viertel auf der Insel Tsukudajima.*

An die Ginza schließen sich südöstlich der Tsukiji-Jōgai-Markt und der gleichnamige Stadtteil an. Der weltweit berühmte Großmarkt sollte eigentlich schon 2016 auf die künstliche Insel Toyosu verlegt werden, doch Yuriko Koike, die beliebte Gouverneurin von Tokyo, stoppte kurzfristig den Umzug, da die kontaminierte Erde, auf der der Neubau errichtet wurde, entgegen den Vorgaben nicht abgetragen und mit frischer Erde aufgeschüttet, sondern einfach nur überbaut worden war. Damit hatte auch Tokyo ein Gegenstück zum BER in Berlin. Weder Händler noch Einkäufer wollten je nach Toyosu. 2019 wurde das Gelände aber doch freigegeben und der Großmarkt dorthin verlegt.

Für alle, die etwas mehr Zeit haben, bietet sich auch ein netter Ausflug auf die künstliche Insel **Tsukudajima** an.

Tsukiji bedeutet „errichtetes Land". Der Stadtteil liegt wie alle in der Nachbarschaft auf künstlich aufgeschüttetem Land nahe der Sumida-Mündung. Hier wohnten in der Meiji-Zeit viele Ausländer. Hauptsehenswürdigkeiten sind der nach indischem Vorbild erbaute **Tsukiji Honganji** 16 und der nach dem Umzug des Großmarktes weiter bestehende, quirlige **Tsukiji-Jōgai-Markt** 17 mit Läden, Lokalen und Esständen. Südlich von Tsukiji liegt der großartige Landschaftsgarten **Hama-rikyū** ⑱ direkt an der Tokyo-Bucht.

Der Name der benachbarten Insel **Tsukudajima** rührt von dem Fischerdorf Tsukuda bei Osaka her. Der erste Tokugawa-Shōgun Ieyasu wurde einmal von den Fischern dieses Dorfes in einem Sturm aus Seenot gerettet und lud sie deshalb später ein, sich hier an der Mündung des Sumida niederzulassen. Er gewährte ihnen aus Dankbarkeit die Fischereirechte in der nahen Bucht.

⑯ Tsukiji Honganji ★★ [H9]

築地本願寺

Der indisch anmutende, buddhistische Granittempel Tsukiji Honganji der großen buddhistischen Sekte Jōdo-Shinshu (Honganji-Fraktion) wurde 1934 von Dr. Chūta Itō erbaut. Der Vorgängerbau wurde 1923 beim Großen Kantō-Erdbeben zerstört. Für die Errichtung des Tempelgeländes wurde der Stadtteil Tsukiji einst geschaffen. Das Baumaterial stammte von den verbrannten Resten Edos nach dem Furisode-Feuer von 1657 (s. S. 303). Vor dem Feuer stand der Tempel in der Nähe Asakusas (s. S. 166), durfte dort jedoch nicht wiederaufgebaut werden. Die Statue des Sektengründers Shinran (1173–1263), dargestellt in Form eines Wandermönchs, steht rechts vom Haupteingang. Ito schuf einzigartige Elemente, so erinnert die Fassade an ein Blatt vom heiligen Bodhibaum, in der Mitte eine Lotosblüte. Es gibt farbige Glasfenster und Figuren von Fabeltieren. Im Innern, gerahmt vom golden strahlenden Altarbereich, überrascht eine große Orgel.

Morgens um 7 Uhr findet die Nembutsu Dojo, eine **feierliche Morgenandacht**, statt, an der jeder teilnehmen kann. Danach empfiehlt sich ein Frühstück im angeschlossenen Café **Tsumugi.**

› 3-15-1 Tsukiji, U: Tsukiji (Hibiya Line), Tel. 3541-1131, https://tsukijihongwanji.jp/global/guide, tgl. 6–17.30 Uhr

› **Café Tsumugi**, tgl. 8–18 Uhr

⑰ Tsukiji-Jōgai-Markt und Namiyoke-Inari-Schrein ★★ [H9]

築地場外市場 & 波除稲荷神社

Der Großmarkt für Fisch und Meeresfrüchte, Gemüse und Obst, der von 1935 bis 2018 in Tsukiji bestand, hatte vor allem wegen der frühmorgendlichen Thunfischauktionen Weltruhm erlangt. Er war wohl der größte Fischmarkt der Welt. Jahrhundertelang war er in Nihonbashi angesiedelt. Nach dem Großen Kantō-Erdbeben von 1923 (s. S. 306) wurde er an den heutigen Ort verlegt. Der Markt war nie auf Touristen eingerichtet. Zum

047to-ml

Der Tsukiji-Honganji-Tempel ⑯

Spaziergang 4: Tsukiji

*Der Spaziergang beginnt dort, wo ein Bummel durch die Ginza üblicherweise endet, am Kabuki-za 15. Von dort geht man die Harumi-dōri [H9] unter der Stadtautobahn hindurch bis zur nächsten größeren Kreuzung und findet rechts auf der anderen Seite bereits den **Äußeren Markt** („Jōgai") mit seinem Basar (Seafoodläden und Lokale) vor sich. Links geht es zum Tsukiji-Honganji-Tempel. Da die frühmorgendlichen Thunfischauktionen nunmehr im Fischmarkt von Toyosu 128 stattfinden, bietet sich als Alternative ein Besuch im Tempel zur Morgenandacht um 7 Uhr an und anschließend ein Frühstück im Tempelcafé Tsumugi (s. S. 55) oder im Jōgai-Markt 17.*

*Auch nach der Verlegung des Großmarkts lohnt vormittags ein Besuch des unter ausländischen Gästen extrem beliebten Jōgai-Marktes. Alternativ kann man zunächst den **Hama-rikyū-Park** 18 besichtigen und auf dem Rück- bzw. Weiterweg durch den **Äußeren Markt** (Jōgai) und weiter zum **Tsukiji-Honganji-Tempel** 16 bummeln. Der Hama-rikyū ist vom Bahnhof Shimbashi in gut 5 Min. zu erreichen, der Tsukiji-Jōgai direkt vom U-Bhf. Tsukijishijo (Oedo Line) und der Tempel vom U-Bhf. Tsukiji (Hibiya Line).*

*Vom Tempel gelangt man nach rechts oder links in kurzer Zeit zum Sumida-Fluss und kann von dort auf dem Promenadenweg **Sumidagawa Terrace** in Richtung St. Luke (Sei Ruka) Tower & Garden mit der sehenswerten St.-Joseph-Kirche in neogotischem Stil gehen. Das 1902 als Missionskrankenhaus gegründete St. Luke International Hospital hat immer noch einen ausgezeichneten Ruf, der vor allem dessem langjährigen Chef Dr. Shigeaki Hinohara, der bis zu seinem Tod 2017 im Alter von fast 106 Jahren praktizierte, zu verdanken ist. Der **Sei Ruka Tower** bietet von seinem F47 eine ausgezeichnete Rundumsicht auf die Stadt, vor allem auf die Gegend um die Mündung des Sumidagawa. Im F46 gibt es ein frei zugängliches Fenster. Die volle Aussicht ist den Gästen des Restaurant Luke (s. S. 59) mit Sky Lounge vorbehalten. Man kann hier gut und relativ preiswert in gepflegter Atmosphäre zu Mittag*

048to-ml

und (weniger preiswert) zu Abend essen. Bevor es auf die Insel Tsukudajima weitergeht, kann man einen kurzen Abstecher in den Akatsuki-Park machen, um dort einen Blick auf die Büste des deutschen Arztes ***Philipp Franz von Siebold*** *zu werfen, der in holländischen Diensten als einer der ersten westlichen Besucher das Japan der ausgehenden Edo-Zeit besuchen durfte.*

Über die ***Tsukuda Ōhashi*** *geht es hinüber auf die beiden miteinander verbundenen Inseln* ***Tsukudajima und Tsukishima*** *und weiter nach* ***Harumi*** *mit dem Gelände des Olympischen Dorfs, das nach den Olympischen Sommerspielen von 2021 zum Wohnviertel wurde. Es genügt aber, einen Bummel durch Tsukudajima zu machen: Vom Ende der Brücke führt der Weg links an einem alten Leuchtturm vorbei zum* ***Sumiyoshi-Schrein*** *(19), der für sein jährliches Fest berühmt ist, und durch das traditionell gebliebene Viertel mit seinen kleinen Wohn- und ehemaligen Fischerhäusern, das im Schatten der modernen Hochhäuser der River City 21 steht, um das eine attraktive Uferpromenade führt. Über die Tsukuda-ōhashi-Straße geht es in die beliebte Einkaufsstraße* ***Nishi-Naka-dōri,*** *wo es die zunehmend beliebte, am Tisch zubereitete Spezialität Monja-yaki, eine Art Pfannkuchen (s. S. 258), gibt, dazu die in der japanischen Küche gern verwendete Tsukudani (in Sojasoße und Zucker eingekochte winzige Fische). Hier kann man den Spaziergang an der U-Bahnstation Tsukishima (Oedo Line) beenden.*

◁ Joggerin am Sumida-Fluss

begehrten Ziel von Besuchern wurde er erst mit der weltweit wachsenden Popularität von Sushi, die übrigens nicht direkt von Japan, sondern von den USA ausging, sowie mit der deutlich wahrnehmbaren Zunahme asiatischer, vor allem chinesischer Touristengruppen, die die **Thunfischauktionen** live erleben wollten. Das hat dazu geführt, dass der Besuch der Auktionen reglementiert werden oder ganz unterbunden werden musste. Die Auktionen in Toyosu (128) sind weiterhin von einer besonderen Beobachtungsplattform über dem Auktionsgelände durch Fenster hindurch zu verfolgen. Aber Toyosu wirkt auf Besucher abweisend, das besondere Flair von Tsukiji ging mit dem Umzug verloren.

Bummeln lässt es sich im beliebten, meist vollen Äußeren Markt, dem **Jōgai Shijō**, einem Basar für Seafood und andere Produkte. Hier stehen die Geschäfte der Einzelhändler. Beliebt sind die Sushi-Lokale, das bedeutet aber nicht, dass der Fisch hier billiger ist als anderswo in der Stadt. Frisch ist er auf jeden Fall und man findet noch manches für unter 1000 ¥.

› **Tsukiji Jōgai Shijō,** Tsukiji 4-chōme, U: Tsukijishijo (Toei Oedo Line), Ausg. A1, Tsukiji (Hibiya Line) Ausg. 1, 10 Min. zu Fuß, Mo., Di., Do.–Sa. 5–14 Uhr

Nahebei befindet sich zudem der Namiyoke-Inari. Der beliebte **kleine Schrein** wurde Mitte des 17. Jh. errichtet. Sein Name bedeutet „Schutz gegen Wellen“. Er dient u. a. dem Schutz der Seeleute und für lange, schwierige Reisen, ist aber zugleich so etwas wie der Schutzschrein des Marktes. Beim jährlichen Löwenfest am 8. Juli werden Löwenköpfe durch das Marktgelände getragen.

0500to-ml

Zwei der riesigen, alten, aus der Mitte des 19. Jh. stammenden Köpfe sind noch heute zu sehen. Für den neuen Großmarkt in Toyosu (128) wurde vor Ort ein neuer Schrein errichtet.

› 6-20-37 Tsukiji, Tel. 3541-845

(18) Hama-rikyū ★★★ [G10]

浜離宮恩賜庭園

Dieser 250.000 qm große, **herausragende Landschaftsgarten am Meer** gehörte einst der Tokugawa-Familie (s. S. 302). Er wurde Mitte des 17. Jh. angelegt. Nach der Meiji-Restauration (s. S. 305) wurde er von der kaiserlichen Familie übernommen. Diese schenkte ihn nach Ende des Zweiten Weltkriegs der Stadt, seitdem steht er der Bevölkerung offen. Das Besondere an diesem Garten sind die **mit dem Meer verbundenen Teiche,** die bei Ebbe und Flut ihre Gestalt ändern. Daher gibt es in den Teichen auch Meeresfische. Ein Teil des Parks diente früher der Entenjagd, die Schießstände sind noch vorhanden. Es gibt **mehrere Teehäuser,** eines davon auf einer Insel im Shiori-no-ike. Es kann über Brücken betreten werden. Für 850 ¥ kann man auf der Terrasse Matcha (s. S. 271) und eine japanische Süßigkeit kosten. Es gibt mehrere kleine Hügel, von denen aus früher der Blick weit ins Land reichte, heute allerdings nur noch über den Park und das Wasser der Bucht.

Besucher erhalten kostenlos einen Parknavigator mit auf den Weg (Erläuterungen auf Englisch). Führungen auf Englisch sind Mo. 10.30 Uhr und Di. 11 Uhr möglich. Mit dem Wasserbus kann man, von Asakusa den Sumida-Fluss abwärts fahrend, an der Anlegestelle am Tsukijigawa aussteigen, jedoch nicht mehr zusteigen (s. S. 167).

› **Hama-rikyū Onshi Teien,** 1-1 Hama-rikyu-teien, Haupteingang (Ote-mon): U: Shiodome (Toei Oedo Line, Yurikamome)

Idylle pur im Hama-rikyū-Garten

7 Min. zu Fuß, JR: Shimbashi 12 Min., Mittlerer Eingang (Naka-mon): U: Shiodome 7 Min. zu Fuß, JR: Hamamatsuchoō 15 Min., Wasserbus: direkt am Park, www.tokyo-park.or.jp/teien/en/hama-rikyu, Eintritt: 300 ¥, über 65 Jahre 150 ¥, tgl. 9–17 Uhr

19 Sumiyoshi-Schrein ★ [I9]

住吉神社

Der links der Tsukuda-Brücke gelegene kleine Schrein am Wasser ist dem Schutz der Seeleute geweiht. Auf dem Schreingelände gibt es einen Grabstein des bekannten Ukiyo-e-Künstlers Sharaku und ein Denkmal, das den Bonito-Fischen *(katsuo)* gewidmet ist. Bonito war in der Edo-Zeit der beliebteste Fisch und ist immer noch wichtig für *katsuobushi,* wichtige Zutat für japanische Brühen.

Die Umgebung des Schreins lädt zu einem **Bummel durch die Nachbarschaft** ein, z.B. um die Nordspitze der Insel rund um das Hochhausviertel River City 29 herum.

Alle drei Jahre Anfang August findet das drei Tage dauernde **Schreinfest (Honmatsuri)** statt (das nächste Mal 2026). Dann wird der *o-mikoshi* (s. S. 290) wie früher zum Sumida-Fluss gebracht, heute jedoch nicht mehr zu Fuß, sondern per Boot. Ein anderes bekanntes Fest sind die Mitte Juli abendlich stattfindenden **Gruppentänze** des Bon-Odori (s. S. 290), die hier etwas anders als im restlichen Tokyo gefeiert werden.

› 1-1-14 Tsukuda, U: Tsukishima (Toei Oedo, Yūrakuchō Line, www.sumiyoshijinja.or.jp

> KLEINE PAUSE
>
> **Restaurant mit schöner Aussicht**
>
> Das Restaurant Luke bietet wunderschöne Ausblicke vom F47 des Sei Ruka Tower.
>
> 🍴**55** [I9] **Restaurant Luke** ¥-¥¥, 8-1 Akashichō, www.restaurant-luke.com/restaurant, Mo.–Fr. 11.30–15, 17–22 Uhr. Wechselndes Pasta-Lunch-Set für 1600 ¥, abends Gerichte ab 1200 ¥, Dinner-Menüs ab 8000 ¥.

Kulinarisches

In Tsukiji-Jōgai 17

Der **Markt,** der am besten erst ab 9 Uhr besucht werden sollte, weil vorher die Händler alle Hände voll zu tun haben, ist ein idealer Ort, um Meeresfrüchte und andere Spezialitäten preisgünstig und in kleinen Portionen zu kosten. Aufgrund der vor allem unter ausländischen Touristen ungebrochenen Popularität des Markts ist es jedoch fast immer sehr voll, und es bilden sich vor angesagten Läden lange Schlangen. Inzwischen gibt es mehr Sitzgelegenheiten, sodass man die Snacks nicht unbedingt im Stehen essen muss. Es gibt auch Lokale, in denen man ganze Mahlzeiten bestellen kann.

Besonders beliebte Snacks sind mittlerweile kräftig im Preis gestiegen, aber immer noch bezahlbar. Den unbedingt notwendigen Lageplan der Läden und Lokale („Tsukiji Outer Market Map") gibt es online oder im **Plat Tsukiji Information Center** im Quergebäude, in der zum Namiyoke-Inari-Schrein führenden, gleichnamigen Gasse.

› Eine kleine Auswahl des Angebots: **Aal** (unagi) gibt es bei Tsukiji unagi shokudō, **Austern** bei Nakahara Suisan und Saito Suisan, **Monja-Kroketten** bei Tsukiji korokke, **Tamagoyaki-Omeletts** u. a. bei Tsukiji yamachō und Tsukiji Shōro, **Matcha-Tee** bei Matcha Stand Maruni, **Sashimi** bei Takashin Suisan und **Onigiri** bei Marutoyo.

› **Lageplan:** www.tsukiji.or.jp/assets/pdf/access_map_en.pdf

In Tsukishima

56 [I9] **Monja Kondō Honten** ¥, 3-12-10 Tsukishima, tgl. 17–21.30 Uhr. Monja (s. S. 259) für nostalgische 750 ¥.

57 [I9] **Rojiuramonja** ¥¥, 3-8-10 Tsukishima (in einer Seitengasse), tgl. 11–22 Uhr. Monja aus rund 100 Zutaten, ab 1500 ¥.

Nachschub für den Tsukiji-Jōgai-Markt 17

051to-ml

Shimbashi, Shiodome und Shiba

Shimbashi und Shiba bieten eine **bunte Mischung** aus ultramodernem Stadtviertel, Museen, Parks, Schreinen und Tempeln, dem Tokyo Tower 23 und hervorragenden Ausblicken auf die Tokyo-Bucht und die Stadt.

Shimbashi liegt südwestlich der Ginza (s. S. 47). Am Bahnhof endeten früher die von Süden kommenden Züge. Die erste Eisenbahn in Japan verkehrte ab 1872 zwischen Yokohama und Shimbashi. Die frühere Bedeutung Shimbashis ist gewichen und das Zentrum des Toykoter Shoppinglebens hat sich nordwärts Richtung Hauptbahnhof 5 in die Ginza verschoben. Früher war Shimbashi auch ein Viertel hochklassiger Geishas (s. S. 276). Heute gibt es hier kleine Dienstleistungsunternehmen, Märkte, Einkaufsarkaden und günstige Kneipen.

An der Stelle, an der die erste Eisenbahnlinie in Betrieb genommen wurde, gab es eine 0-Meilen-Markierung auf dem Gelände des früheren Güterbahnhofs. Hier ist das sehr moderne Stadtviertel **Shiodome** („Ort, bis zu dem die Flut reicht") mit Bürohochhäusern, Einkaufszentren, Lokalen, Theatern, Museen, Hotels, der Zentrale von Nihon TV und dem Bahnhof Shiodome entstanden. Viele weitere japanische Unternehmen sind hier ebenfalls vertreten. Die amerikanische Architektenfirma Jorde Partnership war an diesem urbanen Entwicklungsprojekt ebenso beteiligt wie am Bau von Roppongi Hills 57.

Das Viertel **Shiba** wurde früher beherrscht vom Zōjōji 24, dem zweitgrößten Tempelkomplex Edos. Heute gibt es den Tempel zwar immer noch, aber er ist stark verkleinert und umgeben von mehreren Parks. Das Viertel ist auch die Heimat der klassisch-modernen Architekturikone Tokyos, des Tokyo Tower 23.

20 ADMT Advertising Museum ★ [G9]

アド・ミュージアム東京

Das 2002 anlässlich des 100. Geburtstages von Yoshida Hideo, dem vierten Präsi-

Spaziergang 5: Shimbashi und Shiba

Vom Bhf. Shimbashi geht der 4 bis 5 km lange Weg vom Ginza-Ausgang entlang der Showa-dōri zum Nachbau des ersten Bahnhofs Japans, in dem sich ein kleines, kostenloses Museum zur Eisenbahngeschichte mit wechselnden Ausstellungen und ein Ginza-Lion-Restaurant befinden. Früher stand in der Nähe der Nakagin Capsule Tower, eine brutalistische Architektur-Ikone der 1970er-Jahre, der 2022 abgerissen wurde. Wegweiser führen durch das urbane Labyrinth von Shiodome. Das nächste Ziel ist das elegante, vom französischen Architektenbüro Atelier Jean Nouvel entworfene Caretta Shiodome. In diesem Bürohochhaus des Werberiesen Nippon Dentsū gibt es einerseits das kostenlose ADMT Advertising Museum 20 zu besichtigen, andererseits die ebenfalls kostenlose Aussichtsplattform im F46, auf dem es mehrere gute Restaurants gibt (Lift von B1). Im Erdgeschoss ist noch der Panasonic Living Showroom zu erwähnen, der innovative Wohnelektronik zeigt. Vom Royal Park Hotel an der Kanni-dōri sind es nur wenige Meter bis zur Kreuzung Dai-ichi Keihin. Der Bummel führt südlich des Bhf. Shimbashi einige Hundert Meter entlang der Nordseite der Dai-ichi Keihin (Nationalstraße Nr. 15) bis zu einem Family Mart, wo man rechts abbiegt und nach mehreren Hundert Metern geradeaus, vorbei am Jikei Unikrankenhaus (linker Hand), zum Hügel mit dem Atago-Schrein 21 gelangt, der über die berühmte steile Treppe an der Ostseite erreichbar ist. Zum NHK Broadcasting Museum 22 führt vom Straßenniveau ein Lift, von wo aus der Zugang zum Schrein leichter ist als über die Treppe. Von dort führt der Weg nach Süden auf den Shiba-Park zu, mit Tokyo Tower 23, Tokyo Prince Hotel und dem einst mächtigen Zōjōji-Tempel 24. Wer auf eine Auffahrt zu den Besichtigungsplattformen des Tokyo Tower verzichten möchte, kann auch direkt zum Zōjōji gehen. Bei Interesse kann man übrigens am südlichen Ende des Shiba-Parks einen Kofun, uralte Hügelgrabanlagen, besteigen.

Nach dem Besuch des Tempels führt der Weg nach Hamamatsuchō. Hier gibt es einen kleinen, früheren Daimyō-Garten, den Kyu Shiba Rikyū 25. Der Bhf. Hamamatsuchō liegt an der Yamanote-Ringline und am Beginn der Monorail zum Flughafen Haneda. Berühmt ist die Kopie des Maneken Pis am Südende des Yamanote-Bahnsteigs Gleis 3 und 4 Richtung Shinagawa, anders als das Original jedoch mit wechselnder Bekleidung mit jahreszeitlichem Bezug. Der Junge heißt Shoben Kozo und bekommt am 26. jedes Monats neue Kleidung. In der Umgebung des Bahnhofs, wo dieser Spaziergang endet, gibt es viele Lokale und Stehbars.

☐ Liste der Karteneinträge Seite 364

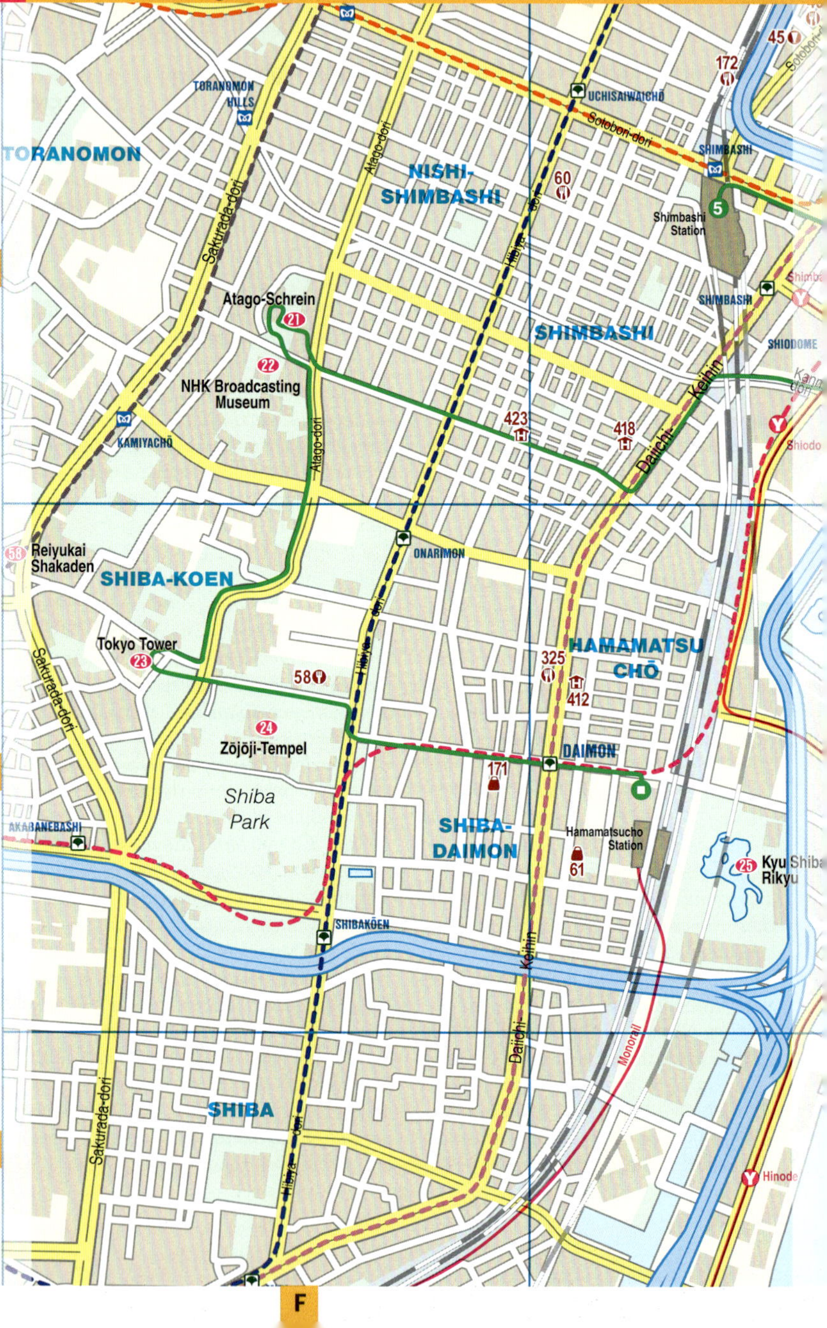

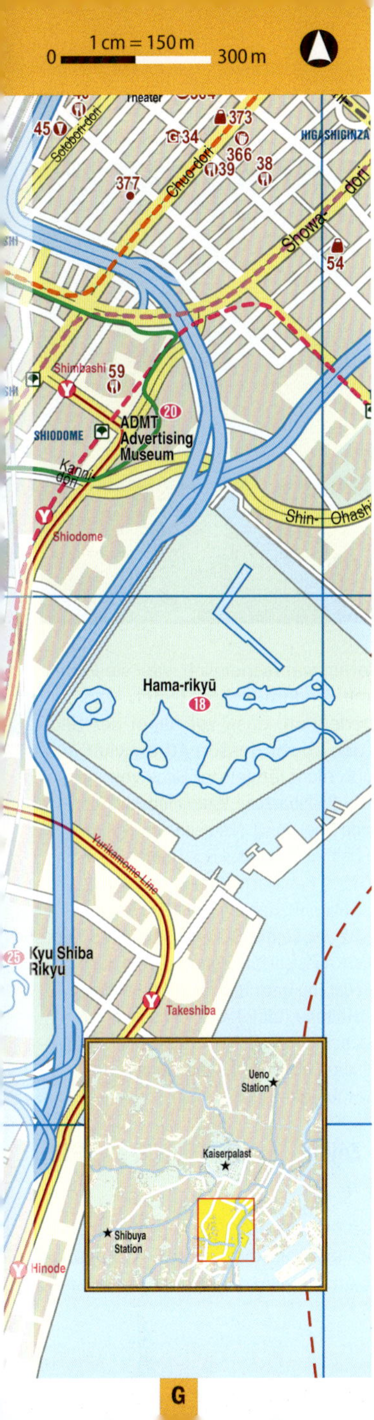

denten der riesigen Werbefirma Dentsū, gegründete **einzige Museum für Werbung in Japan** zeigt die Geschichte der Werbung in Japan, international preisgekrönte Werbekampagnen sowie wechselnde Ausstellungen. 150.000 Werbeanzeigen sind in digitaler Form einsehbar.

› B1 und B2 Caretta Shiodome Gate A, JR: Shimbashi, 5 Min., U: Shiodome (Toei Oedo line), New Transit Yurikamome, www.admt.jp/en/index.html, Eintritt: frei, Di.–Fr. 11–18.30, Sa., So.11–16.30 Uhr

21 Atago-Schrein ★★ [F9]

愛宕神社

Nördlich neben dem NHK Broadcasting Museum 22 steht der Atago-jinja-Schrein (auch: Seishōji) auf dem gleichnamigen Hügel, mit 26 m übrigens höchster natürlicher Punkt Zentral-Tokyos, auf den von der Vorderseite eine **steile Treppe mit 86 Stufen** hinaufführt. Die Treppe ist dafür bekannt, dass in der Edo-Zeit immer wieder einmal Reiter zu Pferde über sie empor- und zum Teil auch hinabgeritten sind.

Der Schrein wurde im Jahr 1603 errichtet und der Gottheit Homusubi-no-Kami geweiht, Beschützer gegen Feuer. Trotz des göttlichen Beistands brannte das Gebäude im Zweiten Weltkrieg ab, wurde jedoch 1948 wiederaufgebaut. Auf dem Gelände gibt es auch einen Benten- und Inari-Schrein und einen mit Booten befahrbaren, **kleinen Karpfenteich.** Wer nicht gut zu Fuß ist, kann den Aufzug zum NHK Broadcasting Museum 22 nebenan benutzen.

› 1-5-3 Atago, U: Kamiyacho (Hibiya Line) 5 Min., Toranomon (Ginza Line) 8 Min., Onarimon (Toei Mita Line) 8 Min., www.atago-jinja.com (jp)

22 NHK Broadcasting Museum ★★ [F9]

NHK 放送博物館

Das Museum wurde 1956 als Erstes der Geschichte des **NHK** (staatlicher japanischer Rundfunk) gewidmetes Museum eröffnet. Auf dem Atagoyama-Hügel wurden ab 1925 zunächst Radiosendungen übertragen. Das Museum mit seinen **20.000 Gegenständen und 7000 Büchern** zeigt die Entwicklung von Radio zu Fernsehen, Satellitenübertragung, HDTV und digitaler Übertragung. Das Museum ist wie der Schrein zu Fuß oder per Aufzug erreichbar.

› **NHK Hōsō Hakubutsukan,** 2-1-1 Atago, U: Kamiyacho Station (Hibiya Line) 5 Min., Toranomon (Ginza Line) 8 Min., Onarimon (Toei Mita Line) 8 Min., Tel. 5400-6900, www.nhk.or.jp/museum/english/about.html, Di.-So. 9.30-16.30 Uhr, Eintritt frei

23 Tokyo Tower ★★ [F10]

東京タワー

Westlich hinter dem Shiba-Park erhebt sich der 1958 errichtete, weithin sichtbare rote Tokyo Tower, das alte, aber immer noch beliebte **Wahrzeichen der Stadt.** Die Eiffelturm-Nachbildung ist mit 333 m um 11 m höher als das Original. Es gibt eine große Aussichtsplattform in 150 m Höhe sowie eine kleinere in 250 m Höhe. Unten befinden sich im Grunde überflüssige und überteuerte Attraktionen, Geschäfte und Lokale. Die seit Jahrzehnten beliebte Touristenattraktion hat nichts von ihrer Anziehung verloren, wahrscheinlich, weil sie Familien mit Kindern einiges bietet. Man sollte bedenken, dass vor allem der Blick auf den Tower dessen Attraktivität ausmacht, nicht länger der Blick von ihm.

› 4-2-8 Shiba-koen, Akabanebashi (Toei Oedo Line), Ausg. Nakanohashi, 5 Min.; U: Daimon (Toei-Asakusa-Line), Ausg. A6, 10 Min., Kamiyachō (Hibiya Line), Ausg. 1, 7 Min., JR: Hamamatsuchō, 15 Min., 9-22 Uhr, Eintritt: 900 ¥ (nur bis zu 150 m, obere Aussichtsplattform in 250m Höhe nur per Top Deck Tour für 2800 ¥ zugänglich (https://tdt.tokyotower.co.jp/de/index.html), Tagesticket für Main Deck 1600 ¥ (Kinder 700/900 ¥), Attraktionen extra, www.tokyotower.co.jp/eng

052to-ml

⌂ *Tokyo Tower – das alte Wahrzeichen Tokyos*

24 Zōjōji ★★ [F10]

増上寺

Diese im Jahre 1393 gegründete, auf Veranlassung des ersten Tokugawa-Shōguns Ieyasu 1598 in das Gelände des heutigen Shiba-Parks ㉕ verlegte Tempelanlage der Jōdo-shu (Lehre vom Reinen Land) war nach dem Kan'eiji 102 im heutigen Ueno-Park der **größte buddhistische Tempelbezirk Edos.** Er war ebenfalls ein Familientempel der Tokugawa und hatte die Aufgabe, den Südwesten Edos vor bösen Geistern und Einflüssen zu schützen. Der Tempelbezirk war 830 Hektar groß, enthielt außer dem Haupt- noch 48 Nebentempel, dazu 150 Schulen und andere Gebäude. Auf dem Gelände lebten 3000 Priester und Novizen.

Das Mausoleum des Tokugawa Hidetaka fiel wie die anderen vier Dutzend Tempelgebäude den Übergriffen der Anhänger des Kaiser Meiji nach dem Ende der Tokugawa-Herrschaft und zuletzt den Bombenangriffen am Ende des Zweiten Weltkrieges zum Opfer. Der große Haupttempel und andere Gebäude wurden wieder aufgebaut, der Zōjōji dient nun wieder als **Seminar für Priester und Novizen.**

Das wichtigste erhaltene Gebäude ist das große, rot lackierte **Eingangstor** *(Sangedatsumon,* besser bekannt als *San-mon)* aus dem Jahre 1622. Der Name bedeutet „Befreiung von den drei Grundübeln Gier, Hass und Dummheit". Es ist im Stil der chinesischen Tang-Dynastie erbaut und enthält Statuen von Buddha mit zwei Bodhisattvas, vier Devas und 16 Schülern Buddhas. Der Torkomplex gilt ebenso wie die beiden zum Mausoleum gehörenden Tore als wichtiges Kulturdenkmal und ist das **älteste erhaltene Holzbauwerk Tokyos.** Früher stand der Tempelbezirk direkt an der Edo-Bucht neben dem Tokaidō.

Die große Glocke im ebenfalls erhaltenen **Glockenturm** *(Daibonsho)* aus dem Jahr 1673 ist die **größte Tempelglocke Ostjapans** und die erste in Edo gegossene Bronzeglocke. Sie ist 3,30 m hoch und 15 Tonnen schwer. Erwähnenswert ist noch die sechseckige, 1605 errichtete **Bibliothek** *(Kyozo)* mit ihren 18.000 Holztäfelchen, die heute sicherheitshalber in einem separaten Gebäude hinter dem Kyozo aufbewahrt werden. Die **Haupthalle** *(Daiden)* ist 1974 wieder aufgebaut worden. Die **Ankokuden-Halle** enthält die seit Jahrhunderten verehrte, weihrauchgeschwärzte goldene Statue des Schwarzen Amida. Sie wird nur noch dreimal im Jahr (15. Januar, 15. Mai, 15. September) öffentlich gezeigt. Hinter der Haupthalle steht das Mausoleum für Ienobu (Daimyō von Kōfu) und die Gräber fünf weiterer Tokugawa-Shōgune.

Der mehrteilige Park **Shiba-Kōen** gehörte früher zum Grundstück des Zōjōji-Tempels. Heute gibt es vom Park nur noch Reste, den Hauptteil nehmen außer dem verbliebenen Tempelgelände Sportanlagen, Parkplätze und das Tokyo Prince Hotel ein.

› 4-7-35 Shibakoen, U: Onarimon (Mita Line), Ausg. A1, 3 Min., Daimon (Asakusa/Oedo Line), Ausg. A6, JR: Hamamatsuchō, 10 Min., Tel. 3432-1431, tgl. 9-20 Uhr

KLEINE PAUSE

Le Pain Quotidien

58 [F10] **Le Pain Quotidien,** 3-1-1 Shiba Koen, U: Onarimon (Toei Mita Line), Daimon (Toei Oedo, Asakusa Line). Idealer Pausenstopp: Produkte der französischen Bäckereikette zum Mitnehmen oder vor Ort Essen. Die Sandwiches und Salate können an großen Gemeinschaftstischen im Freien oder unterm Dach gleich beim Shiba-Park ㉕ verspeist werden.

Die Japanische Eisenbahn – berechtigter Stolz

Die Eisenbahn wurde von der Regierung seit Ende des 19. Jh. konsequent gefördert. Das Schienennetz umfasst mehr als 27.000 km. Die bis dahin staatliche ***Japanese National Railways*** *wurde 1987 privatisiert. Neben den sechs Gesellschaften der Japan Railway (JR), die 20.000 km Schienennetz besitzen, gibt es noch 100 weitere Gesellschaften. Im Ballungsraum Tokyo wird die Bahn mehr genutzt als irgendein anderes Verkehrsmittel.*

Japan ist seit 1964 Pionier der ***Superexpresszüge (Shinkansen),*** *deren schnellste Vertreter bis zu 320 km/h schnell fahren können. Sie gelten als ausgesprochen sicher.*

Die Pünktlichkeit japanischer Züge ist legendär, das gilt besonders für die Shinkansen-Züge. Verspätungen sind dort sehr selten. Außerdem haben sie eine Frequenz, die auf den Kernstrecken die unserer S-Bahnen übertrifft.

㉕ Kyu Shiba Rikyū ★★ [G10]

旧芝離宮恩賜庭園

Der kleine, **aber schöne Daimyō-Garten** stammt wie die anderen berühmten japanischen Gärten Tokyos noch aus der Edo-Zeit. Im Januar 1924 wurde er mit Beginn der Showa-Zeit von der Imperial Household Agency an die Stadt Tokyo übergeben. Der Garten ist klassisch angelegt und bietet einen Teich mit Inselchen (shiori-no-ike-Stil), um den man laufen kann. Ein Dammweg führt über den sogenannten Westsee. Für den Bau der Shinkansen-Bahnlinie mussten 4800 m² des Gartens geopfert werden. Umgeben ist er von Hochhäusern und der Haneda-Monorail.

› Eingang auf der Nordseite, JR: Hamamatsuchō, N-Ausg. 1 Min., Tel. 3434-4029, 9–17 Uhr (Einlass bis 16.30 Uhr), Eintritt: 150 ¥, ab 65 Jahren 70 ¥

Kulinarisches

Im Viertel westlich des Bahnhofs wimmelt es von Lokalen für Salarymen.

› Im **New Shimbashi Bldg.** westlich des Bahnhofs [G9] gibt es im B1 ein gutes Dutzend beliebter Lokale, mit meist günstigem Lunch.

59 [G9] **Fish Bank Tokyo** ¥¥-¥¥¥, F41, Shiodome City Center, U: Shiodome, 1 Min., www.fish-bank-tokyo.jp, tgl. 11.30–15 u. 17.30–21.30 Uhr. Lokal in 215 m Höhe, ausgezeichnetes Seafood frisch vom nahen Fischmarkt, hervorragendes Wagyū-Rindfleisch. 2000 Weine aus aller Welt. Zum Lunch am besten gleich nach 11.30 Uhr kommen, dann ist ein Fensterplatz leichter zu haben.

› **Mihousai** ¥-¥¥¥ (s. S. 253)

60 [G9] **Kamata Nihao Gems Shimbashi-ten** ¥, 2-12-8 Shimbashi, F3, So.–Fr. 11–24, Sa. 11–5 Uhr. Lunch-Menü (chinesische Gerichte) für 500 ¥ bis 15 Uhr (falls nicht vorher ausverkauft).

Shopping

61 [G10] **Meishu Center,** Isoyama Dai-2 Bldg., F1, 2-3-29 Hamamatsuchō (W-Seite, in einer Seitenstraße nahe Ausg. S5, etwas schwer zu finden), Tel. 5405-4441. Im Gegensatz zur Sake Plaza wirkt dieser Laden mit 100 Sorten Sake auf Lager fast gemütlich. Es

World Trade Center Tokyo

*Als das **World Trade Center** 1970 östlich vom Shiba-Park 25 eröffnet wurde, war es das höchste Gebäude Japans. Nun wird das WTC komplett neu gebaut, das neue Gebäude soll 235 m hoch werden und laut Planung im März 2027 fertiggestellt sein.*

› JR Hamamatsuchō, N-Ausg. 1 Min.

gibt ausreichend Sitzplätze, ab 18 Uhr wird es aber voll. Die Besitzerin spricht Englisch. An der Stehbar sind auch Snacks erhältlich. Fr. ab 18 Uhr noch voller.

170 [F9] **Sake Plaza,** Japan Sake Makers Association Bldg., F1 und F4, 1-1-21 Nishi-Shimbashi, U: Toranomon (Ginza line); Uchisaiwaicho (Mita line), www.japansake.or.jp/sake/know/data, Mo.–Fr. 10–18 Uhr. Geräumiger Ausstellungsraum für Top-Marken mit 800 leeren Sakeflaschen als Wanddeko und Broschüren japanischer Erzeuger. Es gibt jeweils rund 30 verschiedene Sake, Shochu und Umeshu zu kaufen, dazu Sakeschalen und Behälter. Verkostung von fünf Sorten nach Wahl 525 ¥, einige Angestellte verstehen Englisch.

171 [F10] **The Tolman Collection,** 2-2-18 Shiba Daimon, www.tolmantokyo.com, Mi.–So. 11–19 Uhr, Drucke, Lithographien, Holzschnitte japanischer Künstler; The Tolman (Private) Collection dient dem Verkauf alten weiß-blauen Imariporzellans, zu Füßen des Atago-Schreins in 3-17-8 Nishi-Shimbashi).

172 [G9] **Oyster Shack (Kakigoya)** ¥, 1-6-1 Uchisaiwaichō, unter den Bahngleisen Richtung Yūrakuchō, zwei Lokale nebeneinander, sehr preiswerte Lunchgerichte, Seafood, auch Lamm.

Takanawa und Shinagawa

Die Gräber der 47 Samurai, Tempel, Schreine, Museen am Beginn des Tōkaidō und ein Eisenbahnknotenpunkt

Südlich von Shiba liegt der Eisenbahnknotenpunkt **Shinagawa.** Gegenüber dem Bahnhof befand sich einst der wichtigste Kontrollpunkt nach Edo, Takanawa-mon: „keine Waffen hinein, keine Frauen hinaus" war die Devise, die Daimyos an Umsturzversuchen zu hindern. Und vor dem Kontrollpunkt in Shinagawa, der ersten Station des Tōkaidō, der über 500 km langen Straße von Edo nach Kyōto und Osaka, gab es Herbergen, Teehäuser und Bordelle wie überall entlang der 53 Stationen des Tōkaidō. Die Bordelle von Shinagawa waren besonders beliebt unter den 3000 Novizen des Zōjōji-Tempels 24 in Shiba, knapp 3 km nördlich. Eine Gedenktafel am Takanawa-Ausgang des Bahnhofs weist auf die erste Bahnlinie hin. Unweit des Bahnhofs Shinagawa mit modernem Einkaufszentrum mit Foodcourt, dem Kaufhaus Ecute und den Intercity-Promenaden an der Konanseite befinden sich im Viertel **Takanawa** einige bekannte große Hotels.

Heute laden mehrere Tempel und Schreine zu einem Bummel durch das Viertel um den kleinen Bahnhof **Kita-Shinagawa** südlich des großen Bhf. Shinagawa ein.

In der Meiji-Zeit hatte sich hier ein größeres Industrieviertel gebildet, von dem heute nur noch das **Hauptwerk von Sony** übrig geblieben ist. Die Industrie hat sich heute ein Stück nach Osten und Südosten an die Bucht verlagert, wo auf neu gewonnenem Land zahlreiche Elektronik- und Maschinenfabriken, die zur Industriezone Keihin (Tokyo-Yokohama) gehören, angesiedelt wurden. Die künstliche Insel **Tennozu Isle** einige Gehminuten östlich von Shinagawa gewinnt zunehmend an Attraktivität: Hier gibt es gute Lokale, Cafés, ein Museum, Skulpturen und Wandbilder.

26 Sengakuji ★★ [E12]

泉岳寺

Dieser der Sōtō-Zen-Sekte gehörende Tempel ist durch die immer noch allen Japanern vertraute Geschichte der **47 Samurai** berühmt geworden, die hier gemeinsam mit ihrem einstigen Herrn, dem **Daimyō Asano Naganori**, bestattet liegen (s. u.). In Kabuki-Stücken und Fernsehdramen wird diese Geschichte „Dai-Chushingura" („Die Geschichte der treuen Gefolgsleute") genannt. Auch heute noch wird sie, vor allem in den Wochen vor Neujahr, aufgeführt.

Der Tempel gehörte der Familie des Fürsten Asano. An die Residenz von Kira Kozukenosuke, dessen Provokation das Drama ausgelöst hatte, erinnert eine Tafel im Sumo-Viertel von Ryōgoku (s. S. 179).

Auf dem **Friedhof** des Tempels, der das Hauptziel der zahlreichen Besucher ist, befinden sich die Gräber des Daimyō und seiner treuen 47 Vasallen. Das erste Grab hinter dem Eingang gehört Asanos Frau, dahinter ruht er selbst. Außen am Weg befindet sich der Brunnen, in dem Kira Kozukenosukes Haupt nach vollzogener Rache gewaschen worden war, bevor man es ans Grab des Herrn legte. Ganz rechts im Friedhof ist das Grab

Die Geschichte der 47 Samurai

Der Daimyō Asano Naganori, Herr von Ako an der Inlandsee, war 1701 am Hof des Shōgun für den Neujahrsempfang des Kaiserlichen Gesandten aus Kyōto zuständig. Kira Kozukenosuke war damals der Protokollchef und hatte den Auftrag, Fürst Asano in die Feinheiten des Empfangsprotokolls einzuweisen. Offenbar triezte er jedoch den jungen Daimyō und erklärte absichtlich nicht alle Einzelheiten korrekt, um ihn bloßzustellen. Als Folge von Kiras Provokation und Arroganz konnte sich Asano nicht länger beherrschen und zog das Schwert gegen Kira, ohne ihn zu töten. Es war aber bei Todesstrafe verboten, das Schwert am Hofe des Shōgun zu ziehen. So musste Asano noch am selben Tag sterben. Er durfte jedoch rituellen Selbstmord („seppuku") begehen. Seine Samurai waren mit seinem Tod natürlich herrenlos („rōnin"). Sie schworen ihrem Herrn Rache, weil Kira ohne Strafe davongekommen war.

Von den Rōnin hatten sich 47 bereit erklärt, ihren Herrn zu rächen. Um nicht aufzufallen, hielten sie ihren Plan geheim und tarnten sich. Am 31. Januar 1703 war es schließlich soweit, Kira wurde getötet. Nach der erfolgreichen Rache blieb auch den Samurai keine andere Wahl, als ebenfalls seppuku zu begehen. Damit konnten sie ehrenvoll dem erwarteten Todesurteil zuvorkommen. Das Volk war darüber entsetzt, konnte aber nichts tun. Auch viele Daimyō waren im Grunde enttäuscht. Im Bewusstsein der Japaner sind die 47 Samurai jedoch als Symbole für Loyalität unsterblich geworden. Der Stoff des Dramas ist auch im westlichen Kino immer wieder verfilmt worden.

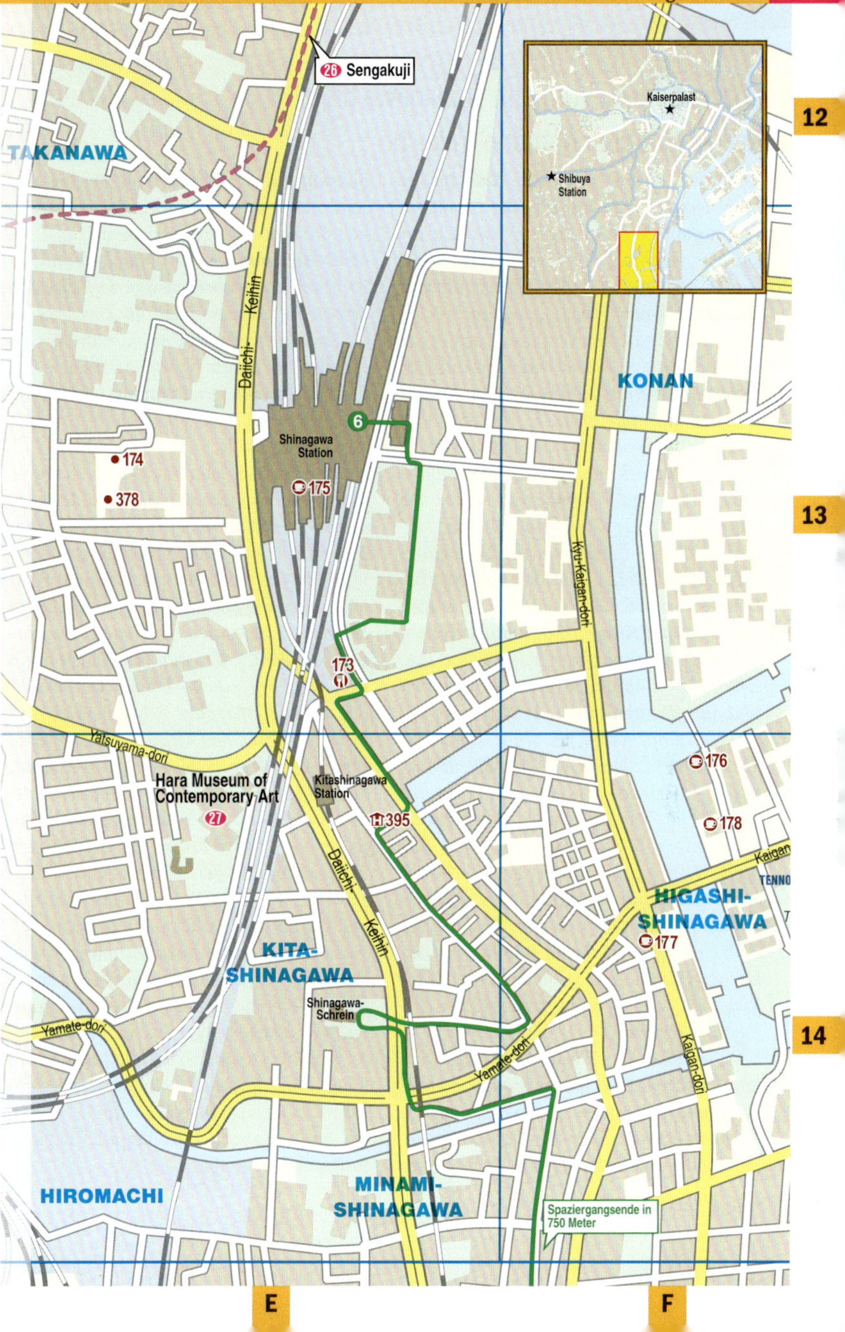
26 Sengakuji
TAKANAWA
Kaiserpalast
Shibuya Station
12
Daiichi-Keihin
KONAN
6
Shinagawa Station
174
378
175
13
Kyu-Kaigan-dori
173
Yatsuyama-dori
Hara Museum of Contemporary Art
21
Kitashinagawa Station
395
176
178
Daiichi-Keihin
Kaigan
HIGASHI-SHINAGAWA
177
KITA-SHINAGAWA
Shinagawa-Schrein
Yamate-dori
Yamate-dori
14
Kaigan-dori
HIROMACHI
MINAMI-SHINAGAWA
Spaziergangsende in 750 Meter
E
F

Spaziergang 6: Vom Bhf. Shinagawa bis Keikyū-Bahnhof Aomono-Yokochō

Auf der O-Seite des Bhf. Shinagawa führt vom Konan-Ausgang die Promenade oberhalb des Shinagawa Central Garden zu verschiedenen Bürotürmen. Fotografen sei besonders der ***Showroom*** *des* ***Canon L Tower*** *(vom Ausgang rechts haltend) empfohlen. Von dort geht es im Zickzack an den Bürotürmen entlang zur Brücke über einen Kanal und der Brücke über die Bahngleise nach Kita-Shinagawa. Von der Brücke ist es nicht weit zum Tennōzu-Unga-Kanal mit den traditionellen Fischer- und Vergnügungsbooten. Bis hierhin hat sich sogar mal ein Wal verirrt, wie eine Erinnerungstafel erklärt. Das Viertel heißt auch* ***Shinagawa-ura.*** *Der Spaziergang lässt sich auch am* ***Keikyu-Bahnhof Kita-Shinagawa*** *beginnen.*

Südlich des Bahnhofs Shinagawa, zwischen den Bahnhöfen ***Kita-Shinagawa*** *und* ***Shin-Bamba,*** *gibt es Wohnviertel mit einigen Tempeln und Schreinen, die an die Zeit erinnern, als hier der Tōkaidō entlangführte. Durch das Viertel verläuft auch die gemütliche Einkaufsstraße* ***Kyū-Tōkaidō*** *(Ehemaliger Tōkaidō) in seiner Originalbreite. Hier befand sich in der Edo-Zeit die Station* ***Shinagawa-juku,*** *die erste Station auf dem über 500 km langen Weg am Pazifik entlang in Richtung* ***Kyōto*** *und* ***Osaka.*** *Vom Kanal gelangt man in westlicher Richtung nach wenigen Metern zum ehemaligen* ***Tōkaidō.***

Wenn man den Tōkaidō ein Stück entlang gegangen ist, kann man vor einer Kreuzung mit Ampel in eine Seitenstraße nach rechts (Shin-Bamba Kitaguchi-dōri) zum erhöht gelegenen ***Shinagawa-Schrein*** *gehen. Auf der anderen Straßenseite der breiten Dai-ichi Keihin erkennen Sie schon den 15 m hohen Hügel des* ***Mini-Fuji*** *links vom Treppenaufgang. Es ist einer von mehreren sog. Fuji-zuka in Tokyo. Sie wurden einst aus Original-Lava und Asche des echten Fuji-san* (149) *geschaffen als Ersatz für die Menschen, die nie zum Berg pilgern konnten. Ungewöhnlich ist der mit Drachen verzierte Torii am Treppenaufgang.*

Vom Schrein geht man über eine ruhige Straße direkt zurück zum Tōkaidō oder an der Nationalstraße südwärts am Bhf. Shin-Bamba (Keikyū Line) vorbei wenige Hundert Meter zum Meguro-Fluss und links am Fluss entlang zum ***Ebara-Schrein*** *zurück am alten Tōkaidō. An diesem aus dem 9. Jh. stammenden Schrein findet Anfang Juni ein lebhaftes Fest statt, bei dem der tragbare Schrein (Mikoshi) mit einem Boot den Meguro-Fluss entlang bis hinunter zum Meer gefahren wird. Schräg südwestlich auf der anderen Seite des Flusses liegt der Zen-Tempel* ***Kaitoku-ji,*** *der einst zu den bedeutendsten Tempeln Edos gehörte. In der Fortsetzung des alten Tōkaidō, die jetzt Shukuba-dōri (Straße der Herbergen) heißt, gelangt man ggf. sogar noch zum* ***Shinagawa-ji,*** *auch Honsen-ji genannt, der dafür bekannt ist, dass er eine der sechs großen Jizo-Statuen Tokyos beherbergt. Er steht gleich beim Keihin-Bhf. Aomono-Yokochō (bis hierhin 4 km ohne Abstecher). Von dort oder ein Stück weiter nordwestlich ab JR Oimachi kann man nach Shinagawa zurückfahren.*

055to-ml

des Anführers der herrenlosen Rōnin, Oishi Kuranosuke, ganz links das seines 15-jährigen Sohnes Yoshikane. Besucher zünden hier gerne Räucherstäbchen an und stellen sie auf die Gräber.

› 2-11-1 Takanawa, U: Sengakuji (Toei Asakusa Line), JR: Takanawa Gateway

27 Hara Museum of Contemporary Art ★★ [E14]

原美術館

In dem vom deutschen Bauhaus beeinflussten Gebäude des Museum of Contemporary Art werden **zahlreiche Gemälde und Skulpturen** aus der Zeit nach 1950 aus Japan, Europa und Amerika in wechselnden Ausstellungen gezeigt. Leider befindet sich das Museum relativ abgelegen in Gotenyama. Bei Zeitmangel bzw. kurzem Tokyo-Aufenthalt kann man es daher auslassen.

› **Hara Bijutsukan,** 4-7-25 Kita-Shinagawa, Kita-Shinagawa (Keikyū Line), 10 Min., Tel. 3445-0651, www.haramuseum.or.jp/en/hara/about, Do.-Di. 11-17, Mi. 11-20 Uhr, Eintritt: 1100 ¥, Kinder 500 ¥

KLEINE PAUSE

Gutes, preiswertes Sushi oder leckere Nudeln

173 [E13] **Marukame** ¥, Keiō-Shinagawa Bldg., F2, im Shinagawa Intercity, 2-17-Kōnan. Hier gibt es Sanuki-Udon-Nudeln, bei denen man sich die Brühe selbst zapft. Die Tempurakrümel, Sesam, Ingwer, grünen Tee und mehr gibt es zur Selbstbedienung.

› **Kura-Sushi** ¥, gleiche Adresse, Mo.-Fr. 11-23, Sa., So. ab 10.20 Uhr. Filiale der beliebten Kaitensushi-Kette.

Blick auf den Sengakuji

Unterhaltung

•174 [E13] **Maxell Aqua Park,** 4-10-30 Shinagawa (im Shinagawa Prince Hotel, Zugang vom Bahnhof), www.aqua-park.jp/en/aqua, tgl. 10–20 Uhr, 2300 ¥. Aquarium mit jährlich 1,5 Mio. Besuchern. Licht und Sound sind mit den Aquarien synchronisiert. Attraktionen sind u. a. ein Quallentank und Mantarochen.

Kulinarisches

175 [E13] **Bar Marché Kodama** ¥, Ecute (innerhalb der Sperren JR Shinagawa, 3-26-27 Takanawa), tgl. 8–11 Uhr (ggf. Terminvergabe bei starkem Andrang; draußen mehr Plätze als an der Bar). Beliebtes Frühstücksmenü mit Wurst und Schinken 500 ¥.

176 [F14] **Breadworks,** 2-1-6 Higashi-Shinagawa, www.tysons.jp/breadworks. Dieses Bäckerei-Café in schöner Lage auf Tenoz Isle bietet leckere Snacks, Sandwiches, Pizzas, Quiches und Salate, nebenan befindet sich das zugehörige T. Y. Harbor mit westlicher Küche und geräumiger Terrasse.

177 [F14] **Terrada Art Complex Café,** 1-32-8 Higashi-Shinagawa, Di.–So. 11–19 Uhr, 44 Plätze, im F1 des Terrada Art Complex II, einem früheren Lagerhaus mit 14 Galerien.

178 [F14] **What Café,** 2-1-11 Higashi Shinagawa, Do.–Di. 10–22 Uhr. Großes Café vom gleichen Betreiber wie das Terrada (s. o.) auf der wenige Minuten entfernten Insel Tennozu. Mit Galerie.

Mini-Fuji (s. S. 70) in Shinagawa

Odaiba

お台場

Auf dieser künstlichen Insel kann man wunderbar seine Freizeit verbringen und shoppen!

Östlich von Shinagawa (s. S. 67) ist auf aufgeschüttetem Land in der Tokyo-Bucht der durch die begehbare **Rainbow-Bridge** [G12] mit dem Festland verbundene und attraktive Stadtteil Odaiba entstanden, mit Hotels, mehreren Einkaufs- und Vergnügungszentren, Museen, einem Messezentrum und manch anderer Attraktion, zu denen bereits die Anfahrt mit dem fahrerlosen **Yurikamome-Transitsystem** ab Bahnhof **Shimbashi** gehört. Bei dieser Fahrt kann man zudem einen Blick über die sehenswerte Brücke werfen.

In jedem der in Odaiba anzutreffenden Einkaufs- und Vergnügungszentren allein kann man leicht und locker Stunden verbringen. An schönen Tagen ist übrigens der Sonnenuntergang vom aufgeschütteten Sandstrand vor dem Shoppingcenter Decks (s. S. 76) aus sehr stimmungsvoll.

› **Anfahrt:** Einfache Fahrt **ab Shimbashi** mit dem fahrerlosen Yurikamome-Transitsystem **nach Odaiba:** 320 ¥, Tagespass 820 ¥, Tagespass für Wassertaxis (ab Hinode Pier) 900 ¥, ein kostenloser Shuttle-Service mit roten Bussen im Viertelstundentakt besteht zwischen den einzelnen Sehenswürdigkeiten. **Odaiba Rainbow Bus** ab JR Tamachi und Shinagawa bietet ebenfalls eine Runde um Odaiba, 210 ¥, Kinder 100 ¥. Erreichbar auch per Toei Bus ab Tokyo Station (sowohl von der Marunouchi- als auch von der Yaesu-Seite) und per Rinkai Line in Verbindung mit Saikyo Line ab Shinjuku, Shibuya und Osaki.

056to-ml

㉘ Fuji-TV-Beobachtungsplattform ★★ [H13]

フジテレビジョン

Die Zentrale von Fuji TV wurde zu **einem der Wahrzeichen von Odaiba.** Einheimische Besucher kommen in Kontakt mit beliebten Sendungen, ein Aufnahmestudio kann von oben eingesehen werden.

KURZ & KNAPP

Daiba – Kanonenstände der Shōgune

Daiba sind Kanonenstände. Ursprünglich wurden 1853, also gegen Ende der 265-jährigen Tokugawa-Herrschaft, sechs Festungen zum Schutz Edos gegen mögliche ausländische Angreifer von der See her erbaut. Daraus entstand ab 1996 die O-daiba genannte große künstliche Insel.

⌃ *Fuji-TV-Zentrale mit der Riesenkugel*

12
13
14
H
Shuto Expressway No 11 Rainbow Bridge
Dai-Roku Daiba
Dai-San Daiba Historical Park
Odaiba Beach Park
Odaiba-kaihinkōen
Freiheitsstatue und Promenade
180
179
DAIBA
Yurikamome Line
Wangan Line
Shuto Expressway
TOKYO TELEPORT
Fuji-TV-Beobachtungsplattform 28
Daiba
181
Aomi
Shiokaze Park
Promenade Park
Fune-no-kagakukan
West Promenade
Miraikan-Technik-Museum
Museum of Emerging Sciences and Innovation 29
AOMI
Tokyo International Cruise Terminal
Telecom Center

EXTRATIPP

Gestrandeter Ozeanriese?
Direkt neben dem Tokyo International Cruise Terminal fällt ein an einen Ozeandampfer erinnerndes Gebäude ins Auge. Das bis dahin hier befindliche Meereskundemuseum Museum of Maritime Science ist seit dem Großen Erdbeben 2011 geschlossen, ein kleiner Nebenbau und das ehemalige Forschungsschiff Soya können jedoch nach wie vor, und zwar kostenlos, besichtigt werden (Spenden erbeten). Weitere Exponate kommen ggf. hinzu.

› **Fune-no Kagakukan,** 3-1 Higashi-Yashio, Di.–So. 10–17 Uhr

Fuji TV beeindruckt vor allem durch seine **Beobachtungsplattform** in einer Riesenkugel. Von der Aussichtsplattform in der Kugel im 25. Stock hat man einen tollen Blick auf die Skyline von Tokyo, Odaiba, Haneda Airport und bei klarer Sicht den Fuji 149. Um zur Plattform zu gelangen, muss man mit den Rolltreppen zur Eingangshalle fahren und gegenüber zu den Liften gehen. Besonders schön ist die Aussicht am Spätnachmittag, zur Dämmerung, bei Sonnenuntergang und Beginn der Abendstunden.

› 2-4-8 Daiba, New Transit Yurikamome, Daiba, 1 Min., Rinkai Line: Teleport Center, Eintritt zur Aussichtsplattform: 500 ¥

29 Museum of Emerging Sciences and Innovation ★★ [H14]

日本科学未来館

Das Museum ist interaktiv konzipiert und präsentiert Fragestellungen der **Zukunftsforschung.** „Was weißt du über die Erde?“ ist eines der Themen, andere

237to-ml

Sonnenuntergang am Strand vor dem Einkaufszentrum Decks Tokyo Beach

drehen sich um Fragen wie „Warum sind wir hier?“, „Wie können wir Wohlstand für alle schaffen?“. Dazu kommen wechselnde Ausstellungen. Ein Museumsbesuch ist ein Pflichttermin für Tokyoter Schulklassen.

› Nippon kagaku miraikan, 2-3-6 Aomi, New Transit Yurikamome: Fune-no Kagakukan, 5 Min., Telecom Center, 4 Min., kostenloser Bay Shuttle auf Odaiba, www.miraikan.jst.go.jp/en, Di.-So. 10-17 Uhr, 620 ¥, G: frei

Shoppingcenter

179 [H13] **Aqua City,** 1-7-1 Daiba, Haltestelle: Daiba, www.aquacity.jp. Etwa 140 Läden und Lokale. Im Rāmen Kokugikan Mai im F5 gibt es sechs Lokale bekannter Rāmen-Ketten aus ganz Japan. Ein beliebtes Fotomotiv ist die zwischen Aqua City und Hilton stehende **Kopie der Freiheitsstatue** (aus den französischen Originalformen gegossen) mit Blick auf die Rainbow-Brücke und die Tokyo-Bucht.

EXTRATIPP

Training für den Ernstfall

Eine Einrichtung, deren Ziel es ist, die Bevölkerung auf die **Folgen von Erdbeben** vorzubereiten, ist die auch Touristen zugängliche Disaster Prevention Experience-Learning Facility, die Teilnehmer schult, die ersten 72 Stunden nach einem verheerenden Erdbeben zu überleben. Hauptsächlich Schulklassen besuchen die Einrichtung. Sie ist eine Ergänzung zu den Life Safety Learning Centers (s. S. 134) der einzelnen Stadtbezirke.

• **182** [J12] **The Tokyo Rinkai Disaster Prevention Park,** 3-6-35 Ariake, www.tokyorinkai-koen.jp/en, tgl. 9.30–17 Uhr, Eintritt frei, auch auf Englisch

180 [H13] **Decks Tokyo Beach,** 1-6-1 Daiba, Haltestelle Odaiba-kaihinkōen, www.odaiba-decks.com/en. Erwähnenswert sind hier das Legoland Discovery Center, eine Filiale von Madame Toussauds und das Arcade-Spiele-Mekka Sega Joypolis, das aber recht teuer ist. Für die beliebtesten Spiele muss man lange anstehen. Sehr reizvoll, vor allem bei Sonnenuntergang, ist die Strandterrasse mit der Anlegestelle der Wasserbusse. Eine kulinarische Besonderheit sind die Varianten der beliebten Tako-Bällchen aus Osaka, die es im „Takoyaki-Museum“ in F4 gibt.

181 [H13] **DiverCity Tokyo Plaza,** 1-1-10 Aomi, Haltestelle Tokyo Teleport (Rinkai Line) oder Daiba (Yurikamome), https://mitsui-shopping-park.com/divercity-tokyo. Große Auswahl an Läden und Lokalen, darunter z. B. der Roboterfiguren-Shop The Gundam Base mit Arcade-Spielhalle und ein Skatepark. Kulinarisch ist die Food Hall Tokyo Gourmet Stadium mit einem guten Dutzend Lokalen zu empfehlen. Vor dem Gebäude steht ein fast 20 m hoher Gundam-Roboter.

Meguro, Ebisu und Daikanyama

Dieser Stadtteil bietet auf den ersten Blick wenig Interessantes für Touristen. Hier findet man keine der für Tokyo so bekannten Attraktionen. Dennoch gibt es in der Umgebung Meguros einige Besonderheiten, die mehr als einen Besuch wert sind. Hier liegen, mitten in der Stadt, zwei **Parks**, die von den übrigen abweichen: östlich des JR-Bahnhofs der Nationalpark für Naturstudien 35, ein Stück praktisch unveränderter Natur der Musashino-Ebene, und südwestlich des Bahnhofs der Waldpark Rinshi-no-Mori 33. Dazwischen gibt es einige **sehr interessante Tempel** westlich des Bahnhofs Meguro und **berühmte Hochzeitslocations** beiderseits des Bahnhofs. Südöstlich stehen die acht Tempel von Osaki und südlich davon liegt ein kleiner, aber attraktiver Park, der Ikedayama-Park. Shirokanedai und Daikanyama sind angesagte Wohnviertel, die dortigen Boutiquen und Lokale orientieren sich an der Kundschaft.

30 Daienji ★★ [C12]

大円寺

Der kleine, **sehenswerte Tempel** der Tendai-Sekte an der Hangstraße Gyōninzaka wurde 1624 vom Yamabushi (Berg-Asketen) Taikai-hōin erbaut.

Verehrt wird hier eine mit Blattgold bedeckte Statue des Yakushi Nyōrai (Medizin-Buddha, Bhaisajyaguru). Der Name der steilen Straße leitet sich von den Asketen ab, die „gyōja-gyōnin" genannt wurden. 1772 brach in diesem Tempel einer der drei großen Brände von Edo aus, der ein Drittel der Stadt wieder einmal in Schutt und Asche legte und 15.000 Todesopfer forderte. „Zur Strafe" durfte der Tempel erst 76 Jahre später wiederaufgebaut werden. Zu sehen sind **519 Statuen** von erleuchteten Schülern *(Arhats)* Buddhas und ihm selbst, die unbekannte Künstler schufen. Keine Statue gleicht der anderen. Weitere Sehenswürdigkeiten sind ein lebensgroßer Shakya-nyōrai (Buddha), eine elfgesichtige Kannon, ein Amida und einer der Glücksgötter, Daikokuten, der Ieyasu ähneln soll.

Einer **Legende** zufolge, die sich um den Tempel rankt, legte der Tempeldiener Kichiza wegen seiner unglücklichen Liebe zu Oshichi, der Tochter eines Gemüsehändlers, Ende des 17. Jh. das Gelöbnis ab, jede zweite Nacht insgesamt 10.000 Mal die 40 Kilometer zwi-

057to-ml

Buddhastatue im Daienji 30

11
12
13
B
C
Kyu Asakura House
38
186
Komazawa-dori
EBISU
Ebisu Station
EBISU
NAKA-MEGURO
EBISU-MINAMI
37
Ebisu Garden Place
Naka-Meguro Park
MITA
KA-MEGURO
Yamate-dori
Ku
365
336
MEGURO
Gyoninzaka
30
Daienji
7
Meguro Station
MEGURO
362
Meguro-dori
294
Tennonzan Gohyaku Rakanji
31
32
Ryusenji (Meguro Fudōson)
SHIMO-MEGURO
33
Rinshi-no-mori-Park
Fudomae Station

schen Daienji und dem Asakusa-Kannon-Tempel 108 hin- und zurückzugehen und dabei unentwegt zu Buddha zu beten. Nach 54 Jahren hatte er es tatsächlich geschafft. Die Menschen, die zunehmend Anteil an seinem Gelöbnis nahmen, unterstützten ihn finanziell. Mit dem empfangenen Geld pflasterte er die Hangstraße und baute die Takobashi-Brücke über den Meguro-Fluss. Seine Angebetete wurde übrigens hingerichtet, weil sie, um ihrem Geliebten nahe zu sein, das neuerbaute Elternhaus angezündet hatte. So hatte sie gehofft, ihm wieder nahezukommen, denn einst hatten sich beide kennen und lieben gelernt, als die Familien eine Weile im Tempel Zuflucht suchen mussten, weil ihr Haus abgebrannt war. Der beiden Liebenden wird im Tempel durch Statuen gedacht.

› 1-8-5 Shimomeguro, JR: Meguro, 5 Min., Tel. 3491-2793

31 Tennonzan Gohyaku Rakanji ★★ [C13]

天恩山五百羅漢寺

Die 305 noch erhaltenen von ursprünglich einmal 536 **Holzfiguren der Arhats** (Rakanji), die in 10-jähriger Arbeit vom Zen-Priester Shōun Genkei Zenji (1648–1710) geschnitzt wurden, gehören zu den **bedeutenden religiösen Kunstschätzen Tokyos.** Ursprünglich standen sie in einem 1695 in Honjo gegründeten Tempel, wo die Zahl der Figuren durch Naturkatastrophen so stark dezimiert wurde, dass sie 1908 an den gegenwärtigen Ort verlegt wurden. Der moderne Betonbau stammt von 1981. Jede der lebendig wirkenden Figuren hat einen anderen Gesichtsausdruck. Fotografieren in der Hal-

Spaziergang 7: Meguro

Der 3–4 km lange Rundgang (ohne Besuch des Rinshi-no-Mori 33) beginnt am JR-Bhf. Meguro (Westseite) [C12]. Man hält sich leicht links und geht in Richtung der schmalen Hangstraße ***Gyoninzaka.*** *Auf halbem Weg liegt links der Tempel* ***Daien-ji*** *30. Am Ende des Gyoninzaka steht links der spektakuläre, architektonisch herausragende Hochzeitspalast* ***Gajo-en*** *mit angeschlossenem Hotel Arco Tower. Ein Besuch lohnt auf jeden Fall. Der Garten hier ist zwar kleiner als der des Happō-en 36, aber dennoch hübsch. Dafür gibt es einen Atriumgarten unter der hohen gläsernen Decke, oben eine 100 m lange Galerie und überall feinstes japanisches Kunsthandwerk. Sehenswert sind selbst die Toiletten im Edo-Stil.*

058to-ml

Am Meguro-Fluss, der mit seinen 800 Sakurabäumen zur Zeit der Kirschblüte selbst zur Attraktion wird, geht es über die Taiko-Brücke nach rechts vorbei an einem schlossartigen Hotelgebäude zur nächsten Brücke (Meguro-Shimbashi) und nach links zur Kreuzung mit der geschäftigen Yamate-dōri. Geradeaus gelangt man nach 150 m zum kostenlos zugänglichen ***Parasitologischen Museum*** *(s. S. 236), das jedoch mit wenigen Ausnahmen nur japanische Erläuterungen aufweist.*

Zurück an der SW-Ecke der Kreuzung steht der bereits 1200 Jahre alte ***Otori-Jinja,*** *wie alle Schreine dieses Namens bekannt für die jährlichen Tori-no-ichi-Märkte im November, auf denen die Glücksbringer „kumade" verkauft werden. Vom Schrein geht es in südlicher Richtung an der Yamate-dōri etwas über 200 m entlang, bis man rechts zum Tempel* ***Banryūji*** *der Jōdo-Sekte abbiegen kann. Im Innern der Haupthalle des 1705 errichteten Tempels steht eine alte Amida-Statue aus der Heian-Zeit. Erwähnenswert sind noch zwei kleine Benten-Statuen in einer Grotte, zu denen man betet, wenn man Erfolg haben möchte, und ein Jizō: Wer ihn mit Puder betupft und dann auch sein eigenes Gesicht bepudert, wird angeblich schöner werden.*

Geht man zurück auf der Yamate-dōri in südlicher Richtung weiter und nach 100 Metern wieder nach rechts, dann links und nochmals rechts, kommt man zum 1658 von Ingen gegründeten Zen-

Die Hangstraße Gyoninzaka [C12]

*Tempel **Kaifuku-ji,** der ursprünglich in Fukagawa stand und nach Überschwemmungen im Jahre 1910 hierher verlegt wurde. Eine 9-stufige Pagode nahe dem Glockenturm soll von der Residenz Takeda Shingens stammen. Der gleichnamige Film von Akira Kurosawa erinnert an diesen Feldherrn.*

*Nebenan steht der ungewöhnliche Tempel **Tennonzan Gohyaku Rakanji** ㉛ mit seinen über 300 lebensechten Statuen der Schüler Buddhas in einem modernen Gebäudekomplex. Vom Rakanji zum nächsten Ziel sind es nur wenige Minuten. Es handelt sich um den für die ganze Umgebung wichtigsten Tempel, den **Meguro Fudōson** ㉜. Von dort gelangt man in wenigen Minuten zum Beginn des weitläufigen Naturparks **Rinshi-no-mori** ㉝. Über das Sträßchen Meguro Fudōson Monzen-dōri, die Haupteinkaufsstraße des Viertels, kann man rechts (SO) zum **Bhf. Fudoson-mae** gehen und zurück nach Meguro fahren.*

Man kann auch auf der erwähnten Straße bis zur Yamate-dōri weitergehen. Rechter Hand sieht man nach der Abzweigung zum Fudōson an einer Ecke den „Krakentempel" Takoyakushi, der angeblich schon 858 gegründet wurde. Der Name stammt von dem zusammen mit dem Gott des Heilens, Yakushi, geschnitzten Kraken („tako"). Nach Überqueren der Yamate-dōri folgt man dem Sträßchen Yanagi-dōri links von einer Daiso-Filiale schräg in Richtung Meguro-Fluss, überquert diesen bei der Meguro-Shimbashi und geht die weniger steile Gonnosuke-zaka-Straße zurück zum Bhf. Meguro. Entlang dieser Straße gibt es zu beiden Seiten Lokale.

le ist nicht gestattet. Auf dem Gelände befinden sich zudem ein Friedhof, eine Halle mit Holzschnitten und andere Objekte der Edo-Zeit. Es gibt das Restaurant Rakantei und das Teehaus Rakanjaya.

› 3-20-11 Shimo-Meguro, JR: Meguro Westausg. 12 Min., Fudomae (Tokyu Meguro Line) 8 Min., Tel. 3792-6751, www.rakan.or.jp (jp), tgl. 9-17 Uhr, Eintritt: 300 ¥

㉜ Ryusenji (Meguro Fudōson) ★★ [C13]

瀧泉寺 目黒不動 裏側

Der Ryusenji ist der **Haupttempel** der Umgebung und war in der Edo-Zeit einer der beliebtesten Tempel. Er wurde um 808 von Jikaku-daishi, dem damaligen Oberhaupt der Tendai-Sekte, gegründet und ist dem Lichtgott Fudō geweiht. Unter dem Shōgun Iemitsu wurde der Tempel auf prachtvolle Weise ausgebaut. Zwei Gebäude haben den Zweiten Weltkrieg unversehrt überstanden: Mae-Fudō-dō (diente eine Zeit lang als Ersatz für die Haupthalle) und links davon Seishi-dō (Halle für Bodhisattva Seishi) unterhalb der Haupthalle.

Aus dem Teich hinter Mae-Fudō-dō entspringen zwei kleine **Wasserfälle:** *onna-daki* (weiblicher Wasserfall) und *otoko-daki* (männlicher Wasserfall). Darunter haben sich seit alters Asketen (Yamabushi) rituell gereinigt.

Die 80 cm große **Fudō-Statue** ist ein Original aus dem Jahre 808. Sie wird jedes Jahr im Januar der Allgemeinheit gezeigt. An der Rückseite der Haupthalle steht draußen eine weiblich anmutende Statue des Dainichi-nyōrai (kosmischer Buddha).

› 3-20-26 Shimo-Meguro, JR: Meguro 20 Min., tgl. 9-17 Uhr

KURZ & KNAPP

Japanische Hochzeiten

Hochzeiten können in Japan eine **teure Angelegenheit** sein, das gilt besonders für die zweistündigen Empfänge in spezialisierten Hochzeitslocations wie Gajo- und Happō-en 36. Man rechne mit etwa 1 Mio. ¥ für 40 Personen, wobei allein das Menü mit 15.000 ¥ p. P. berechnet wird. Beliebt sind **Shintozeremonien** vor Ort für die enge Verwandtschaft vor dem Empfang, zu denen Kollegen, Chefs, Verwandte und Freunde beider Seiten eingeladen werden. Nicht wenige Paare sparen sich die Kosten, wenn sie die Verpflichtungen umgehen können, und heiraten in Hawaii, Europa oder sonstwo, oft auch nach westlichem Muster in einer Kapelle mit Brautkleid, was aber nichts über die Religion aussagt.

33 Rinshi-no-mori-Park ★★ [B13]

林試の森公園

Geht man vom Fudō-Tempel weiter in westlicher Richtung, kommt man nach knapp 300 Metern zum erst 1992 der Öffentlichkeit zugänglich gemachten beliebten **Waldpark** (Tōritsu-rinshi-no-mori-kōen) mit seinen 280 Baumarten. Es lässt sich dort herrlich im natürlich wirkenden Wald spazierengehen. Auch für **Jogger, Radfahrer und Vogelfreunde** ist der Park ideal. Früher diente das Areal der Forstforschung.

› Fudomae (Tokyu Meguro Line)

Unerwartete französische Schlösserarchitektur im Ebisu Garden Place

34 Teien-Kunstmuseum ★★ [C12]

東京都庭園美術館

Auf dem Gelände des Naturparks steht das reizvolle städtische Teien-Kunstmuseum, untergebracht im **einzigen Art-Déco-Gebäude Tokyos**, ursprünglich das Privathaus des Prinzen Asaka (der als General zur Zeit des Nanking-Massakers die Truppen in China befehligte). Es zeigt wechselnde Ausstellungen mit Kunst der 1930er-Jahre. Zur Anlage gehört auch ein attraktiver Garten, auf dessen Rasen es sich herrlich liegen oder lesen lässt.

› Tōkyō-to Teien Bijutsukan, 5-21-19 Shirokanedai, U: Shirokanedai (Namboku Line), Ausg. 1, 4 Min., JR: Meguro Ostausg., 7 Min., Tel. 3441-7176, www.teien-art-museum.ne.jp/en, Di.-So. 9-16.30 Uhr, Eintritt je nach Ausstellung, Senioren jeden 3. Mi. im Monat frei, G: frei

35 Nationalpark für Naturstudien ★★ [D12]

自然教育園

Der sehr schöne, 200 Hektar große Park bietet ein Stück **ursprünglicher Natur der Musashi-Ebene** mit 8000 teilweise bis zu 500 Jahre alten Bäumen sowie Sumpf- und Grasland. Früher lag hier der Garten des Fürsten Matsudaira. In der Meijizeit gab es hier Lagerhäuser für Schießpulver, 1917 gelangte es in kaiserlichen Besitz. Seit dieser Zeit hat sich die Natur erhalten, ein Unikum mitten in Tokyo.

Um Gedränge zu vermeiden, erhält jeder Besucher beim Betreten eine Marke und gibt sie beim Verlassen wieder ab (es gibt nur 300 Marken). Am Eingang gibt es ein Informationszentrum (Institute for Nature Study, National Science Museum).

› Shizen-kyoiku-en, 5-21-5 Shirokanedai, U: Shirokanedai (Namboku Line) 4 Min., JR: Meguro Ostausg. 7 Min, Tel. 3441-7012, www.ins.kahaku.go.jp, Di.-So. 9-16.30/17 Uhr, letzter Einlass 16 Uhr, Eintritt: 320 ¥, über 65 frei, G: 100 ¥ günstiger

36 Happō-en ★★ [D12]

八芳園

Der Happō-en ist ein **Hochzeitspalast** im japanischen Stil **mit sehenswertem Garten** aus dem 17. Jh. Der Name bedeutet „Garten der acht Ansichten"; der Garten – die Hauptattraktion des Happō-en – stammt noch aus der Edo-Zeit und enthält bis zu 500 Jahre alte Bäume. Er ist fünf Hektar groß und lädt zu jeder Jahreszeit zu einem Spaziergang ein. In ihm gibt es alte Teehäuser, Steinlaternen, sogar einen Schrein. Man kann an einer Teezeremonie teilnehmen, Lunch im Garten einnehmen oder einfach nur die Umgebung von einem der Teehäuser genießen – oder aber auch hervorragend essen und den Hochzeiten zusehen.

› 1-1-1 Shirokanedai, U: Shirokanedai (Namboku Line), JR: Meguro Westausg. 10-15 Min., Shinagawa 15-20 Min., Tel. 3443-3111, www.happo-en.com/english/garden

37 Ebisu Garden Place ★★ [C11]

Eine der beliebten **modernen Mikrostädte** Tokyos. Das Dutzend an Gebäuden in der Nähe des JR Bhf. Ebisu (erreichbar mittels überdachtem Walkway mit Laufbändern) beherbergt Lokale, Geschäfte, ein Theater für Freunde des K-Pop (koreanische Boygroups), ein französisches Restaurant mit drei Michelinsternen und zwei Museen, eines davon dem Yebisu Bier gewidmet: Früher stand hier die gleichnamige Brauerei. Das beliebte Fotografiemuseum **Tokyo Metropolitan Museum of Photography** bietet auf mehreren Etagen des Ebisu Garden

060to-ml

Bier ist nicht gleich Bier – japanische Biersorten als Reaktionen auf Besteuerung

Bier ist mit einem Marktanteil von zwei Dritteln das populärste japanische alkoholische Getränk. Das erste Bier kam mit holländischen Seefahrern im 17. Jh. nach Japan. Diese tranken es jedoch nur untereinander. Gebraut wurde das erste Bier durch deutsche Bierbrauer ab Beginn der Meiji-Zeit. Die bekanntesten Marken sind heute Asahi, Kirin, Sapporo (denen auch Yebisu gehört) und Suntory. Lager ist die häufigste Biersorte. Die Besteuerung von Bier ist vergleichsweise hoch.

Deshalb wird häufig das viel niedriger besteuerte und daher günstigere Happōshu getrunken, das bewusst einen niedrigeren Malzgehalt hat und auch Zusätze wie Kartoffelstärke, Mais, Reis, Zucker u. a. enthalten darf. Erst ab 50 % Malzgehalt darf der Begriff Bier verwendet werden. Es gibt sogar malzfreie Biergetränke („dai-san no biru") aus Soja und anderen Zutaten, weil diese noch geringer besteuert werden. Allerdings soll die Steuer zugunsten des herkömmlichen Biers bis 2026 angepasst werden.

Mikrobrauereien, die nur geringe Mengen produzieren, heißen „Jibiiru" (wörtl. „örtliche Biere", also Craftbier). Es gibt über 200 Mikrobrauereien, die es gegen die Konkurrenz der großen schwer haben, aber von Kennern geschätzt werden - trotz des wesentlich höheren Preises.

211to©Agustin A, stock.adobe.com

Place fast dauerhaft mehrere Ausstellungen gleichzeitig. Das Programm und die Eintrittspreise erfährt man auf der Website. Lohnend ist die Auffahrt zu den Restaurantetagen „Top of Ebisu" mit guter Aussicht nach Westen (Fuji) und Norden (Shinjuku-Wolkenkratzer) aus F39. Für die kleine Pause eignet sich der große *Famima* (Family Mart kombini) im F1 gleich bei den Liften.

Auf dem Gelände des populären heutigen Yebisu Garden Place wurde 1887 die erste, auf deutsche Braukunst basierende Brauerei eröffnet. Sie nannte sich nach dem Stadtteil Ebisu in der damals üblichen englischen Schreibweise Yebisu. Dieser Name besteht bis heute, und das Bier hat einen ausgezeichneten Ruf. Yebisu gehört allerdings inzwischen der Sapporo Brauerei. Das **Beer Museum Yebisu** wurde zum 120-jährigen Bestehen der Brauerei eröffnet. Die Ausstellungshalle des Museums ist kostenlos zugänglich. Man kann auch ohne Führung Bier und Snacks verzehren. Dazu besorgt man sich Yebisu-Jetons à 400 ¥, die jeweiligen Kosten werden am Automaten angegeben.

› **Beer Museum Yebisu,** 4-20-1 Ebisu, JR: Ebisu Ostausg., 5 Min. (Zugang über Laufband), Tel. 5423-7255, www.sapporo-beer.jp, tgl. 11-19 Uhr, letzte Führung um 17.10 Uhr (Kosten: 500 ¥, incl. Bierverkostung, Schüler bis 19 Jahre zahlen 300 ¥, erhalten aber nur ein alkoholfreies Getränk. Das gilt auch für alle, die keinen Alkohol trinken möchten).

› **Tokyo Metropolitan Museum of Photography (Tōkyō-to Shashin Bijutsukan),** Yebisu Garden Place Tower, 1-13-3 Mita, JR: Ebisu Ostausg., 5 Min., Tel. 3280-0099, http://syabi.com/e/contents/index.html Sa.-Mi. 10-18, Do., Fr. 10-20 Uhr, Eintritt je nach Ausstellung, meist 500-700 ¥, G: frei

38 Kyū Asakura House ★ [B11]

旧朝倉家住宅

Das Kyu Asakura House ist eines der wenigen aus der Taisho-Zeit erhaltenen Wohnhäuser. Es gehörte einem hohen Beamten und verfügt über einen schönen Garten.

Das Haus vermittelt die Atmosphäre der Taisho-Zeit; die Architektur und der Garten ähneln noch den klassischen japanischen Wohnhäusern mit einigen Neuerungen des beginnenden 20. Jahrhunderts. Es wurde 1919 von Torajiro Asakura, dem damaligen Vorsitzenden der Tokyoter Ratsversammlung, erbaut. 2004 wurde es als wichtiges Kulturgut ausgezeichnet und von der Stadtverwaltung des Bezirks Shibuya der Öffentlichkeit zugänglich gemacht.

› **Kyū Asakura Jūtaku,** 29-20 Sarugakuchō, Daikanyama (Tokyu Toyoku Line), 5 Min., JR: Ebisu Westausg., 10 Min., Tel. 3476-1021, www.city.shibuya.tokyo.jp/eng/est/asakura.html, Di.-So. 10-18 Uhr, Eintritt: 100 ¥, Personen ab 60 und mit Behinderung frei

Kulinarisches

183 [B11] **Kushi-Wakamaru** ¥, 1-19-2 Kami-Meguro, Yakitori, Mo.-Fr. 17.30-24, Sa., So. 17-24 Uhr. Beliebtes, gutes Lokal. Besonders zu empfehlen: *negima* (Huhn mit Lauch), *tsukune* (drei Huhnhackbällchen), *tebasaki* (Flügel). Engl. Speisekarte vorhanden. Reservierung empfohlen.

184 [A10] **Monsoon Café,** 15-4 Hachiyamachō (Bhf. Daikanyama, N-Ausg.). Beliebte Kette mit preiswerter südostasiatischer Küche, die Japaner „ethnic" nennen.

185 [C10] **Photobook Diner Megutama,** F1, 3-2-1 Higashi, Di.-Fr. 11.30-23, Sa., So., F 12-22 Uhr, http://megutama.com/en. Café mit über 4000 Fotobüchern zum Schmökern. Leichte, kreative Küche.

186 [B11] **Tera Café,** 1-33-15 Ebisu-nishi (an der Straße von Ebisu nach Daikanyama rechts), tgl. 11-21 Uhr. Von einem buddhistischen Priester betriebenes Café.

187 [C11] **Timeout Café & Diner,** Liquidroom, F2, 3-16-6 Higashi, JR: Ebisu, www.timeout.com/tokyo/restaurants/time-out-cafe-diner, Mo.-Do. 11.30-23.30, Fr. 11.30-5, Sa. 13-23.30, So. 13-22 Uhr. Preiswerte internationale Snacks, gute Infos zu Entertainment, Events u. a. Unten im Club Liquidroom wird Rockmusik gespielt.

Unterhaltung

188 [B11] **Buri,** 1-14-1 Ebisu-Nishi, JR: Ebisu, W-Ausg., 17-3 Uhr. Runde Bartheke mit Platz für 25 stehende Gäste, Izakaya-Bar spezialisiert auf Sake, dazu leckere, preiswerte Gerichte vom Grill.

189 [B11] **What the Dickens,** 1-13-3 Ebisu Nishi, JR: Ebisu, U: Hibiya line, W-Ausg., www.whatthedickens.jp, Mo.-Do. 17-1, Fr., Sa. 17-2, So. 17-24 Uhr. Britischer Pub mit Auftritten britischer Gruppen.

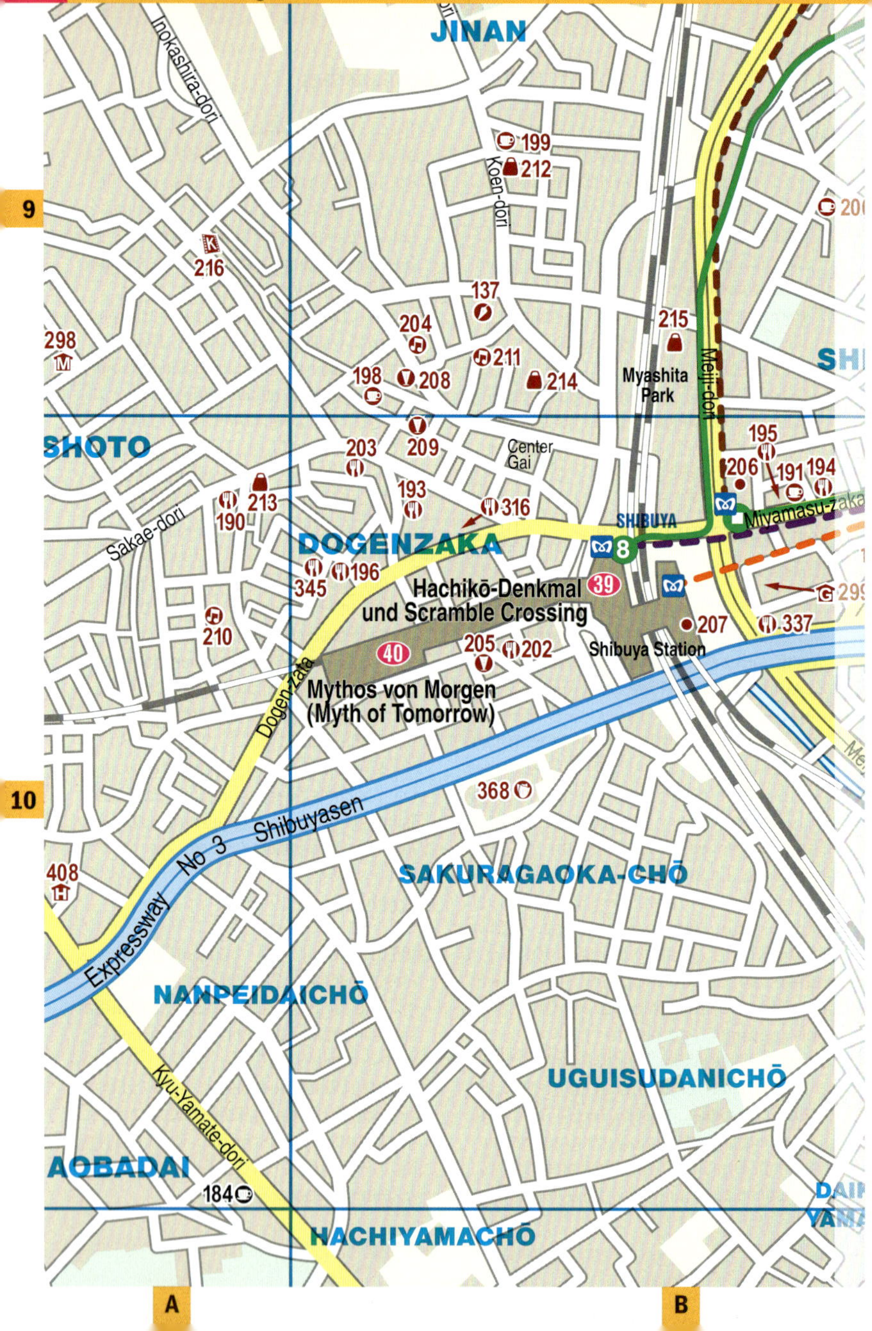
JINAN
Inokashira-dori
Koen-dori
199
212
216
137
204
211
198
208
214
215
Myashita Park
Meiji-dori
298
SHOTO
203
209
Center Gai
195
206
191
194
213
190
193
316
Sakae-dori
SHIBUYA
Miyamasu-zaka
DOGENZAKA
8
345
196
Hachikō-Denkmal und Scramble Crossing
39
299
207
337
210
40
205
202
Shibuya Station
Dogen-zaka
Mythos von Morgen (Myth of Tomorrow)
368
Shibuyasen
No 3
Expressway
408
SAKURAGAOKA-CHŌ
NANPEIDAICHŌ
UGUISUDANICHŌ
Kyu-Yamate-dori
AOBADAI
184
HACHIYAMACHŌ
9
10
A
B

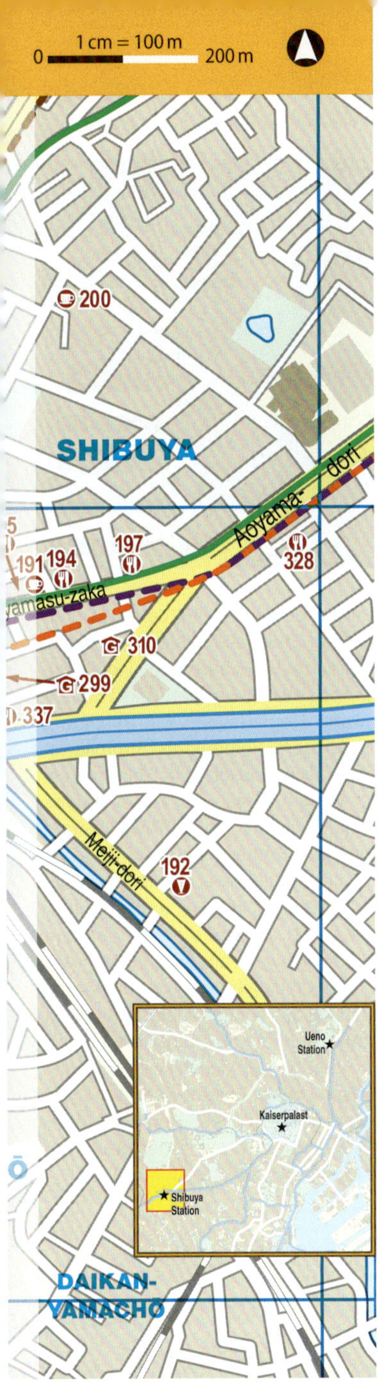

Shibuya

Shibuya ist das **Mode- und Entertainment-Mekka** überwiegend junger Japaner. Der Stadtteil hat sich, wie Shinjuku, um den Schnittpunkt von Eisenbahnlinien herum entwickelt. Es gibt jede Menge kleine Lokale *(nomiya, izakaya)*, Diskotheken, Boutiquen, Theater, Kinos und Musikläden. Drei **moderne Hochhauskomplexe** mit Geschäften, Lokalen und Galerien liefern sich in unmittelbarer Bahnhofsnähe heftige Konkurrenz: das **Shibuya Hikarie**, das **Shibuya Stream**, an

061to-ml

Hikarie - Hochhaus mit Geschäften, Restaurants, Galerien und Theater direkt am Bhf. Shibuya [B10]

062to-ml

dem der kleine, angelegte Shibuya River entlangfließt, und das derzeit höchste Gebäude von Shibuya, der 230 m hohe **Scramble Square** mit der attraktiven Dachterrasse Shibuya Sky. Der Bürgermeister von Shibuya hat eine Vision: Der Name seiner City soll irgendwann in einem Atemzug mit Paris, London und New York genannt werden können.

Dabei bedeutet der Name Shibuya „unauffälliges Tal" und leitet sich wie beim benachbarten Aoyama von einer früheren Daimyō-Familie dieses Namens ab. Nicht weit von hier erstrecken sich auf dem Musashino-Plateau weite Wohnviertel, die nach dem großen Kantō-Erdbeben 1923 (s. S. 306) angelegt wurden. Einige von ihnen zählen zu den angesagtesten Wohngebieten Tokyos.

Orientierung

Wie die Äste eines Baums wachsen die Straßen gewissermaßen aus dem kurzen Stamm des wegen der ständigen Baumaßnahmen chaotisch anmutenden Bahnhofskomplexes mit den JR-Linien Yamanote, Shonan-Shinjuku und Saikyo, dazu U: Ginza und Hanzomon, und die Privatbahnen Keiō Inokashira, Tōkyū Denentoshi und Tōkyū Toyoko. Ein **Rundgang** ist in diesem kompakten Stadtviertel **nicht wirklich sinnvoll.** Wer kein Interesse an Mode hat und nicht zur Zielgruppe der Teenager und jungen Erwachsenen gehört, wird Shibuya wohl auf den ersten Blick nicht allzu viel abgewinnen können, aber die Dynamik und Geschäftigkeit steckt alle an, die sich aus den zusammengewachsenen Bahnhöfen wagen. Zum Glück gibt es in diesem Viertel nicht nur Mode, sondern vieles, was einen Bummel dennoch lohnenswert macht, nicht zuletzt wegen der zahlreichen preisgünstigen Lokale. Anstatt eines Rundganges werden hier die größeren und kleineren Attraktionen entlang der einzelnen Äste (Straßen) vorgestellt.

Blick auf die weltberühmte Hachikō-Kreuzung (39)

Erkundung (im Uhrzeigersinn von Süden nach Südosten)

Südlich des Nishiguchi-Busterminals und der Stadtautobahn befindet sich das **Cosmo Planetarium.** Blickfang des Viertels ist das Hochhaus **Cerulean Tower Tōkyū Hotel** mit fantastischer Aussicht vom F40. Im Stockwerk F5 ist ein Noh-Theater untergebracht. Nahe dem S-Ausgang nördlich der Stadtautobahn steht **Tōkyū Plaza Shibuya**, eines von mehreren Tōkyū-Kaufhäusern. Im Erdgeschoss an der Ostseite bietet eine von mehreren Filialen der „Shibuya-san" genannten **Informationsstellen für Shibuya,** zugleich Warteraum für Busreisende nach Haneda, Café und Laden für Hachiko-Souvenirs, ihre Dienste an.

Analog zum **Hachikō** 39 an der N-Seite gibt es auch an der Westseite eine Art Denkmal, das gern als Treffpunkt dient: der **Moyai-Kopf** von der Insel Niijima (eine unter Surfern beliebte Insel, die zu den Tokyo-Inseln gehört). *Koga* ist ein vulkanisches Gestein, das auf der Insel für Skulpturen bearbeitet wird; *Moyai* heißt im dortigen Dialekt „zusammenhalten", „zusammenarbeiten". Der Kopf ist ein Geschenk der Insel zum 100. Geburtstag von Tokyo als Hauptstadt.

Der mit dem JR-Bhf. verbundene **Keiō-Inokashira-Bhf.** wird überragt von den beiden Türmen von **Shibuya Mark City.** Besonders erwähnenswert ist hier die Noren Gai mit allein über 80 Lokalen. Nicht versäumen sollte man **Okamoto Taros** gewaltiges, 30 m breites Gemälde **„Myth of Tomorrow"** 40 in der Schalterhalle des Bahnhofs.

Vor dem Bahnhof am Hachikō Square mit dem **Hachikō-Denkmal** beginnt die nach SW abbiegende Straße **Dogenzaka.** Der Name steht für eine große Anzahl an **Love Hotels** (s. S. 335). An der Gabelung zwischen Dogenzaka und Bunkamura-dōri steht ein Wahrzeichen Shibuyas, der Glaszylinder von **Shibuya 109**, auf Japanisch als *ichi-maru-kyu* (1–0–9), ein Muss für junge Frauen auf der Suche nach den neusten Modetrends. Das Gegenstück **109 Mens** steht gegenüber der weltberühmten „Hachikō Crossing" 39. Die **Bunkamura-dōri** führt zum Tōkyū Kaufhaus mit dem Kulturzentrum Bunkamura. Die Straße setzt sich als kleinstädtische Einkaufsstraße **Kamiyama Shotengai** in Richtung Yoyogi fort. Im Viertel hinter dem Bunkamura, in Shōtō 1-chōme, steht das kleine **Toguri Museum** (Töpfereimuseum, s. S. 237). In der Nähe befindet sich das ARD-Studio Tokyo. Parallel zu dieser Straße verläuft die kurze, aber sehr volle, schmale **Center Gai** bis in Höhe von Bunkamura. Sie ist in gewisser Weise das Herz von Shibuya: preiswerte Lokale, Mode und überhaupt alles für junge Leute. Sie beginnt an der **Scramble Crossing** 39. Zwischen Q-Front (riesige Videowand) mit Seibu A und 109 Mens beginnt die **Kōen-dōri.** Sie gabelt sich zwischen Seibu B und Marui Jam in die eigentliche Kōen-dōri und die **Fire Street** (so benannt wegen einer Feuerwache einige Hundert Meter nördlich der Kreuzung). Diese Straße führt genau auf das **Yoyogi National Gymnasium** 42 und den **Yoyogi-Park** 42 zu. **Marui City** und **Tower Records** sind entlang dieser Straße zu erwähnen. Die Kōen-dōri [B9] ist die Hauptstraße der etablierten Modekaufhäuser: **Seibu, Marui, Loft, Shibuya Parco).** Sie führt in Richtung **NHK Broadcasting Center** 22 und **Yoyogi National Gymnasium Nr. 2** 42. Zu erwähnen ist noch die zwischen Kōen-dōri und Center Gai verlaufende **Inokashira-dōri**

[A9], die zwischen Seibu A und B beginnt. Das Do-it-yourself- und Lifestyle-Kaufhaus **Tōkyū Hands** ist voll von Dingen, die man vielleicht nicht braucht, aber gern hätte. Gegenüber im Anime-Kaufhaus Mandarake gibt es im Untergeschoss alles, was das Otaku-Herz begehrt. Auch diese Straße läuft auf **NHK** zu.

Östlich der JR-Bahngleise zieht sich das Geschäfte und Gastronomie beherbergende Gebäude **Miyashita-Park** einige Hundert Meter Richtung **Harajuku** hin. Wo früher ein ebenerdiger Park war, ist heute eine mehrgeschossige Anlage mit Lokalen, Designergeschäften u. Ä. entstanden, auf deren begehbarem Flachdach sich als Reminiszenz an den alten Park eine Grünanlage mit Skatepark und Kletterwand befindet. Parallel dazu verläuft die lange **Meiji-dōri** [B8]. Die **Nombei Yokocho** („Trinkergasse") mit ihren

063to-ml

Beliebtester Treffpunkt Shibuyas: der Platz vor dem Hachikō-Denkmal

winzigen Bars direkt neben den Gleisen zwischen Bahnhof und Shoppingcenter ist ein Relikt der Nachkriegszeit. Von der Meiji-dōri zweigt nach einigen Hundert Metern die Fußgängerpromenade **Cat Street** [B9] ab, die noch halb zu Shibuya, aber eigentlich mehr zu Harajuku (s. S. 94) gehört und sich denn auch jenseits der Omotesandō 46 fortsetzt. Hier floss einst der Shibuya-gawa entlang, den man erst südlich des Bahnhofs in einem ziemlich unansehnlichen Betonbett betrachten kann. Wenigstens gibt es inzwischen begrünte Promenaden.

Östlich der Scramble Crossing 39 und jenseits der Bahngleise fällt rechter Hand das Hochhaus **Hikarie** auf, das neben Läden und Lokalen Theater, Galerien und ein Museum beherbergt. Links dieser Attraktion von Shibuya beginnt ansteigend in nordöstlicher Richtung die mehrere Kilometer lange **Aoyama-dōri** nach Aoyama und Akasaka. Zu Beginn ist sie als **Miyamasu-zaka** bekannt. Entlang dieser Hangstraße gibt es einige empfehlenswerte Lokale. Erwähnenswert ist der links hinter dem Shibuya-Postamt stehende **Mitake-Schrein:** Hier wachen an Stelle der Hunde **Figuren von Wölfen**, was in Japan sehr selten ist.

Genau östlich, also rechts vom Hikarie, verläuft die **Roppongi-dōri** [E9], die von der Stadtautobahn Nr. 3 genutzt wird. An der S-Seite ist ein Rāmen-Lokal, das seine Brühe auf Sardinenbasis gewinnt *(Nagi Niboshio)* zu erwähnen. Der Laden British Equipment Trading liefert so manches für Freunde britischer Lebensart. Südlich davon steht der **Konno Hachiman-Schrein** an der Stelle, wo einst der Daimyō-Clan Shibuya seinen Wohnsitz hatte.

Die vom Bahnhof nach SO verlaufende Fortsetzung der **Meiji-dōri** weist vor allem an der Seite des als **Shibuya-gawa** bekannten, in ein begrüntes Betonbett eingefassten Bachs mehr als ein Dutzend beliebter Lokale auf. Mit **Shibuya Stream** auf der anderen Seite wurde ein neues Großprojekt verwirklicht (Hotel Excelsior, Designerläden, Lokale u.a.). Nebenan steht quasi der neue „Chef" von Shibuya, das Hochaus Scramble Square (s.S.88). Unten befinden sich Geschäfte, in F6 und F7 Restaurants. Von einer Ruhezone mit großem Fenster in F6 hat man eine gute und kostenlose Aussicht auf Shibuya und die Scramble-Kreuzung 39. Highlight des Scramble Square ist aber die **Dachterrasse Shibuya Sky** (s.S.93), von der man aus 221m Höhe einen atemraubenden Blick auf die nähere und weitere Umgebung hat.

KURZ & KNAPP

Nō-Theater

Nō ist aristokratisches, hochstilisiertes Theater, das sich seit dem Mittelalter nicht verändert hat. Die Bewegungen sind sehr zurückhaltend, die Handlung erscheint fremdartig, die Emotionen werden durch Gesten ausgedrückt, dazu spielen Flöte und Uhrglastrommel. Die Hauptdarsteller tragen Masken, die Menschen, Dämonen oder Geister darstellen. Die Nebendarsteller ohne Masken vertreten die reale Welt. Die Sprache ist altertümlich und Japanern heute kaum verständlich. Zur Erholung gibt es zwischen den Akten komische Darstellungen in der Alltagssprache, die *Kyōgen.*

Die archaischste Form von Nō ist *Takigi-Nō,* das im Freien bei Fackelschein aufgeführt wird, im Sommer z.B. im Hie-Schrein 52 in Akasaka und im Zōjōji-Tempel 24.

39 Hachikō-Denkmal und Scramble Crossing ★★★ [B10]

ハチ公

Hachikō war der **treue Akita-Hund**, der jeden Abend hierher kam, um seinen Herrn, einen Professor der Tokyo-Universität, von der Arbeit abzuholen. Nach dessen Tod kam Hachikō weitere sieben Jahre zum Bahnhof, bis er 1935 selbst starb. Sein Tod wurde auf der Titelseite der Zeitungen bekanntgegeben, und schließlich errichtete man dem treuen Hund dieses Denkmal. In ausgestopfter Form ist er im National Museum of Nature and Science 98 im Ueno-Park zu besichtigen. Manche behaupten allerdings, dass Hachikō nur deshalb weiterhin so lange kam, weil er von einem mitfühlenden Metzger stets etwas Fleisch zugesteckt bekam ... Die Geschichte wurde u.a. mit Richard Gere verfilmt, allerdings wurde die Handlung in die USA verlegt („Hachiko – Eine wunderbare Freundschaft"). Im November 2023 feierte man den 100. Geburtstag des treuen Hundes. Die Statue ist heute bei Touristen ein beliebtes Selfiemotiv, es bilden sich regelmäßig lange Schlangen. Einheimische treffen sich hier zu Verabredungen. Gegenüber steht ein eleganter Glaskasten mit **Shibuya-san-Infostelle.**

Scramble Crossings, also Kreuzungen, die Fußgänger in jeder Richtung gleichzeitig überqueren können, gibt es in Japan fast in jeder Stadt, aber die von Shibuya wurde weltberühmt. Die Hachikō Crossing, wie sie auch genannt wird, weil sie nahe dem Hachikō-guchi, also dem Bahnhofsausgang in Richtung Hachikō-Denkmal liegt, lässt in der Stoßzeit 1000 bis 1500 Menschen während der 45 Sek. Grünphase diese Kreuzung überqueren.

Eine spektakuläre Aussicht genießt man von der Rooftop-Lounge **Mag's Park** im **Magnet by Shibuya 109** (https://magnetbyshibuya109.jp), Zugang ab F7 (Zutritt zur Aussichtsplattform bei Verzehr).

› **Hachikō-no-kōsaten,** JR Shibuya, Hachikō-Ausg.

40 Mythos von Morgen (Myth of Tomorrow) ★★ [B10]

明日の神話

Der Mythos von Morgen ist ein 30x5,50m großes **Gemälde in der Bahnhofshalle der Inokashira Line**, das jahrzehntelang in Mexiko verschollen war.

Das an die Apokalypse von Hiroshima und Nagasaki 1945 erinnernde Riesengemälde von Taro Okamoto (1911–1996), einem der bedeutendsten japanischen Künstler des 20. Jh., dessen Wohnhaus und Atelier im benachbarten Aoyama (s. S. 94) besucht werden kann, hat hier im Bahnhof einen Ort gefunden, an dem es von Millionen Menschen bewundert werden kann. Allerdings gehen die täglich 300.000 Nutzer des Bahnhofs meist achtlos an dem Meisterwerk vorbei. Es wurde 2003 in einer Lagerhalle am Rande von Mexico-City zufällig wiederentdeckt, nach Japan gebracht und restauriert, ehe es 2006 erstmals der Öffentlichkeit gezeigt wurde. Das semiabstrakte Gemälde wird oft mit Picassos Guernica verglichen, wirkt in seiner Farbigkeit jedoch dynamischer und explosiver. Eine ausführliche Würdigung ist auf dieser Website zu finden: www.tokyoartbeat.com/en/articles/-/public-art-series-7-taro-okamotos-myth-of-tomorrow. Das Gemälde wird seit September 2023 schrittweise restauriert.

› Asu no Shinwa

Kulinarisches

190 [A10] **Bistro 35 Steps**¥-¥¥, B1 Shibuya City Hotel, 1-1 Shibuya. Lebhaft-freundliches und beliebtes Izakaya. Man sitzt an der großen Küchentheke, ausgezeichnete Gerichte um die 500¥, z. B. Thunfischtatar mit Lauchzwiebeln und Avocado, angegrillte marinierte Makrele, Tofu, Karaage, Rettich, als Nachtisch Crème brûlée. Engl. Speisekarte vorhanden.

191 [B10] **Chiku Chiku Café,** Shibuya Bldg. F2, 1-13-5 Shibuya Daikyu, tgl. 11–18 Uhr, https://hedgehoghome.cafe, 1430¥/30 Min. Wem Katzencafés schon langweilig sind, kann zur Abwechslung ein Igelcafé besuchen.

192 [B10] **Famima Bar,** 3-12-22 Shibuya, tgl. 24 Std. geöffnet. Dank der Kooperation mit der Barkette Osake No Bijutsukan kann man in diesem *kombini* preiswert alkoholische Getränke und Snacks verzehren.

193 [B10] **Han-no Daidokoro Bettei**¥¥, 2-29-8 Dōgenzaka, Mo.–Fr. 17–23.30 Uhr, Sa., So., F. ab 15 Uhr. Koreanisches BBQ mit Yamagata-Beef, Lunch 1500¥.

194 [B10] **Hemel Miyamasu**¥¥, 1-12-7 Shibuya, http://hemel-miyamasu.jp/food_menu.html, 17–3 Uhr. Belgische Biere, Wein und deftige Gerichte.

137 [B9] **Izakaya Masaka**¥¥-¥¥¥, Shibuya Parco, B2, 15-1 Udagawachô, tgl. 12–22 Uhr. Große Auswahl an veganen Gerichten.

195 [B10] **J. S. Curry**¥, 2-23-11 Dogenzaka. Leckeres Curry, auch als Karepan zum Mitnehmen.

196 [B10] **Kiraku**¥, 2-17-6 Dōgenzaka. Beliebtes Rāmen-Lokal. Auf der Speisekarte stehen z. B. Chukamen mit Brühe auf Soja-

In der Bargasse Nombei Yokochō (s. S. 90)

basis, gebratene Zwiebeln, flache Nudeln, Bohnensprossen, *nitamago* (langsam gekochtes Ei), Schweinebratenscheiben.

197 [B10] **Kumachan Onsen** ¥¥, 1-8-10 Shibuya, tgl. 11-15 und 17-23 Uhr. Ungewöhnliche Fonduevariante (Shabu shabu) aus Hokkaido, bei dem ein niedlicher Bär eine Rolle spielt: Aus Kollagen gepresste Teddys enthalten die Brühe, die Grundlage für das Fondue ist. Im heißen Wasserbad schmilzt das Bärchen und man kann Fleischstreifen darin garen, dazu gibt es Beilagen wie Gemüse oder Rāmen. Ein etwas morbides, aber (zumindest zu Beginn) sehr „kawaii" (s. S. 95) Vergnügen!

198 [B9] **MOCHA,** 32-12 Udagawachō, F8, in der Center Gai, https://catmocha.jp, tgl. 10-20 Uhr, 200 ¥/10 Min. Gut geführtes Katzencafé.

199 [B9] **Shiroichi,** 1-7-7 Jinnan, Kōen-dōri nahe Yoyogi-Park, 10-22 Uhr. Beliebtes und gutes Softeis, hoch und schmal in der Waffel serviert.

200 [B9] **Streamer Coffee Company,** 1-20-28 Shibuya, nahe Cat Street, Richtung Harajuku, http://streamer.coffee/stores, Mo.-Fr. 8-18, Sa., So. 11-18 Uhr. Ausgezeichneter Kaffee im Seattle-Stil, Spezialität: Streamer-Latte mit exquisiter „Bemalung".

201 [E10] **Suzuran** ¥, 3-7-5 Shibuya, ab 11.30 Uhr. Was dieses Lokal beliebt macht, sind Ramen und Tsukemen mit leichter essighaltiger Brühe. Auch der gekochte Fisch ist sehr lecker.

202 [B10] **Tharros** ¥¥, 1-5-2 Dōgenzaka, Mo.-Sa. 11.30-15.30 u. 18-24 Uhr. Authentische süditalienische Taverna mit guten sardischen Gerichten und leckerem Seafood. Offene Küche.

203 [B10] **Uobei Genki Sushi** ¥, 2-29-11 Dogenzaka (hinter dem zylinderförmigen Kaufhaus Shibuya 109), tgl. 11-24 Uhr. Statt per Fließband kommen die Teller hier frisch bestellt direkt an den Platz. Top-Hits bei *gaijin: ebiten-maki, salmon pepper mayo* und *avocado shrimps*.

064to-ml

Unterhaltung

204 [B9] **CLUB VIZEL,** 12-3 Udagawachō, tgl. 20-4.30 Uhr, Eintritt für Männer Mo.-Fr. 2500 ¥ inkl. 2 Getränke, Sa., So. 3500 ¥, für Frauen tgl. 1000 ¥ (inkl. 1 Getränk). Beliebter Club, Musik von House bis Hip-Hop, jeden Tag eine andere Musikrichtung.

205 [B10] **DJ BAR OATH,** 1-6-5 Dogenzaka, Mo.-Do. 20-4, Fr., Sa. 21-9 Uhr. Beliebter Club, Eintritt frei, Getränke 700 ¥.

•**206** [B10] **EST,** 1-14-14 Shibuya, tgl. 10-5.30 Uhr. Hier kann man sich die ganze Nacht beschäftigen: Billiard, Bowling, Game Center, Karaoke, Tischtennis.

•**207** [B10] **Shibuya Sky,** https://shibuya-scramble-square.com/sky, Erwachsene 2100 ¥, Jugendliche 1700 ¥, Kinder 1000 ¥, Kleinkinder 3-5 Jahre 600 ¥. Rooftop-Terrasse auf dem Scramble Square. Einen Besuch muss man online reservieren.

208 [B9] **Shisha Bar Chillin',** F6, 31-4 Udagawachō, Mo.-Do. 13-24 Uhr, Fr., Sa.

bis zum ersten Zug nach Hause. Shisha-Bar, 500 ¥ Grundgebühr inkl. Kaffee und Tee.

209 [B10] **The Aldgate,** 3F, 30-4 Udagawachō, www.the-aldgate.com, Mo.-Fr. 18-2, Sa., So. 17-2 Uhr. Britischer Pub, zahlreiche Biere vom Fass, Indie- und Rockmusik, Tapas, englisches Pub Food, auch vegetarische Gerichte.

210 [A10] **Womb,** 2-16 Maruyamachō, Eintritt je nach Event ca. 1500/2000 ¥. Riesiger Club, gute Laser Shows, House, Techno u. a.

211 [B9] **WWW,** B1 Rise Bldg., 13-17 Udagawachō, Eintritt je nach Event ab 1000 ¥, meist um 3000 ¥. Hier finden Livekonzerte sehr unterschiedlicher Stilrichtungen statt.

Shopping

212 [B9] **El Sur Records,** 1-15-9 Jinnan, Do.-Di. 13-22 Uhr, http://elsurrecords.com. Aus Afrika, Lateinamerika und Asien importierte CDs.

213 [A10] **Galaxxxy,** 2-23-10 Dōgenzaka, www.joe-inter.co.jp/galaxxxy, täglich 12-21.30 Uhr. Knallige Farben im Animestil: eine der trendigsten Boutiquen in Shibuya, für Mädchen, die ihren eigenen Stil suchen.

214 [B9] **Loft,** 21-1 Udagawachō, www.loft.co.jp/shoplist/shibuya, tgl. 11-21 Uhr. Originelle Souvenirs und Lifestyleprodukte.

215 [B9] **Miyashita Park,** 6-20-10 Jingumae, www.miyashita-park.tokyo, tgl. 11-23 Uhr. Diverse Einkaufs- und Gastronomieangebote mit individuellen Öffnungszeiten.

Kultur

216 [A9] **Uplink Factory,** Totsune Bldg. 1F, 37-18 Udagawachō, www.uplink.co.jp/info/information_en. Kino mit Galerie und Café, Workshops. Unterschiedliche Zeiten je nach Programm zwischen 17.45 und 20.30 Uhr.

Harajuku und Aoyama

Nahe dem Bhf. **Harajuku** liegt in und um die 400 m kurze Gasse der **Takeshita-dōri** 43 das Paradies der Teenager, vor allem der Mädchen. Hier gibt es alle Accessoires der Teenie-Popkultur. Die Nebenstraßen der Hauptstraße nach Aoyama, der mit Zelkoven gesäumten **Omotesandō** 46, werden gern **„Ura-Hara“** (Rückseite von Harajuku) genannt und beherbergen Cafés, Restaurants, Boutiquen und Galerien für junge Menschen mit Anspruch und dem nötigen Kleingeld. Die **Cat Street** führt durch dieses Viertel. Der direkt am großen Park gelegene Bahnhof ist aber auch Ausgangspunkt für einen Besuch des stets sehr beliebten und doch würdevollen **Meiji-Schreins** 41 und des **Yoyogi-Parks** 42, an dem an Wochenenden und Feiertagen immer einiges los ist.

Aoyama („blauer Berg“) ist vor allem das Einkaufsviertel der modebewussten Erwachsenen, das sich östlich an Shibuya (s. S. 87) und westlich an Akasaka (s. S. 104) und Roppongi (s. S. 111) anschließt. Aoyama ist berühmt für recht teure Modeboutiquen, Jazzclubs, Buchläden, Designerläden und Restaurants, die an den Geldbeutel gehen. International bekannte Modeschöpfer wie Hanae Mori und Issey Miyake haben hier ihr Hauptquartier. Alles, was in der **Modewelt** Rang und Namen hat, ist wenigstens mit einer Filiale vertreten, meist in architektonisch spektakulären Gebäuden, die die beliebten Flaniermeilen Omotesandō 46 und die Aoyama-dōri quasi zu Ausstellungsmeilen für Gegenwartsarchitektur machen. Der Name Aoyama leitet sich wie bei den Nachbarvierteln Shibuya und Roppongi von einem Fürstenclan der

Spaziergang 8: Durch Harajuku und Aoyama

Als Ausgangspunkt dient der JR-Bhf. Shibuya [B10]. Man geht entlang des Miyashita-Parks bzw. Meiji-dōri zum Beginn der „Cat Street" und folgt dieser bis zur Omotesandō 46*, hin und zurück sind es weniger als 10 km. Architekturfreunde werden sich in der Meiji-dōri nicht das als „Eisberg" bekannte Gebäude, gleichsam ein dunkler, gläserner Kristall, südlich der Kreuzung mit der Omotesandō entgehen lassen, das zu den gegenwärtigen Ikonen der Architektur Tokyos gehört. An der Kreuzung Meiji-dōri mit Omotesandō steht das* ***Modekaufhaus Laforet,*** *das vor allem Teenager anzieht. Hier ist der* ***kawaii-Stil*** *zu Hause, der die Niedlichkeit von allem und jedem zelebriert. Auch der U-Bhf. Meiji-Jingūmae befindet sich hier.*

Wenige Hundert Meter links (W) steht das vom Großmeister der japanischen Architekten, Kenzo Tange, entworfene Yoyogi National Gymnasium 42*, in dem Sport- und andere Veranstaltungen stattfinden. Gegenüber geht es in den Yoyogi-Park* 42*, rechts (O) beim JR Bhf. Harajuku beginnt der Weg zum Meiji-Schrein* 41*. Der breite Kiesweg mit seinem riesigen hölzernen Torii könnte mit Kinderwagen oder Rollstuhl beschwerlich sein, parallel gibt es links ein asphaltiertes Sträßchen. Rechts des Kieswegs befindet sich im Meiji-Jingū Bunka-kan eine Zweigstelle des Schatzhauses mit Sonderausstellungen und einem Café für die kleine Pause. Vom Schrein können Sie weiter zum eigentlichen Schatzhaus gehen und durch den Yoyogi-Park zurück oder weiter zum JR Bhf. Yoyogi. In Harajuku sollte man auch als Nicht-Teenager die Takeshita-dōri* 43 *aufsuchen, links davon liegt das Gelände des Tōgō-Schreins* 45*, rechts das Rock 'n Roll Museum und neben dem La Fōret das Ota Kunstmuseum* 44*. Dann bietet sich an, die Omotesandō bis zur Aoyama-dōri und weiter bis zum Nezu Museum* 47 *entlangzubummeln. Der nächstgelegene Bahnhof dort ist U: Omotesandō (Chiyoda, Ginza, Hanzomon Line). Falls Sie nach Shibuya zurückwollen, können Sie vom Nezu Museum Richtung SO bis zur nächsten Seitenstraße gehen und dort das sehenswerte Haus und Atelier des bedeutenden Künstlers (Maler, Bildhauer) Okamoto Taro* 48 *besuchen. Parallel zu der Seitenstraße verläuft die Kottō-dōri (Antiquitätenstraße), die Antiquitätenläden gibt es aber kaum noch. Zurück an der Aoyama-dōri sollten Sie einen kurzen Abstecher nach rechts (NO) bis zum sehenswerten Spiral Bldg. des Wacoal Konzerns mit seinem beliebten Café, Läden, Lokalen und Galerien gehen. Nach SW Richtung Shibuya befindet sich linker Hand die protestantische Aoyama Gakuin University (wo Sie wie überall in Universitäten in der Cafeteria essen dürfen), gegenüber die United Nations University mit dem Bauernmarkt auf dem Vorplatz, nebenan das National Children's Castle (kodomo-no-shiro), fast ein Muss für Familien mit Kindern, in dem es ein Rundtheater, Läden und Spielgelegenheiten für Kinder gibt, z. B. didaktische Spielgeräte zur Förderung kindlicher Kreativität und zum Austoben. Vor dem Kinderschloss steht eine charakteristische, vielarmige Sonnenskulptur von Okamoto. Von dort ist man in wenigen Minuten zurück am Bahnhof.*

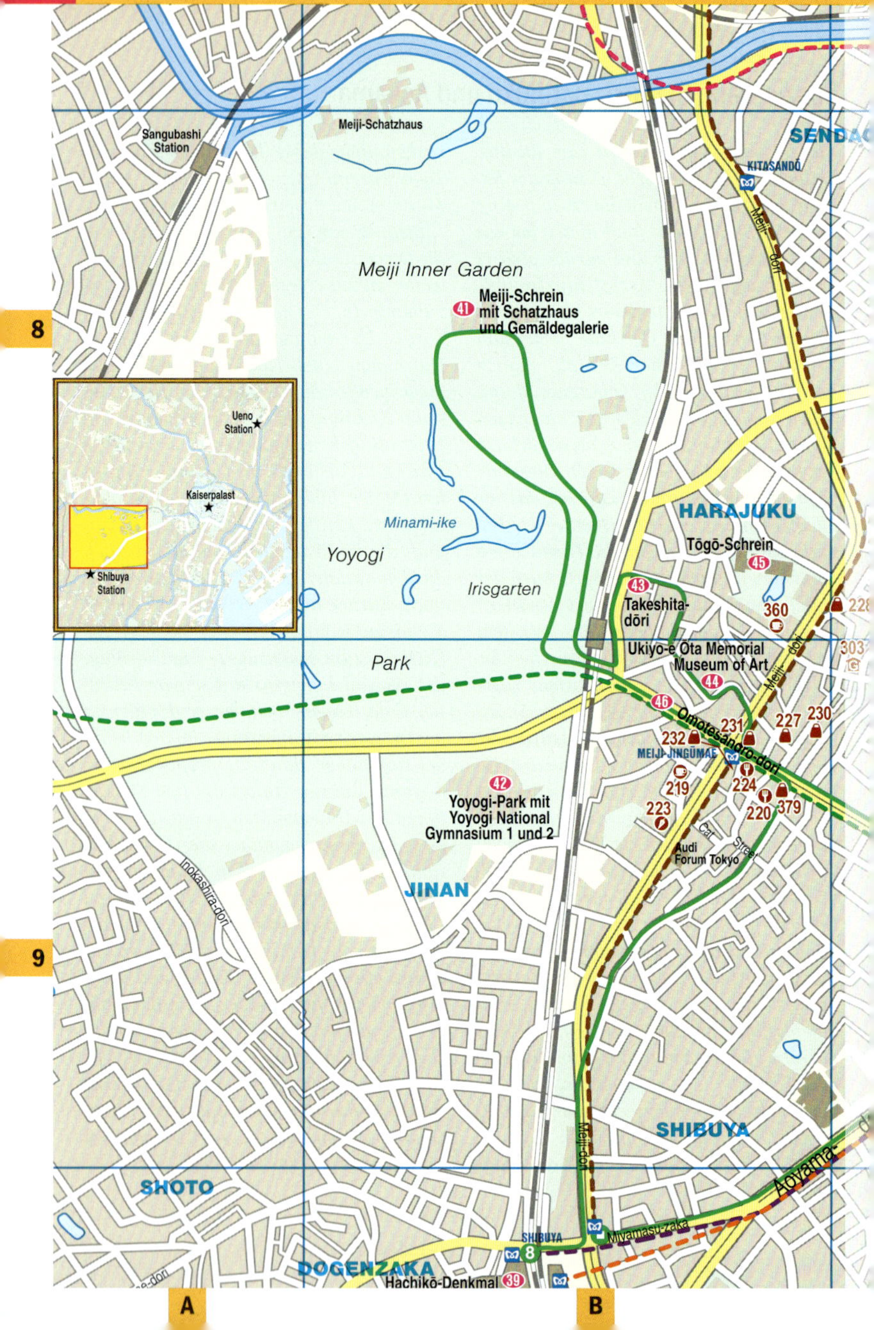
1 cm = 150 m
0
300 m
Sangubashi Station
Meiji-Schatzhaus
SENDAG
KITASANDŌ
Meiji-dori
Meiji Inner Garden
41 Meiji-Schrein mit Schatzhaus und Gemäldegalerie
Ueno Station
Kaiserpalast
Shibuya Station
Minami-ike
Yoyogi
Irisgarten
HARAJUKU
Tōgō-Schrein
45
43 Takeshita-dōri
360
228
303
Ukiyo-e Ōta Memorial Museum of Art
44
Park
46
Omotesandō-dori
231
227
230
232
MEIJI-JINGŪMAE
42 Yoyogi-Park mit Yoyogi National Gymnasium 1 und 2
219
224
223
220
379
Cat Street
Audi Forum Tokyo
Inokashira-dori
JINAN
SHIBUYA
Meiji-dori
SHOTO
Aoyama-
SHIBUYA
Miyamasu-zaka
8
DOGENZAKA
Hachikō-Denkmal 39
8
9
A
B

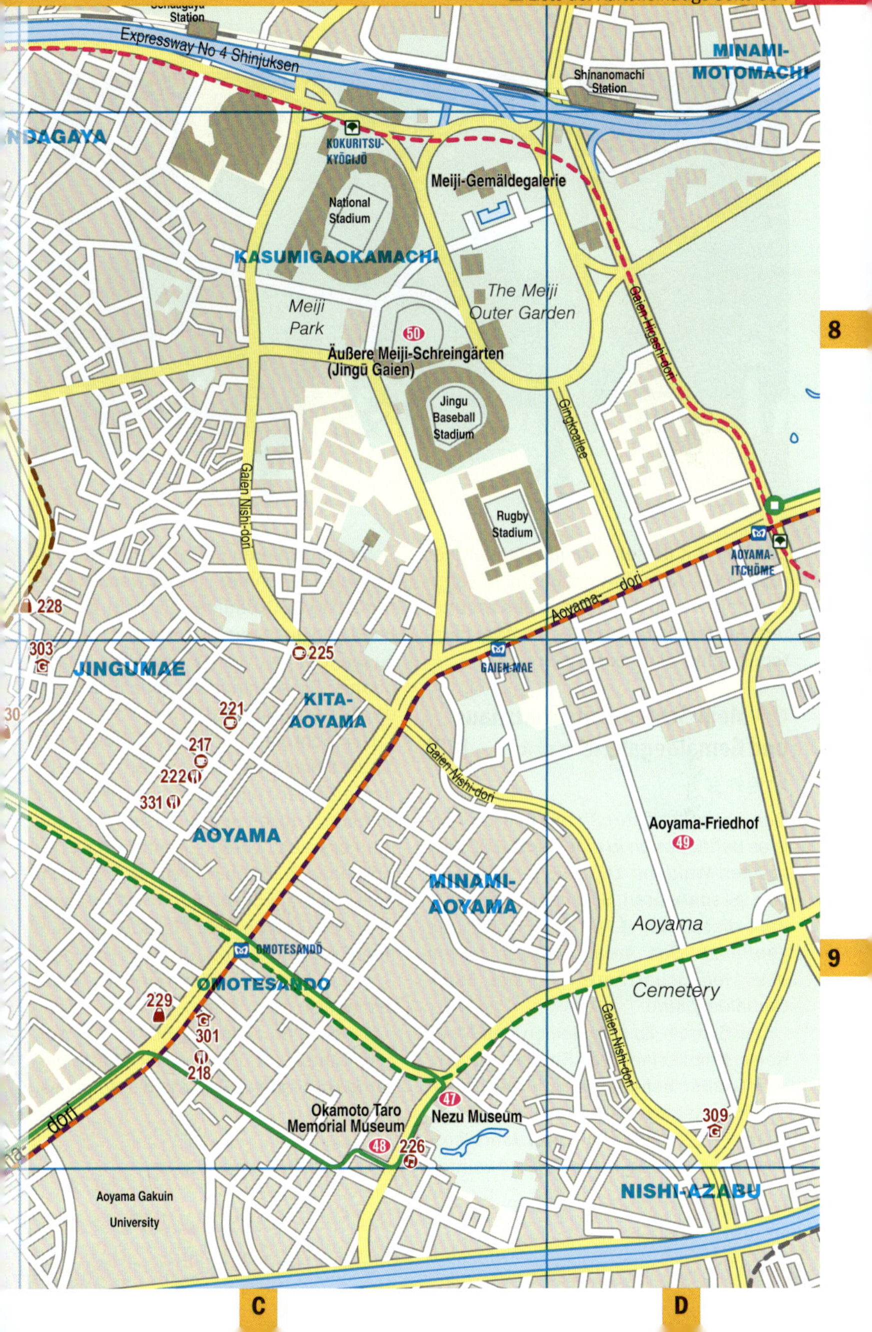
Station
Expressway No 4 Shinjuksen
Shinanomachi Station
MINAMI-MOTOMACHI
NDAGAYA
KOKURITSU-KYŌGIJŌ
Meiji-Gemäldegalerie
National Stadium
KASUMIGAOKAMACHI
Meiji Park
The Meiji Outer Garden
50
Äußere Meiji-Schreingärten (Jingū Gaien)
Gaien Higashi-dori
Jingu Baseball Stadium
Gingkoallee
Galen Nishi-dori
Rugby Stadium
AOYAMA-ITCHŌME
228
Aoyama-dori
303
225
GAIEN-MAE
JINGUMAE
KITA-AOYAMA
221
217
222
331
Gaien Nishi-dori
Aoyama-Friedhof
49
AOYAMA
MINAMI-AOYAMA
Aoyama
OMOTESANDŌ
OMOTESANDO
229
Cemetery
301
Gaien Nishi-dori
218
47
Okamoto Taro Memorial Museum
Nezu Museum
309
48
226
dori
Aoyama Gakuin University
NISHI-AZABU
8
9
C
D

Edo-Zeit mit diesem Namen ab, der hier residierte. Aufschwung nahm Aoyama erstmals wegen der Nähe zu den Quartieren der Besatzungsarmee in „**Washington Heights**“ (im heutigen Yoyogi).

41 Meiji-Schrein mit Schatzhaus und Gemäldegalerie ★★★ [B8]

明治神宮

Der bedeutendste Shintō-Schrein Tokyos befindet sich in einem fast 100 Jahre alten Wald mit 100.000 aus ganz Japan gespendeten Bäumen. Einst wurden diese von 110.000 Freiwilligen gepflanzt. Das Areal umfasst zudem das Meiji-Schatzhaus und die Meiji-Gemäldegalerie.

Der Schrein ist den Seelen des Meiji-Kaisers und seiner Frau Shoken geweiht, ihre Gräber befinden sich in der früheren Hauptstadt Kyōto. Der Kaiser verstarb 1912, seine Frau zwei Jahre später. In der Auffassung des Shintō wurden sie zu *kami* (s. S. 312), die in diesem Schrein residieren und vom Volk auf diese Weise für immer verehrt werden können. 100.000 Bäume aus dem ganzen Land und auch aus dem Ausland wurden gespendet und von Freiwilligen eingepflanzt. So entstand der beeindruckende, 70 ha große Wald.

Der **Schrein** wurde am 1. November 1920 eingeweiht. Sehenswert ist im Inneren Garten der Irisgarten *(Gyoen)*, der schon zu Lebzeiten des Kaisers für seine Frau angelegt wurde (Eintritt 500 ¥). Der Kiyomasa-Brunnen *(Kiyomasa no Ido)* im Innern gilt als besonderer Kraftort, weshalb dort immer viele Menschen anstehen. Er wurde in der Edo-Zeit von einem Samurai gegraben, der hier sein Anwesen hatte.

Der beeindruckende Ni-no-Torii am Weg zum Schrein ist übrigens der **größte hölzerne Torii** Japans. Der Baum dafür muss-

Ni-no-Torii auf dem Weg zum Meiji-Schrein 41

te aus Taiwan herbeigeschafft werden, weil es in Japan keine so großen gerade gewachsenen Zedern gab. An Samstagen sieht man im **Schrein** fast immer Hochzeitspaare. Besonders beliebt ist er in den Tagen ab Neujahr, wenn Millionen dorthin pilgern. Am zweiten Montag im Januar, dem Tag des Erwachsenwerdens, sieht man die besonders hübschen Kimonos der 20-jährigen großen und im November zum Shichi-go-san-Fest (s. S. 296) die bunten Kimonos der kleinen Mädchen.

Das **Schatzhaus** *(Homutsuden)* am Nordrand des Parks verfügt über Ausstellungensräume in einem runden, *Bunkakan* genannten Gebäude nahe Harajuku. Im Schatzhaus werden Gegenstände des Kaisers aus der Zeit, als Japan sich dem Westen öffnete, gezeigt. Das Gebäude wurde 1921 in Anlehnung an das Azekurazukuri Shosoin (das nationale Schatzhaus) in Nara errichtet.

Sehr sehenswert ist auch die **Meiji-Gemäldegalerie** *(Kaigakan)* in ihrem trutzigen, 1925 fertiggestellten Granitbau, die am Ende einer von der Aoyama-dōri ausgehenden langen Ginkgo-Allee (besonders attraktiv im Spätherbst) steht: achtzig 2,70 x 3 m große Gemälde im japanischen und westlichen Stil erinnern an Kaiser Meiji und seine Zeit: die japanischen an die Abgeschiedenheit des alten Kaiserpalastes von Kyōto und die westlichen an die Zeit nach dem Umzug nach Tokyo und die rasante Modernisierung des Landes. Hier kann man in dem Saal Kaffee trinken, in dem Kaiser Meiji die Arbeit an der Verfassung verfolgt hat. Dieser Saal stammt aus dem Akasaka Detached Palace nebenan, er wurde hierher verlegt. Das 1500 Meter lange Oval, das um die Galerie herumführt, dient heute auch als Trainingsstrecke für Marathonläufer.

› **Meiji Jingū**, 1–1 Yoyogi-Kamizonocho, JR: Yoyogi und Harajuku, 10 Min., www.meijijingu.or.jp/en, von Sonnenauf- bis Sonnenuntergang geöffnet

› **Schatzhaus (Homutsuden)**, 1–1 Kamizonochō, JR: Yoyogi, 13 Min., Sangubashi, Tel. 3379-5511, tgl. 9–16.30 Uhr, Eintritt: 500 ¥

› **Meiji Jingu Gaien (Meiji Memorial Picture Gallery)**, 9 Kasumigaoka, JR: Shinanomachi, U: Gaienmae, 10 Min., Tel. 3401-5179, Do.–Di. 9–17 Uhr, Eintritt: 500 ¥

KURZ & KNAPP

Cosplay

Das Wort Cosplay ist eine Zusammensetzung aus **Costume und Play** und meint das Verkleiden nach Art von Anime-, Manga- oder Computerspielhelden. Es hat auch in Europa zahlreiche Anhänger. Es gibt Wettkämpfe auf Anime Conventions, bei denen Cosplay-Gruppen versuchen, Animeszenen darzustellen. In Nagoya findet jährlich das riesige **World Cosplay Summit** mit rund 200.000 Teilnehmern statt (https://worldcosplaysummit.jp). Auch das **Ikebukuro Halloween Cosplay Festival** Ende Oktober ist aufsehenerregend.

42 Yoyogi-Park mit Yoyogi National Gymnasium 1 und 2 ★★ [B9]

国立代々木競技場

Zur Sommerolympiade 1964 wurden von Tange Kenzō auch heute noch spektakuläre Sporthallen entworfen, in denen wie im Park vor allem an Wochenenden immer etwas los ist.

Die Sporthallen dienen auch anderen Veranstaltungen. An Wochenenden bietet der 54 ha große Yoyogi Kōen

(Park) Spielplatz und Bühne für jüngere und ältere Tokyoter: Aerobik, Meditation, Musik, Picknick, Sport, Tanz, nicht zu vergessen der Oedo **Antik-Flohmarkt** in der Keyaki-Allee zwischen den Sporthallen und NHK (Tel. 6407-6011, www.antique-market.jp). Man kann sich am nördlichen Ende in Jingūgaien zwischen 9 und 16 Uhr auch kostenlos **Fahrräder ausleihen.** Die Brücke am JR Bahnhof Harajuku dient manchmal als Bühne für Cosplay-Selbstdarsteller, die große Zeit dieser Modeerscheinung ist hier jedoch längst vorbei.

Am östlichen Rand befindet sich das **National Olympics Memorial Youth Center.** Hier stand 1964 das olympische Dorf. In diesem „Washington Heights" genannten Gebiet wohnten nach Kriegsende die Besatzer.

› **Kokuritsu Yoyogi Kyōgijō,** 2-1-1 Jinnan, JR: Harajuku, Ausg. Omotesandō, U: Yoyogi Kōen (Chiyoda Line), Ausg. 4

200to©Marco, stock.adobe.com

43 Takeshita-dōri ★★ [B8]

竹下通

Das Paradies der Teenager ist die enge, 400 m kurze Gasse Takeshita-dōri, die parallel zur Omotesandō 46 vom Harajuku-Bahnhof auf die Meiji-dōri zuläuft. Hier gibt es **Mode, Accessoires** und **Haarboutiquen,** dazu Lokale mit relativ erschwinglichen Preisen, Crêpes, Calbee-Chips und bunte Zuckerwatte zum Mitnehmen. Mehrere Secondhandläden sind vorhanden, aber auch ein Spezialgeschäft für Hobby-Sängerinnen mit Aufnahmestudio. Wer über 20 Jahre alt ist, kommt sich in dieser Gegend wahrscheinlich schon alt vor. Die Lust der japanischen Teenager am Konsum ist noch ungehemmter als die der jungen Menschen in unseren Breiten.

44 Ukiyo-e Ōta Memorial Museum of Art ★★ [B9]

浮世絵 太田記念美術館

Gleich neben dem U-Bahnhof Meiji-Jingūmae (Chiyoda, Fukutoshin Line) bzw. hinter dem Modekaufhaus Laforet steht das **bedeutendste Museum für japanische Holzschnittkunst,** das eine große Sammlung von berühmten Holzschnitten *(ukiyo-e)* umfasst. Insgesamt gibt es dort 12.000 Drucke der berühmten Meister des 18. und 19. Jh. aus der Sammlung von Ōta Seizo. Hier finden zudem wechselnde, meist themenbezogene Ausstellungen statt.

› **Ukiyo-e Ōta Kinen Bijutsukan,** 1-10-10 Jingūmae (gleich hinter Laforet), U: Meiji-Jingūmae, Ausg. 5., JR: Harajuku, Ausg.

◁ *Die Zelkovenallee Omotesandō*

Omotesandō, je 3–5 Min., Tel. 3403-0880, www.ukiyoe-ota-muse.jp/eng, Di.–So. 10.30–17.30 Uhr, letzte Tage vor Monatsende geschlossen, lohnender Museumsshop, Eintritt je nach Ausstellung 700–1000 ¥, nur Barzahlung

45 Tōgō-Schrein ★ [B8]

東郷神社

Der beliebte Schrein, quasi ein Gegenstück zum Nogi-Schrein 55 in Roppongi, in dem die Seele des Armeegenerals verehrt wird, dient der **Verehrung des kami von Admiral Tōgō Heihachiro**, der die russische Flotte im Japanisch-Russischen Krieg (1904–1905) in der Tsushima-Straße im Japanischen Meer besiegte und damit zu den frühen japanischen Helden des 20. Jh. gehörte. Der Schrein ist somit ein Relikt des Militarismus vor dem Zweiten Weltkrieg. Auf dem Gelände gibt es einen hübschen Garten, der Schrein bietet Hochzeits- und andere Shintōzeremonien.

› 1-5-3-Jingūmae, an der Ecke Meiji-dōri/Takeshita-dōri, JR: Harajuku, Ausg. Takeshita, Tel. 3403-3591, tgl. 6–20 Uhr

46 Omotesandō ★★ [B9]

表参道

Untrennbar mit Aoyama verbunden ist die nach Harajuku und zum Meiji-Schrein 41 führende Zelkovenallée Omotesandō, eine Straße mit Boutiquen und Cafés, die gern **„Champs Elysées von Tokyo“** genannt wird. Sie ist nicht nur für modeinteressierte Teenager attraktiv. Lange bevor die Straße junge Modeschöpfer anzog, die in der unmittelbaren Umgebung ihren Sitz haben, gab es den Oriental Bazar, in dem man immer noch

066to-ml

gut Japan-Souvenirs kaufen kann, oder das 5-geschossige Spielzeugkaufhaus Kiddy Land (s. S. 289), ein Überbleibsel aus der Besatzungszeit und „mit verantwortlich“ für den Aufschwung der Straße, die ursprünglich ja nur die Zugangsstraße zum Meiji-Schrein 41 war.

Wem der Trubel entlang des Boulevards zu viel wird, der kann einen Bummel entlang der zu beiden Seiten der Omotesandō verlaufenden **„Cat Street“** machen, die neben dem Spielzeug-Kaufhaus Kiddy Land beginnt und in Shibuya endet. Ansonsten entspannt man sich – wenn es warm genug ist – in den **Straßencafés** (diese angenehmen Einrichtungen gibt es in Tokyo sonst fast nirgendwo). Am schönsten ist die Omotesandō

Schlange (gyōretsu) vor einem Modegeschäft in Harajuku

an den Abenden vor Weihnachten und Neujahr, wenn die je zwei Reihen der Zelkoven mit Girlanden aus Abertausenden von Lämpchen festlich geschmückt sind.

Zusätzlich zur Flaniermeile findet man hier noch das ultramoderne **Modeeinkaufszentrum Omotesandō Hills.** Südlich der Kreuzung mit der Aoyama-dōri gibt es die feinsten Adressen der Modelabels. Das Ende des Boulevards wird begrenzt vom Nezu Museum 47, dessen Nachbar der Chōkokuji ist, ein Zweigtempel des berühmten Zentempels in Westjapan mit einem 10 m großen Buddha.

47 Nezu Museum ★★ [C9]

根津美術館

Das Nezu Museum ist ein privates Kunstmuseum, vor allem mit Bezug zur **Teezeremonie**, mit **sehenswertem Garten** und mehreren Teehäusern, das kostenlos besichtigt werden kann. Es entstand um die Sammlung des Gründers der Tōbu-Eisenbahngesellschaft Kachiro Nezu (1869–1940). Inzwischen enthält das Museum mehr als 7000 unter Kennern teils weltberühmte Objekte ostasiatischer Kunst: Kalligraphien, Gemälde, Skulpturen, Keramik, Objekte aus Bambus, Metall, Lackwaren, Textilien, chinesische Bronzegegenstände. Es gibt wechselnde Ausstellungen. Der Architekt Kengo Kuma entwarf das Gebäude im modernen japanischen Stil als bewussten Kontrast zum Treiben in der Omotesandō 46.

› **Nezu Bijutsukan,** 6-5-1 Minami-Aoyama, U: Omotesandō (Ginza, Hanzōmon, Chiyoda Line), Ausg. A5, 8 Min., Ausg. B3 (Fahrstuhl), 10 Min., Tel. 3400-2436, www.nezu-muse.or.jp/en/index.html, Di.–So. 10–17 Uhr, Eintritt: 1100 ¥, Sonderausstellungen: 1300 ¥

48 Okamoto Taro Memorial Museum ★★ [C9]

岡本太郎美術館

Wer das Gemälde „Myth of Tomorrow" 40 im Inokashira Bhf. Shibuya gesehen hat, möchte vielleicht noch mehr über diesen eigenwilligen Künstler wissen. Hier gibt es die Möglichkeit dazu, denn das **Museum** ist **im Wohnhaus und Atelier** des bedeutenden, 1996 verstorbenen **Künstlers** Okamoto Taro untergebracht. Im Garten stehen noch zahlreiche seiner Skulpturen.

› **Okamoto Taro Bijutsukan,** 6-1-19 Minami-Aoyama, U: Omotesandō (Ginza, Hanzōmon, Chiyoda Line), Tel. 3406-0801, https://taro-okamoto.or.jp/en, Mi.–Mo. 10–18 Uhr, Eintritt: 620 ¥

49 Aoyama-Friedhof ★ [D9]

青山霊園

Der im Jahr 1872 angelegte, mit über 100.000 Gräbern wohl **größte städtische** und **erste öffentliche Friedhof** weist zahlreiche Gräber berühmter Persönlichkeiten auf, und das von Hachikō (2-3-2, s. S. 91). Viele Kirschbäume entlang der Hauptallee machen ihn Ende März, Anfang April besonders attraktiv. Auch die nicht überall völlig gezähmte Natur und die Vielgestaltigkeit der Gräber haben ihren Reiz.

› **Aoyama Reien,** U: Nogizaka (Chiyoda Line)

50 Äußere Meiji-Schreingärten (Jingū Gaien) ★ [C8]

明治神宮外苑

Der 48 Hektar große Park **Jingū Gaien** (Meiji Jingū Outer Gardens) beherbergt im Westen einige Sportanlagen, darunter das im Jahr 2019 neu errichtete **Nationalstadion,** ein **Baseball-** und ein **Rugby-Stadion.**

Das Areal wurde für die Olympischen Spiele 1964 angelegt. Hinzu kam 1990 das futuristische, von Fumio Maki entworfene städtische Sportzentrum **Tōkyōto Taiikukan** mit Schwimm- und Sporthalle. Östlich wird diese Anlage von einem großen, der Öffentlichkeit nicht zugänglichen Park begrenzt. Dort befinden sich das **Staatsgästehaus** *(Geihin-Kan,* Akasaka Detached Palace) und der **Tōgo Gosho,** wo das emeritierte Kaiserpaar Akihito und Michiko seit seiner Abdankung wohnt.

› **Meiji Jingū Gaien,** JR: Sendagaya oder U: Kokuritsu-Kyōgijō (Toei Oedo Line)
› **Tōkyōto Taiikukan,** 1-17-1 Sendagaya

Kulinarisches

217 [C9] **Bunbougu Café,** 4-8-1 Jingūmae, Tel. 3470-6420, tgl. 10-23.30 Uhr. Im Untergeschoss eines Schreibwarengeschäfts zwischen Omotesandō und Killer-dōri. Im Schreibwaren- und Anime-Café darf man sich am ausliegenden Material bedienen und nach Herzenslust malen, zeichnen, schreiben und dazu lecker essen.

218 [C9] **Darumaya** ¥, Murayama Bldg., F1, 5-9-5 Minami-Aoyama, Mo.-Sa. 11-21.30 Uhr. In diesem beliebten Rāmen-Lokal gibt es gegrilltes Gemüse auf die Nudeln. Das unterscheidet Darumaya von den anderen. Es gibt aber auch gebratenen Reis (Chahan), gebratene Nudeln (yakisoba), Nudeln mit Mabo-tōfu (tofu soba).

219 [B9] **Eco Farm Cafe 632**, 6-32-10 Jingūmae, Mo.-Sa. 9-23, So. 9-21.30 Uhr. Eines der besten Cafés mit frischen Backwaren, Gemüse vom Bauern und günstigem Lunch, man kann auch im Innenhof sitzen.

220 [B9] **Harajuku Gyoza Lou,** 6-2-4 Jingūmae, Mo.-Sa. 11.30-4.30, So. 11.30-22 Uhr. Sehr günstige Gyōza (6 Stück, 340 ¥), gedünstet oder gebraten, zu denen gut ein Bier passt.

221 [C9] **Lattest Omotesandō Espresso Bar,** 3-5-Jingūmae, http://lattest.jp, Mo.-Fr. 10-19, Sa., So., F. ab 12 Uhr. Wie ein Atelier in einem Loft, freundlich, ausgezeichneter Kaffee.

222 [C9] **Maisen** ¥¥, 4-8-5 Jingūmae, http://mai-sen.com, tgl. 11-22 Uhr. Diese Filiale ist in einem ehemaligen öffentlichen Badehaus untergebracht. Spezialität der Maisen-Kette: ausgezeichnetes Tonkatsu, dazu *tonjiru,* dünne Scheiben Schweinefleisch mit Gemüse in Misoshiro.

223 [B9] **Nataraj** ¥¥, Q Plaza F8, 6-28-6 Jingumae (JR: Harajuku 6, U: Meiji Jingumae 1), https://nataraj.co.jp/en, Mo.-Fr. 11.30-15 u. 17-23 Uhr, Sa., So. 11.30-23 Uhr. Vegetarisches indisches Restaurant, leckere (auch vegane) Gerichte. Lunchbüfett 1190 ¥.

224 [B9] **Pork Tamago Onigiri,** Cat Street, tgl. 10-20 Uhr. Wie auf Hawaii gibt es hier aufgeklappte Onigiri-Reisbällchen mit Spam (Frühstücksfleisch), Ei und anderen Zutaten für 550 ¥, nur zum Mitnehmen.

225 [C9] **World Breakfast Allday** ¥¥, 3-1-23 Jingumae. Auswahl an landestypischen Frühstücksmenüs aus England, den USA und Taiwan, dazu jeweils eines aus 50 Ländern im Wechsel – als Mahlzeit für 1800 ¥ akzeptabel, als Frühstück eher hochpreisig, aber insgesamt eine gute Idee.

Unterhaltung, Kultur

226 [C9] **Blue Note,** 6-3-16 Minami Aoyama, Tel. 5485-0088, tgl. 11-23 Uhr. Einer der bekanntesten Jazzclubs der Stadt.

› **Vacant** (s. S. 238)

Shopping

- **227** [B9] **6%DOKIDOKI,** 4-28-16 Jingūmae, tgl. 12-20 Uhr. Bunte Kawaii-Mode.
- **228** [C8] **Beams Boy,** 3-24-7 Jingūmae, 1F, tgl. 11-20 Uhr. Vom Namen sollte man sich nicht in die Irre führen lassen: Dies ist ein Damenmodengeschäft, das sich allerdings darauf spezialisiert hat, klassische Männermode für Frauen tragbar umzustylen.
- **229** [C9] **Kinokuniya International Store,** 3-11-7 Kita-Aoyama, B1, U: Omotesandō, 1 Min., tgl. 9.30-21 Uhr. Spezialitätengeschäft für internationale Lebensmittel, auch französische Delikatessen.
- **230** [B9] **Theatre Products Omotesandō,** 4-26-24 Jingūmae, tgl. 11-20 Uhr. Damenmodengeschäft, dezenter und femininer als die übliche Shibuya- oder Harajukumode, innovative Materialien.
- **231** [B9] **Tōkyū Plaza,** F6, gegenüber La Forêt an der Kreuzung Omotesandō mit Meiji-dōri. Schöne Terrasse zum Relaxen mit Café.
- **232** [B9] **Tree of Life,** 6-3-8 Jingūmae, tgl. 11-21 Uhr. Seifen, Öle, Duftsprays etc.

Kasumigaseki, Nagatachō und Akasaka

霞ヶ関, 永田町, 赤坂

Das Viertel ist das **Zentrum der Politik** und bietet Luxushotels, **beliebte Lokale**, aber auch **Abendunterhaltung**, die für Nichteingeweihte unerschwinglich ist, und dazu einen **bedeutenden Schrein** (52).

Kasumigaseki und **Nagatachō** stehen für Politik und das kompakte Regierungsviertel mit der allmächtigen Bürokratie, die in Wahrheit das Land regiert. **Akasaka** hingegen war früher ein Zentrum teurer Abendunterhaltung, weist aber heute Hunderte meist erschwingliche Lokale auf. Viele der traditionellen Gasthäuser *(Ryōtei)*, in denen hinter schlichter sandfarbener Fassade Politik und Business gemacht wird, sind sehr teuer und der Zutritt zu ihnen wird „normalen" Bürgern häufig verwehrt. Das gilt für Touristen wie für Einheimische.

067to-ml

Heute noch werden wie damals **Geishas** (s. S. 276) in Rikschas zum Einsatz in die Lokale gefahren. In der Blütezeit gab es 50.000 solcher zweirädriger Gefährte, die man heute wieder zahlreich, vor allem in Asakusa, sieht. Die Akasaka-Geishas galten früher als schlechter als diejenigen von Shimbashi, doch mit dem Einzug der Politiker erhöhte sich ihr Ruf. Noch in den 1930er-Jahren gab es hier etwa hundert Geishahäuser.

Der Name **Akasaka** bedeutet **„Rote Hügel"**. In der Tat gibt es hier etwa 25 kleine Hügel, auf denen nach Auszug der Daimyō (die hier während der Tokugawa-Zeit ihre großen Residenzen hatten) Akane *(Rubia tinctorum)* angebaut wurde, eine Pflanze, aus der ein roter Farbstoff gewonnen wird. Akasaka-Mitsuke [E8], der wohl wichtigste U-Bhf. in Akasaka, liegt an der 16 km langen Sotobori-dōri und damit am einstigen Äußeren Palastgraben. Mitsuke bedeutet Wachposten, dieser bewachte den SW des Schlosses und hier liegt der tiefste Punkt Akasakas. Früher lebten hier weniger wichtige Daimyōs, Samurai und deren Personal, die wichtigeren residierten oben auf den Hügeln. In unmittelbarer Nähe des Bahnhofs stehen einige bedeutende Luxushotels: New Otani (s. S. 339), Grand Prince Hotel Akasaka und das Excel Hotel Tokyū, im Volksmund wegen der gestreiften Fassade oft „Pajama-(Pyjama-) Hilton" genannt. Haupt-Blickfang ist jedoch der **weiße Prudential Tower.** In diesem Viertel gibt es aber nicht nur Luxushotels, sondern auch relativ preiswerte. In Akasaka findet man die Deutsch-Japanische Handelskammer sowie die Ostasiatische Gesellschaft mit dem Goethe-Institut. Auch die weitläufige amerikanische Botschaft liegt hier. Der Fernsehsender TBS (Tokyo Broadcasting System) trägt dazu bei, dass sich in den **Hunderten von kleinen Lokalen, Bars und Kabaretts, Discos, Rock- und Jazzclubs** in den Seitengassen viele Fernsehpersönlichkeiten einfinden. Insgesamt ist Akasaka eleganter als Roppongi (s. S. 111). Die lebhaftesten Straßen sind die parallel zur Sotobori-dōri auf Akasaka-Mitsuke zulaufenden Esplanade Akasaka Shopping Street, Akasaka Misuji-dōri [E9] und die Hitotsugi-dōri [E9]. Am südlichen Ende beim U-Bhf. Akasaka erheben sich die an Tokyo Midtown 54 erinnernden Bürotürme des Biz Tower (B1–F2 v. a. Lokale, Bars, Cafés, Delikatessenläden) und von Akasaka Sacas mit eingebautem Shoppingcenter. Akasaka Blitz bietet 1500 Gästen Platz für Popkonzerte, Akasaka ACT ist ein Theater mit 1300 Plätzen für Dramen, Ballett und Musicals.

Erwähnt werden muss aber auch der Hie Jinja 52, welcher zu den bedeutendsten Schreinen Tokyos gehört, berühmt vor allem wegen des Sannō-Matsuri.

Im Regierungsviertel Kasumigaseki

KURZ & KNAPP

Ryōtei

Ryōtei sind **hochklassige Gasthäuser** im japanischen Stil mit hervorragendem traditionellen Service, in die man normalerweise nur in Begleitung eines Stammgastes kommt. Die Küche ist meist Kaiseki (s. S. 250), für eine Mahlzeit muss man mit mehr als 10.000 ¥ pro Person rechnen, allerdings bezahlt üblicherweise der Gastgeber diskret für alle. Politiker treffen sich gern mit Vertretern des Big Business in solchen Gourmettempeln.

Spaziergang 9: Durch Nagatachō und Akasaka

Wer das Parlament 51 *besichtigen möchte, kann den 5-km-Spaziergang am U-Bhf. Kokkai-Gijidomae beginnen. Zunächst muss man zum Eingang für Besucher an der NW-Seite gehen.*

Steht man vor dem Gebäude an der Ostseite, sieht man zur Rechten das Haus des Rates, das ***Oberhaus*** *(sangi-in), und zur Linken das Repräsentantenhaus, das* ***Unterhaus*** *(shugi-in). Vor dem Parlamentsgebäude erstreckt sich ein 55 ha großer Park mit dem Parlamentsmuseum und einem Uhrturm im nördlichen Teil, der aus einem Park im westlichen Stil besteht und ein kleines Gebäude aufweist, das an einen römischen Tempel erinnert. Es ist der* ***Referenzpunkt für alle Höhenmessungen*** *in Japan. Der Süddteil enthält einen* ***traditionellen japanischen Garten.*** *Auf dem Gelände des Gartens stand früher die Kaiserliche Villa Kasumigaseki; südlich nebenan liegen das Amt und die Residenz des Premierministers.*

Das sechsstöckige Stahlbetongebäude der ***Parlamentsbibliothek*** *(National Diet Library) steht nördlich des Parlaments. Hier werden alle japanischen Veröffentlichungen, Bücher, Zeitschriften, Karten, aber auch Filme und Schallplatten gesammelt. Sie kann besichtigt werden.*

Nach der Besichtigung kann man von der Rückseite des Parlaments zwischen den Abgeordenetenhäusern 1 und 2 direkt auf den ***Hie-Schrein*** 52 *zugehen. Eine steile Treppe (otokozaka) führt links direkt hinauf, ein deutlich weniger steiler Weg noch weiter links (onnazaka). Vom Schrein aus gesehen führt rechts eine Rolltreppe hinunter zur Sotobori-dōri. Man kann diese nehmen oder links durch den Tunnel der roten Torii des Inari-Schreins die Treppe hinunterlaufen. Auf der anderen Seite der Straße gegenüber dem Schrein kommt man geradeaus in das Viertel mit den drei parallel verlaufenden Straßen voller Lokale, links zu den drei Hochhaustürmen von TBS. Hält man sich auf der Sotobori rechts (NW), kommt man zu berühmten Luxushotels von Akasaka, insbesondere dem Hotel* ***New Otani*** *mit seinen drei Teilen, dem alten 17-stöckigen Hauptbau aus dem Jahr 1963, dem 40-stöckigen Tower von 1974 und dem 1991 fertiggestellten, 30-stöckigen Garden Court, in dem sich das kleine New Otani Art Museum mit Werken aus der Sammlung des Hotelgründers Yonejiro Otani befindet. Sehenswert ist der im japanischen Stil angelegte, 400 Jahre alte Hotelgarten, den man begehen kann, ohne Gast des Hotels sein zu müssen. Zugang hat man durch die Einkaufspassage des Garden Court. Direkt hinter dem New Otani beginnt das Gelände der sehr angesehenen katholischen Sophia-Universität (Jochi Daigaku) mit der St. Ignatius-Kirche (JR/U: Yotsuya).*

In Akasaka-Mitsuke beginnt die Aoyama-dōri, der man zunächst rund 400 m folgt. Rechter Hand sieht man dann einen kompakten Tempelkomplex. Tatsächlich handelt es sich um den ***Toyokawa-Inari-Schrein*** 53*, der zugleich den Zentempel Myogonji beherbergt. Direkt neben dem Schrein beginnt das weitläufige, für die Öffentlichkeit gesperrte Gelände des Akasaka-Palastes Tōgō Gosho, in dem der Kronprinz Akishino mit seiner Fami-*

lie wohnt, mit dem Akasaka-Staatsgästehaus (geihin-kan) nebenan. Dieses äußerlich dem Buckingham Palace und innen dem Schloss von Versailles ähnelnde Gebäude wurde 1908 fertiggestellt und 1974 renoviert. Früher standen hier Wohnhäuser der mit den Shōgunen verwandten Daimyō-Familie Kii. Der Palast kann nicht besichtigt werden, man kann ihn aber auf der Nordseite von außen sehen und gelegentlich auch besichtigen (JR/U: Yotsuya).

Einige Hundert Meter weiter entlang der Aoyama-dōri sieht man linker Hand auf der anderen Straßenseite das gläserne Hauptquartier, das von Tange entworfene Sōgetsu Kaikan der Sōgetsu Ikebanaschule, mit dem von Isamu Noguchi entworfenen Steingarten Tengoku (Himmel) in der hohen Eingangshalle und neben einem traditionellen Garten die kanadische Botschaft mit ihrem berühmten modernen Steingarten in den Umrissen des Landes im F4, den man besichtigen kann.

Zwischen beiden Gebäuden geht es zur Ostasiatischen Gesellschaft mit dem ***Goethe-Institut*** *und einem Lesesaal mit deutschen Zeitungen und Zeitschriften. Ein kurzes Stück weiter entlang der Aoyama-dōri befindet sich auf derselben Straßenseite (gegenüber ist der Park des Akasaka-Palastes) im Aoyama Square das Japan Traditional Crafts Aoyama Square, in dem man hochwertige Erzeugnisse traditioneller japanischer Handwerkskunst betrachten und kaufen kann, es gibt auch preiswerte Artikel zu erstehen. Zusätzlich kann man Handwerks-Vorführungen beobachten. Damit sind Aoyama und der U-Bhf. Aoyama-itchōme erreicht.*

51 National Diet Building (Kokkai-gijidō) ★★ [F8]

国会 議事堂

Ursprünglich hätte das Regierungsviertel dort entstehen sollen, wo sich heute der Hibiya-Park 6 befindet, aber der einem Sumpf abgewonnene Boden war nicht für eine Ansammlung schwerer Gebäude geeignet. So enstand das **Regierungsviertel** hinter dem Park im Stadtteil Kasumigaseki und Nagatachō. Schaustück ist das wuchtige Parlamentsgebäude *(Kokkai-gijidō)*, das auf Englisch den für uns seltsam klingenden Namen „National Diet Building" trägt. Dabei lautet die Übersetzung des lateinischen Begriffes „dieta imperii" Reichstag, und da wird uns der Begriff gleich vetrauter.

Das sehr unjapanische **monumentale Gebäude mit Granitfassade** wurde nach 17-jähriger Bauzeit 1936 fertiggestellt. Die Front ist 206 Meter lang und 21 Meter hoch, der Turm erreicht knapp 66 Meter Höhe. Das Gebäude kann wochentags besucht werden, die Führung dauert eine Stunde. Anmeldung in der Rezeption für Besucher an der NO-Ecke des Geländes. Das Schild lautet „Tours of the House of Councillors: Entrance". Individuelle Besucher werden gebeten, erst nach 9 Uhr zu kommen. Wenn das Unterhaus tagt, fallen die Führungen aus.

› **Kokkai-gijidō**, 1-7-1 Nagatachō, U: Nagatachō (Hanzōmon, Namboku, Yūrakuchō Line), Ausg. 1, 3 Min., Kokkai Gijidomae (Chiyoda, Marunouchi Line), Ausg. 1, 6 Min., Tel. 5521-7445, www.sangiin.go.jp/eng/index.htm, für Besucher Mo.–Fr. 8–16.30 Uhr geöffnet, Führungen auf Englisch zur vollen Stunde

068to-ml

52 Hie-Schrein (Hie Jinja) ★★ [E8]

日枝神社

In der Edo-Zeit war dieser 1478 von *Ōta Dōkan* gegründete **Schrein einer der bedeutendsten**, weil er der Schutzgottheit der herrschenden Tokugawa-Familie, der Berggottheit Ō-yama Kui-no-Kami geweiht war. Dessen Bote ist der **Affe**, wie unschwer am Treppenaufgang zum Schreingebäude zu sehen ist. Der Schrein dient heute dem Schutz vor Fehlgeburten und Kinderkrankheiten. Der im klassischen Shintō-Stil erbaute, im Großen Feuer von 1657 verbrannte und am jetzigen Platz unter Shōgun Ietsuna 1659 neu errichtete Schrein fiel nach einem Luftangriff 1945 ein zweites Mal den Flammen zum Opfer. Das Schreingebäude wurde 1959, das Tor 1962 wiederaufgebaut. Zwei Wege führen von der Rückseite an der Sotobori-dōri hinauf, der linke, von Torii gesäumte, führt zunächst zu einem Inari-Schrein, der rechte bequem per Rolltreppe hinauf. Es gibt auch ein kleines **Museum**, das über das berühmte **Schreinfest Sannō Matsuri** informiert: Es findet in den geraden Jahren Mitte Juni statt und gehört zu den drei großen Festen Tokyos.

› **Hie Jinja**, 2-10-5 Nagatachō, U: Akasaka (Chiyoda Line), 5 Min., Akasaka-Mitsuke (Ginza, Marunouchi Line), 8 Min., Kokkai-gijidomae (Chiyoda, 5 Min., Marunouchi Line, 8 Min., Tameike-sanno (Ginza, Namboku, Marunouchi Line), 5 Min., Tel. 3581-2471, www.hiejinja.net/en

53 Toyokawa-Inari-Tempelkomplex ★★ [E8]

豊川稲荷東京別院

Mit der in Japan bis zur Meijizeit häufigen **Schrein-Tempel-Kombination** hat es in diesem Fall folgende Bewandtnis: Im 13. Jh. geriet der dritte Sohn von Kaiser Juntoku, Kanganzenji, der auch Zen-Priester war, auf der Rückfahrt von China in einen schweren Sturm. Das Schiff schien schon verloren, da erschien ihm die buddhistische Dakini (zugleich Shintōgottheit Inari) auf einem weißen Fuchs reitend mit einem Reisbüschel auf dem Rücken. Dieses Bild schnitzte er nach seiner Heimkehr. In der ersten Hälfte des 18. Jh. residierte der Daimyō Oda Tadasuke auf der anderen Straßenseite. Er stammte aus Toyokawa, brachte die Dakini-Figur mit und errichtete für sie einen Schrein. Als Magistrat Edos organisierte er die ersten Feuerwehren für die allgemeine Bevölkerung und nicht nur für die Anwesen der Daimyōs. Die Figur selbst wird nicht gezeigt, es gibt aber ein Foto von ihr. Die **Füchse** vor dem Tempel sind eindeutige Attribute eines Inari-Schreins. Die **Kannonstatue Kodakura Kanzein Bosatsu** hält einen Säugling in ihren Armen, zu ihr beten Gläubige um gesunde Kinder und Wohlstand der Familie. Der Migawari Jizō, ebenfalls buddhistischer Herkunft, übernimmt freundlicherweise die Probleme und Schwierigkeiten der Menschen, die zu ihm beten. Es gibt auf dem mit Fahnen dankbarer Gläubiger geschmückten Gelände noch eine komplette Sammlung der Sieben Glücksgötter, einen achteckigen Schrein für dessen Gründer, dazu weitere kleine Schreine, das Veranstaltungshaus Tokyo Toyokawa Bunka Kaikan für Hochzeitsempfänge, religiöse und weltliche Anlässe wie Ausstellungen, Basare, Kalligraphie- und Ikebanaausstellungen; eine Cafeteria ist auch vorhanden. Es gibt auch die Möglichkeit, kleine Snacks wie Kitsune Udon oder Oden im Laden zu kaufen und gleich auf dem Gelände zu verzehren.

› Toyokawa Inari Tōkyō Betsu-in, 1-4-7 Moto-Akasaka, U: Akasaka-Mitsuke (Ginza, Marunouchi Line) Ausg. B, 5 Min.; Nagatachō (Hanzōmon, Namboku Line) Ausg. 7, 5 Min.

◁ *Tor zum Hie-Schrein*

Kulinarisches

233 [E8] **Akasaka Rikyu** ¥¥-¥¥¥, 5-3-1 Akasaka, U: Akasaka, www.rikyu.jp, Mo.-Fr. 11.30-14.30 u. 17-22, Sa., So. 11.30-21 Uhr. Gesunde chinesische Küche mit besten Zutaten, wenig Öl und Gewürze, dennoch voller Geschmack. Auch in der Ginza und Shinjuku.

234 [E8] **Bar Del Sole,** Apa Villa Hotel, 4-19-10 Akasaka, tgl. 11-24 Uhr. Barista-Kaffee, schneller und günstiger Espresso an der Bar, auch Lunch oder Dinner-Sets, Eis u. a., angenehmer Patio.

235 [E8] **Ikinari Steak** ¥¥-¥¥¥, 2-14-1 Akasaka, tgl. 11-21 Uhr. Ausgezeichnete Steaks, zum Lunch feste Menüs, sonst Preis nach Gewicht. Viele Filialen.

236 [E8] **Moti Akasaka** ¥-¥¥, 2-14-31 Akasaka, U: Akasaka, 1 Min., Mo.-Sa. 11.30-23, So. 12-23 Uhr. Ausgezeichnetes authentisches indisches Essen.

▽ *Kannonstatue Kodakura Kanzein Bosatsu im Toyokawa-Tempel*

069to-ml

☐ Liste der Karteneinträge Seite 364

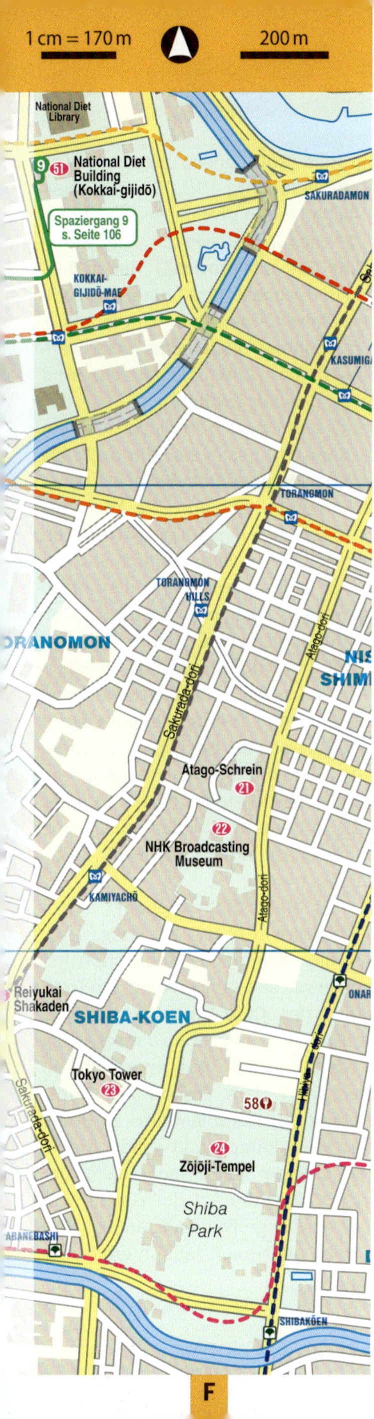

Roppongi und Azabu

六本木, 麻布

Während **Akasaka** noch manches vom Hauch des alten Tokyo in den kleinen Gassen, Tempeln und Schreinen bewahrt hat, sind **Roppongi** mit Azabu und Hiroo die internationalsten Stadtteile, die kein vergnügungssüchtiger Besucher auslässt. Hier wohnen viele gut betuchte Expats, Akasaka, Roppongi, Azabu und Hiroo beherbergen auch die meisten Botschaften. Seit den 1960er-Jahren zogen die kosmopolitisch orientierten Cafés und Bars Ausländer, die intellektuelle Elite, Unterhaltungskünstler, Modeschöpfer und andere Berühmtheiten an, aber auch die Yakuza, die das Vergnügungsbusiness zu einem großen Teil kontrollieren.

Begonnen hatte die Attraktivität Roppongis als gehobenes Wohnviertel während der Meiji-Zeit, als sich hier höhere Beamte und wohlhabende Unternehmer niederließen. Der Name **Roppongi** bedeutet „sechs Bäume“, vermutlich bezieht sich das auf sechs Samurai-Familien, die das Zeichen für Baum als Bestandteil ihrer Namen hatten.

Die Tatsache, dass in Roppongi auch zwei Regimenter der Kaiserlichen Armee stationiert waren, führte indirekt zu dem westlich orientierten, internationalen Gesicht, das so kennzeichnend für das Roppongi von heute ist. Nach der Kapitulation Japans im Zweiten Weltkrieg ließen sich nämlich genau dort die amerikanischen Besatzer nieder und es entstanden in der Nachbarschaft nach und nach zahlreiche Etablissements, die dem Amüsement der ausländischen Soldaten dienten: Bars, Cafés, die erste Pizzeria, andere Restaurants und Discos. Im Lau-

fe der Jahre kam eine Vielfalt von Geschäften und Boutiquen hinzu. Abendliche Trips beginnen meist an der Roppongi-Kreuzung. Ein anderer populärer Treffpunkt ist die **Maman-Skulptur** in **Roppongi Hills** 57. Die Roppongi-zoku (-Clique) vergnügt sich meist bis in die frühen Morgenstunden.

Es gibt jedoch auch interessante **Einkaufsmöglichkeiten**, z.B. in den **Roppongi Hills** (200 Läden, Lokale und Cafés), die jeden Tag 100.000 Besucher, an Wochenenden dreimal so viel, anziehen, ähnlich in der zweiten „City within the City", **Tokyo Midtown** 54. Neben Boutiquen und Modestudios haben sich zahlreiche Plattenfirmen und Filmproduktionen in Roppongi niedergelassen. Erwähnenswert sind auch die Museen und Galerien des **„Art Triangle"**.

Heute gibt es auch in diesen Vierteln viele Bars und Esslokale. **Hiroo** gilt als **Ausländer-Wohngebiet:** Viele ausländische Firmen bringen dort ihre Angestellten und Familien in stark bezuschussten Apartments unter. Es haben sich deshalb zwei der größten westlich orientierten **Supermärkte** (National Azabu und Meidi-ya) dort angesiedelt, in denen Ausländer zwei Drittel der Kundschaft stellen.

Der südlich der österreichischen Botschaft gelegene **Tempel Zenpukuji**, auf dessen Gelände der mit über 750 Jahren älteste Ginkgo-Baum Tokyos (Wappenbaum der Stadt) steht und wo ab Mitte des 19. Jahrhunderts die amerikanische Gesandtschaft untergebracht war, ist einen Besuch wert.

Abends bleibt sich Roppongi hingegen weitgehend treu: Vom Ausg. 1 (U: Roppongi) strömen die Menschen immer noch wie seit Jahrzehnten zum Treffpunkt vor dem **Café Almond** an der Roppongi-Kreuzung und gehen danach in Lokale (darunter sehr viele internationale Restaurants), Bars, Discos und Clubs. Der Markt der Karaoke-Clubs ist ebenfalls heiß umkämpft und gehört für Japaner zu einem guten Abend dazu. Der nach SO führende Ast der Gaien-Higashi weist die größte Zahl an Lokalen auf, dazu aber auch teils interessante Geschäfte.

Spinnenskulptur „Maman" in Roppongi Hills 57

070to-ml

Spaziergang 10: Durch Roppongi

***Ausgangspunkt** für den rund 3 km langen Rundgang ist der Ausgang 1 am U-Bhf. Roppongi [E9] vor dem **Café Almond,** dem bekanntesten Café Tokyos, seit Jahrzehnten der beliebteste Treffpunkt für die abendlichen Roppongibummel, als Filiale einer unbedeutenden Kette jedoch nur Durchschnitt. Nach Querung der Roppongi-dōri unter der Stadtautobahn Nr. 3 hindurch geht es in die Fortsetzung der Gaien-Higashi-dōri. Auf beiden Seiten gibt es mehrere günstige Lokale. Nahe Ausg. 6 befindet sich das inzwischen meist geschlossene **Haiyū-za Theater** (4-9-2 Roppongi), in dem manchmal Filme gezeigt werden.*

*Nach etwa 200 m beginnt rechts der unübersehbare Komplex von **Tokyo Midtown** (54) mit großem Einkaufs- und Gastronomiezentrum, dem **Suntory Museum of Art** (s. S. 114), Ritz Carlton Hotel, dazu die **Design 21-Galerie** (s. S. 114) im attraktiven **Hinokichō-Park.** Hier hatte die Self Defense Force, die dem Militär in anderen Ländern entspricht, was aber laut japanischer Nachkriegsverfassung nicht länger vorgesehen ist, ihr Hauptquartier. Nach einem Bummel durch Midtown geht es durch die Verlängerung des Hinokichō-Parks auf derselben Straßenseite weiter zur Kreuzung mit der Nogizaka (Nogi-Hangstraße) [D9]. Dahinter liegt der kleine **Nogi-Park** (55) mit dem schlichten Wohnhaus und Pferdestall von General **Nogi,** dem Helden des Russisch-Japanischen Krieges, und dem gleichnamigen, seinem kami geweihten Schrein nebenan. Der wurde ihm zu Ehren errichtet, nicht zuletzt, weil er mit seiner Frau nach dem Ableben des Meiji-Tennō aus Loyalität rituellen Selbstmord beging. Für Freunde der Architektur gibt es auf der anderen Straßenseite die kostenlose Toto Gallery Ma (s. S. 238) mit häufigen Ausstellungen namhafter Architekten.*

*Zurück auf dieser (westlichen) Seite der Gaien-Higashi steht die **Mercedes-Benz Connection** (7-3-10 Roppongi, Tel. 3423-8775, 7-23 Uhr), ein sehenswerter Showroom mit Café und Restaurant des Sternekochs Ryu Iizuka, in dem ein Lunchmenü für unter 2000 ¥ verkostet werden kann. Gegenüber dem Midtown führt eine Straße nach rechts zum **National Art Center Tokyo** (56), in dem nur Wechselausstellungen veranstaltet werden, aber die hochgerühmte gewellte Fassade allein ist schon sehenswert. Der Laden Souvenir From Tokyo im Innern ist einen Besuch wert.*

*Von dort ist es nicht weit nach **Roppongi Hills** (57) mit dem **Mori Tower** (Mori Art Museum, Tokyo City View, Kinokomplex mit neun Kinos, darunter das Mama Klub Theater mit Kleinkindbetreuung, und 200 Läden, Lokalen und Cafés), dem **Grand Hyatt Roppongi,** Luxusapartments, einem hübschen Garten und – nicht zu vergessen – die Keyakizaka-(Zelkoven)dōri, von der man abends einen schönen Blick auf den meist rot angestrahlten **Tokyo Tower** (23) hat, der besonders im Dezember schön ist. Vorne am Eingang steht die Riesenspinne Maman als Treffpunkt. Die beiden „Cities in the City" haben das Niveau von Roppongi erheblich angehoben.*

Spaziergang 11: Von Roppongi Hill nach Azabu-Jūban

Ein schöner, etwa 2 km langer Weg führt von ***Roppongi Hills*** *57 entlang der* ***Keiyaki-zaka-dōri*** *(Zelkoven-Hangstraße) mit Blick auf den* ***Tokyo Tower*** *23 hinunter zur Nationalstraße Nr. 319 und der von Roppongi kommenden* ***Imoarai-zaka*** *(Kartoffelwasch-Hangstraße). Rechts an der Ecke steht eine Filiale des Medien-Riesen Tsutaya mit Café und Buchladen, wo man bis 4 Uhr morgens stöbern kann. Wenn man die schmale Imoarai-zaka ein Stück zurück in Richtung Roppongi-Kreuzung geht, sieht man rechter Hand das braun-beige, horizontal gestreifte* ***Striped House Museum of Art,*** *das auf vier Etagen Avantgarde-Skulpturen ausstellt (Mo.–Sa. 11.30–18.30 Uhr, Eintritt: frei, guter Buchladen). Auf derselben Straßenseite unterhalb steht schräg gegenüber Tsutaya Roppongi ein Stück zurückversetzt oberhalb der Komplex des* ***International House of Japan*** *(Kokusai Bunka Kaikan), das dem kulturellen Austausch und der intellektuellen Zusammenarbeit zwischen Japan und Übersee gewidmet ist. Ein Café, Restaurant und vor allem ein schöner* ***japanischer Garten,*** *der einst dem Kyogoku-Clan aus Kagawa gehörte, laden zum Verweilen ein.*

Richtung Azabu-Jūban steht in einer ansteigenden Seitenstraße die Botschaft der Republik Singapur.

In Höhe des erst seit dem Jahr 2000 bestehenden U-Bhf. ***Azabu-Jūban*** *steht links der kleine* ***Jūban-Inari-Schrein.*** *In seiner Umgebung gibt es zahlreiche Läden und Lokale, die das Viertel so attraktiv machen, eine Mischung aus traditionellen und modernen Läden. Zu erwähnen ist eine Filiale der Peacock-Supermärkte, die besonders auf hier lebende Ausländer ausgerichtet ist. Die Umgebung ist auch als* ***Azabu Shopping Town*** *bekannt.*

Im Wohnviertel südwestlich der großen Kreuzung befindet sich wenige Minuten entfernt eine andere, weniger be-

54 Tokyo Midtown ★★ [D9]

Der riesige Komplex beinhaltet einige Highlights: Die Kollektion des **Suntory Museum of Art** steht unter dem Motto „Kunst im Leben" und bezieht sich auf alte japanische Kunst und Kunsthandwerk. Das Museum umfasst 3000 Objekte. Es gibt keine Dauerausstellung, sondern wechselnde Ausstellungen zu verschiedenen Themen.

› **Suntory Bijutsukan,** Tokyo Midtown Gardenside 9-7-4 Akasaka, U: Roppongi (Toei Oedo Line, Ausg. 8, Hibiya Line, Zugang durch Tunnel), Nogizaka (Chiyoda Line) Ausg. 3, 3 Min., Tel. 3479-8600, www.suntory.com/sma, So.–Do. 10–18, Fr., Sa. 10–20 Uhr, Eintritt je nach Ausstellung, meist 1300 ¥, Audioguide 500 ¥

Das **21_21 Design Sight,** ein flacher, spektakulärer Bau aus Beton und Glas von Ando Tadao, befindet sich am Rande des Hinokichō-Parks im Tokyo-Midtown-Komplex und dient neben der Funktion als Galerie auch als Treffpunkt für Designer, Künstler und Firmenvertreter.

› 9-7-6 Akasaka, www.2121designsight.jp, Tel. 3475-2121, Di.–So. 11–20 Uhr, Eintritt je nach Ausstellung, meist 1000 ¥

kannte Sehenswürdigkeit, der 824 vom berühmten Mönch ***Kukai*** *(Kōbo Daishi) ursprünglich als Tempel der Shingon-Sekte gegründete* ***Zempukuji*** *(1-6-21 Motoazabu), eher bekannt für seinen 700 Jahre alten Ginkgobaum mit seinem Stammumfang von neun Metern, der Legende nach gewachsen aus dem Wanderstock, den der Gründer der Jōdō-Shinshū, Shinran, dort einst in den Boden gesteckt haben soll. Seit 1232 gehört der von den Bewohnern des Viertels respektvoll „Azabu-san" genannte Tempel zu dieser Sekte. Und er ist dafür bekannt, dass hier zu Beginn der Meiji-Zeit die amerikanische Gesandtschaft unter Townsend Harris eingerichtet wurde.*

Höhepunkt des Jahres ist für die Bewohner das dreitägige ***Azabu-Jūban Matsuri*** *am dritten Wochenende im August. Es handelt sich um ein Straßenfest mit Essständen, einem internationalen Basar, Blaskapellen, Tänzen, u. a., das mehr als zehntausend Menschen jährlich anzieht.*

55 Nogi-Park mit Wohnhaus und Schrein ★ [D9]

乃木神社

Der kleine Nogi-Park enthält das schlichte schwarze **Wohnhaus von General Nogi** und seinen Pferdestall. Die Idee für das Haus kam Nogi während seiner Ausbildung in Deutschland, das Haus ist aber französisch beeinflusst. Er war der Held des Chinesisch-Japanischen und Russisch-Japanischen Krieges, doch er beging nach dem Tod seines Kaisers (Meiji) am 13.09.1912 gemeinsam mit seiner Frau rituellen Selbstmord im Geiste der

071to-ml

In Tokyo Midtown 54

Samurai, um ihm auch nach dem Tod noch zu Diensten sein zu können. Das Haus der Nogis wird nur am 12. und 13.9. für Besucher geöffnet, aber man kann von außen durch die Fenster ins Innere sehen.

Der kleine **Nogi-Schrein**, der den beiden geweiht ist, steht hinter dem Haus. Dort findet an jedem vierten Sonntag im Monat ein beliebter Antiquitätenflohmarkt statt.

› 8-11-27 Akasaka, U: Nogizaka (Chiyoda Line), Eintritt frei

56 National Art Center Tokyo ★★ [D9]

国立新美術館

Das Zentrum bietet im Gegensatz zu vielen anderen Museen der Stadt **wechselnde Kunstausstellungen.**

Die maximal **14.000 qm große Ausstellungsfläche** ist eine der größten in Japan. Allein schon das Gebäude ist mit seiner gewellten Glasfassade ein architektonisches Highlight.

› **Kokuritsu-Shin-Bijutsukan,** 7-22-2 Roppongi, U: Nogizaka (Chiyoda Line), Ausg. 6, Roppongi (Toei Oedo Line), Ausg. 7, 4 Min., Hibiya Line, Ausg. 4a, 5 Min., Tel. 5777-8600, www. nact.jp/de/index.html, Mi., Do., Sa.-Mo. 10-18, Fr. 10-20 Uhr

57 Roppongi Hills mit Mori Art Museum ★★ [D10]

森美術館

Der riesige Komplex beherbergt unter anderem die Kunstgalerie **Mori Art Museum,** das sich im F53 des Mori Tower befindet. Die Ausstellungen, meist bedeutende Künstler der Gegenwart, wechseln periodisch. Das Programm gibt es im TIC (s. S. 326) im Faltblatt des „Roppongi Art Triangle" oder online über die Website.

› **Roppongi Hills,** www.roppongihills.com, tgl. 11-21 Uhr (Restaurants 11-23 Uhr)

› **Mori Bijutsukan,** F53, Roppongi Hills Mori Tower, 6-10-1 Roppongi, U: Roppongi (Hibiya Line, Ausg. Roppongi Hills, Toei Oedo Line, 4 Min., Azabu-Juban (Toei Oedo Line), 5 Min., www.mori.art.museum/eng, tgl. Mi.-Mo. 10-22, Di. 10-17 Uhr, Eintritt meist 1500 ¥, je nach Ausstellung berechtigt er zum kostenlosen Besuch der Aussichtsgalerie Tokyo City View. Für 300 ¥ extra darf man auf das Dach.

58 Reiyukai Shakaden ★ [F10]

霊友会

Der Reiyukai Shakaden ist ein **beeindruckender Tempel der Reiyukai** („Spiritual-Friendship-Association"), einer Laienorganisation des Nichiren-Buddhismus, direkt neben Azabu Dai Hills mit gewaltigem, schrägen, von zwei goldenen Ringen gekrönten Pyramidendach und großem Buddha im Innern (sowie 400 Tonnen Trinkwasser im Tiefgeschoss für Katastrophenfälle).

› 1-7-8 Azabudai, https://reiyukai.jp (nur auf Japanisch), tagsüber geöffnet

Kulinarisches

237 [E10] **Afuri** ¥, 1-8-10 Azabu-Jūban, tgl. 11-4 Uhr. Rāmen in angenehmer Atmospäre wie in einem Café. Beliebt: Yuzu-shio-Rāmen mit dem Saft der Yuzu-Orange. Auch als Instant-Ramen bei 7-Eleven erhältlich.

› **Ganchan** (s. S. 260)

239 [E10] **Homework's** ¥-¥¥, Vesta Bldg., F1, 1-5-8 Azabu Jūban, U: Azabu Jūban, Ausg. 4, Mo.-Sa. 11-21, So. 11-18 Uhr. Selbst zubereitete Gourmetburger in drei

Größen, zahlreiche Toppings, Salate, Sandwiches.

240 [E9] **Ichioku** ¥-¥¥, 4-4-5 Roppongi, www.ichioku1968.com, tgl. 11.30-14.30 u. 18-23.30 Uhr. Kleines, meist volles Izakaya; hier bestellen fast alle Besucher Tofusteak mit Bonitoflocken, Lunchsets aller Art zum Festpreis.

241 [E9] **Ikkon** ¥¥¥, 3-13-3 Roppongi, Tel. 3586-4888, Mo.-Sa. 18-23 Uhr. Gutes Kaiseki-Restaurant. Reservierung notwendig.

243 [E10] **Shiroikuro,** 2-8-1 Azabu-Jūban, tgl. 10-18 Uhr. Klassische japanische Süßigkeiten nach Kyōto-Art in Weiß und Schwarz, am beliebtesten sind *kuromame shio daifuku* (gesalzene Mochi gefüllt mit schwarzem Bohnenmus).

244 [E9] **Sougo** ¥¥-¥¥¥, Roppongi Green Bldg. 6-1-8 Roppongi, Tel. 54141133, tgl. 11.30-15 Uhr, Café 14-17 und 18-23 Uhr. Shojin Ryōri mit innovativen Elementen, preiswertes Lunch-Set für 2000 ¥, Lunch-Menü 5000 ¥, bei Voranmeldung (2 Tage) vegetarische Zubereitung möglich.

Unterhaltung

245 [D9] **Ex Theater Roppongi,** 1-2-9 Nishi-Azabu, https://dmo-roppongi.jp. Veranstaltungsort mit knapp 1000 Plätzen für Pop- und Rock-Konzerte, Theater, Musicals, Modeshows, Filme.

246 [E9] **Pasela Resorts Roppongi,** 5-16-3 Roppongi, Tel. 5114-1711, www.pasela.co.jp, Mo.-Fr. 17-5/7, Sa., So. 11-5/7 Uhr. Angenehme Atmosphäre, Karaoke-Boxen in balinesischem Dekor, Lunch 1000 ¥, Dinner 3500 ¥, auch All-you-can-eat.

248 [E8] **The Pink Cow,** Bright Bldg. B1, 2-7-5 Akasaka (U: Akasaka, Ausgang 11), www.thepinkcow.com, Di.-Do., So. 17-5, Fr., Sa. 17-3 Uhr. Seit Langem beliebt unter Expats, hier ist immer etwas los, gutes Essen, dazu Kunst und Musik.

> KURZ & KNAPP
>
> **Weshalb die Spinne Mama heißt**
> Louise Bourgeois (1911-2010) nannte die 9 m hohe Spinnenskulptur mit ihren 26 Marmoreiern im Korb *Maman* (Mutter), um damit ihre eigene Mutter zu ehren, die Restaurateurin französischer Wandteppiche war und somit Gewebe erneuerte, so wie eine Spinne immer wieder ihr Netz neu spinnt. Die Künstlerin hatte eine positive Einstellung zu Spinnen, die ja Ungeziefer fressen und daher nützlich sind. Es gibt weltweit mehrere Abgüsse. Der in Roppongi Hills **57** ist ein beliebter Treffpunkt.

Shopping

249 [E10] **Asa no Ha,** Sakurai Bldg., 1-5-24 Azabu-Jūban, So.-Do. 10.20-19 Uhr, Fr., Sa. bis 20 Uhr, Tel. 3405-0161, www.artsou.co.jp/shop-en. Originelle *tenugui* (bunte Tücher, teils Hand-, teils Taschentücher) in über 300 Mustern, Fächer u. a. Souvenirs.

250 [E10] **Naniwa Souhonten,** 1-8-14 Azabu-Jūban, tgl. 10-19 Uhr. Hier wurde vor über 100 Jahren das beliebte, mit Bohnenmus gefüllte Gebäck Taiyaki erfunden (pro Stück 200 ¥). Außerdem gibt es diverse japanische Süßigkeiten.

› **Tokyo Midtown** **54**, u. a. **The Cover Nippon,** F3 Galleria (edles japanisches Kunsthandwerk), **Fujifilm Square** West F1 (die Welt der Fotografie, kostenlos), **Fukumitsuya,** B1 Galleria (Reiswein und Sakeprodukte), **Billboard Live Tokyo,** F4 (angesagter, gepflegter Supper-Club); **Precce Premium,** B1 Tokyo Midtown Gardenside (gut ausgestatteter 24-Std.-Supermarkt); **Restir Boutique,** F1 Galleria (luxuriöse Designerobjekte)

072to-ml

Shinjuku

Shinjuku und Umgebung bieten den wohl **geschäftigsten Bahnhof der Welt** 59, **ein Wolkenkratzerviertel** mit spektakulärem, kostenlosen Ausblick vom F45 im Rathaus 60, Kaufhäuser mit riesiger unterirdischer Einkaufs- und Lokalpassage, das heute nicht mehr so verruchte **Vergnügungsviertel Kabukichō**, einen großen **japanisch-westlichen Park** 63, Koreatown Higashi-Ōkubo und beliebte, westlich geprägte Vororte.

Vor der Meiji-Zeit lag Shinjuku noch außerhalb der Stadtgrenzen, es gab dort preiswerte Unterkünfte und Bordelle. Shinjuku („neue Unterkünfte") war ein typisches Poststädtchen am Kōshū Kaidō, der von Edo ausgehenden Fernstraße über Yamanashi in Richtung Kyōto. Seit der Eröffnung des Bahnhofs Shinjuku 59 1889 entwickelte sich die Gegend schnell zu einem Vergnügungviertel für die unteren Einkommensschichten. Erst seit 1932 gehört der Stadtteil zu Tokyo.

Die beiden Seiten des Bahnhofs sind sehr verschieden: Auf der Westseite liegt mit Ausnahme der unmittelbaren Umgebung des Bahnhofs die steril wirkende, geordnete Ansammlung von Wolkenkratzern mit dem monumentalen, vom berühmten japanischen Architekten Tange Kenzō entworfenen Rathaus 60. Die Ostseite ist dagegen mit den engen Gassen des Vergnügungsviertels Kabukichō, dem Labyrinth der unterirdischen Einkaufspassagen, den Kaufhäusern, Läden, Lokalen und Kinos, nicht zu verges-

Eingang zu Tokyo Midtown 54

Kultur

251 [E10] **Mori Building Digital Art Museum Epson TeamLab Borderless,** Azabu Dai Hills, Mori JP Tower, 1-3-1 Azabudai, U: Roppongi Itchōme oder Kamiyachō 4-5 Min., www.teamlab.art/e/borderless-azabudai. Im Februar 2024 eröffnete Einrichtung des viel beachteten, mit digitaler Technologie arbeitenden TeamLab-Künstlerkollektivs. Das Museum bietet ein einzigartiges Erlebnis aus Raum-, Licht- und interaktiven Digitalinstallationen.

Spaziergang 12: Durch Shinjuku

Der 5-6 km lange Bummel durch Shinjuku beginnt auf der Westseite, da Kabukichō auf der Ostseite erst abends seine Attraktivität ganz entfaltet. Vom Bahnhof unterirdisch oder oberirdisch entlang der Chūō-dōri verläuft der schnellste Weg zum ***Rathaus*** *60 mit Aussichtsplattformen. Unterwegs gibt es in den Bürotürmen Showrooms, Galerien namhafter Kamerahersteller, Museen und Restaurantetagen (ganz unten und ganz oben mit entsprechend guter Aussicht). Direkt am Bahnhof sind die Kaufhäuser Odakyū und Keiō zu erwähnen und unterhalb dieser ein unterirdisches Stadtviertel voller Lokale und Läden. Nahe dem W-Ausg. bei U: Shinjuku-Nishiguchi (Toei Oedo Line) gibt es in der Lokalgasse Omoide Yokocho mit Yakitori-Hühnerspießchen und gegrillten Eingeweiden ein Relikt aus der Nachkriegszeit.*

Gegenüber dem Modekaufhaus Lumine an der SW-Seite des Bahnhofs gibt es ein kompaktes Viertel voller Elektronikgeschäfte und preiswerter Lokale („camera town“). Hierher kommen die ***Salarymen,*** *die typisch japanischen Büroangestellten, zur Mittagspause und nach Feierabend.*

Im ***Rathaus*** *kann man Aufzüge im Nord- und im Südturm für eine kostenlose Auffahrt wählen, oft ist aber nur einer der Aufzüge geöffnet. Gepäck wird vorher grob untersucht. Das Tokyo Tourist Information Center (s. S. 326) in der Lobby ist immer einen Besuch wert, dort sind oft Freiwillige zugegen, die eine kurze Führung durch das Rathaus leiten. Die Cafeteria im F32 ist eine typische Firmenkantine, in der Besucher aber ebenfalls essen dürfen (am besten an der Info nachfragen).*

Nicht nur mittags ist ein Bummel durch den Shinjuku Central Park lohnend, besonders bei schönem Wetter, wenn zahlreiche Angestellte dort auf dem Rasen ihr Bentō verzehren. An der Ostseite des Parks steht der Juniso-Kumano-Schrein in Vertretung der seit Jahrhunderten von Pilgern aufgesuchten Kumano-Schreine auf der Kii-Halbinsel südlich von Kyōto und Nara.

Auf dem Rückweg zum Bahnhof kann man entlang des Kōshū-Kaidō dem ***Kostümmuseum*** *61 einen Besuch abstatten. Dieser Straße folgt man zurück zum Bahnhof und zur Brücke über die Gleise auf die Ostseite. Südlich vor der Brücke ist die Flaniermeile Southern Terrace zu erwähnen. Vom F19 im Southern Tower hat man einen sehr guten Blick auf die Ostseite von Shinjuku mit dem* ***Park Shinjuku Gyoen*** *63.*

Vorbei am Busterminal Busta und den großen Takashimaya-&-Tokyu-Hands-Filialen geht es südöstlich zum weitläufigen ***Park Shinjuku Gyoen*** *63. Nächstes Ziel ist der Hanazono-Schrein 64 und das* ***Barviertel Golden Gai,*** *das wegen der vielen winzigen Lokale schon tagsüber lebendig ist. Auf dem Rückweg zum Bahnhof bzw. auf dem Weg nach Kabukichō liegen das Isetan-Kaufhaus, das Bücherkaufhaus Kinokuniya und Bic Camera. Beliebte Blickfänge sind eine riesige, digitale 3-D-Katze am Eingang nach Kabukichō und ein Godzillakopf auf dem Dach des Toho Building. Entlang der Meiji-dōri nach Norden gelangt man zur „Koreatown“ in Higashi-Ōkubo. Der Stadtteil Shinjuku 2-chōme ist bekannt für seine rund 250 LGBT-Bars, viele heißen auch Heteros willkommen.*

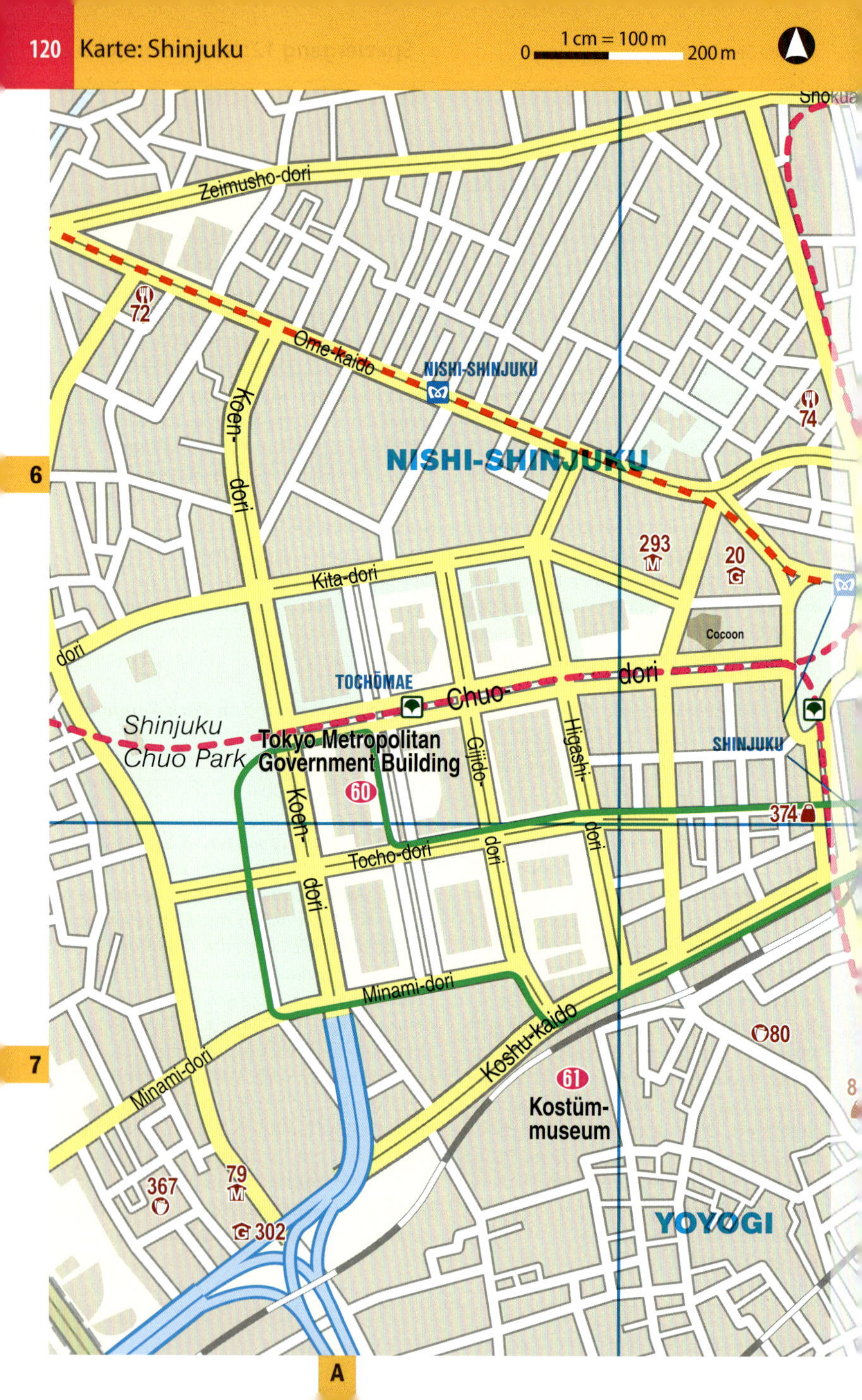
1 cm = 100 m
0
200 m
Zeimusho-dori
Ome-kaido
72
NISHI-SHINJUKU
74
Koen-dori
NISHI-SHINJUKU
6
293
20
Kita-dori
Cocoon
dori
TOCHŌMAE
Chuo-dori
Shinjuku Chuo Park
Tokyo Metropolitan Government Building
60
Giido-dori
Higashi-dori
SHINJUKU
374
Koen-dori
Tocho-dori
Minami-dori
Koshu-kaido
80
7
Minami-dori
61
Kostüm-museum
367
79
302
YOYOGI
A

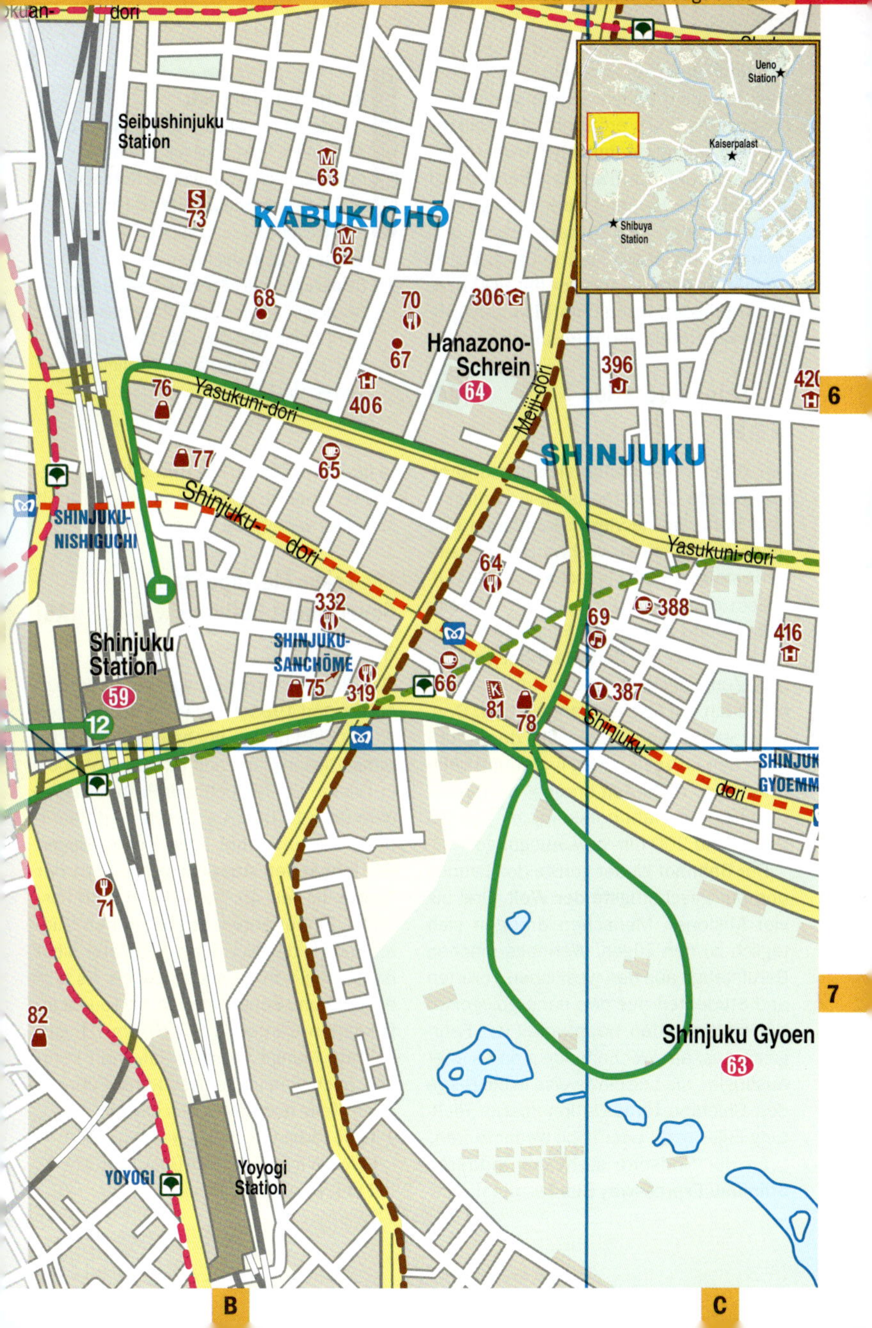
Seibushinjuku Station
KABUKICHŌ
63
73
62
68
70
306
67
Hanazono-Schrein
64
396
420
406
76
Yasukuni-dori
Meiji-dori
SHINJUKU
77
65
Shinjuku-dori
SHINJUKU-NISHIGUCHI
Yasukuni-dori
64
388
69
332
416
Shinjuku Station
59
SHINJUKU-SANCHŌME
75
319
66
81
78
387
12
SHINJUKU GYOEMM
71
82
Shinjuku Gyoen
63
YOYOGI
Yoyogi Station
Ueno Station
Kaiserpalast
Shibuya Station
6
7
B
C

sen dem Hanazono-Schrein 64 und dem Park Shinjuku Gyoen 63, ein wenig chaotisch. Der 2023 eröffnete, 48-stöckige und 225 m hohe **Kabukichō Tower** (www.tokyu-kabukicho-tower.jp) beherbergt u. a. Lokale aus verschiedenen Regionen Japans, Korea und Taiwan, Action- und Videospielangebote wie The Tokyo Matrix und namco Tokyo, Theater mit 900 bzw. 1500 Plätzen, Kabuki im Milano-za, Kinos, zwei Hotels und Büroräume.

KURZ & KNAPP

Rushhour Shinjuku

Drei der fünf geschäftigsten Bahnhöfe der Welt sind in Tokyo: Shinjuku, Ikebukuro und Shibuya. Während der **Rushhour** schieben Bahnbedienstete die Fahrgäste in die Abteile. Zum Glück haben die meisten Wagen vier Türen. Wer das in Shinjuku einmal erleben will, sollte z. B. zwischen 7.45 und 8.30 Uhr zu den Gleisen 11 oder 16 (Sōbu Line) bzw. 14 oder 15 (Yamanote Line) gehen. Nachmittags wird es ab 17 Uhr voll.

59 Shinjuku Station ★ [B6]

新宿駅

Der Bahnhof ist **unübersichtlich** und **alles andere als ästhetisch.** Er umfasst acht Bahn- sowie vier U-Bahnlinien und einen Busterminal. Während der Rushhour steigen 500 Menschen pro Sekunde ein oder aus. Die Kaufhäuser Keiō, Odakyu und eine große Filiale von Takashimaya sind mit dem Bahnhof verbunden. Zum Glück sind die Richtungsangaben auch auf Englisch angegeben. Dennoch ist es wahrscheinlich, dass man nicht den kürzesten Weg findet und beim Umsteigen mehr Zeit braucht als Einheimische, der Bahnhofskomplex hat 36 Gleise und 200 Ein- bzw. Ausgänge!

Der **Bahnhof** ist der größte des Landes und der **geschäftigste der Welt.** Drei bis vier Millionen Menschen drängen sich täglich zu den Zügen. Werktags machen Berufstätige aus den westlichen Vororten und Studenten aus den nahe gelegenen Universitäten den Hauptanteil der Fahrgäste aus, am Wochenende sind es eher Ausflügler, die beispielsweise in die Berge des Chichibu-Tama-Nationalparks Richtung Fuji-san 149 oder noch weiter fahren.

An der Südseite steht der moderne **Shinjuku Expressway Bus Terminal,** Busta genannt. Fast 2000 Busse fahren täglich von hier ab oder kommen an. Damit ist er der wichtigste Terminal Tokyos.

60 Tokyo Metropolitan Government Building ★★ [A6]

東京都庁舎

Das Rathaus (Tochō), von Tange Kenzō erbaut und 1991 eingeweiht, **war** kurzzeitig mit 243 m **das höchste Gebäude Japans.** Diesen Rang hält nun ein Gebäude in Osaka. Ein Besuch des Rathauses, in dem über 13.000 Angestellte und Beamte Dienst tun, lohnt allein schon wegen der **lohnenden Aussicht von einem der Türme.** In den 45. Stock kann man kostenlos hinauffahren, sowohl in den Süd- als auch in den Nordturm. Bei klarer Sicht ist der Fuji-san 149 gut zu sehen. Es gibt ein Café und Souvenirladen. Im Tourist Information Center (s. S. 326) im F1 gibt es jede Menge Infomaterial, man kann dort auch eine kostenlose kurze Führung durch Teile des Rathauses starten.

› **Tōkyō Tochō-sha,** 2-8-1 Nishi-Shinjuku, U: Tochō-mae (Toei Oedo Line), Tel. 5321-1111, www.metro.tokyo.jp

61 Bunka-Gakuen-Kostümmuseum ★ [A7]

文化学園服飾博物館

Einige Minuten nordwestlich vom Bahnhof Minami-Shinjuku befindet sich das der berühmtesten Modeschule Japans angeschlossene Bunka-Kostüm-Museum (Bunka Gakuen Fukushoku Hakubutsukan), das **nicht nur für Freunde der Mode interessant** ist. Das Museum besteht seit 1979 und bietet eine große Sammlung von Bekleidung und historischen Kostümen und Accessoires, Haute Couture, Trachten aus aller Welt.

› **Bunka Gakuen Fukushoku Hakubutsukan,** Shinjuku Bunka Quint Bldg., 3-22-1 Yoyogi, Minami-Shinjuku (Odakyu Line), JR: Shinjuku, S-Ausg., Tel. 3299-2387, http://museum.bunka.ac.jp/english, Mo.-Sa. 10-16.30 Uhr, Eintritt: 500 ¥, G: frei

62 Feuermuseum ★ [D7]

消防博物館

Im Feuerwehrgebäude direkt am U-Bhf. Yotsuya-sanchome (Ecke Shinjuku/Gaien Higashi-dōri) befindet sich auf sechs Etagen das den vielen Bränden und Feuerwehren Edos und Tokyos gewidmete, auch für Kinder sehr interessante Museum. Am besten beginnt man im F6 (hier gibt es auch einen Raum für Kinder zum Spielen) und bewegt sich langsam nach unten. Besonders beliebt ist der Einstieg in einen ausrangierten Feuerwehrhubschrauber draußen auf der Terasse im F5. Erläuterungen auf Englisch sind vorhanden, aber im Grunde kaum notwendig. Es gibt auch Audioguides auf Englisch. Gezeigt werden alte und modernste Ausrüstung, Dioramen, Videos und Uniformen. Im B1 stehen mehrere Feuerwehrautos, selbst ein Hubschrauber hängt an der Decke. Nach dem Besuch kann man auf dem Dach (F10) Getränke am Automaten kaufen, mitgebrachte Snacks verzehren und bei gutem Wetter die Aussicht genießen.

› **Shōbo Hakubutsukan,** 3-10 Yotsuya, U: Yotsuya-Sanchome (Marunouchi Line), Tel. 3353-9119, Di.-So. 9.30-17 Uhr, Eintritt frei

EXTRATIPP

Samurai Museum und Ninja Trick House

Diese bei Touristen beliebten Museen liegen nahe beieinander in Kabukichō:

- 62 [B6] **Samurai Museum,** 2-25-6 Kabukichō, www.samuraimuseum.jp, tgl. 10.30-21 Uhr, Eintritt: 1900 ¥, Kinder unter 12 Jahren 800 ¥. Zwei Etagen, Schwertkampfvorführung, ein Foto in kompletter Samuraiausrüstung kostet extra. Bei Drucklegung **vorübergehend geschlossen.**
- 63 [B6] **Ninja Trick House,** F4, 2-28-13 Kabukichō, https://ninja-trick-house.com, Do.-Mo. 10-17 Uhr, Eintritt: 3840 ¥. Nördlich vom Samurai Museum gelegen. Eine Führung umfasst Präsentationen von Ninja-Ausrüstung und Kampfkunst-Vorführungen. Man darf sich selbst am Samuraischwert oder an Wurfsternen versuchen: ein Besuch, der sich für Ninja-Fans lohnt.

63 Shinjuku Gyoen ★★ [C7]

新宿御苑

Ein Stück südöstlich vom Bahnhof, zu Fuß in einer Viertelstunde zu erreichen, erstreckt sich der **sehr sehenswerte,** fast 60 Hektar große Shinjuku Gyoen, der **einen westlichen** (englischen und französischen) **und einen japanischen Teil**

073to-ml

besitzt. Der Garten war einst Teil einer Daimyō-Residenz und gehörte ab 1906 der kaiserlichen Familie. Nach dem Zweiten Weltkrieg wurde er der Öffentlichkeit zugänglich gemacht. Lohnend ist neben dem Garten auch ein Besuch der Orchideen im **Gewächshaus.** Der Park ist besonders zur Zeit der Kirschblüte und zur Chrysanthemen-Zeit im Herbst beliebt.

› 11 Naitōchō, U: Shinjuku-gyoenmae (Marunouchi Line), Tel. 3350-0151, www.env.go.jp/garden/shinjukugyoen/english/index.html, Di.-So. 9-16 Uhr, Eintritt: 200 ¥, Schüler 50 ¥

64 Hanazono-Schrein ★ [B6]

花園神社

Der Schrein nahe dem Vergnügungsviertel Kabukichō ist sehr alt, aber – wie in Tokyo üblich – nicht dessen Gebäude. Auf dem Gelände lässt es sich gut entspannen. Der Schrein gilt als Schutzschrein Shinjukus. Jeden Sonntag gibt es hier bis 15/16 Uhr einen Flohmarkt.

› Hanazono Jinja, 5-17-3 Shinjuku, U: Shinjuku-3-chōme (Toei Shinjuku Line), Ausg. E2, JR: Shinjuku und Seibu-Shinjuku, 7 Min., Tel. 3209-5265

Östlich des Bahnhofs

Kulinarisches

64 [B6] **Beefsteak House Azuma** ¥, Todo Bldg., F1, 3-6-12 Shinjuku, tgl. 11.30-22.30, Lunch 11.30-17 Uhr. Traditionslokal mit westlichen Gerichten wie Omu-Rice oder Steak, dazu verschiedene Getränke.

65 [B6] **New Dug,** 3-15-12 Shinjuku, Tel. 3354-7776, tgl. 12-2 Uhr. Beliebtes Jazzcafé, das in Murakamis Roman „Norwegian Wood" vorkommt; nachmittags ruhig entspannt mit Jazzmusik im Hintergrund, abends lebhaft, Bebop-Musik, belgische u. a. Biere und Cocktails, Table charge.

66 [B6] **Oiwakedango Honpo,** 3-1-22 Shinjuku, Laden tgl. 10-20.30 Uhr, Café Mo.-Fr. 11-19, Sa., So. 11-20 Uhr. Seit 1945 gibt es hier die vielleicht besten Dango weit und breit (Soja, Ingwer, Yuzu u. a.).

Unterhaltung

•**67** [B6] **Golden-Gai-Barviertel,** 1-1-8 Kabukichō. Die berühmte Ansammlung von Hunderten winziger Bars ist ein Relikt der Nachkriegszeit und Ikone der für diese Zeit typischen ungeplanten, aber funktionalen Architektur der Schwarzmärkte, später dann Treffpunkt von Künstlern und Intellektuellen. Jede Bar hat ihre Stammgäste, Ausländer sind manchmal nicht gern gesehen. Einige Bars haben sich jedoch angepasst, seit das Viertel zur Touristenattraktion avanciert ist. So primitiv die Bars aussehen, günstig sind weder Getränke noch Snacks. Empfehlenswert sind das **Dongaragasshan** (Golden Gai G1-dori, 1-1-9 Kabukichō, Mo.-Do. 17-3, Fr., Sa. 17-23 Uhr), in dem man auch essen kann - manchmal sind nur ausländische Gäste da, wohl weil bekannt ist, dass man hier als Ausländer willkommen ist -, und das **Nagi Shinjuku Golden Gai** (Shinjuku Golden Gai - G2 Street -, F2, 1-1-10 Kabukichō, tgl. 24 Std. geöffnet), wo es kräftige niboshi-Rāmen mit Brühe auf Sardinenbasis, die 12 Std. gekocht wird, gibt. Am besten ist *to kusei niboshi Rāmen.*

•**68** [B6] **Samurai Restaurant Time,** 1-7-7 Kabukichō, https://giragiragirls.com/reservation/, tgl. 14.30 Uhr, 9000 ¥, Zutritt ab 18 J. (die Show ist jugendfrei, nur die Location befindet sich in einem Gebäude mit leicht zwielichtiger Nachbarschaft). Die Macher des legendären Robot Restaurants haben eine zweistündige Revue kreiert, die ähnlich verrückt ist wie ihr Vorgänger. Der Name „Restaurant" ist etwas irreführend, aber es werden im Las-Vegas-Style ein Steak- oder Sushi-Bentō und zwei Getränke zur Show serviert. Das Thema Samurai wird eher kitschig, übertrieben und auf englischsprachige Touristen ausgerichtet dargestellt, hier geht es mehr ums Spektakel als um historische Genauigkeit.

69 [C6] **Shinjuku Pit Inn,** 2-12-4 Shinjuku, B1, http://pit-inn.com/e, tgl. 14.30 Uhr (neue Bands, 1300 ¥, Sa., So. 2500 ¥, inkl. einem Getränk) und 20 Uhr (Top Bands, 3000 ¥ inkl. Getränk). Livemusik für echte Jazzfans.

Westlich des Bahnhofs

Kulinarisches

70 [B6] **Albatross** ¥, 1-2-11 Nishi-Shinjuku, tgl. 17-2 Uhr. Lebhaftes Lokal in der Omoide Yokochō auf drei Etagen mit Platz für rund 30 Gäste. Oben wird man durch ein Loch im Boden bedient!

71 [B7] **Shinjuku Miyazaki Kan Konne,** 2-2-1 Yoyogi (Shinjuku Southern Terrace), tgl. 10-20 Uhr, Essen: 11.30-19.30 Uhr. Antenna Shop (s. S. 251) der Präfektur Miyazaki auf Kyūshū, preiswerte Spezialitäten zum Kosten. Mit Restaurant im F2.

72 [A6] **Tamanegi-Honpo Sasuraiya** ¥, Suzuki Bldg. 2F, 6-26-11 Nishi-Shinjuku (am nordwestlichen Rand des Wolkenkratzerviertels), Mo.-Fr. 11.30-14 u. 18-21.30 Uhr, Mo. nur Lunch. Hier beinhalten alle Gerichte Zwiebeln, sogar der Tee!

Unterhaltung

20 [B6] **Nikon Plaza,** L-Tower, F 28, 1-6-1 Shinjuku, www.nikon-image.com/support/showroom/tokyo/eng_index, Mo.-Sa. 10.30-18.30 Uhr. Zeitgenössische japanische und ausländische Künstler, auch Retrospektiven, dazu Fotogalerie und Showroom für Nikon-Kameras.

S73 [B6] **Shinjuku Copa Bowl,** Humax Pavilion Kabukicho, 3/4F, 1-20-1 Kabukichō, tgl. 24 Std. geöffnet. Bowling mit Klang- und Lichteffekten.

◁ *Kirschblüte im Shinjuku Gyoen* 63

74 [B6] **Zoetrope** ¥¥, 7-10-14 Nishi-Shinjuku, 3F, Mo.-Sa. 19-4 Uhr. Die Bar für Whiskykenner: Atsushi Horigami hat 300 Sorten auf Lager, viele davon nicht mehr auf dem Markt.

Shopping

75 [B6] **Disk Union,** 3-28-2 Shinjuku, Mo.-Sa. 11-21, So. 11-20 Uhr. Tausende von gebrauchten CDs und Schallplatten.

76 [B6] **Okadaya (1),** 3-23-17 Shinjuku, tgl. 10.30-20.30 Uhr. Hier gibt es auf sechs Etagen jede Menge Cosplayzubehör. Filiale im Studio Alta (nur Stoffe) um die Ecke:

77 [B6] **Okadaya (2),** 3-24-3 Shinjuku, tgl. 10.30-20.30 Uhr.

78 [B6] **Sekaido,** 3-1-1 Shinjuku (an der Shinjuku-dōri), U: Shinjuku-sanchōme, Ausgang C1, Tel. 5379-1111, tgl. 9.30-21 Uhr. Größte Filiale der Kette für Künstlerbedarf.

Kultur

79 [A7] **NTT InterCommunication Center,** Tokyo Opera City Tower, F4, 3-20-2 Nishi-Shinjuku, U: Hatsudai, Tel. 5353-0800, www.ntticc.or.jp, Sa., So., Di.-Do. 10-18 Uhr, Fr. 10-21 Uhr, Eintritt: je nach Ausstellung, G: frei. Ein der multimedialen Kunst gewidmetes interaktives Museum der Zukunft. Draußen befindet sich eine spektakuläre Kreuzung.

80 [B7] **Puk-Puppentheater,** 2-12-3 Yoyogi, Tel. 3379-0234, https://puk-eng.localinfo.jp, Öffnungszeit je nach Aufführung, auch Matinées. Puppentheatertruppe mit 80 Darstellern.

81 [B6] **Shinjuku Wald9 Cinema,** Shinjuku Sanchome East Bldg., F9, 3-1-26 Shinjuku. Neun Leinwände, modernste Digitalprojektion, unter der Woche von 15.30 bis 18 Uhr nur 1200 ¥ pro Vorführung, Filme werden immer im Originalton gezeigt.

82 [B7] **Tokyo Center Showroom,** JR Minami-Shinjuku Bldg. F7 und 8, 2-1-5 Yoyogi, Bhf. Shinjuku S-Ausg., 5 Min., 10-17 Uhr. Wer sich für Innovationen rund um Badezimmer und Toilette (man denke an die berühmt-berüchtigten *washlets)* interessiert, kann sich hier kostenlos umsehen und die Produkte kennenlernen.

› **Tokyo Opera City Art Gallery** (s. S. 238), Kunsthalle mit sehenswerten Wechselausstellungen

229to-ml

Entlang des Kandaflusses: Takadanobaba, Waseda, Kagurazaka und Iidabashi

Hier befinden sich **Elite- und andere Universitäten, Studentenlokale, Parks, Gärten, Museen,** eine **Kathedrale, Bars** und **Boutiquen** mit französischem Flair und ein **Schrein für die Liebe.**

Die Gegend entlang und zu beiden Seiten oberhalb des einst künstlich gegrabenen Kandaflusses, der von Westen nach Osten durch die Mitte Tokyos fließt und in den Sumida mündet, ist in diesem Bereich ruhig, während sie zum Sumida hin zunehmend die **typische Downtownatmosphäre** annimmt und in Akihabara äußerst geschäftig ist. Ein ruhiges, hügeliges Wohngebiet ist auch Ochiai, westlich von Takadanobaba. Wie im benachbarten Ōkubo leben hier größere Gruppen von Asiaten, darunter allein 1200 Burmesen. Sehr lebendig ist naturgemäß der große Campus der privaten Eliteuniversität Waseda Daigaku. Die Waseda-dōri [D5], die vom JR Bahnhof Takadanobaba direkt auf die Universität zuführt, ist denn auch voll von preiswerten Lokalen, Pubs und Geschäften, die gerade auch auf die Bedürfnisse und schmaleren Geldbeutel der Studenten angepasst sind.

Gleich südwestlich der Universität liegt der weitläufige, mehrteilige **Toyama Park** mit dem kleinen Gipfel des unter Tokugawa Ieyasu künstlich aufgeschütteten Ha-

⌃ Die Waseda-Universität prägt das Viertel

‹ Geschäftiges Treiben im Shopping- und Vergnügungsviertel Kabukichō

koneyama nahe dem nördlichen Ende, dem mit 45 m höchsten „natürlichen" Punkt der Stadt innerhalb der Yamanote-Ringlinie. In der Edo-Zeit gab es Teehäuser nach dem Muster des Tokaidō, daher auch der Name des Hügels. Zu jeder Jahreszeit blüht etwas, im Sommer gibt es sogar ein Lavendelfeld. Nordwestlich der Universität liegt der kleine, aber sehenswerte Park **Kansen-en**. Am oberen Ende des Parks steht ein Schrein.

Östlich der Universität liegt das seit Jahren angesagte Viertel Kagurazaka, das sich noch etwas von der **Atmosphäre aus den Zeiten der Samurai**, die hier einst lebten, erhalten hat. Es gibt traditionelle Läden und Restaurants, viele davon mit französischem Flair, Pubs und Bars, sogar ein paar Geishas leben noch hier. Und somit gibt es wie in Akasaka auch teure Ryōtei-Restaurants.

Die lebhafte, von japanischen Zelkoven *(keyaki)* gesäumte Hangstraße Kagurazaka (Fortsetzung der Waseda-dōri) führt hinunter zum Sotobori-Kanal, dem früheren Äußeren Palastgraben und dem JR/U-Bahnhof Iidabashi. Sie ist vollgestopft mit teilweise traditionellen Läden und Lokalen, sonntags wird sie zur Fußgängerzone. Gegenüber dem beliebten roten Zenkokuji-Tempel, im Volksmund *Bishamon-sama* genannt, auf halbem Weg den Hang hinab oder hinauf, empfiehlt sich ein Bummel durch die engen Gässchen des Viertels, z. B. die Hyōgo Yokochō mit klassischen japanischen Restaurants, Ryōteis und Ryokans, die als der sehenswerteste Fleck im Bezirk Shinjuku gilt, oder die Honda-Yokochō mit rund 50 Pubs, Bars, Lokalen und Läden.

Östlich davon um zwei Ecken erreichbar, liegen die schmale Kakurenbo Yokochō und die Geisha Shindō. Südlich des Tempels befindet sich auf der an-

⌃ Kansen-en-Garten nahe der Waseda-Universität

deren Seite der Kagurazaka-Straße die 100 m kurze Kenban Yokochō, wo auch heute noch Geishas ausgebildet werden. Erwähnt werden sollte noch der seit 700 Jahren bestehende Akagi-Schrein nördlich der Waseda-dōri, wo Tsubouchi einst Theaterstücke einstudierte, das Yarai-Nō-Theater (Yarai Nōgakudō) südlich der Waseda-dōri und schließlich das Museum of Science 70 der Tokyo University of Science (TUS), nahe dem Bahnhof Iidabashi, wo man den Spaziergang durch das Kagurazaka-Viertel üblicherweise beginnt.

Iidabashi ist ebenfalls ein Studentenviertel angesichts der Universitäten Tokyo University of Science und der Nippon Dental University (Uni für Zahnmedizin). In der Nähe des Bahnhofs auf der anderen Seite des Sotobori-Grabens befindet sich einer der wichtigsten Schreine der Stadt, der die Liebe fördernde Dai Jingū 71.

65 Färberei-Museum ★ [C4]

Das kleine Museum in einem 100 Jahre alten Haus am Kandafluss ist Teil einer der wenigen gebliebenen kleinen Firmen, die Stoffe, darunter **Kimonostoffe**, noch auf traditionelle Art färben. Früher hatten viele Firmen ihren Sitz in Kanda und Asakusa. Wegen der Wasserverschmutzung wurden sie weiter nach Westen verlegt. Es werden vor allem die traditionellen Muster „Some Komon" und „Edo Sarasa" gefärbt. Der Raum wirkt wie ein Teil einer Werkstatt, Englisch wird nicht gesprochen.

› **Tokyo Some Monogatari Hakubutsukan,** 3-6-14 Nishi-Waseda, U: Omokagebashi (Toden Arakawa Line), 2 Min., JR: Takadanobaba, 15 Min., Tel. 3987-0701, Mo.-Fr. 10-12 u. 13-16 Uhr, Eintritt frei

66 Tsubouchi Memorial Theatre Museum ★ [D4]

早稲田大学演劇博物館

Das 1928 im englischen Tudorstil erbaute **Theatermuseum** am Rande des Campus der **Waseda-Universität** ist dem Andenken an Shōyō Tsubouchi, dem Übersetzer der gesammelten Werke Shakespeares, gewidmet. Es gibt einen Raum über die Welt des größten englischen Dramatikers, aber auch das japanische Theater ist mit Kostümen, Masken und Dokumenten vertreten, dazu gibt es Sonderausstellungen.

› **Waseda Daigaku Gekijo Hakubutsukan,** 1-6-1 Nishi-Waseda, Waseda (Toden Arakawa Line) 5 Min., U: Waseda (Tozai Line) 7 Min., Tel. 5273-4398, www.waseda.jp/enpaku/en, Sa.-Mo., Mi., Do. 10-17, Di., Fr. 10-19 Uhr, in den Semesterferien geschlossen, Eintritt frei

67 Eisei Bunko Museum ★ [D4]

永青文庫美術館

Das private Museum auf dem Grundstück der Hosokawa-Familie (deren Spross Hosokawa Morihiro 1993 zum ersten Nicht-LDP-Premierminister ernannt wurde), ist 1950 durch Morimatsu Hosokawa, den 16. Fürsten des Hosokawa-Clans, gegründet worden. Im Besitz des Museums befinden sich u. a. acht von der Regierung ausgewiesene **„nationale Schätze"** und **31 bedeutende kulturelle Objekte.**

› **Eisei Bunko Bijutsukan,** 1-1-1, Mejirodai, U: Edogawabashi (Yūrakuchō Line), Tel. 3941-0850, www.eiseibunko.com, Di.-Sa. 10-16 Uhr, Eintritt: 800 ¥, ab 70 Jahren 600 ¥, bei Sonderausstellungen abweichende Preise

076to-ml

68 St. Mary Cathedral ★★ [D4]

東京カテドラル聖マリア大聖堂

Die offiziell als Sekiguchi Catholic Church bezeichnete Kathedrale ist **die beeindruckende Hauptkirche der katholischen Tokyoter.** Die heutige Kathedrale wurde von Tange Kenzō, dem bekanntesten Architekten Japans, entworfen und am 8.12.1964 geweiht. Ihre Vorgängerin war eine Holzkirche aus dem Jahr 1899, die ursprünglich mit Tatamimatten statt Stühlen ausgestattet war, die erst 1925 eingeführt wurden. Sie wurde bei den Luftangriffen im Mai 1945 zerstört. Mit Unterstützung des Erzbistums Köln konnte die gegenwärtige Kirche für die etwas über **2000 Gemeindemitglieder** gebaut werden.

Die **Fassade aus Stahl und Aluminium** glänzt im Sonnenschein und symbolisiert das Licht, das aus Christus in die Welt und die Herzen der Menschen scheint. Der **Stahlbeton des Innenraums** wirkt dagegen eher düster und sehr schlicht, er soll an den Psalm 18:2 erinnern: „Der Herr ist mein Fels und meine Festung…“. Je nach Beleuchtung ändert sich jedoch die Stimmung. Der Grundriss der Kirche hat die Form eines Kreuzes. Beim Blick nach oben erkennt man durch die Glasbausteine hindurch ein leuchtendes Kreuz. Die in Italien gefertigte Orgel ist die größte in Japan, die Glocken stammen aus Deutschland. Auf dem Grundstück gibt es eine Nachbildung der Pietà von Michelangelo und eine Lourdes-Grotte.

› 3-16-15 Sekiguchi, Bunkyo-ku, U: Gokokuji (Yūrakuchō Line), Ausg. 6, Edogawabashi (Yūrakuchō Line) Ausg. 1a, 15 Min., Tel. 3941-3029, 3945-0126, https://tokyo.catholic.jp/en

Die beeindruckende St. Mary Cathedral

69 Hatoyama Kaikan ★ [E4]

鳩山会館

Auch wenn Yukio Hatoyama nur kurze Zeit Premierminister blieb (2009–2010), lohnt der Besuch des **Stammhauses der berühmten Politikerfamilie**, zumal die 1924 erbaute Villa zu den wenigen erhaltenen Residenzen aus der Zeit vor dem Zweiten Weltkrieg gehört und der Öffentlichkeit zugänglich ist.

› 1-7-1 Otowa, Bunkyo-ku, U: Edogawabashi (Yūrakuchō Line), Ausg. 2, 7 Min., Gokokuji (Yūrakuchō Line) Ausg. 5, 8 Min., Aufgang über ein steiles Sträßchen, Tel. 5976-2800, Di.-So. 10-16 Uhr, Eintritt: 600 ¥, Senioren 500 ¥

70 Museum of Science ★ [E5]

東京理科大学博物館

Das Museum of Science ist ein interessantes kleines Technikmuseum der Tokyo University of Science. Das aus der Meiji-Zeit stammende Gebäude allein ist schon sehenswert, früher war hier die Tokyo Academy of Science, Vorläuferin der heutigen Universität. Genaugenommen heißt es Ridai Museum of Modern Science. Zu sehen sind u. a. alte Rechenmaschinen, Erfindungen von Thomas A. Edison.

Im B1 befindet sich die **Mathematical Experience Plaza** (Kindaikagaku Shiryōkan, Mo.-Fr. 12-16, Sa., So. ab 10 Uhr, Eintritt frei). Es gibt interessante mathematische Experimente zum Ausprobieren, interessant für ältere Kinder bis Studenten. Studenten der Universittät geben Erklärungen.

› **Tōkyō Daigaku Hakubutsukan,** 1-3 Kagurazaka, JR/U Iidabashi, 3 Min., Di.-Sa. 10-16 Uhr, Eintritt frei, Tel. 5228-8224

71 Tokyo Dai Jingū ★★ [F5]

東京大神宮

Der 1880 zunächst in Hibiya gegründete, nach dem Kantō-Erdbeben von 1923 nach Iidabashi verlegte **Schrein** ist einer der fünf wichtigsten Schreine Tokyos und der Zweigtempel des bedeutendsten aller Schreine, des Großen Ise-Schreins, er ähnelt ihm auch in der Bauweise. Der Zweigtempel ermöglicht den Gläubigen, zu den Gottheiten des Haupttempels zu beten, ohne die weite Reise dorthin unternehmen zu müssen. Der Dai Jingū hat als erster Schrein Hochzeitszeremonien im Shintō-Ritus, heute Standard, durchgeführt und hat sich offenbar als wirksam für Liebesbeziehungen erwiesen.

› 2-4-1, Fujimi, Chiyoda-ku, JR/U: Iidabashi, 5 Min., Tel. 3262-3566, www.tokyodaijingu.or.jp/english, von der Morgen- bis zur Abenddämmerung geöffnet

72 Druckereimuseum ★ [E4]

印刷博物館

Das Printing Museum von Toppan Printing ist im neuen 20-stöckigen Firmenzentrum im B1 auf über 4000 m² Fläche untergebracht und widmet sich dem Studium der Druckkultur.

› **Insatsu Hakubutsukan,** Toppan Koishikawa Building, 1-3-3 Suido, Bunkyo-ku, U: Edogawabashi (Yūrakuchō Line), Ausg. 4, 8 Min., JR/U: Toei Oedo, Namboku, Ausg. B1 (Tozai Line), 13 Min., Kōrakuen (Marunouchi, Namboku Line Ausg. 1), 10 Min., www.printing-museum.org/en/, Di.-So. 10-18 Uhr, Eintritt: 300 ¥, Senioren frei, G: frei

Kulinarisches

Café und Snacks in Kagurazaka

Entlang der Kagurazaka-dōri gibt es traditionelle japanische Snacks zum Mitnehmen, z. B.

83 [E5] **Baikatei,** 6-15 Kagurazaka, tgl. 10-20 Uhr. Handgefertigte *wagashi* (traditionelle japanische Süßigkeiten).

84 [E5] **Café Crêperie Le Bretagne** ¥¥-¥¥¥, 4-2 Kagurazaka, JR: Iidabashi, 4 Min., Di.-Sa. 11.30-22.30, So. 11.30-22 Uhr. Hier spricht man Französisch, es gibt bretonische Galettes, Liköre und Cidre.

85 [F5] **Canal Café,** 1-9 Kagurazaka, JR/U: Iidabashi, Ausg. B3, Di.-So. 11-22.30 Uhr.

Beliebtes Café direkt am Sotobori-Kanal, links teuer, rechts kleine günstige Gerichte mit Selbstbedienung.

86 [E5] **Saryo,** 3-1 Kagurazaka, tgl. 11.30-22 Uhr. In diesem netten, in einem traditionellen Haus untergebrachten Café gibt es selbstgemachte Backwaren, Nachspeisen aus Sojamilch und eine große Auswahl an Tees. Man kann auf einer großen Terrasse im Freien sitzen. Lunch von 11.30 bis 13.30 Uhr.

Lokale in Takanobaba und Waseda

87 [C4] **Chacha Kōbō** ¥, 2-21-19 Nishi-Waseda, http://chachakoubou.com, tgl. 12-22 Uhr. Bio-Tees, Eis und japanische Desserts.

88 [C5] **Gonbei** ¥, Akiyama Bldg., 18 Babashitachō, Mo.-Sa. 10.30-21.30 Uhr. Beliebtes Udon-Lokal nahe Waseda-Uni, bis zu dreimal kostenloser Nachschlag als idealer Sattmacher für Studenten. Zwischen 12 und 13 Uhr ist es sehr voll.

89 [C4] **Hamazushi** ¥, 2-13 Takadanobaba F2, tgl. ab 11 Uhr. Filiale der beliebten Kaiten-Sushi-Kette, hier gibt es fünf Sorten Sojasoße zur Auswahl.

092to-ml

90 [B4] **Luna Café & Laundry**, Asai Garden Court, 1-24-18 Takadanobaba, Bio-Café (10-18 Uhr) mit Münz-Waschsalon (24 Std. geöffnet). Im Café gibt es Backwaren und einige leckere Gerichte.

91 [B4] **Red Rock Takadanobaba** ¥, 3-11-14 Takada (am Kanda-Fluss), tgl. 11-23 Uhr. Beliebtes Studentenlokal mit Kobe-Roastbeef auf Reis.

92 [C4] **Sanpin Shokudō** ¥, 1-4-25 Nishi-Waseda, Mo.-Fr. 11-15, 16-18.30, Sa. 11-16 Uhr. Hier gibt es nur die drei von Studenten am meisten gewünschten Menüs *(teishoku):* Curryreis *(kare raisu),* Rindfleisch mit Zwiebeln auf Reis *(gyūdon),* Schnitzel mit Reis *(tonkatsu).*

› **Takada Bokusha** (s. S. 264). Seit 1905 bestehendes Restaurant, besonders günstig: *hayashi rice.*

93 [C4] **Watanabe** ¥, 2-1-4 Takadanobaba, in einer Seitenstraße nahe Kreuzung Waseda- und Meiji-dōri, tgl. 11-21 Uhr. Eines der besten Rāmenlokale in Takadanobaba, elegante Atmosphäre, wird gern von Paaren aufgesucht. Intensive Tonkotsu-Gyokai-Brühe (Schweineknochen-Fisch), selbstgemachtes Chashu, dicke *menma* (Bambussprossen), besonders beliebt: Rāmen mit *ajitama* (Ei).

Lokale in Kagurazaka

94 [E5] **Fuji Communication** ¥, Ishikawa Bldg. 1-23 Suidochō, Mi.-Fr., So. 17.30-22, Sa., So. 11.30-14, 17.30-22 Uhr. Beliebtes taiwanisches Restaurant, an Wochenenden Warteschlange garantiert. In Hakusan befindet sich das Schwesterlokal also (s. S. 140).

95 [E5] **Kaga** ¥¥¥, 11 Wakamiyachō, Mo.-Sa. 11.30-15, 17-22 Uhr. Traditionelle japanische Küche, Lunch-Set 1400 ¥, Dinner ab 7000 ¥ (mit Geisha-Auftritten).

96 [E5] **Kyoraku-tei** ¥¥, 3-6 Kagurazaka, tgl. 11.30-15 u. 17-21 Uhr. Soba-Restaurant mit einem Michelin-Stern, beliebt: *Hiyamugi* (kalte Nudeln), Lunch-Menü ab 1500 ¥. Zum Lunch immer voll, also am besten gleich nach Öffnung kommen.

97 [E5] **Seigetsu** ¥¥, 6-77-1 Kagurazaka, Tel. 3269-4320, tgl. 17-23 Uhr. Izakaya im F2 über einem *kombini* am oberen Ende der Kagurazaka-Straße, erkenntlich am *Sakayabashi* (Kugel aus Zedernnadeln): Hier gibt es guten Sake, vor Betreten zieht man die Schuhe aus, einige Separées mit Tatami, man sitzt an der Küchentheke oder an Tischen mit *horikotatsu* (versenkter Boden unter dem Tisch). Grillgut auf Spießen, freundliche Bedienung, engl. Speisekarte.

Unterhaltung

98 [E6] **La Brasserie** ¥¥, Ichigaya Funagawaracho 15, Nichi-Futsu Gakuin, Mo.-Sa. 12-14.30 u. 18-21 Uhr. Hier trifft sich die französische Gemeinde, denn das Lokal befindet sich inmitten des Französischen Kulturinstituts *(Alliance Française).*

99 [D7] **Vowz Bar,** F2, AG Bldg., 6 Arakichō, Yotsuya, U: Yotsuya-Sanchome, Mo.-Sa. 19-5 Uhr. Buddhistisches Dekor und Motto, die Bartender sind Priester der Jōdo-Shinshū-Sekte.

Shopping

100 [C5] **Bingo-ya,** 10-6 Wakamatsu-cho, Shokuan-dōri, U: Wakamatsu-Kawada (Toei-Oedo Line); Waseda, (Tozai Line), www.bingoya.tokyo, geöffnet: Di.-So. 10-19 Uhr (evtl. ist das Geschäft am dritten Wochenende eines Monats geschlossen). Fünf Etagen mit Volkskunst, vor allem Keramik, Bambus-, Lackwaren, Stoffe, Puppen.

Ikebukuro und Zōshigaya

Ikebukuro hat viel Ähnlichkeit mit Shinjuku (s. S. 118). Der Bahnhof rangiert beim Fahrgastaufkommen an zweiter Stelle in Tokyo. Die Riesenkaufhäuser Tōbu und Seibu mit attraktivem Dachgarten im F9 beherrschen die West- bzw. Ostseite. Abendliches Vergnügen gibt es auf beiden Seiten. Modekaufhäuser wie Lumine, Marui (W) Parco (O), dazu die Filialen der großen Elektronik- und Haushaltsgeräte-Anbieter (v. a. O) sind prominent vertreten.

In den 1930er-Jahren galt Ikebukuro als das **Montparnasse von Tokyo,** weil sich dort viele Künstler und Schriftsteller aufhielten. Wie bei Shinjuku leitete der Bahnhof mit den in die Vororte führenden Bahnlinien vor allem nach dem Zweiten Weltkrieg eine rasante Entwicklung ein. Ausländische Firmen haben sich wegen der günstigen Verkehrsanbindung hier niedergelassen, zumal die Mieten nicht so hoch sind wie etwa in Marunouchi. In der Umgebung vor allem des Westausgangs gibt es eine ganze Reihe vergleichsweise preiswerter Business-Hotels und ein kleines, bei Touristen beliebtes Ryokan. Der Name Ikebukuro bedeutet übrigens Teicheule. Diese war hier einst heimisch. Das Viertel wird wegen mehrerer Liveclubs mit bizarr kostümierten Musikern *(visual kei)* und auf weibliche Mangafans ausgerichteten Geschäften und Einrichtungen auch bei jungen Leuten immer beliebter.

Restaurant im Edo-Look nahe dem JR-/U-Bhf. Takadanobaba

Das benachbarte **Zōshigaya** ist ein typisches Tokyoter Wohnviertel, das umgeben von großen Straßen fast dörflich wirkt und seine **eigene Identität mit eigenen Festen** behalten hat. Das Viertel ist bekannt für den beliebten Kishimojin-Schrein 74 und den großen Zōshigaya-Friedhof [D3].

Richtung Mejiro an der Westseite steht das einzige in Tokyo erhaltene Gebäude von Frank Lloyd Wright, das kleine ehemalige Kolleg Jiyu Gakuen Myonichi-kan („Haus von morgen"), das besichtigt werden kann.

★102 [C3] **Jiyu Gakuen Myonichi-kan,** 2-31-3 Nishi-Ikebukuro, tgl. 10–16 Uhr, Eintritt 400 ¥, mit Kaffee/Tee 600 ¥

EXTRATIPP

Life Safety Learning Center

Hier kann man Erdbeben der Stärke 7 erleben und bei der **„Disaster Prevention Activity Tour"** lernen, wie man sich schützen kann. Angesichts der in Japan häufigen Erdbeben ist es nützlich zu wissen, wie man sich im Falle eines starken Erdbebens schützen kann. So kann man in dem Zentrum, von dem es in Tokyo mehrere gibt, in einem zweistündigen kostenlosen Kurs lernen, wie sich starke Erdbeben anfühlen und wie man sich in Rauch bewegt, sich in der Wohnung schützt, Feuer löscht, etc. Es gibt auch ein Video vom **Großen Ostjapanischen Erdbeben** vom März 2011 zu sehen, dem in der Gegenwart stärksten Erdbeben mit Tsunami. Das Ganze ist kein Vergnügen, sondern ernst gemeint, deshalb gibt es die Informationen auf der Website in mehreren Sprachen.

•101 [C2] **Ikebukuro Bōsaikan,** Ikebukuro Fire Department, F4, 2-37-8 Nishi-Ikebukuro, JR: Ikebukuro W- und Metropolitan-Ausg., 5 Min., Tel. 3590-6565, https://tokyo-bskan.jp/en/bskan/ikebukuro, Disaster Prevention Experience Course 9.20–11, 13–14.40, 15–16.40 Uhr, nur auf Japanisch

73 Sunshine City mit Aquarium und Sunshine 60 Observatory ★ [D2]

Zum 1978 eröffneten und somit ältesten urbanen Büro- und Geschäftskomplex Tokyos gehören Attraktionen wie das renovierte **Sunshine Aquarium** „Oase im Himmel" mit Quallentunnel, Seelöwen, Meerotter, Pinguinen, dazu das moderne Konica Planetarium „Manten", das „Ancient Orient Museum", ein Theater mit 800 Plätzen und ein Konferenzzentrum. Es gibt neben vielen Restaurants einen Lokalkomplex, der Gyōza Stadium heißt und das benachbarte Pendant Ice Cream City, die zum Kindervergnügungspark Namco Namjatown gehören und 1000 ¥ Eintritt kosten. Zum Einkaufen gibt es 200 Geschäfte und ein Hotel und ein Observatorium im F60.

› 3-1-1 Higashi-Ikebukuro, JR: Ikebukuro W-Ausg., 5 Min., Tel. 3989-3331, https://sunshinecity.jp/en, Sunshine Aquarium, Eintritt: 2600–2800 ¥ (Kinder 1300–1400 ¥), Manten: Eintritt 1600 ¥ (Kinder 1000 ¥), Observatorium tgl. 10–21.30 Uhr, Eintritt: 700–1200 ¥, Kinder 500–800 ¥

Kishimojin-Schrein 74 in Zōshigaya

74 Kishimojin-Schrein/ Homyoji-Tempel ★★ [C3]

鬼子母神神社

Einer der bekanntesten Schreine bzw. Tempel in der Umgebung ist der 1578 gegründete Zōshigaya Kishimojin/Kishibojin-Schrein bzw. Homyoji-Tempel. Der Schrein ist der Schutzgottheit Kishimojin/Kishibojin (im Nichiren-Buddhismus Karitei-mo, im Sanskrit Hariti) geweiht. Sie gilt als Beschützerin der Kinder und der Sicherheit der Familie, der Harmonie in der Beziehung zwischen Frau und Mann und somit der Liebe und des Wohlbefindens. Frauen mit Kinderwunsch beten darum, schwanger zu werden. Vor dem Schrein steht ein großer, wohl 600 Jahre alter Ginkgo-Baum mit sechs Metern Umfang, dem ebenfalls positive Kräfte im Hinblick auf Geburt und das Aufziehen von Kindern zugeschrieben werden. Das jährliche **Schreinfest im Oktober** gehört zu den Höhepunkten des Viertels.

› 3-15-20 Zōshigaya, Kishimojinmae (Straßenbahn Arakawa Toden) U: Zōshigaya (Fukutoshin Line), je 3 Min., tgl. 7-17 Uhr, Eintritt frei

75 Gokokuji ★★ [D3]

護国寺

Gokokuji ist ein **buddhistischer Tempel der Shingon-Sekte** im Stadtbezirk Bunkyō. Er wurde 1681 für die Mutter des 5. Tokugawa-Shōgun Tsunayoshi gegründet. Auf dem Friedhof sind Kinder des Meiji-Tennō und bekannte Persönlichkeiten bestattet, darunter der erste Lehrer für westliche Architektur, Josiah Conder (1852-1920), der in und um Tokyo 50 Gebäude schuf. Die Haupthalle ist **eines der wenigen Tempelgebäude des 17. Jh.** in Tokyo, die Erdbeben und Bombenangriffe überstanden haben. Der Tempel hat übrigens die Oberaufsicht über die Teezeremonie in Japan.

› 5-40-1 Otsuka, Bunkyō, U: Gokokuji (Yūrakuchō Line), Tel. 3941-0764

079to-ml

Kultur

103 [A3] **Tokiwa-sō Manga Museum,** 3-9-22 Minami-Nagasaki, 5 Min. zu Fuß vom U-Bhf. Ochiai-Minami-Nagasaki der Toei Oedo-Line oder 15 Min. vom Bhf. Higashi-Nagasaki der Seibu Ikebukuro Line, Tel. 6912-7706, tgl. 10-18 Uhr, Eintritt frei, bei Ausstellungen 500 ¥. Hier lebten einige der bekanntesten Manga- und Anime-Künstler, angefangen mit Tezuka Osamu.

Kulinarisches

In Ikebukuro und Zōshigaya hat man eine Auswahl aus etwa 3000 Lokalen zur Verfügung.

104 [C2] **Harvest** ¥-¥¥, 1-11-1 Nishi-Ikebukuro, tgl. 11-22 Uhr. Günstiges Büfett mit 60 japanischen Gerichten, natürliche Zutaten, viel Gemüse, auch Shabu-Shabu.

105 [C2] **Maguro-Ichiba** ¥, 2-40-14 Ikebukuro (an der Keuzung Tokiwa-/Gekijo-dōri), www.giraud.co.jp. Das preiswerte, kleine Lokal für Kaisen und Tendon ist Teil einer Kette (36 Plätze).

106 [D3] **Taishoken** ¥, 2-42-8 Minami-Ikebukuro, tgl. 11-23 Uhr. Gilt als Erfinder des Tsukemen-Rāmen-Stils, bei dem die Nudeln extra serviert und in die Soße getunkt werden. Sehr beliebt, meist muss man warten.

107 [C3] **Uchitateya** ¥, 3-13-17 Minami-Ikebukuro, Fr.-Mi. 11-21 Uhr. Bekannt für die besonders dicken Musashino-Udon, unterschiedliche Brühen, große Portionen erhältlich (die beliebten Nikujiro Udon für 960 ¥ enthalten z. B. 400 g Nudeln, für 1400 ¥ bekommt man 1000 g).

108 [C3] **Unagi Edoichi** ¥, 4-7-11 Minami-Ikebukuro, Do.-Di. 11-14 und 17-20 Uhr. Klassisches Unagi-Lokal, hier gibt es mittags einen Unagi-Spieß für 500 ¥, abends ist es genauso teuer wie andere Unagi-Lokale.

109 [C2] **Unatatsu** ¥, 1-31-3 Higashi-Ikebukuro, Mo.-Sa. 11.30-13.30, 17-21.30 Uhr. Zum Lunch günstiges Unadon-Menü für 900 ¥, nur freitags preiswerter Curryreis ab 430 ¥, zahlreiche Seafoodgerichte.

Shopping auf der Otome Road

Auf ähnliche Weise, wie sich das Paradies für Elektronikfreaks in Akihabara im vergangenen Jahrzehnt zum Zentrum für männliche Anime- und Manga-Fans entwickelt hat, gruppieren sich im um das ehemalige Toyota Amlux und Sunshine City 73 gelegenen schmalen Block auf 200 m jede Menge Läden und einige Lokale für **weibliche Manga-Fans** (voll von romantischen Otome-Kei-Mangas, also speziell für weibliche Teenager), aber die Zahl männlicher Kunden wächst mittlerweile. In Cafés wie dem „Swallowtail" (3-12-12 Higashi-Ikebukuro, 10.30–21.20 Uhr) servieren als Butler verkleidete Bedienungen anstelle der „Maids" von Akihabara. Wahrzeichen der Otome Road ist das sechsstöckige „Mandarake" (gebrauchte Mangas, K-Books und sog. *Dojinshi* (selbstveröffentlichte Mangas oder Romane für weibliche Kunden). Es gibt im TIC ein eigenes Faltblatt namens „Ikebukuro Otome Map", welches das Angebot beschreibt, das inzwischen über die kurze Straße hinausreicht.

110 [C2] **Animate,** 1-20-7 Higashi-Ikebukuro, https://ex.animate.co.jp, Mo.–Sa. 10–20.30, So. 10–20 Uhr. Mit Cosplay-Fotostudio, Café etc.

111 [C2] **Yamada Outlet,** 1-41-1 Higashi-Ikebukuro, 10–22 Uhr. Eigentlich bekannt als Elektronikkaufhaus, bietet dieses Geschäft im F1 eine große Kosmetikabteilung mit 8000 Artikeln, um mehr weibliche Kundschaft anzulocken.

Kirschblüte vor dem Gokokuji-Tempel 75

Koishikawa Kōrakuen und Tokyo Dome City

Dieser Bezirk bietet berühmte Landschaftsgärten, einen Vergnügungspark, ein Baseballstadion und eine schöne Aussicht.

Der Name des Viertels **Kōrakuen** leitet sich vom nahe gelegenen Garten Koishikawa Kōrakuen 77 ab, der aus der frühen Edo-Zeit stammt und zu den bedeutendsten und schönsten der Stadt gehört. Er bietet einen starken Gegensatz zum lauten Geschehen im Vergnügungspark **Tokyo Dome City** nebenan.

Der Tokyo Dome 76 ist eine weiße Riesenhalle („Big Egg") und die Heimat der Baseballmannschaft Tokyo Giants. In der nördlich gelegenen Umgebung von Koishikawa und Komagome befinden sich drei weitere berühmte Gärten, die alle sehenswert sind (Koishikawa Botanical Garden 80, Rikugi-en 81, Kyū-Furukawaen 86). Das **Kōdōkan** 78 ist das Mekka der Judokämpfer. Das Bunkyo Civic Center 79 bietet einen hervorragenden Blick auf die Stadt und bei guter Sicht sogar auf ihre Umgebung einschließlich Fuji-san 149. Der nebenan liegende, bereits 1955 eröffnete Vergnügungspark mit seinen fest installierten Karussells, Achterbahnen und anderen Einrichtungen ist wegen seiner günstigen Lage sehr beliebt. Auf der Freilichtbühne finden immer wieder Veranstaltungen statt. Inzwischen sind neue Attraktionen hinzugekommen, die sich in drei Bereichen gruppieren: LaQua (Einkaufszentrum mit Spa), Parachute Land und Tower Land. Zum Gelände gehört auch das 43-stöckige Tokyo Dome Hotel.

76 Tokyo Dome ★ [F5]

Die eiförmige Kuppel der „Big Egg" genannten Halle Tokyo Dome überdacht eine Fläche von fast 47.000 m². Sie bietet 56.000 Zuschauern und den Spielern Schutz vor Regen und Kälte. Außerhalb der Baseballsaison (März/April–Okt.) dient die Halle anderen Zwecken. Seit 1937 spielen hier und im Vorgänger Kōrakuen Stadium die Yomiuri Giants (JR: Suidobashi, U: Kōrakuen, 5 Min.). Im Erdgeschoss befindet sich seit 1988 das **Baseball-Museum** (Yakyū Taiiku Hakubutsukan) auch „Baseball Hall of Fame" genannt. Flächen werden in Japan zur Veranschaulichung gern in Vielfachen des Tokyo Dome angegeben.

› **Baseballmuseum,** 1-3-61 Kōraku, tgl. 10–17 Uhr, Eintritt: 350 ¥

77 Koishikawa Kōrakuen ★★★ [F5]

小石川後楽園

Der 1629 angelegte Koishikawa Kōrakuen ist einer der bedeutendsten und schönsten traditionellen japanischen Landschaftsgärten Tokyos.

Er befindet sich östlich des Bahnhofs Iidabashi und südlich der U-Bahnhöfe Kōrakuen und Kasuga. Ursprünglich gehörte dieser angenehm ruhige, 9500 m² große Park der Familie Mito, einem Zweig der herrschenden Tokugawa-Familie. Charakteristisch für Gärten der Edo-Zeit sind die verkleinerten und stilisierten Nachbildungen berühmter Landschaften Japans und Chinas mit künstlich angelegten Teichen und Hügeln, ja sogar symbolischen Reisfeldern. Eine Wegbeschreibung auf Englisch für den Rundgang, der etwa 30 Min. in Anspruch nimmt, ist am Eingang des Gartens erhältlich.

Bogenbrücke im Kōrakuen-Garten

082to-ml

080to-ml

› 1-6-6 Kōraku, JR/U: Iidabashi oder JR: Suidobashi, 5 Min., U: Kōrakuen, Kasuga 5 Min., Tel. 3811-3015, tgl. 9-16.30 Uhr, Eintritt: 300 ¥, über 65 J. 150 ¥)

78 Kōdōkan Judo Institute ★ [G5]

講道館

Direkt an der Kreuzung Kasuga- und Hakusan-dōri bei der U-Bahnstation Kōrakuen befindet sich das **Mekka der Judofans**, das Kōdōkan. Es ist das Hauptquartier des 1882 von Kano Jigoro gegründeten Sports. Auf acht Etagen befinden sich hier Übungshallen. Besonders eindrucksvoll ist die 420 Matten große Halle im F7. Das Training findet Mo.–Fr. 16–20 und Sa. 16–19.30 Uhr statt, eine Zuschauergalerie ist im F8 oberhalb der großen Halle.

› 1-16-30 Kasuga, U: Kasuga (Toei Oedo, Toei Mita Line), Ausg. A1, A2, 1 Min., Kōrakuen (Nanboku Line) Ausg. 6, 3 Min., (Marunouchi Line), Ausg. 3, 5 Min., JR: Suidobashi (Sobu Line) O-Ausg., 12 Min., www.kodokan.org

79 Bunkyo Civic Center ★★ [F5]

文京シビックセンター

Im Bunkyo Civic Center, in dem sich die Verwaltung des Stadtbezirks Bunkyō-ku befindet, bietet eine Lounge vom F25 einen **hervorragenden und dazu kostenlosen Rundumblick auf die Stadt,** insbesondere das Wolkenkratzerviertel von Shinjuku (s. S. 118), und bei guter Sicht auf die Umgebung einschließlich Fujisan 149. Über Museen etc. in Bunkyo-ku informiert die Karte „Bunkyo Muse Net Map“, die im TIC erhältlich ist.

› 1-16-21 Kasuga, U: Kasuga/Kōrakuen, tgl. 10-21.30 Uhr, Eintritt frei, Tel. 3812-7111

Blick vom Bunkyo Civic Center auf Tokyo Dome City

80 Koishikawa Botanical Garden ★★ [F3]

Ursprünglich – zu Zeiten des Tokugawa-Shōgunats – diente der über 16 ha große Botanische Garten Koishikawa Shokubutsu-en dem Anbau von Heilpflanzen, von denen hier immer noch über 100 Arten zu finden sind. Heute kann man in diesem seit der Meiji-Restauration der Tokyo-Universität angeschlossenen Garten **4000 Pflanzenarten** sehen.

Im japanischen Teil des Gartens entfaltet jede Jahreszeit ihre besonderen Reize. Tropische Pflanzen wachsen in einem Gewächshaus. Attraktionen sind der Ableger von Newtons Apfelbaum, unter dem er seine Theorie der Schwerkraft entwickelt haben soll, und einige der Trauben, mit denen Gregor Mendel seine Vererbungsexperimente durchgeführt hat.

212to©beibaoke, stock.adobe.com

Während der **Kirschblütenzeit** empfiehlt sich der Weg vom U-Bhf. Myogadani die Kasuga-dōri in Richtung SO, von der man in die von Sakurabäumen gesäumte Harima-zaka-Straße einbiegt und ihr hinunter Richtung Garten folgt. Vom Bahnhof Hakusan folgt man der gleichnamigen Straße nach Süden, biegt rechts in die auf-, dann absteigende Rengeji-zaka/Gotenzaka-Straße ein und geht schließlich rechts zum Garteneingang.

Eine englischsprachige Karte ist für 100 ¥ erhältlich, entweder am Eingang oder an einem dahinter liegenden Kiosk.

› 3-7-1 Hakusan, Bunkyo-ku, U: Hakusan (Toei Mita Line), 10 Min., Myōgadani (Marunouchi Line), 15 Min., www.bg.s.u-tokyo.ac.jp/koishikawa/eng/e.html, Di., Mi., Fr.–So. 9–16.30 Uhr, Eintritt: 330 ¥ (Kinder 110 ¥)

Kulinarisches

112 [F3] **also** ¥, 5-32-13 Hakusan, Di.–So. 11.30–14 und 17–22 Uhr. Beliebtes Lokal für taiwanische Küche.

113 [F4] **Rāmen Gyorai** ¥, Arushion Bunkyo Koishikawa 102 Bldg., 1-8-6 Koishikawa, tgl. 11–15 u. 18–23 Uhr. Hier gibt es Rāmen mit Bonito (Katsuo-Dashi-Brühe), die man sich aus verschiedenen Siphons selbst zapft.

114 [F3] **Tōyō University Cafeterias** ¥, 5-28-20 Hakusan, gleich beim U-Bahnhof Hakusan, tgl. 10–20 Uhr. Sie gelten als die besten Studenten-Mensen in Tokyo, besonders die international aufgestellte im B1 des Eingangsgebäudes (Bldg. 6). Alle Gerichte unter 600 ¥, u. a. Curry, Pasta, Döner, koreanisch.

Seenlandschaft im Koishikawa Botanical Garden

Attraktionen im Norden: Sugamo und Ōji

Die Umgebung des Bahnhofs **Sugamo** hat sich zu einer **Einkaufszone für Senioren** entwickelt, so heißt die 1 km lange Togenuki-Jizo-Straße 82 scherzhaft auch „Takeshitadori der Senioren".

Das unter Touristen eher unbekannte **Ōji** auf dem Asukayama-Hügel weist einige interessante Museen, Schreine, einen Park mit Wasserfällen (Nanushi-no-taki-Kōen 83) und eine besonders zur Kirschblütenzeit attraktive Flusspromenade (Shakuji-kawa) auf, außerdem einen sehenswerten, halb japanisch, halb westlichen Garten (Kyū-Furukawaen 86). Ōji ist erreichbar mit der JR (Keihin-Tohoku Line) aus Ueno oder Akabane, mit der U-Bahn (Namboku Line) und mit der Toden-Arakawa-Straßenbahn. Ein paar Hundert Meter vom Asukayama steht ein kleines privates **Goethe-Museum** (Tokyo Gete Kinenkan, 2-30-1 Nishigahara). In der Silvesternacht findet in diesem Stadtteil die berühmte **Fuchsparade** (kitsune no gyōretsu) zum Oji-Inari-Schrein (1-12-26 Kishimachi) statt.

81 Rikugien ★★ [F2]

六義園

Der viereckige, 8,6 ha große Garten wurde zu Beginn des 18. Jh. angelegt. Seine **Landschaftsszenen** illustrieren klassische chinesische Gedichte. Es gibt einige künstliche Hügel, Wasserläufe sowie einen **See** in der Mitte. Der Name Rikugi bedeutet „sechs Regeln" und bezieht sich auf klassische Regeln der chinesischen Dichtkunst, wie sie von Konfuzius aufgestellt worden waren. Dennoch wirkt der Park – dies ist die Kunst vieler japanischer Gärten – ganz natürlich. Ab etwa Mitte November wird der Garten abends beleuchtet.

› 6-16-3 Hon-Komagome, JR: Komagome, S-Ausg., JR: Sugamo, 10 Min., U: Komagome (Namboku Line), Ausg. 2, zum Somei-mon je 2 Min., zum Haupttor Sei-mon je 7 Min., U: Sengoku (Toei Mita Line), 7 Min., http://teien.tokyo-park.or.jp/en/download/pdf/pamphlet_rikugi.pdf, tgl. 9-16.30 Uhr, Eintritt: 300 ¥ (Senioren 150 ¥)

82 Togenuki-Jizō-Einkaufsstraße mit Konanji-Tempel und Shinsho-ji-Tempel ★ [E2]

高岩寺 (とげぬき地蔵)

Den **Togenuki-Jizō-Tempel** suchen Alte und Gebrechliche vor allem an den Tagen mit „4" (= *shi,* Tod) auf, also am 4., 14. und 24. eines jeden Monats. Üblicherweise waschen sie eine Kannon-Statue im Hof an den Stellen des Körpers, wo sie für sich selbst Linderung oder Heilung erhoffen. Manche Menschen beten auch um einen schnellen Tod ohne Leiden. Genau genommen heißt der Tempel Kogan-ji und wurde 1596 in Yushima nahe Ueno gegründet, 1891 wurde er nach Sugamo verlegt. Das Hauptobjekt der Verehrung ist die Buddhastatue *„Enmei Ksitigarbha",* der Heilkräfte und Lebensverlängerung nachgesagt werden. Togenuki bedeutet „Dornen entfernen". Ein Dienstmädchen hatte vor langer Zeit einmal einen Dorn verschluckt, heißt es, sie aß daraufhin ein mit einem Jizō bedrucktes Papier und konnte so den Dorn wieder ausspucken. Als Folge dieses „Wunders" kaufen die Gläubigen seither mit einem Jizō bedrucktes Papier und legen es auf den schmerzhaften Teil ihres Körpers oder essen es ebenfalls. Die Togenuki Jizō-dōri erreicht man mit der JR-Yamanote-Ringlinie bzw. U: Toei Mita Line von der Vorderseite in Sugamo oder mit der Straßenbahn ab Haltestelle Kōshinzuka von der Rückseite. In nördlicher Richtung geht es von Sugamo zum Beginn der Straße. Vorher führt eine parallel verlaufende Seitengasse zum Shinsho-ji. Er beherbergt eine der **sechs großen Jizō-Statuen** Tokyos. Diese stehen als Schutzgottheiten an den alten Eingängen nach Edo.

Die eigentliche, etwa 1 km lange Einkaufsstraße ist vollgestopft mit Läden für Senioren und manchen Lokalen. An den belebten Tagen kommen noch zusätzlich Marktstände hinzu. Vieles ist so günstig, dass auch immer mehr junge Leute die Straße besuchen. Rechter Hand steht der Tempel Togenuki Jizoson. In der Mitte kann man rechts (O) einen kurzen Abstecher zum großen Somei-Friedhof machen. Am Ende in Kōshinzuka, wo es Anschluß an die Straßenbahn nach Ikebukuro und Waseda bzw. Ōji und Miniwa gibt, steht vorher rechts der kleine Kōshinzuka-Schrein mit Affenstatuen.

› 3-35-2 Sugamo, JR/U: Sugamo, 10 Min., Arakawa Toden (Straßenbahn) Kōshinzuka Tel. 3917-8221

83 Nanushi-no-taki-Park ★ [Karte V]

名主の滝公園

Der Nanushi-no-taki ist ein kleiner, aber sehr schöner Park, der besonders **Vogelfreunde** entzücken dürfte. Er verfügt über einen neun Meter hohen **Wasserfall**, den man in dieser senkrechten Form in Tokyo eher nicht erwarten würde. Vogelfreunde können eine erstaunliche Vielfalt von Vögeln beobachten. Der Park wurde einst von örtlichen Bauern eingerichtet.

› Kishimachi 1-chōme, JR: Ōji (keihin-Tohoku Line), U: (Namboku Line), 10 Min., Eintritt frei

84 Kita City Asukayama Museum ★ [Karte V]

北区飛鳥山博物館

Das Museum bietet **schöne Holzschnitte**, die zeigen, wie es hier früher einmal aussah. Im F2 finden häufig kostenlose Sonderausstellungen mit Ukiyo-e (Holzschnitten) oder anderen Kunstwerken bzw. Kunsthandwerk statt. Die Holzschnitte zeigen Szenen vom Asukayama-Hügel, auf dem sich das Museum befindet, und von anderen Orten im Bezirk. Der Kontrast zu heute könnte größer nicht sein. Die Dauerausstellung zeigt Exponate zu Geschichte, Kultur und Natur im Bezirk Kita-ku.

› **Kita-ku Asukayama Hakubutsukan**, 1-1-3 Ōji, JR/U: (Namboku Line) Ōji, 5-7 Min. kostenlose Fahrt mit der Monorail auf den Hügel, Di.-So. 19-17 Uhr, Eintritt frei (Sonderausstellungen), sonst 300 ¥, G: frei, Tel. 3916-1133

85 Paper Museum ★★ [Karte V]

紙の博物館

Papier hat in Japan einen besonderen Stellenwert. Kein Wunder, dass es dafür ein eigenes Museum gibt. Jeden Samstag und Sonntag findet von 13 bis 14.30 Uhr ein **kostenloser Workshop zum Thema Papierherstellung** (10 Min. pro Herstellung einer eigenen Postkarte) statt. Um 13 Uhr erfolgt ein kurzer Vortrag über die Papierherstellung.

› **Kami no Hakubutsukan,** Asukayama-Park 1-1-3 Ōji, JR: Ōji (Namboku Line), 5-7 Min.,

084to-ml

U: Asukayama (Toden Arakawa Line), 3 Min., Tel. 3916-2320, www.papermuseum.jp, Di.-Do. 10-17 Uhr, Eintritt: 300 ¥, G: frei

86 Kyū-Furukawaen ★★ [F1]

旧古河庭園

Dieser Garten liegt zwar etwas außerhalb der üblicherweise von Touristen besuchten Zone, doch ist sein Besuch sehr lohnend und kann kombiniert werden mit einem Besuch des Rikugien 81. Der Garten verfügt über einen **westlichen Teil** mit einem Wohnhaus, das der bedeutende Architekt Josiah Conder 1917 für den Industriellen Toranosuke Furukawa entwarf: außen ein dunkles englisches Herrenhaus aus Stein, innen im F2 fast rein klassische japanische Zimmer. Der an der Böschung unterhalb der Villa angelegte Rosengarten zieht besonders im Frühjahr und Herbst viele Besucher an.

Der westlich-japanische Garten Kyū-Furukawaen

Reizvoll ist auch der **japanische Garten** mit Riesenlaterne und **Wasserfall,** der vom berühmten Gartengestalter Jihei Igawa aus Kyōto entworfen wurde.

› **Kyū-Furukawa Teien,** 1-27-39 Nishigahara, Kita-ku, JR: Kami-Nakazato (Keihin-Tohoku Line), U: Nishigahara (Namboku Line), je 7 Min., JR/U: Ōji 10-15 Min., Tel. 3910-0394, http://teien.tokyo-park.or.jp/en/kyu-furukawa, tgl. 9-17 Uhr, Eintritt: 150 ¥ (Senioren 70 ¥)

Kulinarisches

- **115** [E1] **Fight Gyōza** ¥, 4-23-6 Sugamo (in einer Seitengasse gegenüber dem Tokyo Meronpan), Mo.-Fr. 11.30-14.30 u. 17-20.30, Sa., So. 11.30-20.30 Uhr. Hier gibt es in Öl gebruzzelte Gyōza mit französischem Brotteig, so sind sie außen knusprig und innen saftig; auch als Menü erhältlich.
- **116** [E1] **Kōshinzuka Tokiwa Shokudō (1)** ¥, 4-33-2 und 3-14-20 Sugamo, Mo.-Fr. 10-23, Sa., So. 9-23 Uhr. Beliebtes Restaurant mit günstigen Seafoodgerichten, Warteschlange garantiert. Filiale:
- **117** [J4] **Kōshinzuka Tokiwa Shokudō (2)** ¥, 1-3-3 Asakusa

0 — 1 cm = 150 m — 300 m

NEZU
YAYOI
Kototoi-dori
Shinobazu-dori
139
NEZU
Tokyo Nationalmuseum
96
Tokyo Metropolitan Art Museum
97
Ueno Park
National Museum of Nature and Science
98
Higashien
Ueno Zoo
101
Ueno-Tōshōgū-Schrein
103
146
National Museum of Western Art
99
Ueno Zoological Gardens
Tokyo Bunka Kaikan
100
Nishien
Kiyomizu Kannondō (Tempel)
104
150
Tokyo University Hospital
Boto-ike
Bentendō
105
Keiseiueno Station
UENO
91
Tokyo University mit Aka-mon und Sanshiro-Teich
IKENOHATA
411
Shinobazu-ike
Shitamachi-Kulturmuseum
106
Hongo-dori
107
Kyu Iwasaki-tei
Shinobazu-dori
355
Ameyoko
371
Chuo-dori
UENO-HIROKOJI
UENO-OKACHIMACHI
Kasuga-dori
90
149
147
HONGŌ-SANCHŌME
Kasuga-dori
Yushima-Tenmangū/Tenjin-Schrein
YUSHIMA
YUSHIMA
UENO
Shinobazu-dori
Aki-Oka Einkaufspassage für Kunsthandwerk
Kyusujio Park
3
Hongo-dori
Kuramaebashi-dori
SUEHIROCHŌ
389
Kanda-Myōjin-Schrein
89
121
120
Tokyo Anime Center
SOTO-KANDA
88
KANDA-SURUGADAI
OCHANOMIZU
Yushima-Seidō-Tempel
130
127
123
Ochanomizu Station
124
Maid-Cafés
AKIHAB
126
132
119
Sotobori-dori
92
SURUGADAI
133
Akihabara Electric Town (Akihabara Denkigai)
87
Nikolai-Kathedrale
118
128
Akihabara Station
SHIN-OCHANOMIZU
343
129
125
131
AKIHABA

4

5

6

H

Ochanomizu, Kanda und Akihabara

Universitäten, Schreine, Tempel und eine russisch-orthodoxe Kirche (87), vor allem aber die **Paradiese für Leseratten,** nicht zu vergessen die Geschäfte für Musik- und Sportbedarf in Jimbōchō, und das **Mekka für Otakus** (s. S. 151) **und Elektronikfans** in Akihabara prägen dieses Gebiet.

Hongō und die umliegenden Viertel von Ochanomizu und Kōrakuen sind Zentren des Lernens. Die Tokyo Daigaku, verkürzt Tōdai, ist die begehrteste Universität des Landes. Jedes Jahr im Januar und Februar, zur Zeit der **Pflaumenblüte,** pilgern Prüflinge vom Schrein Yushima Seidō (88), der in der Edo-Zeit zur Konfuzianischen Akademie gehörte, über den Yushima-Tenjin-Schrein (90) zum Eingang der Tōdai, dem Aka-mon (91) (Rotes Tor). Bei den nachfolgenden Prüfungen der Eintrittsexamen entscheidet sich, ob sich der Gang gelohnt hat. Ohne härtestes Lernen gibt es jedoch keine Chance auf Erfolg (etwa 20 % schaffen es).

Der zweite Tokugawa-Shōgun Hidetada kam eines Tages auf dem Rückweg von einem Jagdausflug an einem nahe dem heutigen Bhf. Ochanomizu stehenden Tempel vorbei und trank Tee, der mit dem Wasser aus dem Tempelbrunnen zubereitet worden war. Er schmeckte ihm so gut, dass er sich fortan täglich das Wasser für seinen Tee von dort in den Palast schicken ließ. „O-cha-no-mizu“ heißt **Teewasser,** daher also der Name des Viertels. Den Tempel und Brunnen gibt es heute nicht mehr. In der Gegend um Ochanomizu befanden sich früher zahlreiche Daimyō-Residenzen. Nach dem Ende des Shōgunats gab es viel brachliegendes Land, das für den Bau von Universitäten und Krankenhäusern genutzt wurde. Das nördlich des Tokyo-Bahnhofs und südlich des Kanda-ga-

Kreuzung mehrerer Bahnlinien über dem Kanda-gawa

wa gelegene Stadtviertel **Kanda** besteht eigentlich aus zwei Teilen mit ganz verschiedenem Charakter: Das zwischen den Bahnhöfen Kanda und Ochanomizu gelegene Gebiet ist wie erwähnt ein Stadtteil der Studenten, mit Universitäten, unzähligen **Second-Hand-Buchläden, Antiquariaten und Verlagshäusern** sowie Sportkaufhäusern und Geschäften für Musikinstrumente, besonders in der Umgebung des U-Bahnhofs Jimbōchō. In der Meiji-Ära ließen sich hier nämlich zunehmend Intellektuelle nieder. Auch Freunde von **Holzschnitten** finden reichlich Auswahl, wenn auch die Preise mit der Zeit gehen und sich gegenüber den 1970er-Jahren verzehnfacht haben. Zu erwähnen ist auch die große Zahl von Curryreis-Lokalen. Es heißt, dass sie so beliebt seien, weil man das Gericht mit Löffel beim Lesen essen kann, ohne auf den Teller sehen zu müssen.

Das **Gebiet um den Bahnhof Akihabara** ist dagegen das **Paradies der Otaku und Elektro(nik)-fans,** wo alle Neuheiten zuerst vermarktet werden und wo ausnahmsweise gehandelt werden darf. Es heißt, 90 % der hier angebotenen Produkte schaffen es nie auf den Weltmarkt. Immer mehr ausländische Touristen haben Akihabara mittlerweile entdeckt.

Früher lebten in Kanda einfache Handwerker und Gemüsehändler. Dieses Stadtviertel gilt als die **Urheimat der Edokko,** der Kinder Edos, die es nie verstanden, Geld lange bei sich zu behalten. Die vergleichsweise wenigen Frauen dort waren nicht zimperlich. So hatte es einen eher rauen Charme. Auch im heutigen Akihabara überwiegen männliche Kunden. Frauen arbeiten als Angestellte oder in den immer zahlreicheren Maid-Cafés (s. S. 151).

87 Nikolai-Kathedrale ★★ [H6]

日本ハリストス正教会

Diese **russisch-orthodoxe Kirche** wurde 1891 im Auftrag des russischen Erzbischofs erbaut. Sie verfügt über eine 38 Meter hohe Kuppel. Die von dem in Japan sehr aktiven britischen Architekten und Stadtplaner Josiah Conder entworfene Kirche ist das größte und schönste Bauwerk im byzantinischen Stil in Japan.

› 4–1 Kanda-Surugadai, JR: Ochanomizu, Ausg. Hijiri-Brücke, 5 Min., Di.–Sa. 13–16 Uhr, So. 10–12.30 Uhr

Spaziergang 13: Ochanomizu

Geeignete Ausgangspunkte sind Ochanomizu (JR: Chuo, Sobu Line, U: Marunouchi Line) oder U: Jimbōchō (Toei Mita und Shinjuku). Von Ochanomizu geht es zum Ausg. Hijiribashi und nach S zur russisch-orthodoxen Nikolai-Kathedrale 87, zurück zur Brücke, auf der anderen Seite zum konfuzianischen Yushima-Seidō 88 gleich rechts (NO) der Brücke, dahinter etwa 150 m weiter zum Kanda-Myōjin-Schrein 89. Hier endet der kurze Spaziergang. Akihabara liegt einige Gehminuten östlich. Man kann aber auch geradeaus etwa 500m nach N weitergehen zum Yushima-Tenjin-Schrein 90. Von dort kann man einen Abstecher nach links (W) zur Hongo-dōri und nordwärts zum Aka-mon 91 der Tōdai unternehmen.

086to-ml

88 Yushima-Seidō-Tempel ★★ [H5]

湯島聖堂

Jenseits der Hijiri-Brücke in Ochanomizu liegt rechts der **konfuzianische Tempel** Yushima Seidō. Er wurde 1690 unter dem fünften Shōgun Tsunayoshi als **erste Hochschule für die Söhne der Daimyō, Samurai und Beamten** gegründet und entwickelte sich langsam zu einer Art Universität. Er diente vor allem dem Studium der Lehren des Konfuzius.

Die Söhne der Daimyō konnten nur nach bestandener Prüfung ihren Vätern nachfolgen. Auch heute werden die Weisheiten des Konfuzius an dieser Stelle noch gelehrt, dazu auch chinesische Geschichte und Sprache. Der Tempel ist aber heute eher eine Art **Wallfahrtsort für angehende Studenten**, die für ihr Eintrittsexamen an einer der prestigereichen Universitäten, insbesondere der nahe gelegenen Tōdai, büffeln.

Das Tempelgebäude ist im Stil der Ming-Dynastie gebaut, stammt jedoch aus dem Jahre 1935, denn das ursprüngliche Gebäude fiel dem großen Erdbeben von 1923 zum Opfer. Nur noch das Tor Nyutoku-mon ist original. In der am Ende der Treppe stehenden tempelartigen, türlosen Halle Taisei-den steht ein **Standbild von Konfuzius.** Auch im baumbestandenen Garten gibt es ein fünf Meter hohes Konfuzius-Denkmal. Alljährlich wird Ende April ein Fest zu Ehren des Meisters veranstaltet.

› 1-4-25 Yushima, Bunkyo, JR: Ochanomizu (Chuo, Sobu Line), O-Ausg. Hijiri-Brücke, Tel. 3251-4606

Konfuziusstatue im Yushima Seidō

89 Kanda-Myōjin-Schrein ★★ [H5]

神田明神

Nur ein kleines Stück weiter nördlich des Konfuzius-Schreins 88 steht der schon während der Nara-Zeit gegründete Kanda Myōjin. Dieser ist **einer der ältesten Schreine der Stadt.** Er soll bereits im Jahre 730 errichtet worden sein. Allerdings sind die sichtbaren Gebäude erst 1934 wiederaufgebaut worden. Sie sind treue Kopien der unter den Tokugawa entstandenen Gebäude mit dem bei den Shōgunen so beliebten barockhaften Momoyama-Stil.

Ursprünglich war der Schrein der Shintō-Gottheit Okunimushi-no-Mikuni gewidmet. Später war er mit Taira-no-Masakado verbunden, einem 940 enthaupteten Rebellen, der gegen den Kaiser in Kyōto kämpfte. Er wurde für die Men-

209to©Kenta Ueda, stock.adobe.com

schen zum Symbol für das Aufbegehren gegen Autoritäten. Kurz vor Ieyasus Tod 1616 wurde der Schrein von Surugadai hierher verlegt und zum Schutzschrein für Edo erhoben.

Damit wurde das **Schreinfest** (das eigentlich an den Sieg Ieyasus in der Schlacht von Sekigahara im Jahre 1600 erinnern soll) zu **einem der drei wichtigsten Feste der Stadt,** zumal die Shōgune die Parade der prachtvollen Festwagen am Palast vorbeiziehen ließen. Die Wagen, die es in manchen anderen Städten Japans noch gibt, sind wegen der Oberleitungen aus Tokyo verschwunden, stattdessen werden drei große **kaiserliche Sänften** *(horen)* und 76 *mikoshi* (tragbare Schreine) durch die Straßen getragen. Der größte *mikoshi* ist so schwer, dass er von 400 kräftig gebauten Freiwilligen getragen werden muss. Das Fest findet nur in den ungeraden Jahren am Wochenende vor dem bzw. am 14./15. Mai statt.

⌃ *Yushima Tenmangū, ein dem Lernen gewidmeter Schrein*

Hinter dem Schreingebäude liegt ein **Garten,** der im März von rosa Pflaumenblüten und im Mai von lilafarbenen Glyzinien übersät ist. Auf dem Schreingelände gibt es noch einen kleineren **Inari-Schrein.** Zu seiner Rechten führt eine steile Treppe hinunter zur Kuramae-dōri. Dieser Weg heißt *otoko-zaka* („Männer-Hangweg"), der weniger steile Weg dagegen heißt wie üblich *onna-zaka* („Frauen-Hangweg").

› 2-16-2 Soto-Kanda, JR: Ochanomizu (Chuo, Sobu Line), O-Ausg. Hijiri-Brücke, Tel. 3254-0753, tagsüber geöffnet

90 Yushima-Tenmangū/ Tenjin-Schrein ★★ [H5]

湯島天満宮

Mehr noch als der Kanda-Myōjin 89 ist der Tenjin-Schrein berühmt für seine **weißen Pflaumenblüten.** Die ersten Pflaumenbäume wurden bereits Mitte des 14. Jahrhunderts gepflanzt. Ende Februar bis Mitte März findet hier daher auch das **Pflaumenblütenfest** *(ume matsuri)* statt.

In diese Zeit fallen auch die **Eintrittsexamen an den Universitäten** und Tenjin, der Gott des Lernens, erhält hier, am zweiten Ziel der Studenten-Wallfahrt, Tausende von **Wunschtafeln** *(ema)* mit der Bitte um Bestehen. **Tenjin** war einst ein Gelehrter der Heian-Zeit mit Namen Sugawara no Michizane, der als Folge einer unrechtmäßigen Beschuldigung ins Exil nach Kyūshū musste und dort bald einsam starb. Da auf seinen Tod in Kyōto Unwetter folgten, glaubte man, dass diese vom ruhelosen Geist des Verstorbenen verursacht wurden. Daraufhin machte man ihn zum **Schutzgott des Lernens** und der Literatur *(tenjin)* und pflanzte in seine Schreine die von ihm geliebten Pflaumenbäume.

Rechts vom Schrein steht eine Bühne, auf der Schreintänze dargeboten werden. Rechts führt die steile Treppe Otoko-zaka, links die flachere Onna-zaka hinunter in Richtung U-Bhf. Yushima (Chiyoda Line). Von hier ist es nicht weit zum **Kyu Iwasaki-tei** 107.

› 3-30-1 Yushima, U: Yushima (Chiyoda Line), 2 Min., Ueno-hirokoji (Ginza Line), 5 Min., Hongo-sanchome (Marunouchi Line), 8 Min., JR: Okachimachi, W-Ausg., 8 Min., Tel. 3836-0753, www.yushimatenjin.or.jp/pc/eng-page/english.htm, 9-17 Uhr, Eintritt: frei, Schatzhaus 400 ¥, Senioren 200 ¥

91 Tokyo University mit Aka-mon und Sanshiro-Teich ★ [G4]

東京大学

Das Ziel höchster studentischer Wünsche ist das **Aka-mon** („Rotes Tor"). Die Studenten, die in die Tokyo-Universität, die Tōdai oder Tōkyo Daigaku aufgenommen werden möchten, beenden hier, am Haupteingang zu diesem Gebäude, üblicherweise ihren „Pilgerweg". **Aka-mon** ist mehr als nur der Name des Tores, er bezeichnet die gesamte Universität.

Die Tokyo University ist die staatliche Universität mit dem **höchsten Prestige** in Japan. Wer hier aufgenommen wird, kann sich seine berufliche Laufbahn praktisch aussuchen. Der Traum fast aller Studenten Japans ist es, nach erfolgreicher Prüfung durch das Rote Tor schreiten zu dürfen.

Das **Tor** wurde im Jahr 1828 anlässlich der Einheirat einer Tochter des Shōgun Tokugawa Ienari in die Familie Maeda, denen das gesamte Grundstück einst gehörte, errichtet, daher rühren die weibliche Farbe Rot und die weichen Formen des Tores. Die Maeda-Daimyōs waren einst die Herren über die Gegend von Kanazawa und galten als überaus wohlhabend. Die Universität wurde 1877 gegründet.

Geht man den Weg über die Hauptallee der Universität ein Stück weiter in Richtung Norden, kommt man zur **Yasuda-Halle,** die heute vor allem durch die Studentenunruhen von 1968 bekannt ist, als sich die revoltierenden Studenten dort ein ganzes Jahr lang verschanzt hielten und als Folge diese und andere renommierte Unis geschlossen wurden. Südlich davon liegt der kleine japanische Garten **Ikutoku-en.** In seiner Mitte befindet sich der Teich Sanshiro-ike (bekannt aus dem gleichnamigen Roman von Natsume Soseki). Nordöstlich der Yasuda Hall kann man das Universitätsgelände am Yayoi-mon-Tor wieder verlassen.

› **Tōkyō Daigaku,** 7-3-1 Hongo, Bunkyo, U: Hongō-Sanchōme (Toei Oedo, Marunouchi Line), 2-3 Min., Tel. 3812-211, www.u-tokyo.ac.jp/en

92 Akihabara Electric Town (Akihabara Denkigai) ★★ [H6]

秋葉原電気街

Eine erste Attraktivität erlangte Akihabara, das **größte Elektronikviertel der Welt**, mit dem **Akiba-Gongen-Schrein**, der 1872 zum Schutz vor den vielen Bränden im Viertel, das damals Aioi hieß, errichtet wurde. Nach dem Zweiten Weltkrieg siedelten sich hier in der Nähe der wichtigen Bahnkreuzung primitive Läden für Radioteile und später für elektronische Bauteile an. Im Lauf der Jahre wurden die hier angebotenen Artikel immer moderner und große Discounter und Duty-free-Läden zogen nach. Spätestens jetzt war Akihabara die vielbeachtete **Electric Town.**

Ab den 1990er-Jahren wurde **Akiba,** wie das Viertel meist kurz genannt wird, zum Mekka der Manga- und Animefans und insbesondere der Cosplay-Anhänger (s. S. 99). Es gibt zahlreiche **Maid Cafés** mit in Cosplay-Kostümen gewandeten Bedienungen wie die at-home-Cafés (www.cafe-athome.com/en). Der Konkurrenzdruck führt zu abenteuerlichen Kombinationen von Themen wie Eulen, Samurai, Ninja, usw. Dabei war das erste Café dieser Art, das Cure Maid Café (s. r.), ein ernsthaftes Themencafé, in dem die Bedienungen im viktorianischen Stil gekleidet sind. Andere Cafés sind z. B. auf die beliebte große J-Pop-Gruppe **AKB48** spezialisiert. Östlich davon steht das **UDX Center** mit der **Akiba Info** im F2. Östlich der Bahngleisunterführung steht die Hauptfiliale von **Yodobashi Camera** (s. S. 283). Die **Einkaufspassage mAAch** befindet sich unter den Gleisen der früheren Station Manseibashi, oben ist ein Café zwischen Gleisen.

› www.akiba.or.jp/english/index.html

> KURZ & KNAPP
>
> ### Otaku und Otome
>
> Es heißt, Akihabara sei das Paradies der *otaku,* wie Manga- und Animefans genannt werden. Die englischen Begriffe *Geek* oder *Nerd* meinen in etwa das Gleiche. Der Unterton ist eher negativ: männliche, bebrillte, unter- oder übergewichtige Stubenhocker, die sich fast ausschließlich für ihr Hobby interessieren und normale menschliche Beziehungen vernachlässigen. Aber es gibt auch einen Begriff für die weibliche Variante: *otome.*

› **Geführte Touren** durch Akiba veranstaltet u. a. Magical Trip (www.magical-trip.com, 12.000 ¥), auch Go-Cart-Touren durch die Umgebung werden angeboten (ab 15.000 ¥, Führerschein notwendig).

Kulinarisches

Die **Kanda-Bücherstadt** um den U-Bhf. Jimbochō ist ein Paradies für Curryreis-Liebhaber. Es gibt hier rund 300 Curry-Lokale und jedes Jahr wird beim **Kanda Curry Grand Prix** (http://kanda-curry.com, japanisch) das beste gekürt.

118 [H6] **Cure Maid Café,** 1-2-7 Soto-Kanda, F4 Onoden, tgl. 11–20 Uhr. Café im Stil der viktorianischen Zeit.

119 [H6] **Go!Go!Curry** ¥, 1-11-7 Soto-Kanda (Gorilla-Logo, Chuo-dōri), tgl. 11–22 Uhr. Beliebt: *katsu-karē* (Schitzel mit Currysauce).

120 [H5] **Karē wa Nomimono** ¥, Kataoka Bldg, 1-9-4 Taitō, tgl. 11–16 und 17.30–21.30 Uhr. Hier wird kein Wert auf raffinierte Präsentation gelegt, aber die Qualität der Speisen ist hervorragend.

121 [H5] **Kyushu Jangara Rāmen** ¥, 3-11-6 Soto-Kanda, tgl. 11–21.45 Uhr. Tonkotsu Rāmen (Brühe aus Schweineknochen) nach

Kyushu-Art, daneben andere Geschmacksrichtungen und Toppings.

122 [G6] **Maji Curry** ¥, 3-10-7 Kanda-Ogawamachi, tgl. 11-21 Uhr. Bereits mehrfach ausgezeichneter Sieger des Kanda Grand Prix. *Beef curry* nur 720 ¥, das Sieger-Curry mit Fleischkloß und Käsefonduesoße kostet 1020 ¥.

› **Tokyo Tonteki** (s. S. 260)

Shopping

Hauptstraße ist die **Chūō-dōri**, die, von der Ginza kommend, durch Nihonbashi (s. S. 38), Kanda, mitten durch Akihabara und weiter nach Ueno führt. Auch wenn sich hier die großen Filialisten finden, sollte man die schmalen Nebenstraßen nicht vergessen, wo die Preise oft niedriger sind. Viele Läden verfügen über „Wühltische" mit stark reduzierten Waren. Die Hauptfilialen von Anbietern wie **Laox** und **Labi** spezialisieren sich auf bestimmte Sektoren und bieten für Touristen **Duty-free-Einkaufsmöglichkeiten.** Die dominanten Einkaufszentren **Yodobashi** und **Sofmap** zahlen die Mehrwertsteuer gegen Passvorlage ebenfalls gleich zurück. Neu hinzugekommen ist **Akibaoo** mit mehreren Filialen, z. B. Akibaoo 2nd Shop in 1-8-10 Soto-Kanda. Vergleichen und Handeln ist hier angesichts der vielen ausgabefreudigen Reisegruppen angesagt.

123 [H5] **Chabara (Nippon Hyakkaten Shokuhinkan),** 8-2 Neribeichō, tgl. 11-20 Uhr. Lebensmittel u. a. aus ganz Japan.

124 [H5] **Crown Cosplay Studio,** 2-4-6 Soto-Kanda, http://studio-crown.com, tgl. ab 10 Uhr. Studio für Cosplay- und Anime-Kostüme ab 3200 ¥.

125 [H6] **Hobby Lobby Tokyo,** 1-15-4 Soto-Kanda, Radio-Kaikan, F7, Do.-Di. 10-20 Uhr. Der Laden verkauft die unter Sammlern begehrten Figuren von Kayodo (www.kaiyodo.co.jp) aus der Welt der Anime, Science Fiction, Geschichte, Religion.

126 [H6] **Kotobukiya,** 1-8-8 Soto-Kanda, tgl. 10-20 Uhr. Ursprünglich Spielzeugladen, ist er jetzt spezialisiert auf japanische Sammelfiguren und Spielzeug, meist aus der Welt des Anime.

127 [H5] **Lashinbang Akihabara New Store,** F1, 2, 1-7-6 Soto-Kanda, tgl. 11-21 Uhr. Akihabaras größtes Secondhandgeschäft für Anime, Computerspiele, Cosplay u. a. Im selben Gebäude, genannt Akiba Cultures Zone, befinden sich weitere Läden, ein Maid Café und ein Theater.

128 [H6] **M's Pop Life Department,** 1-15-13 Soto-Kanda, tgl. 10-23 Uhr. Erotik-Kaufhaus auf sieben – allerdings sehr kleinen – Etagen. Ab 18 Jahren.

129 [H6] **mAAch ecute Kanda Manseibashi,** 1-25-4 Kanda Sudachō, www.ecute.jp/maach. Unterirdische Einkaufspassage.

130 [H5] **Mandarake,** 3-11-12 Soto-Kanda, tgl. 12-20 Uhr. Ein Muss für *otakus:* Manga, Anime, Computerspiele, Cosplay, Figuren.

131 [H6] **Radio Kaikan,** 1-15-16 Soto-Kanda, tgl. 10-20 Uhr. In diesem Kaufhaus gibt es so ziemlich alles, was „Akiba" zu bieten hat, bekannt ist es für Sammelkarten-Shops.

132 [H6] **Super Potato,** Kitabayashi Bldg. F3-5, 1-11-2 Soto-Kanda, Tel. 5289-9933. Spezialgeschäft für Retro-Computer- und Videospiele.

133 [H6] **Vstone,** F4, 1-9-9 Soto-Kanda, Mo.-Fr. 11-20, Sa., So. 10-19 Uhr. Wer sich für Roboter interessiert oder solche selbst bastelt, wird hier fündig.

› Immer an den Wochenenden findet unterhalb der Gleise nördlich des **Bahnhofs Akihabara** [H6], Ausgang Electric Tow, Kanda-Neribeichō, von 11 bis 18 Uhr ein **Flohmarkt** statt.

Yanaka, Nezu und Sendagi

Die Tempelstadt Yanaka gehört zu den Juwelen Tokyos. Das **traditionelle Viertel mit vielen kleinen Schreinen, Tempeln und alten Läden** beginnt unmittelbar oberhalb der Bahnhöfe Nishi-Nippori und Nippori bzw. östlich des U-Bhf. Sendagi (Chiyoda Line).

Nach dem Großbrand von 1657, als dieses Viertel ungeschoren davonkam, wurden auf Anordnung des Shōgunats zahlreiche Tempel, die durch die Flammen zerstört worden waren, hierher verlegt. Daher findet man heute noch **rund 70 Tempel in Yanaka.** Der Friedhof (Yanaka Reien) ist genau wie der Ueno-Park (s. S. 159) berühmt für seine Kirschblüten. Gemeinsam mit Nezu und Sendagi wird die Umgebung auch **Yanesen** genannt. Die Attraktion Yanakas hat sich auch unter Besuchern herumgesprochen, sodass die nur 200 m lange **Yanaka Ginza** tagsüber immer voll ist. Läden für Einheimische verschwinden und werden durch auf Touristen ausgerichtete Geschäfte und Lokale ersetzt. Für Einheimische finden sich in der Yomisedōri um die Ecke zum Glück noch Einkaufsmöglichkeiten für den täglichen Bedarf. Symboltier des Viertels ist die Katze.

93 Tennōji ★ [H3]

天王寺

Geht man vom hügelseitigen Ausgang des Bahnhofs Nippori nach links, kommt man zum Tennōji. Dieser Tempel aus dem 13. Jh. wurde 1868 mit dem benachbarten Kan'eiji 102 bei den Revolutionskämpfen am Ende der Tokugawaherrschaft zerstört und seither nicht wieder aufgebaut. Davor gehörte er zu den **bedeutendsten Tempeln Edos,** nicht zuletzt wegen des Rechtes, Lotterien veranstalten zu dürfen.

Im Hof steht eine fünf Meter hohe **Buddhastatue** von 1690, der **Yanaka-no-Daibutsu.** Eine zum Tempelbezirk gehörige, jedoch etwas abseits stehende, fünfstöckige Pagode, brannte 1957 ab. Es gibt Bestrebungen, sie wieder aufzubauen. Nahe dem überdachten Eingang steht der Bishamon-Schrein, der zur Pilgerroute zu den Sieben Glücksgöttern (s. S. 185) in Yanaka gehört.

Früher gab es am Weg zum Tennōji, der während der Kirschblütenzeit einem

EXTRATIPP

Praktische Erkundung mit dem Bus

Bester Ausgangspunkt für einen Bummel durch Yanaka ist der **Bhf. Nippori** (JR: Yamanote, Keihin-Tohoku Line, Keisei Line). Auch der U-Bhf. Sendagi und etwas weniger Nezu (beide Chiyoda Line) im Westen des Viertels sind geeignet. In Taito-ku gibt es mehrere **Sightseeing-Buslinien**, die **Megurin** genannt werden. Für Yanaka geeignet ist die **blaue Ost-West-Route** (Tōzai Megurin), mit der man vom Bhf. Ueno mitten durch Yanaka zum U-Bhf. Sendagi und zurück fahren kann (tgl. von 7 bis etwa 20 Uhr alle 15 Min.). Mit dem Bus kommt man über Ueno auch nach Asakusa. Eine **Tageskarte** lohnt sich. Mit ihr kann man beliebig oft fahren und alle vier Busrundkurse in diesem Stadtteil (Ost-West, Nord, Süd und Nord-Süd-Route) benutzen. Ueno und Asakusa werden von allen vier angefahren. Die Karte kann im Bus oder bei der Touristeninformation (s. S. 326) gekauft werden.

› www.city.taito.lg.jp/kenchiku/kotsu/megurin/rosenzu.files/english_omote.pdf

Spaziergang 14: Durch Yanaka

Der Spaziergang beginnt am ***JR-Bhf. Nippori.*** *Wer wenig Zeit hat und das Viertel nur mal kennen lernen möchte, geht an der Nordseite (Bhf. Hauptgebäude) am Westausgang hinaus, dann die Goten-zaka-Hangstraße hinauf und vorbei an den rechter Hand gelegenen Tempeln Kyō'oji- und Enmeiji gerade weiter zur Yuyake-Dandan (Sonnenuntergangstreppe) in die kurze, mit über 60 Läden und Lokalen vollgestopfte Einkaufsstraße „Yanaka-Ginza". Weiter geht es dann wie rechts beschrieben.*

Wer sich mehr Zeit für einen ***ausführlichen Yanaka-Bummel*** *nehmen will, geht am Südausgang des Bahnhofs Richtung Yanaka-Friedhof ein kurzes Sträßchen hinauf. Hierher gelangt man auch vom Beginn der oben erwähnten Gotenzaka auf einem schmalen Weg zwischen Friedhof und Bahnhof. Gleich links oben steht der* ***Tempel Tennōji*** *93. Weiter geht es entlang der Sakura-dōri (Kirschbaumallee) mitten durch den großen Friedhof zur Einmündung in die Sansaka-dōri. Der eigentliche Spaziergang führt rechts um die Ecke.*

Ein Abstecher bringt Sie aber zu mehreren lohnenden Zielen: nach 150 m sehen Sie an der Ecke rechts das in eine kleine einräumige Galerie umgewandelte ehemalige Badehaus ***SCAI The Bathhouse*** *(6-1-23 Yanaka, www.scaithebathhouse.com, Di.-So., 12-19 Uhr, Eintritt frei). Geradeaus an der Einmündung in die Kototoi-dōri steht links an der Ecke das ehemalige* ***Sakegeschäft Yoshidaya*** *(2-10-6 Ueno-Sakuragi, Eintritt frei), das Teil des* ***Shitamachi Museums*** *106 ist. Rund 200 m links entlang der Kototoi-dōri steht der* ***Tempel Jōmyōji*** *mit seinen 84.000 Jizō-Figuren. In einer Nebenstraße gegenüber steht nach 80 m links der Rest des einst riesigen* ***Kan'eiji*** *102 (Haupttempel der Tokugawa).*

Von der vor dem Abstecher erwähnten Ecke geht es in der Sansaki-dōri etwa 120 m bis zu einem Haus mit roten Markisen. Hier muss man rechts in die Gasse Hatsune-no-michi abbiegen. Der Weg führt an mehreren Tempeln vorbei. Nach etwa 200 m steht links der Chōanji. In der Quergasse dahinter links befindet sich die sehenswerte Tsuiji-Mauer. Sie um-

088to-ml

◁ Traditionelles Restaurant in Nezu

grenzt den Kannonji und wurde in der Edo-Zeit aus Lehm und Ziegeln gebaut, gekrönt von einem Ziegeldach. Zurück in der Hauptgasse Hatsune-no-michi, geht es etwa 200 m weiter zum Asakura-Chōso-Kunstmuseum (94). Links gegenüber befindet sich das Currylokal Yakuzen Curry Jinenjo (s. S. 156), das sich gut für eine Stärkung eignet.

Vom Museum sind es rund 100 m bis zur vom Bhf. Nippori (150 m) heraufkommenden Goten-zaka in Richtung Yanaka Ginza mit ihren vielen kleinen Läden. Hier ist die Kreuzung mit dem Tempel Kyō'ōji (auch Keiōji ausgesprochen), in dessen Tor fünf Löcher der Gewehrkugeln zu sehen sind, die während der eintägigen Schlacht von Ueno 1868 von der Armee verschossen wurden. Westlich der Kreuzung befindet sich der Tempel Enmeiji mit dem großen Pasania-Baum, einer Art asiatischer Steineiche, die seit etwa 600 Jahren dort steht.

Nun geht es links in Richtung der eingangs erwähnten Yanaka-Ginza, durch diese hindurch und von ihrem Ende nach links in die Yomise-dōri, vorbei am Annex des Ryokan Katsutaro (hier kann man rechts zur Shinobazu-dōri abbiegen und auf ihr links zur U: Sendagi auf der anderen Straßenseite gelangen; dahinter befindet sich ganz unvermutet der kleine japanische Garten Sudo-Park) bzw. zur Einmündung in die Sansaki-dōri, dort nach links vorbei am linker Hand stehenden Daienji (nicht zu verwechseln mit dem gleichnamigen Tempel (30) in Meguro). Bemerkenswert an diesem Tempel ist zunächst, dass der linke Teil der Haupthalle zur buddhistischen Nichiren-Sekte gehört und der rechte dem Reisgott Inari geweiht und damit ein Schrein ist. Die meisten Besucher kommen vielleicht jedoch wegen der beiden ***Gedenksteine zu beiden Seiten einer Kannonstatue.*** *Der größere erinnert an Harunobu und der kleinere, schöne an die legendäre Teehausbesitzerin Osen Kasamori. Der berühmte Holzschnitt-Meister Harunobu hat sie mit seinen ukiyo-e unsterblich gemacht. Der Stein ist nun ihrem kami geweiht. Am 14./15. Oktober findet hier jedes Jahr ein Chrysanthemenfest statt.*

Vom Daienji geht es leicht ansteigend weiter in Richtung Yanaka-Friedhof. Linker Hand folgt der Zen-Tempel Zenshō-an, der zur Rinzai-Sekte gehört und sonntags ab 18 Uhr Möglichkeiten zum Meditieren bietet. Während des Bon-Festes im August werden Rollbilder von Geistern gezeigt (Eintritt: 200 ¥). Auffällig ist eine vergoldete Kannonstatue, die erst seit 1991 hier steht (tgl. 10–18 Uhr, Tel. 3821-4715). Von hier können Sie mit dem Megurin (s. S. 153) nach Ueno oder Asakusa fahren. Wenn Sie aber noch Lust haben, weiter zu bummeln, können Sie an der nächsten Querstraße rechts, dann wieder rechts, links und wieder rechts auf eine große Himalayazeder zugehen. Davor links steht das ***Atelier des britischen Künstlers Allan West,*** *das Besuchern offensteht. Erwähnenswert ist der neben der Zeder stehende* ***Tempel Enyuji,*** *in dem Läufer und andere um gesunde, kräftige Beine beten. In wenigen Minuten erreichen Sie Richtung Süden den U: Nezu bzw. den gleichnamigen Schrein (95).*

Blütentunnel gleicht, zahlreiche Teehäuser. Eine Besitzerin, Osen, wurde durch Holzschnitte, die Harunobu von ihr anfertigte, sehr bekannt und begehrt. Aber sie heiratete schließlich einen braven Samurai und lebte solide bis ins hohe Alter. Ein zu ihrem Gedenken errichteter Schrein steht im Yanaka-Daienji.

Statt vom Tennōji zurück zur Gotenzaka-Straße zu gehen, kann man auch durch den **Yanaka-Friedhof** direkt zum Asakura-Chōso-Museum 94 gehen.

› 7-14-8 Yanaka, JR: Nippori (Yamanote, Keihin-Tohoku Line) S-Ausg., 3 Min.

94 Asakura-Chōso-Museum ★★ [H3]

朝倉彫塑館

Das dreigeschossige Betongebäude beherbergt im Haus des 1964 verstorbenen, berühmten Bildhauers Fumio Asakura ein beeindruckendes Museum mit einigen Skulpturen.

Asakura lebte hier von 1908 bis zu seinem Tode. Er verband in seiner Arbeit japanische und westliche Einflüsse und war sehr stark von Auguste Rodin beeinflusst. Sein Werk umfasst 400 Statuen und andere Figuren (u. a. Katzen).

Neben dem exquisiten **Wohnhaus,** in dem jedes Detail seine Bedeutung hat und aus erlesensten Hölzern besteht, sind das **Teehaus** und vor allem der **Garten** zu erwähnen. Im viereckigen Teich des Gartens sind fünf Steine als Symbol für die fünf wichtigen konfuzianischen Tugenden aufgestellt: Wohlwollen *(jin),* Aufrichtigkeit bzw. Gerechtigkeit *(gi),* Korrektheit *(rei),* Weisheit *(chi)* und Treue *(shin).*

› 7-14-8 Yanaka, JR: Nippori (Yamanote, Keihin-Tohoku Line), 5 Min., Tel. 3821-4474, Di.-Do., Sa., So. 9.30-16.30 Uhr, 400 ¥

95 Nezu-Schrein ★★ [G3]

根津神社

Der beliebte Schrein ist besonders wegen seines Azaleengartens berühmt. Die an den Tōshōgū-Schrein 103 in Ueno erinnernden Schreingebäude wurden 1706 für den Daimyō von Kōfu, Ienobu, erbaut. Dieser hatte seine Residenz in Sendagi, in der nördlichen Nachbarschaft. Er wurde 1709 zum sechsten Shōgun ernannt. Nach der Zerstörung im Zweiten Weltkrieg wurde der Schrein originalgetreu wiederaufgebaut. Als Schrein soll er schon seit 1900 Jahren bestehen.

Sehenswert ist das reich verzierte Kara-mon-Tor (chinesisches Tor). Jedes Jahr findet vom 14.4. bis 5.5. das **Azaleenfest** statt (am Hang gibt es rund 3000 Azaleen in allen möglichen Farben), anlässlich dessen das Hauptgebäude alle

KLEINE PAUSE

Menchikatsu-Kroketten und Yakuzen-Curry

Mitten in der Yanaka Ginza kommt es bei **Niku-no-Suzuki** meist zu Warteschlangen, denn viele Tokyoter wollen unbedingt die berühmten Menchikatsu-(Hackfleisch-)Kroketten essen. Sie kosten zwar 280 ¥, enthalten dafür aber hochwertiges japanisches Wagyu-Rindfleisch gemischt mit Aussie Beef.

Wer mehr essen möchte, dem sei **Curry Jinenjo** schräg gegenüber dem Asakura-Choso-Kunstmuseum empfohlen. Spezialität ist das *yakuzen curry* mit selbst angebauten Kräutern, zubereitet nach den Prinzipien des *slow food.*

134 [H2] **Niku-no-Suzuki,** 3-9-15 Nishi-Nippori, Di.-So. tagsüber

135 [H3] **Yakuzen Curry Jinenjo** ¥, 5-9-25 Yanaka, tgl. 11.30-16 u. 17-21 Uhr

☐ Liste der Karteneinträge Seite 364

1 cm = 150 m
0 300 m

089to-ml

zwei Stunden für Besucher eine halbe Stunde lang zugänglich ist, nachdem diese sich einer Reinigungszeremonie unterzogen haben.

Gemälde von 36 klassischen Dichtern an den Friesen sind die Hauptattraktion dieses Schreins. Neben dem Hauptschrein gibt es noch einen für den Reisgott Inari mit Zugang durch den Torii-Tunnel.

› 1-28-9 Nezu, U: Nezu (Chiyoda Line), Tel. 3822-0753, tagsüber geöffnet

Kulinarisches

In der Straße **Yanaka Ginza** gibt es außer den berühmten Menchikatsu von Niku-no-Suzuki (s. S. 156) noch andere Snacks zum Mitnehmen oder gleich essen, z. B. Taiyaki-Waffeln in Katzenform.

136 [G3] **Cibi Café,** 3-37-11 Sendagi, Mo.-Fr. 8.30-16.30, Sa., So. 8.30-17.30 Uhr. Von einer Japanerin in Melbourne gegründet, gibt es inzwischen eine gut besuchte Filiale des Cafés in einer ehemaligen Werkstatt in Yanaka, mit Laden für Glas, Geschirr, Kleidung und anderes.

138 [H3] **Gallery Okubo Yuka-an,** 6-2-40 Yanaka, Mi.-So. 11-18 Uhr. Café mit edlem Geschirr, nebenan Zimmer für Teezeremonie (1000 ¥), Gäste sitzen bequem auf Stühlen. Unten befindet sich ein Antiquitätenladen.

139 [H4] **Kushiage Hantei** ¥¥¥, 2-12-15 Nezu, U: Nezu (Chiyoda Line, S-Ausg.), Tel. 3828-1440/3823-7661, Di.-So. 12-14 u. 17-22.30, So. 16-21.30 Uhr. Berühmtes, stilvolles Restaurant aus der Edo-Zeit mit 100 Plätzen. Leckere Spieße mit kleinen Beilagen.

140 [G3] **Oshimaya** ¥, 3-2-5 Yanaka (an einer Kreuzung der Dangozaka-Straße, Treppenaufgang mit hölzerner Veranda), Mo.-Mi., Fr. 11-15, 17-20, Sa., So. 11-20 Uhr. Nudelladen, in dem es u. a. Paradies- und Höllen-Nudeln in mit Sesam gewürzter Soße gibt. Attraktives Interieur.

141 [G3] **Risaku** ¥, 2-31-6 Sendagi, U: Sendagi, Do.-Di. 9-20 Uhr. Beliebtes Onigiri-Lokal mit etwa 30 Füllungen auf Lager, *morning set* 500 ¥.

142 [H3] **Waguriya,** 3-9-14 Yanaka, tgl. 11-17.30 Uhr. Kleines Café mit zwölf Plätzen, berühmt für Maronen-Desserts wie Mont Blanc und Parfait, an Wochenenden lange Warteschlangen.

143 [H3] **Zakuro** ¥, Yanaka Studio, F1, 3-13-2 Nishi-Nippori (nahe Yanaka Ginza), http://zakuro.oops.jp, Do.-Di. 11-21 Uhr. Türkisch-persisch-usbekische Küche. Man sitzt wie in einem Zelt auf Teppichen, die Gerichte werden auf einem Brett serviert. Abends ab 19.30 Uhr Bauchtanz (500 ¥). Mittagsgerichte um 600 ¥, Kebab 1000 ¥, Abendbüfett 2200 ¥, Tee und Zitronenwasser sind kostenlos.

Shopping

144 [H3] **Isetatsu,** 2-18-9 Yanaka, tgl. 11-19 Uhr. Zu Beginn der Meijizeit gegründetes Geschäft, in dem es Pappmaché-Figuren *(chiyo-gami),* bedrucktes Papier *(washi)* und viele andere **Souvenirs** gibt, auch Holzschnitte.

145 [H3] **Kaiun Yanakado,** 5-4-3 Yanaka, Di.-So. 10.30-17.30 Uhr. Passend zur Katze als Symbol Yanakas gibt es hier niedliche Winkekatzen (ab 800 ¥). Nebenan befindet sich ein Café mit Katzenthema.

› **Nippori Textile Town**: 500 m nördlich des Bhf. Nippori [H2] verläuft eine Einkaufsstraße für preiswerte Stoffe und Bekleidung.

Ueno

Ueno bietet einen **Park voller bedeutender Museen**, dazu **Tempel, Schreine**, einen **Zoo** 101 sowie eine **lebhafte Basarstraße.**

Ueno ist so etwas wie das „Einfallstor" der Zuwanderer aus dem ländlichen Norden. Dadurch geht es dort volkstümlicher zu. Einst einer der größten Schwarzmärkte nach dem Krieg, besteht der parallel zur Eisenbahn verlaufende **Markt Ameyoko** (Ameya Yokochō) nach wie vor. Er hat viel von seinem ursprünglichen Charakter bewahrt. Tatsächlich lässt es sich dort für Tokyoter Verhältnisse sehr preiswert einkaufen, zumal er einer der wenigen Märkte ist, auf denen man handeln kann und soll. Und wo lustvoll eingekauft wird, dürfen natürlich auch Restaurants nicht fehlen!

◁ *Kleiner Wasserfall im Azaleengarten des Nezu-Schreins* 95

Wer von Ueno spricht, meint meist den großen **Ueno Onshi-Park.** Dieses Stück Land gehörte einst den Tokugawas, die hier den großen Kan'eiji-Tempelkomplex 102 errichtet hatten. Im Jahr 1873 entstand hier der erste öffentliche Park Japans.

Dass hier ein Park entstand, ist dem holländischen Militärarzt Antonius F. Bauduin zu verdanken, der im 19. Jh nach Japan kam, um westliche Medizin zu lehren. Als er von dem Regierungsplan hörte, auf dem verlassenen und verwilderten Gelände des Ueno-Hügels ein Krankenhaus zu bauen, schlug er vor, stattdessen einen öffentlichen Park anzulegen. Sein Vorschlag wurde angenommen, und so gibt es heute diese **Mischung aus Park und Architektur der Edo- und Meiji-Zeit sowie der Moderne,** die so charakteristisch für Ueno ist.

Während der Zeit der **Kirschblüte** wird unter den Bäumen des Parks recht viel „gebechert" und gesungen. Jeden Abend kommen dann zigtausend Firmenangestellte und andere und feiern das Blütenfest. Als Ausländer wird man gern eingeladen mitzufeiern. Jedes der Museen und Galerien im Park kann leicht ein, zwei Stunden Zeit in Anspruch nehmen.

Der **Shinobazu-Teich,** der an den größten Binnensee Japans, den Biwa-See, erinnern soll, ist zu jeder Jahreszeit attraktiv. Nach der Kirschblüte nebenan im Park knospen die Weiden, im Sommer blühen die Lotosblüten zur Zeit des Bon-Festes, im Herbst kommen Zugvögel zu Besuch. Im Winterschnee ist der Teich besonders reizvoll. Berühmt ist er auch für die Kolonie von Kawau, wilden Kormoranen, die quasi zum Zoo 101 gehören und auch im Hama-rikyū 18 an der Tokyobucht leben.

Ein **Spaziergang um und über den Teich** könnte mit dem Besuch des Shitamachi-Museums 106 beginnen, von dort rechts am Shinobazu-Teich entlang, zum Bentendō-Schrein 105, weiter über Dammwege zur anderen Seeseite und zur Shinobazu-dōri, hinter der das Gelände der Tokyo-Universität 91 beginnt. Auf der anderen Straßenseite steht das Yokoyama-Taikan-Gedenkhaus, in dem der in Japan berühmte Vertreter moderner japanischer Malerei die letzten 15 Jahre seines Lebens verbrachte (Do.–So. 10–16 Uhr geöffnet, August und Mitte Dezember–Januar geschl., Eintritt 500 ¥). Von dort ist es nicht weit zum Park des Kyu-Iwasaki-tei mit dem von Josiah Conder entworfenen Herrenhaus der Familie Iwatsuki (Mitsubishi) aus der Meiji-Zeit und ein kurzes Stück weiter zum Yushima Tenjin 90.

96 Tokyo Nationalmuseum ★★★ [H4]

東京国立博物館

Das größte und älteste Museum Japans beherbergt eine weltweit bedeutende Sammlung japanischer Kunst und archäologischer Schätze.

Das in Gebäuden unterschiedlicher Baustile und Epochen untergebrachte Museum besitzt **über 120.000 Objekte,** von denen jeweils 4000 bis 5000 zur gleichen Zeit ausgestellt werden. Hervorragend ist die Sammlung **ostasiatischer Kunst.** Der 1909 im Stil der Meiji-Ära anlässlich der Hochzeit des Taisho-Kronprinzen errichtete **Hyōkeikan-Flügel** wird nur für Sonderausstellungen geöffnet. Der Hauptflügel *(Honkan)* wurde vom britischen Architekten Josiah Conder entworfen, durch das Große Kantō-Erdbeben von 1923 stark beschädigt und nach einem Entwurf von Jin Watanabe im Teikan-Stil („Kaiserkrone") 1938 wiederaufgebaut. Er enthält japanische Kunst und zeigt chronologisch deren Entwicklung von der Steinzeit bis ins 19. Jh.

Im **rechten Flügel** *(Tōyōkan)* werden Kunst und Kunsthandwerk aus China, Korea, Zentral- und Südostasien, Indien und Ägypten präsentiert. Im minimalistischen **Hōryuji-Schatzhaus,** entworfen von Taniguchi Yoshio, sind 300 Geschenke an die kaiserliche Familie zu bewundern, zumeist aus dem 7. und 8. Jh., vor allem aus dem Hōryuji-Tempel bei Nara, dem ältesten Holztempel der Welt.

Der **Heiseikan,** 1993 anlässlich der Hochzeit des heutigen Kaisers Naruhito eröffnet, wird normalerweise für Sonderausstellungen genutzt. Er beherbergt im F1 außerdem die Archäologische Galerie mit bedeutenden Exponaten der Jomon-, Yayoi-, Kofun- und späterer Perioden.

Links vor dem Komplex des Nationalmuseums steht das Eingangstor **Kuromon** (Schwarzes Tor) der Daimyō-Residenz des Fürsten Ikeda, das von Marunouchi hierher gebracht wurde. Im Azekura-Speicher wurden ursprünglich buddhistische Sut-

KLEINE PAUSE

Restaurants und Cafés im Nationalmuseum

Das Hotel Okura betreibt die Garden Terrace im Hōryuji-Schatzhaus (s. o.) mit Lunch-Menüs für unter 2000 ¥ sowie das Restaurant Yurinoki im Museumsteil Toyokan. In der Kuroda Memorial Hall gibt es eine Filiale des Ueshima Coffee Shop. Eine Alternative ist das EVERYONEs CAFE mitten im Park.

146 [H4] **EVERYONEs CAFE,** 8-4 Uenokōen, Mo.–Fr. 10–21, Sa., So. 9–21 Uhr

ren aufbewahrt; es stammt vom Gango-ji in Nara. Erwähnenswert sind auch der während der Kirschblüte und Laubfärbung geöffnete Garten mit Teehaus und der Museumsladen.

› **Tōkyō Kokuritsu Hakubutsukan,** 13-9 Ueno Park, JR/U: Ueno Park, Ausg., 15 Min., Uguisudani, 10 Min., Tel. 5405-8686, www.tnm.jp, Eintritt: 1000 ¥ (Studenten 500 ¥, unter 18, über 70 Jahren frei), So.-Do. 9.30-17, Fr., Sa. 9.30-19 Uhr

97 Tokyo Metropolitan Art Museum ★★ [H4]

東京都美術館

Südwestlich des Nationalmuseums 96 steht das 1975 eröffnete, von Kunio Maekawa entworfene Ziegelgebäude des Tokyo Metropolitan Art Museum. Es **enthält 2600 Werke der bedeutendsten japanischen Künstler** der letzten fünfzig Jahre. Zweimal im Jahr werden diese für jeweils 100 Tage kostenlos in der Museumsgalerie gezeigt. In der übrigen Zeit finden wechselnde Ausstellungen statt.

› **Tōkyō-to Bijutsukan,** 8-36 Uenokōen, JR: Ueno, 7 Min., U: Ueno (Ginza Line), 10 Min., Tel. 3823-6921, www.tobikan.jp/en/guide/index.html, Di.-So. sowie jeden 2. und 4. Mo. 9.30-17.30 Uhr, Eintritt frei, Sonderausstellungen: 900 ¥, G: frei

98 National Museum of Nature and Science ★★ [H4]

国立科学博物館

Das 1877 gegründete Museum, erkennbar an dem 30 m langen Modell eines Blauwals vor dem Eingang, ist unglaublich vielfältig: **Naturgeschichte, Fossilien** (darunter Dinosaurierknochen), **Herkunft und Geschichte des japanischen Volkes,** traditionelle und moderne **Handwerkstechniken** bzw. Herstellungsverfahren, z. B. Keramik *(jiki),* Porzellan *(toki),* Glas, Japanpapier *(washi),* Textilien und Lack *(urushi)* werden gezeigt. Des Weiteren sind Flugzeuge zu sehen. Zudem gibt es eine Rakete und einen großen Meteoriten.

Das Gebäude für Ingenieurswissenschaften verfügt über interessante alte Maschinen. Wie alle guten technischen Museen bietet auch dieses Gelegenheit zum Experimentieren und ist daher auch für Kinder interessant. Nicht zu vergessen sind zwei ausgestopfte Pandas (lebendige gibt es im Zoo 101 nebenan) und der ausgestopfte Hachikō (s. S. 91).

› **Kokuritsu Kagaku Hakubutsukan,** 7-20 Uenokōen, Di.-So. 9-17 Uhr, geschl.: Ende Juni und zur Jahreswende, Tel. 5777-8600, www.kahaku.go.jp/english, Eintritt: 620 ¥ (Schüler frei). Astronomische Beobachtungen nachts: 310 ¥, G: frei.

99 National Museum of Western Art ★★ [H4]

国立西洋美術館

Dieses neben dem National Museum of Nature and Science 98 gelegene Museum, dessen **Hauptgebäude von Le Corbusier** entworfen wurde (sein einziges Werk im Fernen Osten), enthält mehr als 80 Skulpturen, davon 56 von Rodin (gesammelt von Kojiro Matsuka), und 850 Gemälde französischer Impressionisten, vor allem Monet, Gauguin und Courbet. Im Anbau, der von einem Schüler des Meisterarchitekten, Kunio Maekawa, entworfen wurde, sind Gemälde u. a. von **El Greco, Goya, Murillo, Rubens,**

Tintoretto, Picasso, Ernst, Miró, Dubuffet und **Pollock** vertreten sowie Zeichnungen bzw. Drucke von Dürer, Holbein, Rembrandt, Picasso, Cézanne, Delacroix. Vor dem Eingang steht, quasi als Erkennungszeichen, eine Kopie des „Denkers“ von Rodin.

› **Seiyō Bijutsukan**, 7-7 Uenokōen, JR: Ueno, Parkausg. (Kōen-guchi), 1 Min., U: Ueno (Ginza Line), 8 Min., Tel. 3828-5131, www.nmwa.go.jp/en, Di.-So. 9.30-17, Fr. 9.30-20 Uhr, Eintritt: 430 ¥ (2. und 4. Sa. im Monat frei), Schüler frei

100 Tokyo Bunka Kaikan ★ [H4]

東京文化会館

Jenseits des Aufganges vom Bahnhof zum Park, dem Kōen-guchi, steht die **bedeutendste Konzerthalle der Stadt,** die Tokyo Bunka Kaikan. Diese von Kunio Maekawa, einem Schüler Le Corbusiers, entworfene Festhalle wurde zum 500-jährigen Jubiläum von Tokyo als Regierungssitz erbaut. Der große Saal hat 2300 und der kleine 649 Sitzplätze. Hier gastieren **Spitzenorchester,** Oper- und Ballettensembles aus aller Welt, immer wieder auch aus Deutschland. Die Akustik ist berühmt. Eine große Musikbibliothek steht Di.-Sa. von 13 bis 20 Uhr zur Verfügung.

› 5-45 Uenokōen, JR: Ueno, Parkausg., 1 Min., U: Ueno (Ginza Line), Ausg. 7, 8 Min., Keisei Line, 2 Min., Tel. 3828-2111, www.t-bunka.jp/en

101 Ueno Zoo ★★ [H4]

恩賜上野動物園

Der **älteste und beliebteste Zoo Japans,** der ursprünglich wegen seiner vergleichsweise geringen Größe und Anlage kein Vorbild für Tierhaltung war, konnte mittlerweile beachtliche Zuchterfolge verbuchen. Es gibt 2600 Tiere (464 Tierarten) zu sehen, darunter seit 1972 die berühmten **Pandas** aus China, inzwischen auch einen „Gorilla- und Tigerwald“. Die 5-stöckige Pagode, die einst zum riesigen Kan'eiji-Tempelbezirk 102 gehörte und 1631 errichtet wurde und ein Teehaus geben dem Zoo einen japanischen Touch. Wie in den berühmten Gärten der Stadt gibt es auch im Zoo einen modernen Audio-Guide-cum-Navi (**Ubiquitous Communicator**).

› **Onshi Ueno Dōbutsuen**, 9-83 Uenokōen, JR: Ueno 5 Min., Tel. 3828-5171, www.tokyo-zoo.net/english, Di.-So. 9.30-17 Uhr, Eintritt: 600 ¥ (Senioren 300 ¥, Schüler über 13 Jahre 200 ¥, Kinder und G: frei)

102 Kan'eiji ★ [I4]

東叡山寛永寺円頓院

Der Tempelbezirk Kan'eiji enthielt einst 30 Gebäude auf einer Fläche, die das gesamte Gelände des **Shinobazu-Teichs,** des Ueno-Parks und des Bahnhofs umfasste. Heute sind noch Reste des alten Tempels erhalten. Die heutige Tempelhalle wurde vom Kita-in in Kawagoe 151 hierher geschafft, die Pagode steht im Zoo 101, der Tōshōgū-Schrein 103 mit seinen Steinlaternen ist ebenfalls noch erhalten. Sechs Shōgune liegen hier begraben, die andern fanden im Zōjōji 24 ihre letzte Ruhestätte.

Der 1621 von Tenkai, einem Vertrauten des ersten Tokugawa-Shōgun Ieyasu, gegründete Tempel der Tendai-Sekte **war in der Edo-Zeit der größte und wichtigste Tempel der Tokugawas,** er sollte den gefürchteten Nordosten von Edo beschützen. Erstmals wurde er im gro-

KURZ & KNAPP

Saigo Takamori (1827–1877)
Takamori stürzte mit der Armee des Satsuma- und Chōshū-Klans 1868 im Auftrag des Kaisers das Tokugawa-Shōgunat. Rund 2000 Samurai verschanzten sich allerdings nach dem offiziellen Ende des Shōgunats am 11. April 1868 auf dem Ueno-Hügel, der damals noch den Tokugawa gehörte, und lieferten der Armee am 15. Mai ein letztes Gefecht, bei dem u. a. der Kan'eiji 102, der Schutztempel der Tokugawa, zerstört wurde.

ßen Meireki-/Furisode-Feuer von 1657 zerstört, zuletzt im sog. Boshin-Krieg 1868/69, als die kaiserlichen Truppen unter **Saigo Takamori** die Herrschaft der Shōgune für immer beendeten.

› **Tōeizan Kan'eiji Endon-in,** 1-14-11 Uenosakuragi, JR: Ueno 5 Min., nur von außen zu besichtigen

103 Ueno-Tōshōgū-Schrein ★★★ [H4]

東照宮

Der Schrein gilt als **Nationalschatz.** Er trägt den gleichen Namen wie sein bedeutenderer „Vetter" in Nikkō 154 und ist Ieyasu geweiht, der dort als „östlicher Sonnengott" residiert. Er wurde 1627, neun Jahre vor dem Schrein in Nikkō, vom Abt Tenkai-sojo und dem Daimyō Todo Takatora errichtet und ist der **bedeutendste Schrein der Tokugawa-Shōgune.**

Wer keine Gelegenheit hat, nach Nikkō 152 zu fahren, kann sich hier einen Eindruck von der reichen Schnitzkunst und farbenprächtigen Malerei dieser von den Tokugawa so geliebten Schreinarchitektur machen. Zum Teil waren dieselben Schnitzer am Werk, z.B. Hidari Jingoro, der „linkshändige Jingoro", der in Nikkō u.a. die weltberühmten „Drei Affen" und die „Schlafende Katze" schuf. Am Kara-mon-Tor stammen von ihm u.a. der auf- und der absteigende Drache, die sich der Legende nach zum Durstlöschen in den nahen Shinobazu-Teich begeben.

Die gemalten vier **Löwen an der vergoldeten Fassade der Haupthalle,** Konjukiden, die unter dem dritten Shōgun Iemitsu 1651 umgebaut und kurz vor dessen Tod fertiggestellt wurde, stammen von dem berühmten Künstler Kano Tan'yu. Das Gebäude wurde wie der Tōshōgū-Schrein in Nikkō im Gongen-Zukuri-Stil der Momoyama-Zeit erbaut. Die 240 Stein- und 50 Bronzelaternen, die den Weg vom großen Torii am Eingang zum Kara-mon-Tor und zur Haupthalle flankieren, waren Geschenke der Daimyōs.

Links neben dem Schrein liegt ein Garten mit rund 200 Arten von Päonien (Pfingstrosen), die je nach Art im Winter (Januar bis Mitte Februar) oder im Frühjahr (Ende April bis Mitte Mai) blühen (Tōshōgū Botan-en, geöffnet zur Zeit der Blüte, Eintritt: 600 ¥, Grundschüler frei). Beim Mitteltor *(naka-mon)* steht rechts eine mehr als 6 m hohe Steinlaterne, die „Gespensterlaterne" *(obake-dōro)* heißt.

Nicht zu übersehen ist die berühmte fünfstöckige Pagode rechts neben dem Schrein aus dem Jahr 1639, die ursprünglich zum Kan'eiji 102 gehörte und nun auf dem Gelände des Ueno-Zoos 101 steht. Sie ist im japanischen Stil erbaut. Rechts neben der Pagode befindet sich der Haupteingang zum Zoo.

› 9-88 Uenokōen, JR: Ueno, 5 Min., Tel. 3822-3455, Eintritt: 500 ¥ (bis zum Kara-mon am Eingang zum Haupttempel kostenlos), tgl. 9-16.30/17.30 Uhr

093to-ml

104 Kiyomizu Kannondō ★ [H4]

清水観音堂

Der Tempel stammt aus dem Jahr 1698. Er gehörte zum Kan'eiji 102, der wie der Enryakuji auf dem Hiei-zan in Kyōto den Nordosten der Stadt vor bösen Geistern schützen sollte. Um die Ähnlichkeit noch zu verstärken, wurde der Kiyomizu-Tempel dem gleichnamigen Tempel an den Hängen des Hiei-zan nachgebildet, und der Ueno-Hügel wurde Tōei-zan genannt, östlicher Hiei-zan.

Das Hauptstandbild des Tempels entstammt dem Kiyomizu-dera in Kyōto, es stellt die tausendarmige Kannon (Sen-ju Kannon) dar. Daneben gibt es noch die beliebte Statue der Kosodate Kannon (Beschützerin der Kinder). Dementsprechend wimmelt es dort von Puppen, die von Eltern, deren Wunsch um Kindersegen erhört worden ist, gestiftet wurden. Diese Puppen werden jedes Jahr am 25. September in einer Zeremonie verbrannt (sonst würden es auf die Dauer zu viele).

› 1–29 Uenokōen, tgl. 9–16 Uhr

105 Bentendō ★ [H4]

不忍之池弁天堂

Der hübsche Schrein liegt auf einer kleinen, begehbaren Insel in der Mitte des Shinubazu-Teichs, die über die Dammwege zu erreichen ist. Das achteckige Schreingebäude ist noch nicht alt, wirkt aber als Hintergrund vor den Lotosblüten auf dem Wasser sehr reizvoll. Der gemalte Drachen im Innern stammt vom japanischen Künstler Kibō Kodama (1898–1971).

Der Benten geweihte Schrein ist der **Ausgangspunkt der Pilgerroute zu den Sieben Glücksgöttern,** die in vielen Stadtteilen zu finden sind. Im Innern gibt es einen Holzschnitt mit den Glücksgöttern zu kaufen, in den die Pilger die Stempel der besuchten Schreine einsetzen können. Der Zusammenhang des Schreins mit dem Teich ist kein Zufall: Der Biwa-See hat die Form einer *biwa* (Laute), die von Benten gespielt wird.

Das **Fest Nōryō Taikai** (Fest der kühlen Sommerabende) findet während des O-Bon (s. S. 295) im Benten-dō statt. Auch im Frühjahr, zur Zeit des Kirschblütenfestes Hanami, gibt es ein Tempelfest.

› **Shinobazu-ike Bentendō,** 2–1 Uenokōen, JR: Ueno, 7 Min.

Der Tempel Kiyomizu Kannondō im Ueno-Park zur Kirschblüte

In der Basargasse Ameyoko (s. S. 166)

106 Shitamachi-Kulturmuseum ★★ [H4]

下町風俗資料館

Geht man am südlichen Ufer des Teichs entlang in Richtung Ueno zurück, kommt man am Shitamachi-Kulturmuseum vorbei. Dieses kleine, der **Vorstadtkultur gewidmete Museum** versucht, die Geschichte, Mentalität und Sitten der nichtadligen Bevölkerung Edos anschaulich zu machen. Über **50.000 Gegenstände des täglichen Lebens** von „Downtown"-Tokyo wurden gesammelt, großteils wurden sie von den Bewohnern gespendet. Die Edoer waren sehr bodenständig und lebenslustig. Einige Häuser wurden im Museum wiederaufgebaut und detailgetreu eingerichtet.

› **Shitamachi Fūzoku Shiryō-kann,** 2-1 Ueno-kōen, U: Keisei-Ueno, 1 Min., JR: Ueno Hauptausg., 5-6 Min., Tel. 3823-7451. **Wegen Renovierung bis voraussichtlich 2025 geschlossen.**

107 Kyu Iwasaki-tei ★ [H4]

旧岩崎邸庭園

Auch in der Nähe Uenos gibt es einen **hübschen west-östlichen Garten mit Gebäuden,** die 1896 von Josiah Conder entworfen wurden. In dem Garten befinden sich eine Billard-Hütte im Schweizer Stil, ein Wohnhaus im Shoinzukuri-Stil und das grandiose Herrenhaus im englischen Jakobiner-Stil. Seit 1997 ist der Park, der einst für den dritten Chef des Mitsubishi-Konzerns angelegt wurde, der Öffentlichkeit zugänglich. Der früher geräumige japanische Garten ist verschwunden, geblieben ist eine Rasenfläche mit kleinen Resten des einstigen Areals.

› 1-3-45 Ike-no-hata, U: Yushima (Chiyoda Line), Ausg. 1, 3 Min., Ueno-Okachimachi (Toei Oedo & Ginza Line) 10 Min., Tel. 3823-8340, http://teien.tokyo-park.or.jp/en/kyu-iwasaki, tgl. 9-17 Uhr, Eintritt: 400 ¥ (Senioren 200 ¥), G: frei

094to-ml

Kulinarisches

In und um die **Ameyoko** (s. u.) gibt es eine große Auswahl an einfachen und preiswerten Lokalen, z. B. Kaisen-don-Lokale.

- **147** [H5] **Izakaya Kushiro** ¥, 3-27-7 Ueno. Bezahlbare japanische Gerichte.
- **148** [I3] **Kappō Saito** ¥, 2-9-7 Shitaya, U: Iriya, Mo.-Sa. 11.30-14 und 17-21 Uhr. Berühmt für seine Sashimi-Lunch-Sets.
- **149** [H5] **Mitsubachi Honten,** 3-38-10 Yushima. Spezialität: Azuki-(Bohnenmus)-Eis, auch zum Mitnehmen, *kakigori* (Raspeleis mit Sirup) ist ebenfalls beliebt.
- **150** [H4] **Sakura Terrace,** 1-54 Ueno-Kōen, gegenüber dem Bahnhof am Park. Ein Dutzend attraktiver Lokale.
- **151** [I4] **T's Tantan ecute Ueno** ¥, 7-1-1 Ueno (im Bhf.), Mo.-Fr. 10-22, Sa., So. 10-21 Uhr. Vegetarische Nudelsuppen, Lunch.

Shopping

Am bekanntesten ist der aus der Nachkriegszeit stammende **Basar Ameyoko** [H4] („Ami-Gasse") direkt westlich neben den Bahngleisen südlich des Bahnhofs Ueno bis zum Bhf. Okachimachi. Meist gibt es Lebensmittel, aber auch alles Mögliche andere, eben ein echter Basar. Südöstlich des Bahnhofs und östlich der Stadtautobahn gibt es parallel zur Shōwa-dōri noch eine Art Koreatown, wo man koreanische Lebensmittel kaufen kann. Östlich des Bahnhofs befindet sich die berühmte Kappabashi-Straße 112. An der Südseite der Asakusa-dōri gibt es 60 Geschäfte für buddistischen oder shintoistischen Hausaltarbedarf. Südöstlich des Bhf. Okachimachi und nördlich der Kuramaebashi-dōri liegt die Okazu-Yokochō mit japanischen Lebensmittelgeschäften.

Asakusa und Mukōjima

Hier befinden sich der **älteste und bedeutendste Tempelbezirk Tokyos** 108 im teilweise noch traditionellen Stadtviertel und als Gegensatz dazu der **höchste Fernsehturm der Welt** 113 auf der anderen Seite des Sumida-Flusses.

Ein im 7. Jh. gegründeter Tempelbezirk ist der Hauptgrund für die Existenz dieses Stadtviertels und seinen besonderen Charakter. Hier gab es viele Vergnügungsangebote und das berüchtigte **Yoshiwara-Viertel** (s. S. 38) wurde hierher verlegt, nachdem das Shōgunat es Ende des 17. Jh. aus Ningyōchō verbannt hatte. Dieses im Norden Asakusas gelegene **Amüsierviertel** mit Theatern, Lokalen und Freudenhäusern war wohl der wahre Grund für die Popularität von Asakusa, hat mit der Modernisierung des Landes seinen Reiz jedoch vollständig eingebüßt. Es gehörte zur Edo-, aber nicht mehr in die Tokyo-Zeit. Bei einem der großen Brände 1911 wurde es zerstört und gelangte nie wieder zur Blüte. Einige Tempel und Schreine (insbesondere der Jōkanji in Minami-Senju) gedenken der unzähligen, oft jung gestorbenen „Freudenmädchen". Im traditionell auch als Sanya bekannten Viertel leben heute Arbeiter, viele von ihnen Tagelöhner, aber auch Ausländer mit niedrigem Einkommen. Hier stehen auch die günstigsten Hotels der Stadt. Anstelle der Kabukitheater (s. S. 52), die gegen Ende des Tokugawa-Shōgunats hierhin verbannt worden waren und dem Viertel einen zusätzlichen Aufschwung brachten, wurden Kinos eröffnet. Hier wurde 1930 der erste Film in Japan gezeigt. Wegen der Musikshows, Lokale und Läden hatte das Viertel vor dem Krieg in etwa den Charak-

Bootsfahrten auf dem Sumida-Fluss

Der Sumida-Fluss, die Lebensader Edos, hat mit dem wirtschaftlichen Aufschwung der 1960er- bis 1990er-Jahre viel an Reiz verloren. Allerdings werden die Ufer zunehmend durch Grünanlagen und Promenaden verschönert. Eine Fahrt mit einem der Sumida-Wasserbusse lohnt sich also durchaus.

Die Fahrt beginnt an der Anlegestelle bei der Azuma-bashi-Brücke [J4] im Stadtteil Asakusa (Suijo-basu-noriba, Westufer) und führt unter 13 Brücken hindurch zum Hamarikyū-Onshi-Garten und zum Takeshiba-Sambashi-Pier, von wo aus man natürlich ebenfalls die Fahrt antreten kann und in der Regel weniger Andrang vorfindet (Fahrzeit 35 Min., Preis 1040 ¥ ohne Eintritt in den Park, Sa. u. So fahren die Wasserbusse alle 20, werktags alle 45 Minuten ab).

Die Komagata-Brücke führt westlich zur Asakusa-dōri und nach Ueno. Hinter der dritten Brücke, Umayabashi, liegen rechts die Lagerhäuser („kura"), in denen während des Shōgunats Reis, der als Steuer bezahlt und mit dem die Samurai entgolten wurden, aufbewahrt wurde. Heute haben sich dort Spielzeug- und Puppengroßhändler niedergelassen. Die nächste Brücke ist die Kuramae-Brücke, hinter der links die Sumohalle, Kokugikan (116) und dahinter das spektakuläre Edo-Tokyo-Museum (115), auftaucht. Anschließend folgen die Ryōgoku-Eisenbahn- und die eigentliche Ryōgoku-Brücke, in deren Umgebung sich die Edokko, also die Bürger Edos, an milden Sommerabenden spazierenrudern ließen. Früher war das Gebiet jenseits dieser Brücke Teil einer anderen Provinz, daher rührt noch der Name Ryōgoku (zwei Länder).

Die nächsten Brücken sind die Sumidagawa-ōhashi des Shuto Expressway und die blaue Eitai-bashi. Letztere wurde 1696 zusammen mit der Ryōgoku- (1659) und der Shin-ōhashi (1693) als Fole des katastrophalen Großbrands von 1657 erstmals gebaut. Damals gab es nur eine Brücke im Norden und viele Menschen kamen um, weil sie nicht über den Fluss gelangen konnten.

Die Chūō-ōhashi führt als erste auf die Insel Tsukudajima, es folgen Tsukuda-ōhashi und die Kachidoki-bashi, 246 Meter lang und eigentlich eine Zugbrücke, die jedoch wegen des vielen Verkehrs nicht mehr bewegt wird. Kurz vor dem Hamarikyū-Park (18) liegen der ehemalige Fischmarkt (17) und das Fischereilabor des Tōkai-Distrikts.

› *www.suijobus.co.jp/en*

Natürlich ist auch eine Luxus-Variante dieser Tour buchbar. Mehrere Anbieter organisieren abendliche Ausflüge in Vergnügungsbooten („yakata-bune") mit Essen und Musik, heute allerdings nicht nur mit klassischer Shamisen-Begleitung, sondern auch mit Karaoke. In den größeren Abisei-Booten haben 15 Personen Platz, der Zwei-Stunden-Trip kostet ca. 10.000 ¥ pro Person.

› *www.yakatabune-kumiai.jp/en*

Weitere Bootsfahrten führen zu Zielen an der Tokyo-Bucht, z. B. nach Odaiba.

› *Info: www.suijobus.co.jp*

□ Liste der Karteneinträge Seite 364

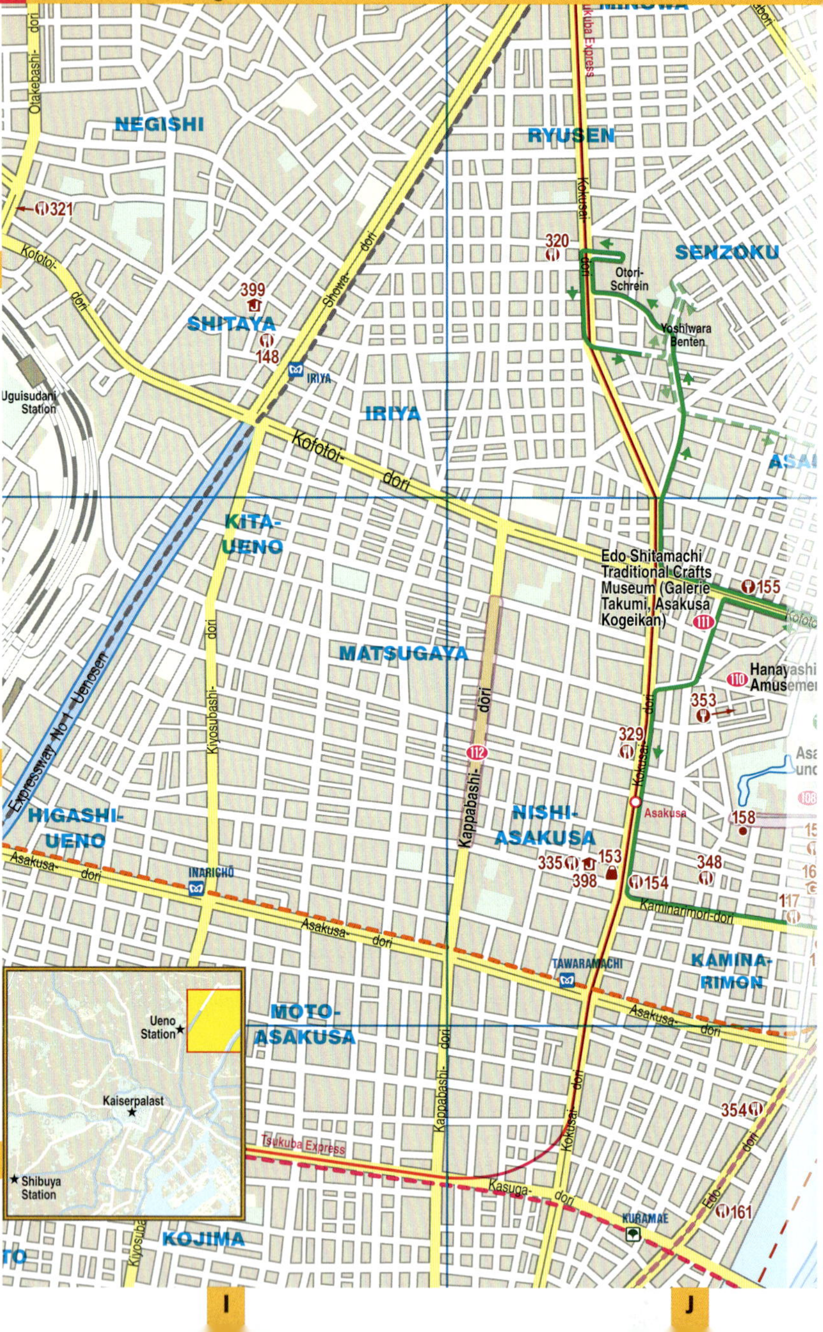

ter von Shinjuku. Auch das erste Hochhaus der Stadt (Jūnikai, 12 Stockwerke) wurde hier 1890 errichtet. Außer dem Tempelbezirk sind die meisten der einstigen Attraktionen Asakusas vergangen, dafür sind aber neue hinzugekommen.

Asakusa („flaches Gras") konnte seinen **„Downtown-Charakter"** *(shitamachi* = Unterstadt) besser bewahren als andere Stadtviertel. Hier gibt es **noch zahlreiche traditionelle Handwerkerbetriebe** und manche Gasthäuser, die sich seit der Edo-Zeit kaum verändert haben. Die jährlichen **Schrein- und Tempelfeste** sind sehenswert. Hier geht es ungezwungener und lebhafter zu als in den meisten anderen Stadtteilen. Der Stolz und die Energie der Edokko („Kinder Edos") ist noch zu spüren.

Wer als Tourist zum ersten Mal nach Asakusa kommt, wird dies üblicherweise mit der U-Bahn (Ginza- oder Toei-Asakusa-Line) tun. Man kann aber auch mit dem Wasserbus auf dem Sumida-Fluss (s. S. 167) hierher fahren. In beiden Fällen sind es nur wenige Minuten zur Hauptattraktion des Stadtviertels, dem Tempel Kannon-dō 108.

Im Bezirk Taito-ku gibt es vier Busrundkurse („Megurin", s. S. 153).

Dank des neuen urbanen Zentrums unter dem Tokyo Skytree 113 ist das bisher von Besuchern vernachlässigte Viertel **Mukōjima** interessant geworden. Parallel zu einem Kanal kann man direkt vom Sumida-Park auf den Skytree 113 zugehen oder ab Azumabashi in 15 Min. per Rikscha fahren. Kurz vor der Brücke über den Kanal, von der Südseite kommend, steht übrigens ein runder Spiegel, in dem man sich mit dem Skytree spiegelt, eine beliebte und originelle Fotogelegenheit.

Spaziergang 15: Durch die Umgebung des Kannon-dō-Tempels

*Geht man nach Besichtigung des Tempelbezirks vom Niten-mon-Tor des **Asakusa-Schreins** (108) in Richtung Osten, gelangt man zum langen, schmalen, direkt am Fluss gelegenen **Sumida-Park** [J/K4] im Viertel **Hanakawadō**, der zur Zeit der Kirschblüte besonders beliebt ist. Dort findet das traditionelle **Bogenschießen** vom Pferderücken aus (Yabusame) statt, und zwar an dem Sonntag, der im Höhepunkt der Kirschblüte liegt, normalerweise am ersten oder zweiten Sonntag im April. Die Reiter müssen im vollen Galopp entlang eines 300 m langen Parcours drei Pfeile auf hölzerne Scheiben schießen, was nicht immer gelingt. Es ist ein eindrucksvolles Bild, die Reiter in ihren altertümlichen Kostümen dahingaloppieren zu sehen, allerdings herrscht immer sehr großes Gedränge.*

*Geht man dann parallel zum Park ein Stück nach Norden, gelangt man zum links auf einem kleinen Hügel gelegenen **Matsuchiyama Shōten** (109). Das Viertel westlich des Tempels diente dem vielleicht berühmtesten aller Holzschnitt-Meister, Katsushika Hokusai, während seiner letzten Lebensjahre als Heimat. Hier befand sich einst auch ein lebhaftes Kabuki-Theaterviertel. An beides erinnern Denkmäler.*

*Von hier geht man zurück zur Kototoi-dōri und folgt ihr etwa 700 m in westlicher Richtung bis zur überdachten Hisago-dōri, auch Rokko Broadway genannt, und wendet sich dann nach Norden zum nicht weit entfernten, ehemals größten Vergnügungsviertel Edos, **Yoshiwara.** Nichts erinnert mehr an die einstige Größe. Entlang der Hauptstraße (Naka-nocho-dōri) gelangt man zum **Benten-Schrein** mit einem 2,5 m hohen Standbild der Benten, den Frauen geweiht, die hier im Yoshiwara-Viertel beim großen Kantō-Erdbeben 1923 ums Leben kamen. Ein Stück weiter nordwestlich liegt der **Ōtori-Schrein,** in dem es im November bei Riesengedränge dekorierte Glücksrechen (kumade, „Bärentatzen") zu kaufen gibt, ein beliebter Neujahrsschmuck und Glücksbringer.*

*Von der Haltestelle 16 fährt der Taito-Community-Bus **Megurin** (s. S. 153) der Nord-Asakusa-Route bis zur Haltestelle 22 an der Kototoi-dōri. Alternativ kann man direkt vom **Matsuchiyama Shōten-Tempel** (109) ab Haltestelle 3 des Megurin am Yoshiwara-Schrein vorbei durch das Viertel bis zur Haltestelle 16 in der Nähe des **Ōtori-Schreins** fahren, diesen besichtigen und anschließend bis zur Haltestelle 22 an der Kototoi-dōri weiterfahren. Etwa 300 m westlich von dort trifft man auf die überdachte Hisago-dōri, in die man links einbiegt.*

*Rechter Hand steht gleich das **Edo Taito Traditional Crafts Center** (111). Weiter entlang dieser Straße kommt man an der nächsten größeren Kreuzung nach 200 m links haltend zum **Hanayashiki Amusement Park** (110). Rechts haltend kommt man zur Kokusai-dōri und dem Bhf. Asakusa des „Tsukuba Express". Südlich davon befindet sich rechter Hand das kleine Trommelmuseum (s. S. 173). Nicht weit westlich davon verläuft die **Kappabashi-Straße** (112), die ganz auf Gastronomiebedarf eingerichtet ist. Der Spaziergang könnte bis U: Tawaramachi führen oder entlang der Kaminarimon-dōri zurück zu U: Asakusa.*

⑩⑧ Asakusa-Tempel- und Schreinbezirk ★★★ [J4]

浅草浅草寺

Asakusa ist der beliebteste und lebhafteste Tempelbezirk Tokyos – das galt schon für die letzten 200 Jahre der Edo-Zeit. Das Menschengewimmel macht einen Teil der Attraktivität des Bezirks aus.

Kaminari-mon

Der attraktivste Zugang erfolgt durch das **Kaminari-mon** („Donner-Tor") mit dem 3,30 Meter hohen und 100 kg schweren roten Lampion, einem Symbol des Tempelbezirks.

Das Tor wurde nach dem Krieg wieder aufgebaut, doch die Köpfe der beiden Götterstatuen – links der Donnergott Fūjin, rechts der Windgott Raijin – sind alt. Auf der Rückseite sind die Drachengötter zu sehen.

Nakamise-Gasse

Das Tor bildet den Zugang zur engen, tagsüber fast immer von Menschen gefüllten, 300 m kurzen Gasse Nakamise („Mittel-Läden"), die in der Mitte von der Shin-Nakamise („Neu-Nakamise") gekreuzt wird. Was in den **150 Läden** des Viertels verkauft wird, ist zu einem nicht geringen Teil dasselbe Angebot wie zur Edo-Zeit, darunter auch **Kitsch** und **Krimskrams.** An Feiertagen und Wochenenden herrscht besonders großes Gedränge. In der Edo-Zeit standen hier Souvenirverkäufer mit beweglichen Ständen, wie man sie heute noch auf Tempelfesten sieht. Die Geschäfte wurden erst in der Meiji-Zeit errichtet.

⊡ *Sensōji – der Asakusa-Kannon-Tempel*

216to©kanzilyou, stock.adobe.com

Denbō-in-Tempel

Hinter der Querstraße Debōin-dōri liegt links (W) der **Denbō-in**, die Residenz des Abts. Als Kontrast zum geschäftigen Treiben im Einkaufsviertel bietet sich ein Blick von außen auf den sehenswerten, stillen **Garten des Denbō-in** an. Normalerweise kann er leider nur im Zuge von Sonderausstellungen besichtigt werden. Der Garten wurde zu Beginn des 17. Jh., vielleicht sogar schon früher, vermutlich vom großen Gartenbauer Kobori Enshu angelegt. In der Mitte befindet sich ein Teich und an dessen Ufer die älteste Glocke Tokyos aus dem Jahr 1387. In dem abwechslungsreich gestalteten Garten steht noch ein Teehaus, das ursprünglich aus Nagoya stammt, wo es Ende des 18. Jh. als Kopie eines abgebrannten Teehauses des berühmtesten aller Teemeister, Sen-no-Rikyū (1522–1591), errichtet wurde. Außerdem gibt es noch zwei schlichte Holzhäuser.

Die Nakamise-Gasse führt in den Tempelbezirk

Hōzō-mon

Neben dem Denbō-in steht das Tor zum eigentlichen Tempelbezirk, das Hōzō-mon („Schatzhaustor"), wegen der beiden Schutzgötter *(nio)* auch **Nio-mon** genannt. An seiner Rückseite hängen riesige Strohsandalen, die von Reisbauern in Nordjapan gespendet wurden. Die zwei außen hängenden Laternen wurden von den Marktleuten des Tsukiji-Fischmarktes 17 gestiftet, diejenige in der Mitte von Kaufleuten.

Asakusa no Kannon-sama (Sensōji)

Der eigentliche **Tempelbezirk** wird volkstümlich auch „Asakusa no Kannon-sama" genannt. Der Legende nach fanden im Jahre 628 zwei Brüder eines Tages beim Fischen im Sumida-Fluss nahe dessen Mündung in ihrem Netz eine kleine goldene Statue der Kannon, dem weiblichen Aspekt des Bodhisattva der Barmherzigkeit. Sie warfen sie wieder in den Fluss, fischten sie aber noch zweimal heraus. Daraufhin nahmen sie die Statue zunächst nach Hause mit und übergaben sie dem Dorfvorsteher Haji-no Nakamoto. Dieser errichtete der Statue zu Ehren bald darauf einen Tempel.

Grabungen anlässlich der Restaurierungsarbeiten 1945 brachten in der Tat Funde aus dem 7. und 8. Jh. zu Tage. Möglicherweise stammt die Figur aus Korea und wurde von shintoistischen Feinden des Buddhismus, der damals in Japan noch ganz jung war, ins Wasser geworfen. Die Statue wird niemals gezeigt, sie wird in einem goldenen Schrein hinter dem Altar verschlossen aufbewahrt. Die Luftangriffe des Zweiten Weltkriegs überstand sie tief in der Erde vergraben.

Die große **Halle Kannon-dō** wurde 1958 in Stahlbeton als Kopie des zerstörten Originals wiederaufgebaut, das gewaltige Dach kam erst 1973 hinzu. Die drei großen Lampions in der Vorhalle wurden von den Geishas aus Asakusa, Akasaka und Yanagibashi gestiftet. Auch viele große Votivbilder *(ema)* aus der Edo-Zeit hängen hoch oben an den Wänden. Der Drache an der Decke stammt von Kawabata Ryūshi (1885–1966), einem bekannten Maler.

Die 48 Meter hohe, fünfstöckige, rotgoldene **Pagode,** ein Nationalschatz wie die Kannon-dō, enthält eine Reliquie Buddhas, einen Knochensplitter aus einem Tempel in Sri Lanka. Die Pagode wurde nach der Zerstörung im Zweiten Weltkrieg 1973 wiedererrichtet.

Der **Weihrauchbrunnen** rechts vor der Haupthalle ist gut geeignet, um die Gläubigen zu beobachten. Sie reiben sich den Rauch an die Stelle, an der sie Beschwerden haben oder eine Verschönerung ersehnen.

Links neben der Haupthalle stehen die beiden kleinen Tempel **Yakushi-dō** und **Awashima-dō,** der Frauenleiden lindern und Handarbeiten fördern soll. Es gibt auch eine sechseckige Jizō-Kapelle, eines der ältesten Gebäude der Stadt aus dem 15./16. Jh.

Rechts (O) hinter Kannon-dō steht der **Asakusa-Jinja-Schrein.** Er wird auch *Sanja* („drei Schreine") genannt, da er

EXTRATIPPS

Originelle Touristeninformation

Das mehrstöcke, von Kengo Kuma entworfene Asakusa Culture Tourist Information Center, das aussieht, als habe man sieben Holzhäuser mit schrägen Flachdächern etwas unordentlich übereinandergestapelt, steht strategisch sehr günstig vor dem Kaminari-mon und damit dem üblichen Ausgangspunkt für den Tempelbezirk. An Wochenenden gibt es häufig kostenlose Workshops in traditionellen Künsten für Touristen (www.tokyo-tradition.jp), Geisha-Tanz samstags um 13 und 14.30 Uhr. WC, WLAN, Tickets, Ausstellungen, guter Blick vom F8 auf Nakamise und Skytree.

ℹ 152 [J4] **Asakusa Culture Tourist Information Center,** 2-18-9 Kaminarimon, U: Asakusa (Ginza Line), Ausg. 2 oder A4, Tel. 3842-5566, www.culture.city.taito.lg.jp/en, tgl. 9–20 Uhr

Tokyo für Trommelfans

Bei Miyamoto Unosuke Shoten gibt es Taiko-Trommeln, Zubehör, Masken, Trommelschlägel u. v. m. Es lohnt sich, auch nur zum Schauen zu kommen. Ein kleines Museum im F4 des Gebäudes zeigt jeweils eine Auswahl von **insgesamt mehr als 600 Trommeln aus aller Welt,** vor allem Taikos aus Japan. Man darf auch selbst Hand anlegen und das Trommeln ausprobieren.

153 [J4] **Miyamoto Unosuke Shoten,** 2-1-1 Nishi Asakusa, http://miyamoto-unosuke.co.jp, Mi.–Mo. 10–18 Uhr

› **Museum Taiko-no-Shiryō-kan,** F4, Tel. 3842-5622, www.miyamoto-unosuke.co.jp/taikokan, Eintritt: 500 ¥, Mi.–So. 11–16 Uhr

1649 im Auftrag des Shōgun Iemitsu zu Ehren der Finder der Kannon-Statue und deren Herrn errichtet wurde. Auch der Shōgun Ieyasu wurde im Sensōji-Schrein verehrt. Die Gebäude (*Honden* = Haupthalle, *Heiden* = Tributhalle, *Haiden* = Gebetshalle) befinden sich noch weitgehend im Originalzustand des 17. Jh., wurden jedoch in der Meiji-Zeit gründlich renoviert. Erwähnenswert sind die beiden **Bronze-Buddhas** und der **Benten-Schrein** dahinter mit der Bronzeglocke, die jeden Morgen um 6 Uhr beim Öffnen des Tores und in der Neujahrsnacht geschlagen wird.

Am östlichen Eingang steht das **Nitenmon-Tor** von 1618, durch das das teilweise noch altertümliche Viertel Hanakawado erreicht wird. Manche meinen, dass sich hier der **Charakter Asakusas am besten erhalten** hat.

› **Sensōji und Asakusa Jinja**, 2-3-1 Asakusa, U: Asakusa (Ginza Line), 5 Min., www.senso-ji.jp, tgl. 6–17 Uhr, im Winter ab 6.30 Uhr

109 Matsuchiyama Shōten (Honryu-in) ★ [K4]

待乳山聖天

Dieser eher ruhige, auf einem kleinen Hügel stehende und von Bäumen umgebene Tempel ist heute ein **Untertempel des Sensōji**. Er soll bereits 595 angelegt worden sein und ist **Shōten** geweiht (auch als Kangiten Soshin bekannt), einer japanischen Variante des Hindugottes Ganesha. Shōten gilt als Schutzgottheit für harmonische Vereinigung, Einheit der Familie, leichte Geburt und blühendes Geschäft. Das Götterbild wird jedoch nie gezeigt. Die zweite verehrte Gottheit ist **Bishamonten**, Gott der Reichtümer und einer der Sieben Glücksgötter (*shichi-fukujin*).

Nahe dem Eingang stehen einige **Jizō-Statuen**, die um 1600 angeblich im Tempelgelände ausgegraben wurden, ihnen gegenüber befindet sich eine zwei Meter hohe Kannon-Statue. Jedes Jahr am 7. 1. findet hier das **Daikon-Rettich-Fest** statt, während dessen mit Miso bestrichener Daikon gratis serviert wird.

› 7-4-1 Asakusa, U: Asakusa (Ginza Line), Tel. 3874-2030, Eintritt frei

110 Hanayashiki Amusement Park ★ [J4]

花やしき

Der bereits im Jahr 1853 eingeweihte und somit **älteste Vergnügungspark Japans** war zunächst ein Blumenpark. Die ersten Fahrgeschäfte kamen 1872 hinzu. Heute bietet er harmloses Kirmesvergnügen mit zwanzig Attraktionen. Die Achterbahn ist seit 1953 in Betrieb. Der kleine Park ist ein nostalgisches Relikt der zunehmend verklärten Showa-Zeit.

› 2-28-1 Asakusa, U: Asakusa (Ginza Line), 8 Min., Tel. 3842-8780, Mi.–Mo. 10–18 Uhr, Eintritt: 1200 ¥ (Kinder 600 ¥), Fahrten extra, Free Pass 2800 ¥

111 Edo Taito Traditional Crafts Center (Galerie Takumi, Asakusa Kogeikan) ★ [J4]

江戸下町伝統工芸館

Asakusa ist ein gutes Viertel, um das hochgerühmte traditionelle japanische Handwerk kennenzulernen oder dessen Erzeugnisse vor Ort zu erwerben, und dieses Museum ist ein guter Ort, rund **400 Beispiele der Handwerkskunst** zu studieren, z. B. Fächer, Pinsel, Holzarbeiten, Glas, Messer, Laternen

⊡ *Kappabashi, die Einkaufsstraße für Küchen- und Gastronomiebedarf*

usw. An Wochenenden finden mittags regelmäßig Vorführungen einzelner Handwerksmeister statt, die von ihnen geschaffenen Gegenstände werden monatlich versteigert. Das Museum ist vom Asakusa-Tempel (108) aus in wenigen Minuten erreichbar.

› **Edo Shitamachi Dentō Kogeikan,** 2-22-13 Asakusa, U: Asakusa (Ginza Line), 15 Min., Tel. 38421990, tgl. 10-20 Uhr, Eintritt frei

(112) Kappabashi-dōri ★ [J4]

Geht man die Asakusa-dōri vom U-Bahnhof Tawaramachi einen Block weiter nach Westen in Richtung Ueno, kommt man nach einigen Minuten zur Kappabashi-dōri. Zuvor fallen auf der Südseite der Asakusa-dōri die vielen Geschäfte mit **shintoistischen und buddhistischen Artikeln** auf. Hier kann man die Hausaltäre und -schreine kaufen, die der Verehrung der verstorbenen Familienmitglieder dienen. Es gibt in diesem Viertel rund 50 dieser zur Straße hin offenen Läden. Dass es in dieser Gegend so viele derartige Geschäfte gibt, hängt damit zusammen, dass hier nach dem Meireki-Feuer viele Tempel angesiedelt wurden.

An der nächsten größeren Kreuzung (bei der zweiten Ampel hinter dem U-Bahnhof) geht es rechts in die **Kappabashi-dōri,** in der es rund **200 Geschäfte mit Gastronomiebedarf** gibt.

Die beliebtesten Souvenirs aus Kappabashi dürften die **Wachsnachbildungen** *(sanpuru)* japanischer Gerichte sein, die in Lokalen ausliegen. Günstig sind sie, mit Ausnahme von Schlüsselanhängern oder Kühlschrankmagneten, nicht.

113 Tokyo Skytree ★★★ [Karte V]

東京スカイツリー

Der Skytree ist mit einer Höhe von 634 m der höchste Fernsehturm und das dritthöchste Bauwerk der Welt. Er hat den Tokyo Tower 23 *mittlerweile als Wahrzeichen der Stadt abgelöst.*

097to-ml

Er ist in der Stadt von beinahe jedem Punkt aus zu sehen. An seinem Fuß hat sich auf dem Gelände eines ehemaligen Rangierbahnhofs ein kleines neues Stadtviertel entwickelt: **Skytree Town** mit dem **Einkaufszentrum Solamachi** oder mit Museen wie dem **Postmuseum** (Solamachi F9, 1-1-2, Oshiage, www.postalmuseum.jp/english, tgl. 10–17.30 Uhr, Eintritt: 300 ¥). Der Name „Skytree" ging übrigens als Sieger aus einem Namenssuch-Wettbewerb hervor.

› 1-1-2 Oshiage, Sumida, Oshiage (U: Toei Asakusa, Hanzomon Line), Keisei Oshiage Line, Tōbu Isesaki Line, ab Asakusa zu Fuß ca. 1500 m, Tel. 5302-3470, www.tokyo-skytree.jp/en, tgl. 10–21 Uhr, Zugang zur Besucherplattform Tembo Deck ab 1800 ¥, Combo Ticket mit Plattform Tembo Gallery in 450 m Höhe ab 2700 ¥. Kostenlose Aussicht mit Ruhebänken im F30 des East Tower, im F4 Japan Souvenirs, F5 Japan Experience, z. B. Origami.

Kulinarisches

154 [J4] **Ocomo** ¥¥, F2, 1-10-5, Asakusa, Mo.–Fr. 11.30–15 u. 17–0.30, Sa., So. 11–0.30 Uhr. Ein wie ein balinesisches Resort dekoriertes Izakaya mit vielfältigem Angebot an beliebten japanischen Gerichten, auch Okonomiyaki und Monjayaki, Steaks, Gemüse, Eier, Seafood – alles zubereitet auf dem Teppanyaki-Grill.

155 [J4] **Onigiri Asakusa Yadoroku** ¥, 3-9-10 Asakusa, Mo.–Mi. 11–15, Do.–Sa. 11–15, 17–21 Uhr, Onigiri-Menü mit zwei Onigiri ab 814 ¥. Kleines Lokal, acht Plätze an der Theke, acht an Tischen, daher mittags meist mit Wartezeit. Ausgezeichnet mit dem Michelin Bib Gourmand.

156 [J4] **Tatsumiya** ¥¥–¥¥¥, 1-35-5 Asakusa, U: Asakusa, Ausg. 1 und 3, Tel. 3842-7373, tgl. 12–14.30 und 17–22 Uhr. Eine Mischung aus formellem Ryōtei und mit Antiquitäten und Kunsthandwerk vollgestopftem Izakaya; abends gibt siebengängiges Kaiseki-Menü bis 20.30 Uhr (Reservierung notwendig), mittags leichter Lunch. Beliebt sind Nabe-Gerichte, z. B. mit Gemüse oder Seafood, Spezialität des Hauses ist das Schweinefleisch-Nabe.

157 [J4] **Umezono** ¥, 1-31-12 Asakusa (neben der Nakamise), Tel. 3841-7580, Do.–Di. 10–20 Uhr, geschl.: 2. Di. u. Mi. im Monat. Dieses bereits 1854 eröffnete Lokal ist stadtbekannt für seine japanischen süßen Suppen aus z. B. Klebehirse *(zōhi)* und Bohnenmus *(anmitsu)*. Besonders beliebt sind *oshiruko* (süße Bohnenmussuppe) und *o-zoni* (Gemüsesuppe).

› In den Gassen des **Tempelbezirks** 108 gibt es neben Dutzenden Läden auch zahlreiche kleine Lokale. Ein Bummel durch die Gassen lohnt sich auf jeden Fall.

Shopping

Praktisch täglich herrscht in den **150 Läden des Asakusa-Kannon-Tempelbezirks** 108 großes Gedränge. In der Edo-Zeit standen hier Souvenirverkäufer mit beweglichen Ständen, wie man sie heute noch auf Tempelfesten sieht. Die Geschäfte wurden erst in der Meiji-Zeit errichtet. Auch die Parallelstraßen wie die direkt östlich gelegene Kannon-dōri bieten Attraktionen.

Typischerweise gibt es in der Nakamise-Gasse auch Spezialitäten zum Essen wie z. B. Reisgebäck *(o-sembei)*, Seetang *(o-nori)* und Gebäck sowie **kunsthandwerkliche Dinge** wie Fächer (z. B. bei Arai Bunsendō, links hinter dem ersten Block), Accessoires und Haarschmuck, Papier, Kimonos, Happi-Coats (Matsuri-Festkleidung), traditionelle Messer und Scheren (z. B. bei Kanesō), Schuhe und Sandalen, Holzkämme (z. B. bei Yonoya in der Denbō-dōri), moderne Souvenirs, Puppen, traditionelles Spielzeug und – eine Rarität – einen Laden für Miniaturspielzeug (Sukeroku, am Ende der Straße rechts). Es gibt zudem zahlreiche **Kimonoverleihe.** Je nach Service, Qualität der Kimonos, Arrangieren der Frisur und Möglichkeiten für Fotos oder zum Spazierengehen muss man in der Regel mit 5000 ¥ aufwärts rechnen. Teurer wird es, wenn man sich in der Riksha herumkutschieren lässt (z. B. 30 Min. für 10.000 ¥).

•**158** [J4] **Kimono Rental REN,** Kitahachi Bldg. 2F, 1-39-13, Asakusa, Tel. 5246-3955, https://kimono-ren.com/en

Das Geschäft **Fujiya** in der östlich gelegenen Parallelstraße ist bekannt für die 3 x 1 Fuß großen, bunt bedruckten Baumwolltücher *(tenugui)*, die einst zum Reinigen der Hände dienten, heute aber vor allem bei Festen als Stirnbänder verwendet werden. Sie sind vergleichsweise günstige und originelle Souvenirs. Bunte Furoshiki zum Einwickeln von Gegenständen sind ebenfalls preiswert.

159 [J4] **Fujiya,** 2-2-15 Asakusa, http://tenugui-fujiya.jp, tgl. 9–18 Uhr

Galerien

160 [J4] **Sakai Kokodo Yamafuji,** Nakamise 1-20-1 Asakusa, tgl. 9–18 Uhr. Ukiyo-e-Holzschnitte, seit 1870.

◁ *Der 634 m hohe Skytree*

Asakusabashi und Kuramae, Ryōgoku und Fukagawa (Kōtō-ku)

Asakusabashi und Kuramae

Südlich von Asakusa erstrecken sich entlang beider Ufer des Sumida-Flusses lebhafte Stadtviertel, die – mit Ausnahme von Sumo-Fans – **unter Touristen wenig bekannt** sind, aber mit ihrem **Charme der Edo- oder wenigstens Showa-Zeit** durchaus einen Besuch wert sind.

Kuramae und Asakusabashi liegen auf der Westseite des Flusses. **Kuramae** bedeutet „vor den Reisspeichern". Der als Steuer während der Tokugawa-Zeit aus den Provinzen angelieferte Reis wurde hier gelagert und dann an die 20.000 niedrigeren Samurai als Sold verteilt. Diejenigen, denen das Anstellen zu mühsam war, beauftragten die Besitzer von Essständen in der Gegend, für sie den Reis abzuholen. Später entwickelten sich diese zu Reiszwischenhändlern *(fudasashi)* und gewannen ab 1729 eine Monopolstellung. Den Samurai kauften sie einen Teil ihres Reis-Soldes ab und gaben auch Geld gegen Wucherzinsen.

An der Yanagi-bashi („Trauerweidenbrücke") in **Asakusabashi,** das sich südlich an Kuramae anschließt, gab es früher ein Geisha- und Vergnügungsviertel. Heute legen hier Boote für abendliche Kreuzfahrten auf dem Sumida-gawa an. Asakusabashi ist ein Viertel, in dem Großhändler für Puppen, Spielzeug, Festtagsdekoration u.a. ihre Lager und Geschäfte haben, vor allem entlang der Edo-dōri. Früher wurden die Puppen in Ningyōchō („Puppenviertel") hergestellt.

Vergnügungsboote auf dem Sumida-Fluss in Asakusabashi

114 Torigoe-Schrein ★ [I5]

鳥越神社

Der Torigoe ist ein beliebter alter Schrein, der bereits 651 gegründet worden sein soll. Er dient dem Schutz vor Krankheiten. Im Juni findet ein beliebtes **Schreinfest** statt. Am bequemsten ist er mit der Taitō-Bus-Ringlinie „Minami-Megurin" ab Bhf. Asakusa erreichbar.

› 2-4-1 Torigoe, Taitō, Tel. 3851-6033, JR: Asakusabashi (Sobu Line), Ausg. A 16, 8 Min., U: Kuramae (Toei Asakusa oder Toei Oedo Line), Ausg. A 17, E 11, 5 Min.

Kulinarisches

161 [J5] **Kyoto Ginyuba** ¥, Apa Hotel, 2-4-6 Komagata, Lunchbüfett 980 ¥, tgl. 11.30–15 Uhr. Gerichte der Kyoto-Küche, vor allem Tofu und Yuba (Sojamilchhaut), frische, saisonale Zutaten.

Ryōgoku

Asakusabashi gegenüber auf der anderen Flussseite liegt das ganz **im Zeichen des Sumo-Ringens** stehende Viertel **Ryōgoku.** Von der Yasukuni-dōri über die Ryōgoku-bashi („Zwei-Länder-Brücke") gehend, erreicht man deren Verlängerung, die Keiyō-dōri. Früher verließ man hier Edo und betrat ein anderes Land *(koku)*, heute ist es nur ein anderer Stadtteil: Sumida-ku. Die Sehenswürdigkeiten erreicht man am besten von JR/U: Ryōgoku. Gleich nördlich des JR-Bahnhofs bzw. westlich des gleichnamigen U-Bahnhofs stehen die beiden Hauptsehenswürdigkeiten, das spektakuläre **Edo-Tokyo-Museum** 115 und nebenan die Sumohalle **Kokugikan** 116.

Nördlich davon liegen zwei **Parks:** der ehemalige Daimyō-Garten **Kyū Yasuda** und der fast nebenan gelegene **Yokoami-chō-Park** 117.

Besonders während der Blüte des Blauregens *(Fuji)* Mitte bis Ende April wird der **Kameidō-Tenjin-Schrein** 120 massenhaft besucht. Aber auch sonst lohnt ein Besuch dieses berühmten Schreins. Bei Interesse fährt man am besten von Ryōgoku eine Station mit der Sōbu Line nach Osten bis Kinshichō und geht von dort in 10 Min. zum Schrein. Auch vom Skytree 113 ist er gut zu erreichen.

Südlich des Bahnhofs Ryōgoku

Zunächst sollte der **Ekō-in-Schrein** 121 aufgesucht werden. In dem Viertel um den Schrein befinden sich mehrere der *heya* (japanisch „Raum", deutsch/englisch „Stall") genannten **Trainingsquartiere:** Kasugano, Izutsu und Oshima. Nahe Letzterem kann man die Stelle sehen, an der einst das **Haus von Kira Kozukenosuke** (Kira-tei Ato) gestanden hatte. Dessen Besitzer war es, an dem die berühmten 47 Samurai den Tod ihres Herrn in der Nacht des 15. Dezember 1702 gerächt hatten (s. S. 68). Viel ist jedoch nicht mehr zu sehen: Lediglich einige **Gedenktafeln** und Bilder erinnern an die Begebenheit, zu sehen ist der Brunnen, in dem Kiras Kopf gewaschen wurde und ein kleiner Schrein für die Opfer unter den Bediensteten Kiras.

In der Umgebung von Ryōgoku gibt es viele **Geschäfte für Sumobedarf.**

115 Edo-Tokyo-Museum ★★★ [J6]

江戸東京博物館

Eines der besten Museen Tokyos ist dem Erbe Edos und der Geschichte der Stadt gewidmet und bietet zudem spektakuläre Architektur. Bis 2025 wird es renoviert.

Das Gebäude erinnert an ein altes Warenhaus auf vier Säulen und ist über 60 m hoch, etwa so wie einst der Schlossturm im Palast der Shōgune. Das sechsgeschossige Museum ist mit allen Mitteln eines Hightech-Museums gestaltet. Behandelt wird die Geschichte und Kultur von Edo und Tokyo bis zu den Olympischen Spielen 1964. U. a. sind eine Nachbildung der hölzernen Nihonbashi, eines alten Kabukitheaters, das Modell des Edo-Schlosses sowie Kleidung, Filme, Dokumente und Gegenstände aus der Zeit zwischen Edo und heute zu sehen.

› 1-4-1 Yokoami, Sumida-ku, JR: Ryōgoku (Sobu Line), O-Ausg. 7 Min., U: Toei Oedo Line, Ausg. A2, A3, Tel. 3626-9974, www.edo-tokyo-museum.or.jp/en. **Bis voraussichtlich 2025 wegen Renovierung geschlossen.**

EXTRATIPP

Hokusai Museum Sumida

Das spektakuläre Museum ist dem genialen Künstler Katsushika Hokusai gewidmet, der auch in Sumida lebte.

162 [K6] **Hokusai Museum Sumida,** 2-7-2 Kamezawa (wenige Hundert Meter östlich des Edo-Tokyo-Museums 115), http://hokusai-museum.jp, Di.-So. 9.30-17.30 Uhr, Sonderausstellungen mit Originalholzschnitten meist 900-1200 ¥, Dauerausstellung mit Reproduktionen ab 400 ¥, G: frei

Das **Grab Hokusais** befindet sich übrigens auf einem kleinen Friedhof des Seikyoji in 4-6-9 Moto-Asakusa (U: Inaricho) zwischen Ueno und Asakusa. Wegweiser führen zur Ruhestätte.

116 Ryōgoku Kokugikan ★★ [J6]

両国国技館

Das **Mekka der Sumo-Fans** ist das staatliche, 1984 erbaute **Sumo-Stadion Kokugikan**, direkt nördlich des Bahnhofs Ryōgoku, das Platz für 13.000 Besucher bietet. Der Sumo-Ring kann versenkt werden und dann für andere Events (Boxen, Wrestling, Musikveranstaltungen) genutzt werden.

Es gibt ein kleines, dem Sumo gewidmetes Museum, das wochentags kostenlos besichtigt werden kann; während der Turniere (s. S. 182) haben jedoch nur Zuschauer Zutritt. Die Atmosphäre live mitzuerleben, ist faszinierend, es geht sehr lebhaft zu (Sitzplätze ab 2500 ¥, am Ring ab 20.000 ¥).

› 1-3-28 Yokoami, Tel. 3622-0366), JR: Ryōgoku (Sobu Line), O-Ausg. 7 Min., U: Toei (Oedo Line), Ausg. A2, A3

117 Yokoamichō-Park ★★ [J5]

Der kleine Park beherbergt eine **Gedenkstätte** (Tōkyōto Irei-dō, tgl. 9-16 Uhr) für die über 100.000 Erdbebenopfer und die Opfer der Bombenangriffe auf Tokyo 1944 und 1945, die ebenfalls um die 100.000 Menschenleben gefordert haben. 1923 haben sich bei einem Erdbeben Tausende von Menschen hierhin geflüchtet, wurden aber dennoch an diesem damals baumlosen Platz ein Opfer der Flammen und der Hitze.

Eine **Pagode** enthält die Knochen von 58.000 Opfern. Auch der etwa 2000 ermordeten Koreaner wurde gedacht – nach dem Erdbeben war das Gerücht aufgekommen, Koreaner hätten die Situation ausgenutzt, Feuer gelegt und Brunnen vergiftet.

› 2-3-25 Yokoami, https://tokyoireikyoukai.or.jp/multilingual/en.html

118 Kyū Yasuda Teien ★ [J6]

Dieser **kleine, attraktive Garten** mit Gezeitenteich (der heute mittels Pumpen betrieben wird und nicht mehr natürlich durch eine Verbindung mit dem Sumida-Fluss steigt und fällt) gehörte ursprünglich zu einer Samurairesidenz und anschließend dem reichen Yasuda-Clan (Yoko Ono entstammt ihm), wurde dann aber 1922 der Stadt als Geschenk vermacht und ist nun ein öffentlicher Park mit freiem Eintritt.

› 1–12 Yokoami, tgl. 9.30–16.30 Uhr, geschl. 29.12.–1.1.

119 Japanisches Schwertmuseum ★ [J6]

日本美術刀剣保存協会

Das in einem eleganten Bau untergebrachte, kleine Museum befindet sich direkt neben dem Kyū Yasuda Teien 118, von seiner Terrasse im F3 bietet sich ein schöner Blick auf den Garten. Es spricht in erster Linie ausgesprochene Liebhaber der Schwertschmiedekunst an, die die attraktive Präsentation der Schwerter und Klingen zu schätzen wissen werden.

Traditionelle Samurai-Schwerter haben in Japan fast religiöse Bedeutung und werden von ihren Anhängern verehrt. Nach dem Krieg sollten eigentlich alle Schwerter auf Druck der Besatzer eingeschmolzen werden, aber die Kunstschwerter wurden vor der Vernichtung gerettet. Neben der Standardsammlung gibt es wechselnde Ausstellungen.

› **Tōken Hakubutsukan,** 1–12–9 Yokoami, JR/U Ryogoku, von dort 5 Min. zu Fuß, tgl. 9.30–17 Uhr, www.touken.or.jp/museum, Zugang bis auf die Ausstellung frei, G: frei, 1000 ¥

120 Kameidō-Tenjin-Schrein ★★ [Karte V]

亀戸天神社

Wie bei anderen Tenjin-Schreinen wenden sich Schüler und Studenten an den Schrein mit Bitte um Bestehen der schwierigen Aufnahmeprüfungen. Dieses Exemplar ist bekannt für die **roten Bogenbrücken** über einen Teich voller Schildkröten *(kame)* und vor allem Glyzinien (Blauregen). Sie machen ihn in den Wochen nach der Kirschblüte zu einer der Hauptsehenswürdigkeiten der Stadt und es herrscht ein Riesengedränge, unter anderem auch mit Imbissständen und traditionellen Musikvorführungen.

› 3–6–1 Kameidō, JR: Kameidō oder Kinchichō (Sōbu Line), 10 Min., tgl. 9–17 Uhr

121 Ekō-in-Schrein ★★ [J6]

Hier begann 1780 die Tradition der großen **Sumo-Turniere.** Nach dem Meireki-Feuer von 1657 ordnete der Shōgun an, dass dieser Schrein für die Seelen, die keine Familien hatten, die ihrer gedenken würden, errichtet wurde, auch für Opfer von Katastrophen, Gefangene, sogar Haustiere. Auf dem Gelände steht das Denkmal Banninzuka. Dazu gibt es Gedenksteine für Opfer von Erdbeben und Schiffbrüchen. Auch ein Dieb liegt hier begraben, der wie Robin Hood die Reichen bestahl, um den Armen zu geben. Sein Name war Nezumi-Kozo („Rattenjunge"), und von seinem mittlerweile stark geschrumpften Grabstein schlagen sich diejenigen einen Splitter ab, die ein riskantes Unterfangen vorhaben.

In der Meiji-Zeit gab es auf dem Schreingelände ein erstes festes Gebäude für Sumo-Turniere, das aber leider abgerissen wurde.

Die Welt des Sumo

Japans rund 2000 Jahre alter Nationalsport („kokugi") zu Ehren der Götter findet im Ausland - nicht zuletzt wegen der ***exotisch anmutenden Rituale*** *und der aufregenden,* ***oft nur Sekunden dauernden Kämpfe*** *zwischen zumeist sehr massigen, schnellen Hünen - immer mehr, auch aktive Anhänger. Ursprünglich diente Sumo als Opferhandlung, Anklänge daran gibt es heute noch in manchen Schreinen (z. B.* ***Yasukuni*** *(4)). Erst während der Edo-Zeit wurde Sumo professionalisiert.*

Elemente des ***Shintoismus*** *finden sich im Gewand des Schiedsrichters („gyōji"), das dem von Adeligen aus dem 14. Jh. ähnelt, im Shimmei-Dach über dem Ring, dem Ring („dōyō") selbst, der aus einer quadratischen Plattform von 4,55 m Durchmesser aus festgestampfter Erde mit Stroh besteht. Des Weiteren in den für Shintō charakteristischen Reinigungszeremonien mittels* ***Salz, das über den Ring geschleudert wird,*** *im dicken Zeremoniengürtel des Yokozuna aus geflochtenem Seil und gezackten Papierstreifen, beides Shintō-Symbole. Selbst das für Frauen geltende Verbot, den Ring zu betreten, rührt daher. Wie wird man wohl heute, da neuerdings auch Frauen Sumo betreiben, damit verfahren: Benötigt man für sie eigene dōyōs? Es gibt im Sumo keine Gewichtsklassen, sondern nur eine sehr stark abgestufte Hierarchie, die in der* ***Banzuke-Liste*** *vor jedem Turnier veröffentlicht wird. Das Durchschnittsgewicht der um die 1,85 m großen Ringer liegt bei etwa 150 kg. Kaum ein erfolgreicher Kämpfer wiegt weniger als 100 kg, die dicksten bringen bis zu 250 kg auf die Waage. Wenn die Kämpfe auch schnell vorüber sind, ist doch das minutenlange Vorbereitungsritual vor jedem Kampf wichtiger Bestandteil der Aktion: Das* ***Stampfen mit den Beinen*** *(damit die „kami" aufmerksam werden), die erhobenen* ***geöffneten Handflächen*** *(keine Waffen), die wiederholte* ***Reinigung mit Salz,*** *die scheinbaren Fehlstarts von den weißen Linien in der Ringmitte aus - all das gehört zur psychologischen Vorbereitung.*

Ziel der Kämpfer ist es, ***den Gegner aus dem Ring zu schieben,*** *ihn mittels Griff an den Gürtel („mawashi") aus dem Ring zu hebeln oder ihn mit Judo-ähnlichen Würfen zu Fall zu bringen. 70 Techniken sind von der Japan Sumo Association zugelassen, 48 davon gelten als klassisch. Wer als erster mit einem Körperteil außer den Fußsohlen den Ringboden berührt oder mit einem Körperteil den Ring verlässt, hat verloren. Typisch japanisch ziehen die Ringrichter („shimpan") schon seit Jahrzehnten im Zweifelsfall Zeitlupenaufnahmen des Fernsehens zur Entscheidungsfindung heran. Denn ein Unentschieden ist nicht vorgesehen.*

Die Kämpfer stehen sich in den willkürlich zusammengestellten Gruppen Ost und West gegenüber. Jeder Ringer („sumōtori") muss an den 15 Turniertagen einen Kampf pro Tag bestreiten (in den unteren vier Divisionen sind es nur sieben Tage); wer mindestens acht Kämpfe - also die Mehrheit - gewinnt, wird befördert („kachikoshi"), ansonsten herabgestuft („makekoshi"). Gelegentlich gewinnt ein Sieger mit 15:0 („zenshō").

Ein ***Yokozuna,*** *der ranghöchste Kämpfer, sollte mehrere Turniere hintereinander* *gewinnen. Er kann diesen Rang nie wieder verlieren.*

Spürt ein Athlet, dass seine besten Tage vorüber sind, tritt er freiwillig zurück. In einer Zeremonie, der ***dampatsushiki,*** *wird sein Haar in einer emotional stets sehr aufgeladenen Atmosphäre im Ring abgeschnitten. Diese von allen ranghohen Kämpfern („sekitori") bei ihrem Rücktritt durchgeführte Zeremonie verlangt, dass Freunde, frühere Rivalen, Verwandte und Prominente einer nach dem anderen ein wenig vom Haar seiner Ginkgoblatt-Frisur („ōi-chōmage") abschneiden. Mit Anfang 30 hören die meisten Kämpfer auf und eröffnen evtl. eigene Ställe als uneingeschränkte Bosse („oyakata"), falls verheiratet, unterstützt von der Ehefrau („okamisan"), betreiben Lokale für „chanko-nabe", das klassische Sumo-Gericht, oder treten in Fernsehshows auf.*

Es gibt ***sechs Turniere („bashō") pro Jahr,*** *die am Sonntag nahe dem 10. des jeweiligen Monats beginnen:* ***drei davon in Tokyo*** *(Januar, Mai, September), die anderen in Osaka (März), Nagoya (Juli) und Fukuoka (November).*

Die japanischen Kämpfer stammen häufig aus ländlichen Gebieten im Norden (Tōhoku, Hokkaidō) und Südwesten (Kyūshū). Ihre Ausbildung beginnen die jungen Burschen nach der Pflichtschulzeit mit etwa 15 Jahren, indem sie in einen der über 40 Sumo-„Ställe" (jap. heya = Zimmer) ziehen. Anfangs müssen sie neben dem harten Training alle Arten von Arbeiten verrichten, wie z. B. Putzen und Kochen. Je jünger und tiefer in der Hierarchie, desto früher müssen sie aufstehen. Die jüngsten stehen um 5 Uhr im Ring, die Sekitori kurz nach 8 Uhr.

Die drei Grundarten des ***Trainings*** *(„keiko") umfassen neben dem Ringen unter Gleichrangigen und mit Älteren das Hin- und Herschieben von Älteren durch den Ring („butsukari-geiko") sowie die Routinen von „shiko", das charakteristische Stampfen mit den Beinen nach links und rechts, das ungefähr 500-mal pro Tag ausgeführt wird. Dazu gehören weiterhin „matawari" (spagatähnlich gegen den Ring sitzen, Oberkörper nach unten drücken) und „teppō" (gegen Holzpfeiler in der Ringmitte drücken bzw. ihn mit offenen Händen schlagen).*

Das tägliche Training endet gegen 11 Uhr, es folgen das Bad und das Essen: typischerweise ***chanko-nabe,*** *ein Eintopf aus Huhn, Schweinefleisch, Fisch, Tofu, Kohl, Bohnensprossen, Karotten und Zwiebeln. Er wird mit Reis gegessen und ist sehr gehaltvoll. Dazu wird Bier getrunken. Der Nachmittag ist frei. Wer ausgeht, muss korrekt mit Kimono bekleidet sein.*

Trotz des harten Trainings und der Aussicht auf Einkünfte erst ab der zweithöchsten Division („jūryō") schließen sich immer wieder auch Ausländer – früher meist Polynesier – den Ställen an, nicht selten mit großem Erfolg. Der Hawaiianer Akebono (bürgerlich: Chad Rowan) war eine Zeit lang der einzige Yokozuna. Seit Jahren dominieren aber Mongolen mit einigen guten Kämpfern.

Wer die Turniere verfolgen möchte und kein Japanisch versteht, kann im Radio auf Englisch simultan dabei sein (FEN 810 kHz). Auch an Universitäten und anderswo finden zuweilen Amateurturniere statt.

Fukagawa (Kōtō-ku)

Dieser Stadtteil erstreckt sich auf der **Ostseite des Sumida-Flusses** südlich von Ryōgoku etwa bis zum Rand der Tokyo-Bucht. In diesem einstigen Händlerviertel befinden sich einige wichtige Tempel und Schreine, darunter die beliebten Schreine der „Sieben Glücksgötter", die es aber auch in vielen anderen Stadtvierteln gibt, dazu Spuren des berühmtesten Haikudichters Matsuo Bashō. Besonders sehenswert sind einige Museen und der Kiyosumi-Garten 123.

122 Bashō Kinen-kan und Bashō-an ★ [J7]

江東区芭蕉記念館

Das Bashō-Museum (Bashō Kinen-Kan) befindet sich am Sumida-Fluss, etwa 300 m südlich der Shin-Ohashi-Brücke. Es enthält Briefe und andere Memorabilien des **berühmten Haiku-Dichters Matsuo Bashō** (1644–1694), ist aber **nur auf Besucher eingerichtet, die Japanisch lesen können.** Bashō war einer der bedeutendsten Dichter Japans. Berühmt wurden vor allem seine Haiku und sein Werk „Oku no Hosomichi". Er wurde in eine niedrige Samuraifamilie geboren, studierte statt Kriegskunst jedoch Zen und chinesische Gedichtkunst. Mit 22 zog er sich aus dem Dienst für die Shōgunatsverwaltung, u.a. Aufsicht über Arbeiten am Kanda-Fluss, zurück, später begann sein Wanderleben. Seine Schüler bauten ihm immer wieder eine Hütte aus Bananenstauden *(bashō)*, daher sein Künstlername.

Das Museum zeigt u.a. Haikus und Handschriften sowie Reisekleidung aus der Zeit Bashōs. Der Platz seines ehemaligen Wohnhauses liegt noch ein paar Hundert Meter weiter südlich, dort wo ein kleiner Inari-Schrein steht. Eine kleine Plattform 20 m weiter mit Bashō-Denkmal und Blick auf den Fluss erinnert an den Ort des Bashō-an. Der Dichter hatte seinen Namen nach dieser Einsiedelei am Fluss gewählt, weil dort Bananenstauden *(bashō)* wuchsen. Sie befindet sich 50 m nordwestlich der Mannenbashi („Zehntausend-Jahre-Brücke") über den Kanal Onagigawa, erreichbar von einer schmalen Seitenstraße nördlich der Brücke. Dort, an einem nicht mehr existierenden Teich, hat er wohl einst sein vielleicht berühmtestes *haiku* vom Frosch geschrieben:

furu ike ya	alter Weiher
kawazu tobikomu	Frosch springt hinein
mizu no oto	Geräusch des Wassers

•163 **Kōtō-ku Bashō Kinen-kan,** 1-6-3 Tokiwa, U: Morishita (Toei Oedo und Shinjuku Line), Di.–So. 9.30–16.30 Uhr, Eintritt: 200 ¥

123 Kiyosumi-Garten ★★ [J8]

清澄庭園

Der Kiyosumi-Garten wurde 1688 angelegt. Er gehörte ursprünglich zum Anwesen des reichen Holzhändlers Kinokuniya Bunzaemon. 1878 kaufte Yataro Iwasaki, der Gründer des Mitsubishi-Konzerns, das Grundstück. Die Familie schenkte es jedoch ein Jahr nach dem Großen Erdbeben von 1923, als der Garten vielen Menschen Zuflucht

EXTRATIPP

Kostenlose Touren durch Fukagawa

Die Seite http://koto-guide.blogspot.jp liefert Informationen zu kostenlosen geführten Touren durch Fukagawa und anderen Zielen in Kōtō-ku.

Die Sieben Glücksgötter (Shichi Fukujin)

七福神

Zahlreiche Viertel haben eigene Schreine für die Sieben Glücksgötter. Sie werden vor allem in den Tagen ab Neujahr in der Hoffnung aufgesucht, das mit ihnen verbundene Glück zu finden.

- ***Benzaiten,** Göttin der Liebe, der Künste, Literatur, des Wissens und der Musik. Schützt auch vor Naturkatastrophen, spielt eine Biwa-Laute, reitet bisweilen auf einem weißen Drachen oder einer Schlange, steht für Eifersucht, weshalb Eheleute den Schrein nicht zusammen aufsuchen, einzige Göttin unter Göttern (indisch: „Sarasvati").*
- ***Bishamon,** Gott des Krieges und Schutzgott der Krieger und der Rechtschaffenen. Steht für Autorität, Verteidiger des Friedens, wird meist als Krieger in Rüstung und mit Waffen dargestellt (ind.: „Vaisravanna").*
- ***Daikokuten,** Gott des Wohlstands und Handels, Schutzgott der Köche und Küchenarbeiter. Wer reich werden will, betet zu ihm. Er trägt Jagdkleidung, sitzt auf Reisballen und trägt einen Sack mit Schätzen über der Schulter, in der rechten Hand hält er einen Holzhammer, Vater von Ebisu (ind.: „Mahakala").*
- ***Ebisu,** Gott der Fischer und Händler. Sorgt auch für sichere Seefahrt, Wächter der Reisfelder und Landwirtschaft allgemein, beliebtester Glücksgott, Sohn von Daikokuten, wird dargestellt mit Fisch (meist Seebrasse) an der Angel oder unter dem Arm (ursprünglich Shintō).*
- ***Fukurokuju,** Gott des Glücks, der Weisheit und des langen Lebens. Er trägt einen Wanderstab, an dem eine Schriftrolle befestigt ist. Diese enthält das Wissen der Welt. Fukurokuju trägt oft auch einen Fächer und wird begleitet von einem Reh, Kranich oder einer Schildkröte, Symbole langen Lebens (ursprünglich Daoismus).*
- ***Hotei,** Gott der Zufriedenheit, des Überflusses und guter Gesundheit. Er trägt meist einen Fächer und einen Reissack, der nie leer wird, auf dem Rücken; zeigt gern seinen dicken Bauch und ein breites Lachen (ursprünglich der Zenmönch Pu-tai, der als Inkarnation des „Maitreya" angesehen wird).*
- ***Jurōjin,** Gott des langen Lebens. Er teilt sich den Körper mit Fukurokuju und wird oft mit verlängerter Stirn dargestellt (ursprünglich Daoismus).*

Die Glücksgötter sind auf einem Schatzschiff („Takarabune") unterwegs. Am Neujahrstag laufen sie in den Hafen ein und die Gläubigen machen sich auf den Weg zu ihren Schreinen. In der Nacht des ersten Tages legen viele ein Bild der Glücksgötter im Schatzschiff unter das Kissen und hoffen auf einen glückverheißenden ersten Traum (erster Traum des Jahres: „hatsuyume"). Es gibt in den Schreinen Bilder oder Figuren zu kaufen, mit denen man sich sein Schatzschiff samt der Glücksgötter zusammenstellen kann.

☐ Liste der Karteneinträge Seite 364

1 cm = 150 m
0 300 m

099to-dr©Mikos187

bot und ihnen so das Leben rettete, der Stadt.

Im Mittelpunkt des Parks befindet sich ein **Teich mit einem Teehaus** und einer Steinlaterne. Die meiste Zeit blüht irgendetwas, auch im Winter ist es dank der Kiefern überall grün. Eine Besonderheit des Gartens sind die **55**, aus allen Teilen Japans stammenden und seltsam geformten **Felsblöcke.** Das traditionelle Haus am karpfen- und schildkrötengefüllten See ist ein Nachbau des Hauses, in dem 1909 der britische Gesandte Lord Kitchener empfangen wurde.

› **Kiyosumi Teien,** U: Kiyosumi-shirakawa (Toei Oedo Line), 3 Min., tgl. 9–17 Uhr, Eintritt: 150 ¥

124 Fukagawa-Edo-Museum ★★ [K7]

深川江戸資料館

In diesem Museum ist es gelungen, einen kleinen **Straßenzug des Stadtviertels Sagachō aus dem Jahr 1840** im Untergeschoss so wirklichkeitsgetreu nachzubauen, dass man sich in jene Zeit zurückversetzt fühlt, was durch die raffinierten Licht- und Geräuscheffekte noch verstärkt wird. Man kann die Häuser sogar betreten. Daneben gibt es Dioramen zu Feuern, Zerstörung und Wiederaufbau und Videos über noch lebende traditionelle Handwerker zu sehen.

Im April finden klassische Kamigata-mai-Tanzvorführungen statt. Im Sagachō-Viertel gibt es im Oktober zwei traditionelle Veranstaltungen: am 1. So. den Fukagawa-Chikara-Mochi-Wettbewerb, bei dem derjenige gewinnt, der einen 65 kg schweren Reissack am längsten über seinem Kopf zu halten vermag, und *kakunori,* bei dem je zwei Männer einen *kago* (trad. Palanquin, Tragesitz) über Baumstämme im Wasser tragen müssen.

› **Fukagawa Edo Shiryokan,** 1-3-28 Shirakawa, U: Kiyosumi-shirakawa (Toei Oedo Line), 3 Min., Morishita & Monzen-nakachō je 15 Min., www.gotokyo.org/en/spot/631/index.html, tgl. 9.30–17 Uhr, Eintritt: 400 ¥. Es gibt ein sehr nützliches deutschsprachiges Begleitheft.

Im Teehaus im Kiyosumi-Garten 123

Spaziergang 16: Zu den Sieben Glücksgöttern von Fukagawa und

Zwischen der Shin-Ōhashi-Brücke und dem U-Bhf. Morishita (Toei Shinjuku Line) beginnt man den 3-4 km langen Spaziergang nach Süden auf das Bashō-Museum (Bashō Kinen-Kan) zu, das am Sumida-Fluss etwa 200 m südlich der Brücke rechter Hand an der Mannenbashi-dōri steht. Den ersten der Glücksgötter erreicht man vom Museum entlang einer kleinen Querstraße nach Osten in Richtung Kiyosumi-dōri, wo man an der vierten Querstraße abbiegt, oder man folgt vom Bashō-an dem in der Karte eingezeichneten Routenverlauf zum Schrein Fukagawa Shimmei-gū (1-3-17 Morishita), wo sich der Glücksgott Jurōjin „aufhält". Der Schrein wurde während der Keichō-Ära (1596-1615) von Fukagawa Hachiroemon erbaut.

Der nächste Glücksgötterschrein liegt etwas südlich des Onagigawa-Kanals. Man geht zunächst zur Kiyosumi-dōri und biegt dort rechts (S) ab. Hinter der Taka-Brücke hält man sich an der zweiten Querstraße rechts und kommt bei der nächsten Kreuzung zum Fukagawa-Inari-Schrein (2-12-12 Kiyosumi), in dem der Glücksgott Hotei „residiert". Wenn man vom Schrein die Straße weiter nach Süden geht, kommt man von der nächsten Querstraße nach W Richtung Sumida-Fluss zum Sumo-Stall von Yamahibiki (2-10-11 Kiyosumi). Überquert man die Kiyosubashi-dōri nach S, kommt man kurz darauf zum Eingang des Kiyosumi-Parks. Geht man vom Ein-/Ausgang des Parks rechts (O) entlang zur Kiyosumi-dōri zurück und ein Stück nach rechts (S), erreicht man mit der nächsten Querstraße das Herzstück von Furukawa mit einem kleinen Krimskramsladen nahe der Ecke. Eventuell entdeckt man hier noch Vogelscheuchen (kakashi) am Straßenrand. Biegt man links (O) ein, kommt man nach knapp 100 m zum linker Hand gelegenen Reiganji-Tempel, der u. a. für einen der sechs großen „Jizō" (erkenntlich an Ball und Stab) bekannt ist. Diese beschützten die früheren Eingänge nach Edo. Nebenan steht das sehenswerte Fukagawa-Edo-Museum (124). Der U-Bhf. Kiyosumi-Shirakawa (Toei Oedo, Hanzōmon Line) ist ganz in der Nähe in der nördlich parallel verlaufenden Kiyosubashi-dōri.

Geht man an der nächsten (östlichen) Ecke nach rechts (S) und biegt in die nächste Querstraße links (O) ein, kommt man zum rechts gelegenen Schrein Ryūko-in (2-7-5 Miyoshi), in dem der Glücksgott Bishamon verehrt wird. Ein Abstecher führt zum modernen Komplex des Museum of Contemporary Art, das etwa 600 m östlich am Nordende des großzügigen Kiba Parks liegt.300 m südlich des Ryūko-in folgt nach der vierten Querstraße rechts nach wenigen Hundert Metern an einer Kreuzung ein weiterer Glücksgott-Schrein, Enju-in (1-13-6 Hirano), Daikoku gewidmet. Direkt an der Ecke steht die winzige Kaffeerösterei Arise, wenige Schritte südlich eine Filiale der amerikanischen Café-Kette Blue Bottle. Das Viertel Shirakawa hat sich in den letzten Jahren zu einem Mekka für Freunde besonderen Kaffees entwickelt.

Die nächsten beiden Glücksgötterschreine liegen jenseits des Sendaiborikawa-Kanals. Etwa 180 m südlich, 50 m nach links in der Querstraße befindet sich der der Göt-

Karte Seite 186

anderen Sehenswürdigkeiten

tin Benten geweihte Fuyuki Benten (22-31 Fuyuki), der früher der Familienschrein der Holzhändlerfamilie Fuyuki war. Geht man zur Kreuzung zurück und 350 m weiter bis zur Kreuzung mit der Kiyosumi-dōri und biegt dort rechts ein, kommt man zunächst zum Hōjō-in bzw. Fukagawa Enmadō. Der 3,5 m große Gott des Todes (Enma) residiert in einem modernen Gebäude. Wirft man Geld in eines der 19 Löcher vor dem Standbild, die jeweils ein Anliegen repräsentieren, spricht der Gott zu den Gläubigen. 50 m links nordöstlich des Tempels steht der Shingyōji (2-16-7 Fukagawa), dessen Schrein, ein kleines sechseckiges Gebäude neben dem Hauptschrein, u. a. dem Glücksgott Fukurokuju geweiht ist.

Gut 250 m südlich, jenseits der Stadtautobahn, liegt der U-Bhf. Monzen Nakachō (Toei Oedo, Tōzai Line). 250 m östlich von hier geht es links (N) zum Tempel der Shingon-Sekte, Fukagawa Fudō. Auf dessen Tribünen haben 500 Menschen Platz. Sonntags gibt es um 11, 13 und 15 Uhr eine eindrucksvolle Zeremonie, begleitet von Rezitationen, Taiko-Trommeln und Muschelhörnern, bei der die „goma-gi" genannten Wunschhölzer verbrannt werden, denn der dämonisch wirkende Gott Fudō braucht Feuer als Nahrung.

Etwas weiter östlich befinden sich mehrere gute Lokale. Mittendrin - und das ist kein Zufall - liegt der bedeutendste Schrein Fukagawas, Tomioka Hachimangū, dem Kriegsgott Hachiman geweiht. Hier befindet sich der siebte Glücksgötterschrein des Viertels, Ebisu geweiht. Der U-Bhf. Monzen-Nakachō ist von hier in 5 Min. zu erreichen.

Kulinarisches in Fukagawa

164 [K8] **Arise Coffee Roasters,** 1-13-8 Hirano, Di.-So. 10-17 Uhr. Winziges, mit Skateboard-Decks und anderen persönlichen Dingen vollgestopftes Stehcafé, mit Sitzbank und zwei Plastikstühlen vor der Tür.

165 [K8] **Fukagawa Meshi** ¥¥, 1-6-7 Miyoshi, tgl. 11.30-17 Uhr. Hier kann das bekannte Gericht Fukagawa-meshi (Reis mit einer Soße aus Asari-Muscheln in Miso eingekocht) bestellt werden, das früher ein Gericht ärmerer Menschen war.

› **Katleya (katoreya)**, s. S. 269. Bäckerei, in der das *kare-pan* erfunden wurde.

166 [J6] **Rāmen Marutama** ¥, 4-8-13 Ojima, Metro Shinjuku Line: Nishi-Ojima, tgl. 11.30-15 Uhr. Eines der besten Rāmenlokale. Leichte Hühnerbrühe, die 6 Std. gekocht wird, *marutama rāmen* mit zartem *chashu* (Schweinefleisch), *kaedama* (Portion Nudeln Nachschlag).

167 [J7] **Yamariki** ¥, 2-18-8 Morishita, www.yamariki.com, tgl. 17-22 Uhr. Seit 1924 im Geschäft, beliebtes Izakaya mit ungewöhnlichen Gerichten, u. a. Eintopfgericht Nikomi mit Innereien, Miso, Wein *(sakura)*, dazu Knoblauchbrot, aber auch Sashimi, Tofu, Gemüse, dazu einige westliche Gerichte.

EXTRATIPP

Bootstour im Yokojikkengawa-Water-Park

Dank freiwilliger Helfer kann man kostenlos mit traditionellen japanischen Booten mitfahren oder diese selbst steuern, wenn man bereits morgens um 10 Uhr am Kanal ist.

› 1 Toyo, U: Toyocho (Tōzai Line), https://matcha-jp.com/en

Attraktionen an der Tokyo-Bucht

Auf dem aufgeschütteten Land am Rand der Tokyo-Bucht wird noch manches geschehen: moderne, neue Stadtviertel, Ausstellungsgelände und Super-Wolkenkratzer befinden sich in Planung. Entstanden sind bereits eine **Reihe von Attraktionen für Konsum und Freizeit.** Die größten befinden sich südöstlich von Fukagawa. Es gab Pläne, die Bucht ganz zuzuschütten, was aber heftigen Widerstand unter der Bevölkerung hervorrief.

125 Tokyo Disney Resort ★★★ [Karte V]

Seit seiner Eröffnung 1983 ist das Disney Resort unter Japanern populär.

Das dritte Disneyland weltweit besteht aus einem knapp 83 ha großen Park, der in **sieben Themengebiete** unterteilt ist: World Bazar, Adventureland, Westernland, Critter Country, Fantasyland, Toontown und Tomorrowland. Neben wechselnden Attraktionen gibt es **tägliche Paraden**. Disneyland wurde zuerst erweitert um Ikspiari, ein Disney-Einkaufszentrum im Basarstil mit 140 Läden, Kino und Theater. Danach öffnete der **Tokyo Disney Sea Park** seine Tore, er ist den Geschichten und Legenden der Meere und der Seefahrt gewidmet und gruppiert sich um sieben thematisch unterschiedliche Häfen: Mediterranean Harbor, American Waterfront, Port Discovery, Lost River Delta, Arabian Coast, Mermaid Lagoon und Mysterious Island.

› 1-1 Maihama, Urayasu-shi, Chiba-ken, Tel. 3366-5600, www.tokyodisneyresort.jp/en, Mo.-Fr. 9-22, Sa., So. 8-22 Uhr, jahreszeitliche Schwankungen

Im Tokyo Disney Resort

100to-dr©Minyun9260

- **Anfahrt:** JR: Maihama (Keiyō Line), U: Urayasu und von dort mit Shuttle-Bus. Bus: ab Tokyo Station (Yaesu-Ausg., hinter dem Tekka Bldg., 35 Min., 600 ¥, Kinder 300 ¥). Busse verkehren auch ab Ueno, Yokohama, Haneda und Narita-Flughafen (s. S. 320).
- Der **Eintritt** ist für Disneyland und DisneySea gleich, gilt aber nur für einen der Parks: 1-Tages-Ticket: Erw. ab 7900 ¥ (Schüler ab 6600 ¥, Kinder 4700 ¥), daneben gibt es noch den **Starlight Passport** (Sa., So. nach 15 Uhr, Resort-Kalender beachten!) für 5000 ¥ (4400 ¥, 3500 ¥) und den **After 6 Passport** (wochentags nach 18 Uhr, Resort-Kalender beachten!) 3400 ¥ (gleicher Preis für alle).

EXTRATIPP

Ota-Markt und Vogelpark

Wem der Fischmarkt von Toyosu (128) zu steril ist, kann den Ota-Markt aufsuchen. Die Auktionen dort sind zwar auch nicht frei zugänglich, Touristen sind aber willkommen und der Bereich für Besucher im F2 ermöglicht einen direkten Blick auf das Marktgeschehen. Nebenan bietet sich ein Besuch im **Wild Bird Park** an.

168 **Ota-Markt,** Ōta Shijo, 3-2-1 Tokai, Mo.-Sa. 5-15 Uhr, Auktionen: Fisch ab 5.40 Uhr (nicht einseh-, aber hörbar), Gemüse ab 6.50 Uhr, Obst und Blumen ab 7 Uhr. Der Markt ist mit dem Toei-Bus 98 (Ota Shijo) ab Bhf. Shinagawa, Konan-Seite, in ca. 30 Min. erreichbar.

●169 **Tokyo Wild Bird Park,** 3-1 Tokai, Di.-So. 9-17 Uhr, Eintritt frei. Im weitläufigen Park finden sich Wälder, Teiche und Wattflächen. Er wird von zahlreichen Wildvögeln frequentiert, was ihn für Vogelfreunde besonders attraktiv macht.

(126) Yumenoshima ★ [Karte V]

夢の島熱帯植物館

Yumenoshima ist ein **künstlich erschaffenes Tropenparadies** mit 4500 Gewächsen unter einer 28 Meter hohen Riesenkuppel. Es umfasst 1500 m² Fläche und hat bei 25 °C eine Luftfeuchtigkeit von 90 %. Die Wärme entsteht als ein Abfallprodukt einer nahe gelegenen Industrieanlage. Der Besucherandrang ist groß, werktags ist es erträglicher. Ein paarmal pro Jahr besteht die Gelegenheit, mit Seil gesichert bis unters Dach zu klettern, um einen Blick auf die tropische Vegetation zu werfen (800 ¥, Anmeldung notwendig).

- **Yumenoshima Nettai Shokubutsukan,** 2-1-2 Yumenoshima, JR: Shin-Kiba (Keiyō Line, Rinkai Line), U: Yūrakuchō Line), 15 Min., Tel. 3522-0281, www.yumenoshima.jp/english.html, tgl. 9.30-17 Uhr, kein Einlass nach 16 Uhr, Eintritt: 250 ¥ (Senioren 120 ¥), G: frei

(127) Tokyo Sealife Park mit Meeresaquarium ★★ [Karte V]

葛西臨海水族園

Im Kasai-Rinkai-Park befindet sich das sehenswerte große **Meeresaquarium** *(suizoku-en)* mit schönem Blick auf die Tokyo-Bucht. Am besten gleich morgens kommen, da tagsüber großer Andrang herrscht. Der Park ist auch beliebt bei Spaziergängern, Liebespaaren und Vogelfreunden.

- **Kasai Rinkai Suizoku-en,** 6-2-3, Rinkaichō, JR: Kasai Rinkai Kōen (Keiyō Line), 5 Min., Tel. 3869-5152, www.tokyo-zoo.net/english/kasai, Do.-Di. 9-17 Uhr, Eintritt: 700 ¥ (Senioren 350 ¥, Schüler 250 ¥), G: frei

128 Toyosu Market ★ [I13]

豊洲市場

Der 2018 von Tsukiji mit über 600 Händlern und mehreren Lokalen an den neuen Standort gezogene **Großmarkt für Seafood, Gemüse und Obst** bietet auf 40 ha in drei modernen, allerdings eher steril wirkenden Gebäuden, von denen zwei den Fischmarkt beherbergen, eine fast doppelt so große Fläche wie in Tsukiji 17.

An die Zuschauer wurde gedacht, aber anders als im etwas chaotischen Tsukiji gibt es keinen direkten Zugang mehr zum Großmarkt und v. a. zur Auktionshalle. Die Aktivitäten können von **Beobachtungsgalerien** oberhalb durch große Fenster eingesehen werden. Auktionen können ab 4.30 Uhr bestaunt werden und auch danach sieht man die versteigerten Fische noch bis etwa 7 Uhr am grünen Boden (Kontrast zum roten Fleisch) liegen. Ein Stockwerk tiefer gibt es einen Raum mit halbhohen Fenstern, hier kann man das Geschehen mithören. **Lokale** gibt es im F4 im Gebäude der Zwischenhändler.

Die Thunfischauktionen finden täglich außer an Sonn- und Feiertagen von 5.30 bis 6.30 Uhr statt. Zum oberen Beobachtungsraum (hinter Glas) kann jeder ohne Anmeldung kommen. Für den unteren Raum (oben ohne Glas) muss man sich im Vormonat anmelden. Das Los entscheidet dann, wer wann Zugang bekommt.

Im Februar 2024 wurde direkt neben dem Bahnhof Shijomae das **Senkyaku Banrai** eröffnet. Es handelt sich um ein kleines Shopping-, Gastro- und Wellnesszentrum im Stil der Edo-Zeit. Fußbäder *(ashiyu)* erfrischen im F8 die Füße, im F2 gibt es ein Thermalbad *(onsen)*, den Tokyo Toyosu Manyo Club, mit Thermalbädern, Steinsauna u. a. (www.toyosu-senkyakubanrai.jp).

› 6-6-2 Toyosu (direkter überdachter Zugang vom Yurikamome Bhf. Shijomae), 5–10 Min. von JR/U: Toyosu, www.toyosu-market.or.jp/en, https://toyosu.jcdlotterysite.jp, Mo.–Sa. 5–17 Uhr

Thunfischfang

Kein Volk der Welt isst mehr Fisch als die Japaner. Sie konsumieren jährlich über 12 Mio. Tonnen Fisch, einschließlich 450.000 Tonnen Thunfisch und 300.000 Tonnen Krabben, Hummer etc. Pro Kopf sind das 72 kg/Jahr (im Vergleich zu 12 kg in Deutschland, was in etwa dem Weltverbrauch entspricht). Eine besondere Stellung nimmt bei den Japanern der Blauflossen-Thunfisch ein: Vom weltweiten Fang verzehren sie 90 % (262.000 Tonnen jährlich). Mit der global angewachsenen Beliebtheit von Sushi sind nun auch chinesische und andere Fangflotten hinter dem begehrten Thunfisch her. Nur ein multilaterales Handelsabkommen (an dem Japan nicht teilnahm) verhinderte sein Aussterben. Der Gelbflossen-Thunfisch steht weiterhin auf der Liste gefährdeter Arten. Die Zucht von Thunfisch in Meeresfarmen hat in Japan schon begonnen, steht aber im Vergleich zur Lachszucht noch am Anfang und ist wegen des Bedarfs an lebenden Ködern auch nicht unumstritten.

ENTDECKUNGEN IN DER UMGEBUNG

201to©eyetronic, stock.adobe.com

Die Umgebung Tokyos bietet in jeder Himmelsrichtung landschaftliche und kulturelle Attraktionen, einige davon gehören zum UNESCO-Weltkulturerbe. Man könnte leicht Wochen und Monate mit Ausflügen in die Umgebung verbringen.

Allein die **Präfektur Tokyo** bietet mit ihren Bergen (s. S. 196) im Westen und den Tokyo-Inseln attraktive Ziele. **Ibaraki** lockt mit dem erloschenen, von Reisfeldern umgebenen Vulkan **Tsukuba-san.** Auch Mito und der weitläufige Seaside Park in Hitachi sind einen Besuch wert. Die Präfektur **Chiba** bietet lange Strände entlang der Pazifikküste, Sawara – ein „Klein-Edo" nicht weit vom Flughafen Narita –, das Städtchen Narita selbst mit seinem bedeutenden Tempelkomplex des „Narita-san" und auf der großen **Bōsō-Halbinsel** (s. S. 230) im Südosten unzählige kleine Berge in idyllischer Bauernlandschaft. Dort lockt v. a. der **Nokogiriyama** 156 mit seinen buddhistischen Kunstschätzen. Südlich von Tokyo schließt sich die Präfektur Kanagawa mit **Yokohama** (s. S. 197) an. Auch Ziele an der kleinen **Miura-Halbinsel** bieten Ausflugsmöglichkeiten, z. B. eine Klippenwanderung um das Kap Tsurugi. Die ehemalige Hauptstadt **Kamakura** (s. S. 210) an der Shōnanküste sollte jeder gesehen haben, wenigstens einen halben Tag Zeit sollte man sich nehmen, besser wäre ein ganzer Tag zusammen mit der nahen Insel **Enoshima** (s. S. 216). Im Südwesten schließen sich die berühmten Ziele **Hakone**, die **Izu-Halbinsel** und der majestätische **Fuji-san** 149 an, letztere gehören zur Präfektur **Shizuoka**, der Fuji zur Hälfte jedoch zu Yamanashi. Im Nordwesten gibt es in den Bergen der Präfekturen **Saitama** und **Gumma** zahllose Tourenmöglichkeiten. Im Norden liegt ein Hauptziel aller Tokyo-Besucher: die prachtvollen Weltkulturerbestätten der Schreine und Tempel von **Nikkō** 152 in reizvoller Vulkanlandschaft, aber das ist bei Weitem nicht alles ...

Das **dichte Netz der (Privat-)bahnen** führt, in Verbindung mit gelegentlich notwendigen Busfahrten, bis an die Ausgangspunkte für **Wanderungen und Bergbesteigungen.** Wer mit dem Auto unterwegs ist, hat es bequemer, ist aber nicht immer schneller. Wer nur sonntags Zeit hat, muss morgens und bei der Rückkehr mit langen Staus rechnen. Auch die Züge sind dann fast so voll wie während der werktäglichen Rushhour. Wer unter der Woche oder wenigstens samstagmorgens losfährt, hat mehr vom Tag. Aber das fröhliche Treiben japanischer Familienausflüge mit den Picknicks unterwegs mitzuerleben, hat auch seinen Reiz.

Das Gebiet um Tokyo ist touristisch wohl so **gut erschlossen** wie kein anderes in Japan. Zum Kennenlernen der Landschaften gibt es dementsprechend ein großes Angebot an organisierten Fahrten von Tokyo aus. Die beschriebenen Ausflugsziele lassen sich jedoch auch sehr gut als Ein- bis Zwei-Tagestouren individuell erschließen. Sehr nützlich und günstig sind dafür die verschiedenen **Eisenbahntickets**, die hier kompakt vorgestellt werden.

In den **TIC** (s. S. 326) gibt es Infomaterialien zu Ausflügen, z. B. die Broschüre „Short Term Travel from Tokyo Guidebook" sowie zu einzelnen Zielen.

Vorseite: Chureito-Pagode während der Kirschblüte vor dem winterlichen Fuji-san 149

102to-ml

EXTRATIPP

Eisenbahntickets

Japan Railway East

- Der nur außerhalb Japans erhältliche **Japan Rail Pass** (JR Pass) ist relativ teuer und lohnt vor allem, wenn man lange Strecken im ganzen Land zurücklegt (ab 50.000 ¥/7 Tage, https://japanrailpass.net).
- Für die Umgebung von Tokyo gibt es günstige Tickets für ausländische Touristen. **Regionale Pässe** mit Tokyo als Ausgangspunkt findet man unter www.jreast.co.jp/multi/de/pass.
- **Tokyo Wide Pass:** gilt drei aufeinanderfolgende Tage, Shinkansen-Züge können damit bis etwa 150–200 km um Tokyo befahren werden, auch eigentlich zuschlagspflichtige Expresszüge, teils gegen kostenlose Sitzplatzreservierung, dazu Privatbahnen wie Fujikyu Railway und Izu Kyūkō Line (www.jreast.co.jp/multi/de/pass/tokyowidepass.html).

ℹ **253** [H7] **JR East Information Center,** Bhf. Tokyo, Marunouchi-Seite, Nordausgang, in der kleinen Halle leicht zu finden, www.jreast.co.jp/e/customer_support/information_center.html, tgl. 10–18 Uhr. Eisenbahnpässe, Auskünfte, Reservierungen, dazu Geldwechsel, Gepäckaufbewahrung und mehr.

Weitere private Anbieter

- **Keiō:** Discounttickets u. a. zum Berg Takaosan (s. S. 196) und zu Vergnügungsparks (www.keio.co.jp/english/tickets/discount.html)
- **Keikyū:** Verbindungen zum Flughafen Haneda und auf die Miura-Halbinsel (s. S. 194). Beliebt ist das **Misaki Maguro Day Trip Ticket** für ab 3660 ¥ (www.haneda-tokyo-access.com/en/ticket/discount/maguro-day.html).
- **Odakyu:** Tages- und Mehrtagespässe, geeignet für Kamakura (s. S. 210), Enoshima (s. S. 216), Tanzawa (s. S. 196) und den Fuji-Hakone-Izu-Nationalpark (s. S. 217, www.odakyu.jp/english/passes).
- **Seibu:** 1- und 2-Tagespässe auf allen Seibu-Linien (d. h. Shinjuku/Ikebukuro in Richtung Chichibu, s. S. 196), www.seiburailway.jp/en
- **Tōbu:** Discounttickets u. a. nach Kawagoe (s. S. 223) und Nikkō (s. S. 225), www.tobu.co.jp/en/ticket

Vom Bahnhof Hota geht es los zum Nokogiriyama 156

Bergtouren in der Umgebung von Tokyo

Japan besteht zu 80 % aus Gebirgen. Das Gebiet Kantō mit dem Ballungszentrum Tokyo ist zwar die größte Ebene des Landes, aber die Berge sind vom Stadtzentrum nicht weiter als 50 km entfernt, in etwa vergleichbar mit der Entfernung der Alpen von München. Bergwandern und Bergsteigen sind in Japan Volkssport. Ein dichtes Netz von Wanderwegen durchzieht die Umgebung Tokyos, zu deren Startpunkten („tozan-guchi“) man mit dem Zug und ggf. anschließend weiter mit dem Bus gelangt. Die Bahntickets (s. S. 343) eignen sich für die An- und Rückfahrt zu vielen Zielen. Es gibt daneben aber auch Ziele, die mit anderen Bahnlinien erreicht werden.

Der Hausberg Tokyos ist der 599 m hohe ***Takao-san,*** *von Shinjuku mit der Keiō Line in 50 Min. bis Takaosan-guchi direkt zu erreichen. Jedes Jahr wird er von 3 Mio. Menschen bestiegen. Der altehrwürdige Tempel Yakuō-in der Shingon-Sekte in Gipfelnähe ist sehr sehenswert. In den TIC gibt es ein Faltblatt mit allen Details. Der* ***Kumotori-Yama*** *ganz im Westen Tokyos ist mit 2018 m der höchste Berg der Präfektur, aber recht abgelegen. Die* ***Tanzawaberge*** *südwestlich von Tokyo bieten sehr beliebte Wanderziele, vor allem im Herbst zur Laubfärbung. Am bekanntesten ist der Pilgerberg* ***Oyama,*** *auf den der Tanzawa-Oyama Freepass der Odakyu Railway zugeschnitten ist. Die kleinen* ***Ōku-Musashi-Berge*** *zwischen Hannō und* ***Chichibu*** *lassen sich ab Ikebukuro mit der Seibu-Ikebukuro Line erreichen. Die berühmte Bootsfahrt auf dem Arakawa in Nagatoro lässt sich mit einer kleinen Wanderung auf den Hodosan verbinden. Die Berge um* ***Nikkō*** *(s. S. 225) und die Vulkane des* ***Nasu-dake*** *lassen sich mit dem Zug (im Gültigkeitsbereich des* ***Tokyo Wide Pass,*** *s. S. 195) und per Bus erreichen, dazu kann man per Tohoku-Superexpress bis Utsunomiya bzw. Kuroiso anrei-*

103to-ml

sen. Der doppelgipfelige ***Tsukuba-san*** *in Ibaraki kann mittels Tsukuba Express mit dem Ausflugsticket Tsukuba kippu bequem erreicht werden, und zwar ab Akihabara oder Asakusa. Auf der* ***Bōsō-Halbinsel*** *(s. S. 230), die zu Chiba gehört, gibt es neben dem Nokogiriyama auch die vom Bhf. Iwai aus erreichbaren kleinen Berge* ***Iyoga-take*** *mit seinem felsigen Gipfel und der ebenfalls doppelgipfelige* ***Tomi-san.*** *Die* ***Miura-Halbinsel*** *südlich von Yokohama bietet ebenfalls hübsche Wanderungen, z. B. auf den* ***Takatoriyama*** *zwischen Bhf. Jimmuji und Oppama, oder ganz im Süden die Klippenwanderung um das* ***Kap Tsurugi*** *herum. Schließlich müssen auch die Tokyo- bzw.* ***Izu-Inseln*** *erwähnt werden, deren Vulkane bis auf den aktiven von Miyakejima durchwegs bestiegen werden können.*

› *Unter https://japanhike.wordpress.com/hyakumeizan werden Bergtouren in ganz Japan vorgestellt. Die Links „Kanto hikes" und „Hyakumeizan" („hundert berühmte Berge") geben Infos für Touren in der Nähe von Tokyo.*
› *Unter http://ridgelineimages.com gibt es ebenfalls Tipps für Wanderungen in der Region.*
› *Bergtouren, die mit dem* ***Tokyo Wide Pass*** *erreichbar sind, werden auf dieser Website vorgestellt: https://hikingtokyo.com/2016/06/12/the-tokyo-wide-pass-why-use-it*

‹ Der „Höllen-Aussichtspunkt" Jigoku Nozoki auf dem Nokogiriyama 156

Yokohama

横浜市

Yokohama ist mit einer Bevölkerung von fast 4 Millionen und einer Fläche von 430 km² die **zweitgrößte Stadt Japans.** Bis heute ist in der Nachbarstadt Tokyos eine internationale Atmosphäre zu spüren, die noch aus der Zeit, als Yokohama das **japanische Tor zum Westen** war, stammt.

Der großzügige, weltoffene Geist, der modische Stil und eine spürbare Kultiviertheit der Bewohner gehören heute wie damals zum Wesen Yokohamas. Für Japaner gilt die Stadt als **modern** und immer noch **ein wenig exotisch,** wobei es die europäischen Stilelemente der Wende vom 19. zum 20. Jahrhundert sind, die das Exotische ausmachen.

Die **Attraktionen** Yokohamas liegen in der **Nähe zum Wasser,** in den **Parks** und in den **Einkaufsvierteln** um den Hauptbahnhof Yokohama, in **Motomachi, Isezakichō** und **Chinatown.** Aber es gibt auch historische Relikte, Museen und das futuristische städtebauliche Projekt **Minato Mirai** zu sehen. Auch für Liebhaber alter und bedeutender Tempel, Schreine und Landschaftsgärten hält Yokohama einiges bereit. Der Wohlstand der Stadt ist auf die **Industrie** und den Hafen zurückzuführen, über den u. a. Autos, Fernseher und Kameras exportiert und Öl, Maschinen sowie Sojabohnen importiert werden. Yokohama gehört mit dem Süden Tokyos und dem dazwischen liegenden Kawasaki (s. S. 210) zu der an der Tokyo-Bucht gelegenen Keihin Industrial Zone. Hier stehen neben Ölraffinerien Stahl- und Autowerke sowie Fabriken für chemische Erzeugnisse, Elektrogeräte, Nahrungsmittel und vieles mehr.

Geschichte

Yokohama („Seitenstrand") boomte ab Mitte des 19. Jh., als es noch ein kleines Fischerdorf mit kaum 100 Häusern war. Als 1853 der amerikanische **Commodore Perry** mit seinen „schwarzen Schiffen" unweit Yokohamas aufkreuzte und damit Japans Öffnung für den internationalen Handel nach über 250 Jahren selbstgewählter Isolation erzwang, begann der Aufstieg Yokohamas zur **bedeutendsten Hafenstadt des Landes**, denn bereits sechs Jahre später gehörte der Ort zu den ersten fünf Häfen, die für den Handel mit der Außenwelt freigegeben wurden. Die Regierung hatte diesen damals völlig unbedeutenden Ort mit seinem seichten, für große Schiffe ungeeigneten Strand gewählt, um die ausländischen Händler vom Tōkaidō und vor allem von Edo fernzuhalten. Doch die Bedeutung Yokohamas wuchs durch die Nähe zu Tokyo, das 1868 Hauptstadt wurde, sehr schnell. Das 30 Kilometer entfernte Yokohama wurde **Tokyos Tor zum Westen**, verbunden durch die erste Eisenbahnlinie nach Shimbashi (s. S. 60).

Die Ausländer wurden ab 1859 zunächst in **Kannai** (wörtl. „innerhalb des Kontrollpostens") angesiedelt und Chinesen wurden als Angestellte, Handwerker und Händler angeheuert. So entstand die berühmte **Chinatown** (137). Nach einem Großbrand 1866 („Schweinestallfeuer") zogen die Ausländer hinauf auf die Anhöhe des „Bluff", wie in Tokyo auf Japanisch ebenfalls *Yamate* genannt. Dort entstand die neue Ausländersiedlung. In **Kangai** in der Umgebung des Bhf. Yokohama wurden diejenigen Japaner angesiedelt, die für die Ausländer arbeiteten.

Viele der ersten Westler in Japan gaben etlichen Gebäuden aus dieser Zeit eine europäische Prägung. Yokohama wurde wie Tokyo während des **Großen Kantō-Erdbebens 1923** (40.000 Tote) und während der Luftangriffe am Ende des Zweiten Weltkriegs fast völlig zerstört – und anschließend großzügig wiederaufgebaut.

Osanbashi – den Yokohama International Passenger Terminal – laufen heute übrigens regelmäßig große **Kreuzfahrtschiffe** an, sofern sie unter der Bay Bridge hindurchpassen. Die größeren Schiffe legen vor der Brücke am **Daikoku Futo Pier** an oder fahren weiter zum Tokyo International Cruise Terminal auf Odaiba.

Spaziergang 17: Rundgang durch Yokohama

Einen Besuch des recht kompakten Stadtzentrums von Yokohama beginnt man am besten von einem der zentralen Bahnhöfe **Sakuragichō** (Minato Mirai 21) oder **Kannai** (Stadtzentrum, Chinatown, Yamashita-Park) aus. Für den hier beschriebenen Rundgang wurde der **Bhf. Sakuragichō als Ausgangspunkt** gewählt. Blickt man vom Bahnhof nach Nordosten, sieht man sofort mehrere moderne Hochhäuser. Am auffälligsten und höchsten ist der 70-stöckige **Landmark Tower.** Er wurde von dem amerikanischen Architekten Hugh Stubbins entworfen. Dieses ist nur eines von vielen Gebäuden des städtebaulichen Projekts Minato Mirai („Hafen der Zukunft"). Auf 186 ha **künstlich aufgeschüttetem Land** wurden und werden neben dem Büro- und Hotelhochhaus des Landmark Tower und dem eleganten halbmond-

105to-ml

förmigen **Pacifico Yokohama** mit Hotel und Konferenzzentrum diverse Hochhäuser mit Apartments, Einkaufszentren (z. B. **Mark IS** mit **Orbi Yokohama,** einem der Natur gewidmeten Indoor-Themenpark im F5, 3–5–1 Minato Mirai) und Parks errichtet, nebenan steht der dreigeteilte **Queens-Tower** (eine der Hallen überrascht mit einem turmhohen deutsch-japanischen Schiller-Zitat). Gegenüber steht ein Riesenrad, das zum Vergnügungspark **Cosmo World** gehört. Ursprünglich war es an einem anderen Ort geplant, der Lagewechsel war jedoch notwendig geworden, weil die Fahrgäste sonst den Hotelbewohnern im Landmark-Tower in ihre Suiten hätten schauen können. Apropos Sicht: Wer die großartige Aussicht vom F70 im Landmark Tower genießen will, kann dies am besten von einem der Restaurants in F68/F70 aus

Auf dem Dach des Yokohama International Passenger Terminals

oder, kostenpflichtig, von der Aussichtsetage Sky Garden (tgl. 10–21 Uhr, 1000 ¥) tun.

Besichtigt werden können das **Yokohama Museum of Art** mit Gemälden, Skulpturen und Fotografien und der **Nippon-maru Memorial Park** mit dem **Yokohama Port Museum** (s. S. 204), wo das ausgediente Segelschulschiff „Nippon Maru“ im Trockendock liegt. Einmal im Monat werden seine Segel gesetzt, ein großartiger Anblick.

Gegenüber dem Hafenbecken mit dem Schiff liegt das Einkaufszentrum **Yokohama World Porters.** Im F1 gibt es u. a. ein Hawaiian Village mit entsprechend ausgestatteten Läden und Lokalen, an der Außenpromenade im F2 befindet sich der kleine Streichelzoo Anitouch.

Den Rundgang beginnt man am besten mit dem attraktiven Promenadenweg **(Kishamichi).** Er führt entlang einer früheren Bahnlinie hinüber zu diesem überaus beliebten Viertel mit dem erwähnten Einkaufszentrum, dem Riesenrad Cosmo

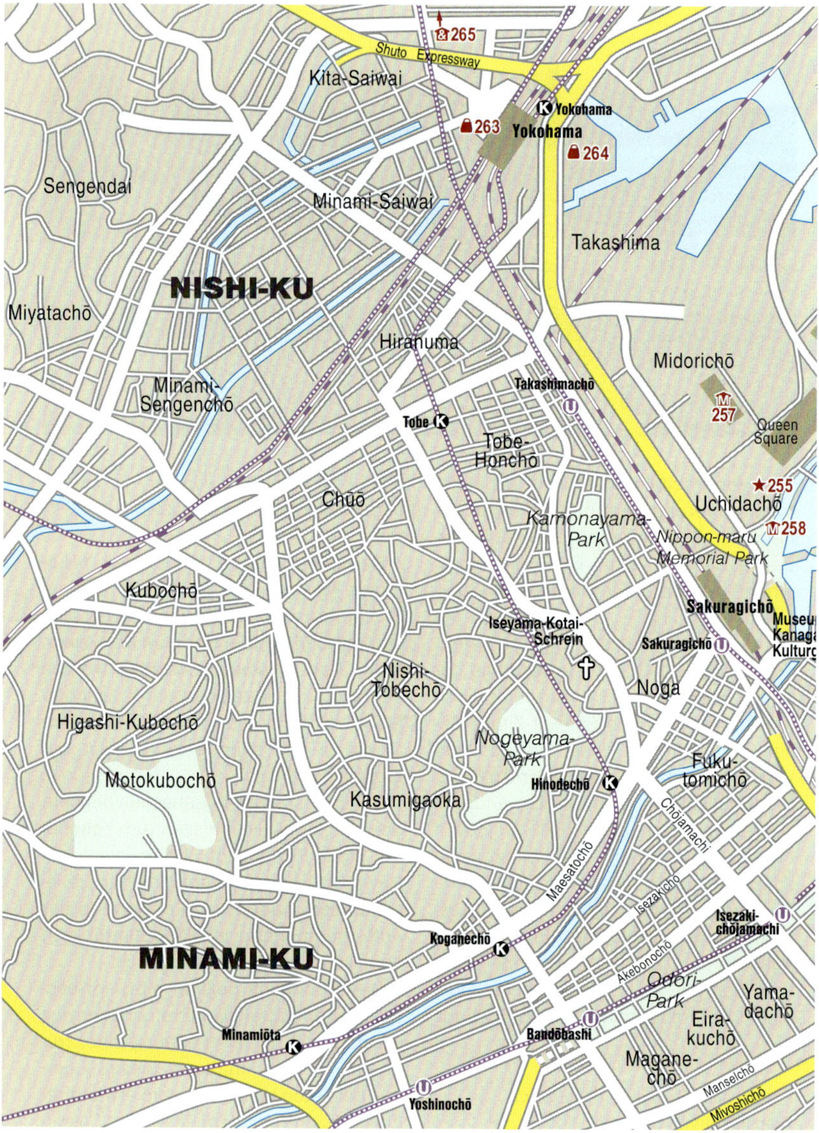
265
Shuto Expressway
Kita-Saiwai
263
Yokohama
Yokohama
264
Sengendai
Minami-Saiwai
Takashima
NISHI-KU
Miyatachō
Hiranuma
Midorichō
Minami-Sengenchō
Takashimachō
257
Tobe
Tobe-Honchō
Queen Square
255
Chūō
Uchidachō
Kamonayama-Park
258
Nippon-maru Memorial Park
Kubochō
Sakuragichō
Iseyama-Kotai-Schrein
Sakuragichō
Nishi-Tobechō
Noga
Higashi-Kubochō
Nogeyama-Park
Fuku-tomichō
Motokubochō
Hinodechō
Kasumigaoka
Chōjamachi
Maesatochō
Isezakichō
Isezaki-chōjamachi
Koganechō
MINAMI-KU
Akebonochō
Odōri-Park
Yama-dachō
Eira-kuchō
Minamiōta
Bandōbashi
Magane-chō
Yoshinochō
Manselchō
Miyoshichō

0 500 m
© Reise Know-How 2024
Karte I: Yokohama
Liste der Karteneinträge Seite 364
Rinkoe-Park
Conference Center
Cupnoodles Museum
130
261
Shinko-Pier
260
Akarenga Park
131
Osanbashi-Pier
um der Präfektur
gawa für
rgeschichte
129
Motohamach
Kitanaka-Dōri
Honch
Minaminaka-Dōri
Basha-michi
Seidenmuseum
132
Yamashita-Park
Yamashita-Pier
133
NYK Maritime Museum und NYK Hikawa Maru
Kannai
Kannai
Nihon-oedōri
Yokohama-Park
Yamashitachō
Marine Tower
134
Stadion
135
Yokohama Doll Museum
259
262
YOKOHAMA CHINA TOWN
137
Motomachi
Minatano-Mieru-Oka-Park
Ausländer-friedhof
136
Shin-Yamashita
Ishikawacho
254
Motomachi-Park
256
Yamatechō
Ishikawachō
Bahnhof Negishi
Yamate-Park
NAKA-KU

Clock 21, dem kostenlosen **Museum für ausgewanderte Japaner** im Gebäude von JICA Yokohama (Japan International Cooperation Agency), dem **Cupnoodles Museum** 130 und den immer vollen Läden und beliebten Lokalen in den ehemaligen **Warenhäusern I** und **II** 131 (Akarenga Sōko). Der Promenadenweg führt östlich weiter zum Yokohama International Passenger Terminal mit Park am **Ōsanbashi Pier** (im Volksmund Walrücken genannt, schöner Blick auf die Stadt und auf den Hafen, bei guter Sicht sogar auf den Fujisan 149). Das Seidenmuseum 132 mit TIC steht gleich nebenan. Vom Terminal, an dem häufig Kreuzfahrtschiffe anlegen, ist es nicht weit zum besonders zur Mittagszeit beliebten **Yamashita-Park.** Mehrere Hotels haben sich die Top-Lage vor dem Park gesichert, darunter Hotel Yokohama, Continental Yokohama, New Grand und Star Hotel. Am Rand des Parks liegt, für immer verankert, das **Museumsschiff „Hikawa maru"** 133.

106to-ml

Minato Mirai (s. S. 197) mit dem Riesenrad Cosmo Clock 21

Nahe dem südöstlichen Ende des schmalen Parks steht der 106 m hohe **Marine Tower** 134, ein Wahrzeichen der Stadt. Von der Beobachtungsplattform bietet sich ein ausgezeichneter Blick auf die Innenstadt mit Chinatown 137 und dem Hafen mit der 860 m langen Bay-Brücke zwischen Honmoku- und Daikoku-Pier. Etwas östlich des Turms steht das bekannte **Puppenmuseum** 135, untergebracht in einem modernen Haus, das an ein Schloss erinnern soll.

Südöstlich des Marine Towers schließt sich jenseits der Stadtautobahn an den Yamashita-Park zunächst der **French Hill** (ehemalige französische Kaserne) an, gefolgt vom **Harbor View Park** *(Minato-no-mieru-Oka-kōen)* auf einem Hügel, auf dem früher einmal britische Garnisonstruppen untergebracht waren. Er bietet, wie der Name sagt, einen guten Blick über den Hafen, aber auch auf die Stadt. Westlich schließt sich an den Park der **Ausländerfriedhof Gaijin-bochi** 136 mit schöner Hanglage an. Dementsprechend ist er ein beliebter Vordergrund für Souvenirfotos der Skyline von Yokohama.

Erwähnenswert ist das **Yamate-Museum** im ältesten erhaltenen Holzhaus im Stil der Meiji-Zeit auf dem Bluff. Es zeigt, wie Ausländer in Yokohama nach der Öffnung des Hafens lebten, mit europäischen Antiquitäten, Möbeln, Kleidung, Holzschnitten aus der Zeit. Auf dem Bluff gibt es noch Kirchen, z. B. die **Christ Church on the Bluff** (Yamate Church), Missionsschulen und Wohnhäuser aus dieser Zeit. Vor dem Ausländerfriedhof mit seinen über 4000 Gräbern, in denen viele westliche Pioniere des neuen Japan ruhen, geht es bergab zum hübschen **Amerika-yama-Park** und bequem per Fahrstuhl oder Rolltreppen nach **Motomachi.**

Unten, zu Füßen des Yamate-Viertels, erstreckt sich das **Einkaufszentrum Motomachi** entlang des Nakamura-Flusses (mit der Stadtautobahn darüber) zwischen dem Bhf. Ishikawachō und dem Hafen. Wegen der Mischung aus Boutiquen, anderen Läden, Cafés und Lokalen ist es bei jungen Leuten beliebt.

Besucher Yokohamas zieht es fast immer auch in die **Chinatown** 137. Von dort gelangt man in wenigen Minuten durch den Yokohama-Park, den ersten Park im westlichen Stil mit dem großen Baseballstadion der Yokohama Baystars, zum Bhf. Kannai der JR Negishi Line. Von dort aus kann man zurück nach Tokyo fahren.

254 [Karte I] **Einkaufsstraße Motomachi**

★**255** [Karte I] **Landmark Tower**

256 [Karte I] **Yamate-Museum,** 247, Yamatechō, 200 ¥, Di.–So. 11–16 Uhr

257 [Karte I] **Yokohama Museum of Art,** 3-4-1 Minato Mirai, https://yokohama.art.museum/eng, Fr.–Mi. 10–18 Uhr, wechselnder Eintritt

EXTRATIPPS

Hafenrundfahrten

Von der Anlegestelle rechts der Hikawa Maru 133 starten Bootstouren:

- **Marine Shuttle,** alle 90 Min. von 10.30–18.30 Uhr, 90 Min. Rundfahrt, 2200 ¥
- Hafenrundfahrt durch **Yokohama Ferryport,** 45 Min., Erw. 900 ¥, Tel. 201-0821, -9121
- Hier legt auch die **Sea Bass** an (s. S. 207).

Joggen und Walken entlang der Bay

Zwischen **Rinko Park** [Karte I] und **Yamashita Park** (s. S. 202) kann man auf einer Strecke von fünf Kilometern entlang der Bucht laufen oder spazierengehen.

129 Museum der Präfektur Kanagawa für Kulturgeschichte ★ [Karte I]

神奈川県立歴史博物館

Interessantes Museum mit fünf Themen: **Frühgeschichte** in Sagami, **Kamakura und Mittelalter, Kultur der Edo-Zeit,** Yokohamas **Entwicklung und Modernisierung, Kultur der Gegenwart.**

- 5-60 Minami Naka-dōri, JR: Kannai oder Sakuragichō 8 Min., Minatomirai: Bashamichi 1 Min., http://ch.kanagawa-museum.jp/english, Di.–So. 9.30–17 Uhr, Eintritt: 300 ¥, G: frei (Dauerausstellung)

130 Cupnoodles Museum ★ [Karte I]

カップヌードルミュージアム

Das Cupnoodles Museum ist **das erste Museum seiner Art.** Momofuku Ando ist der Erfinder der **Instantnudeln,** die auf der ganzen Welt beliebt sind, besonders aber in Ost- und Südost-Asien. Das beweisen die 3000 Produktetiketten, die das wohl besonders für Kinder interessante Museum zeigt. Sie können in der Schaufabrik selbst Instantnudeln herstellen (300/500 ¥ extra) und quasi Nudeln im Herstellungsprozess spielen (300 ¥ extra). Erwachsene und Kinder können sich

EXTRATIPP

Nippon Maru und Yokohama-Hafenmuseum

Das 1939 in Dienst gestellte **Segelschulschiff** der Handelsmarine diente in unterschiedlichen Funktionen bis 1984, seither liegt es als Museum im Trockendock am Eingang in das Stadtviertel Minato Mirai 21. Einmal pro Monat werden auf der Viermastbark die Segel gesetzt. Kinder können einen Kadettenkurs absolvieren. Das Schiff ist Bestandteil des Hafenmuseums.

258 [Karte I] **Nippon Maru,** Sakuragicho (JR Negishi), www.nippon-maru.or.jp/english, Di.–So. 10–17 Uhr, Eintritt: Kombiticket (Schiff und Hafenmuseum): 800 ¥, erm. 300/600 ¥, nur Schiff/Hafenmuseum 400 ¥ (250 ¥), G: frei

auch ihr eigenes Paket Instantnudeln zusammenstellen (300 ¥ extra).

› 2-3-4 Shinko, Naka-ku, Bhf. Minatomirai und Bashamichi (Minatomirai line) 8 Min., Sakuragichō (JR Negishi Line), 12 Min., Tel. 345-0918, www.cupnoodles-museum.jp/english/index.html, Mi.–Mo. 10–18 Uhr, Eintritt: 500 ¥ (Schüler und Kinder frei)

131 Yokohama Red Brick Warehouse I & II ★ [Karte I]

横浜赤レンガ倉庫

Das Warehouse ist ein beliebtes **Einkaufszentrum** in zwei Häusern aus den Jahren 1911 und 1913. Die beiden Häuser dienten früher als Lagerhäuser der Zollverwaltung. Es gibt Geschäfte, Cafés, Galerien und einen kleinen Theater-/Konzertsaal mit 300 Sitzplätzen.

› **Yokohama Akarenga Sōko 1 & 2,** 1-1-1, Shinko, Naka-ku, JR: Sakuragichō/Kannai (Keihin-Tohoku Negishi Line), Tel. 211-1515

132 Seidenmuseum ★ [Karte I]

シルク博物館

Im Silk Center Building befindet sich das Silk Museum. Es ist das **einzige Seidenmuseum in Japan.** Hier wird der komplette Prozess der Seidenherstellung vorgestellt. Die attraktiven Seidenprodukte sind alle für den Verkauf bestimmt. Im Erdgeschoss befindet sich eine Touristeninformation.

› **Silk Hakubutsukan,** 641-0841, Nihon Odori (Minato Mirai Line), 3 Min., JR: Sakuragichō/Kannai (Negishi Line), 15 Min., http://silkcenter-kbkk.jp, tgl. 9.30–17 Uhr, Eintritt: 500 ¥ (Senioren 300 ¥, Schüler 200 ¥, Kinder 100 ¥)

133 NYK Maritime Museum und NYK Hikawa Maru ★ [Karte I]

氷川丸

Das zweigeteilte Museum gehört der Schifffahrtslinie **Nippon Yūsen Kaisha (NYK).** Diese ist Teil des Mitsubishi-Konzerns und zählt zu den größten Reedereien der Welt. Das der NYK und der japanischen Schifffahrt gewidmete Museum befindet sich etwa 15 Min. entfernt vom ehemaligen Frachtschiff **Hikawa Maru,** das inzwischen zum Museum gehört und besichtigt werden kann (https://hikawamaru.nyk.com).

Das Schiff kann gesondert besichtigt werden. Es schipperte von 1930 an dreißig Jahre lang 245-mal zwischen Japan und Seattle über den Pazifik. Seine bekanntesten Passagiere waren Charlie Chaplin und Kanō Jigorō, Begründer des Judo-Kampfsports, der an Bord während der Heimreise nach Japan verstarb. Das Schiff transportierte u.a. auch Juden via Japan (bevor das Land in den

Krieg eintrat) nach Kanada und in die USA! Danach operierte die Hikawa Maru als Hospitalschiff. Nach dem Krieg benutzten es die amerikanischen Besatzer für Truppentransporte zurück in die USA. Bis 1960 brachte es noch wie zuvor Passagiere über den Pazifik, aber der zunehmende Luftverkehr machte es unrentabel. Ab 1961 wurde es zunächst als Jugendherberge genutzt, danach diente es als Museum. Die Übernahme durch NYK rettete das Schiff vor dem Verfall.

› 3-9 Kaigan-dōri, Bashamichi, 2 Min., JR: Kannai, 8 Min., www.nippon-maru.or.jp/english, Di.-So. 10-17 Uhr, Eintritt: Kombiticket 500 ¥ (Senioren und Schüler 300 ¥), nur Schiff 300 ¥ (200/100 ¥)

134 Marine Tower ★ [Karte I]

横浜マリンタワー

Der 106 m hohe **Leuchtturm** bietet vom F30 einen guten Blick auf Stadt und Hafen. Es gibt wie üblich Lokale und Läden, meist für Souvenirs und O-miyage (Mitbringsel).

› 15, Yamashitacho, JR: Ishikawacho (Keihin Tohoku Negishi Line), 15 Min., Motomachi-Chukagai (Minato Mirai Line) Ausg. 4, 1 Min., https://marinetower.yokohama, tgl. 10-22.30 Uhr, Eintritt: 750 ¥

135 Yokohama Doll Museum ★ [Karte I]

横浜人形の家

Das Yokohama Doll Museum ist ein Puppenmuseum mit 1300 seltenen Puppen aus 140 Ländern. Gezeigt werden Videos über die Herstellung von Puppen u. a.

› **Yokohama Ningyo no Ie,** 18, Yamashita-cho, JR: Ishikawacho, Motomachi-Chukagai, Tel. 671-9361, http://doll-museum.jp, tgl. 10-18.30 Uhr, geschl. jeden 3. Mo. im Monat, Eintritt: 400 ¥ (Kinder 150 ¥)

136 Ausländerfriedhof ★★ [Karte I]

外国人墓地

Der berühmte alte Ausländerfriedhof Gaikokujin Bochi liegt in schöner Hanglage und bietet einen tollen Blick auf die Stadt. Dementsprechend ist er ein beliebtes Motiv für Souvenirfotos. Etwa 4000 Ausländer aus der Zeit, als sich ab Mitte des 19. Jh. erst in Kannai und später auf dem Bluff zahlreiche Fremde in Yokohama angesiedelt hatten, liegen hier begraben. Mit den für Japaner exotischen Grabsteinen und Kreuzen auf den Gräbern von Amerikanern, Briten, Deutschen, Franzosen, Holländern, Schweizern und Russen ist er eine der bekanntesten Sehenswürdigkeiten der Stadt.

› **Gaikokujin Bochi,** 96, Yamatechō, Motomachi-Chukagai (Minatomirai Line) 8 Min., www.yfgc-japan.com/history_e.html, Tel. 622-1311, Eintritt: frei, März-Dez. Di.-So. 10-17 Uhr

137 Chinatown ★★ [Karte I]

横浜中華街

Die Chinesen wurden hier, in der weltweit vielleicht **größten Chinatown**, 1863 angesiedelt, weil im benachbarten Stadtteil Kannai ursprünglich die Ausländer residierten und arbeiteten. Die Chinesen wurden als Bedienstete und Handwerker aus China herübergeholt, weil sie sich bereits besser mit Ausländern auskannten. Hinzu kamen auch Exilanten, die sich gegen die Manchu-Herrschaft auflehnten, darunter die berühmten Revolutionäre **Dr. Sun Yat-sen und Chiang**

Kai-shek. Heute leben hier etwa **2500 Chinesen.**

Diese betreiben rund 600 Läden, teilweise für Kunsthandwerk und für traditionelle chinesische Medizin sowie viele Restaurants und Bars (s. S. 208). Hier kann man erwartungsgemäß sehr gut authentisch chinesisch essen, wobei die guten Restaurants teuer sind. Die Eingänge ins Viertel zieren vier nach den Himmelsrichtungen benannte, **prächtige Tore,** die jeweils eine Tugend repräsentieren.

Der **Tempel Kantei-Byo** ist der Haupttempel des Viertels und dem Schutzgott Sangokushi geweiht. Typisch chinesisch soll er sich um Glück und gute Geschäfte kümmern. Am Osteingang im China Town 80 gibt es Plan und Infos.

› **Yokohama Chūkagai,** 118-2 Yamashita-cho, JR: Ishikawacho (Keihin-Tohoku Negishi Line), Motomachi-Chūkagai (Minatomirai Line), 5-10 Min., www.chinatown.or.jp (nur Japanisch)

107to-ml

138 Sankei-en ★★★

三溪園

Dieser 170.000 m² große Garten gehörte einst *Hara Tomitaro,* einem der reichsten Männer Yokohamas. Er verfügt über einen inneren und einen äußeren Garten. In beiden Gärten stehen zusammengetragene historische und andere alte Häuser, auch einige Bauernhäuser. Der Garten ist um zwei Teiche herum angelegt. Berühmt ist der Blick über einen der Teiche hinweg auf die **dreistöckige Pagode Rinshunkaku.** Ein Besuch lohnt sich zu jeder Jahreszeit.

› 58-1, Honmoku Sannotani, Naka-ku, JR: Negishi (Kein-Tohoku Negishi Line), Tel. 621-0634, Eintritt: 500 ¥, tgl. 9-17 Uhr

Praktische Reisetipps Yokohama

Informationen

Über **Feste** und Ereignisse in Yokohama kann man bei der TIC in Tokyo und beim Yokohama Convention & Visitors Bureau (Tel. 04 5221-2111, www.yokohamajapan.com) Infos einholen.

Anreise

Vom Bhf. **Tokyo** fährt alle 15 Min. ein Zug der Tōkaidō oder Yokosuka Line bis **Yokohama Station** (Fahrtzeit: 30 Minuten, Kosten: 483 ¥). Der Bahnhof Yokohama ist der wichtigste Knotenpunkt für Bahnverbindungen und das größte Einkaufszentrum der Stadt, liegt aber etwas abseits der vorgeschlagenen Besichtigungsroute. Mit der Minato Mirai Line (s. S. 207) gelangt man von hier an die interessanten Orte oder mit der

◁ *Eingangstor in die Chinatown*

Sea Bass (s. rechts) über Wasser direkt in den Yamashita-Park (s. S. 202).

› www.yokohamastation.com

Alle 10 Min. gibt es einen Zug der Keihin Tōhoku Line nach **Sakuragichō** oder **Kannai** (45 Min., 571 ¥). Kannai ist der am günstigsten gelegene Bahnhof für einen Bummel durch das Stadtzentrum, Chinatown 137 und den Yamashita-Park.

Vom Bhf. **Shinagawa** kann man alle 10 Min. mit der Keihin Kyūkō Line bis Bhf. Yokohama fahren, der Expresszug **Tokkyū** braucht nur 22 Min. (313 ¥).

Vom Bhf. **Shibuya** geht es alle 40 Min. mit der Tōkyū Toyoko Line zum Bhf. Yokohama (Ltd. Express 25 Min., 309 ¥).

Stadtverkehr

Bus

Die **Akai-Kutsu-Ringlinie** fährt alle wichtigen Sehenswürdigkeiten an (Ticket 220 ¥, Kinder 110 ¥) und ist im **Yokohama One Day Ticket** inbegriffen. Es gibt zwei Ringlinien. Noch besser ist das **Minato Burari Ticket** (500 ¥, Tagesticket für städtische Busse und U-Bahnen, www.city.yokohama.lg.jp/lang/residents/en/bus-subway/around/burari-ticket.html). Der **Yokohama-Minatomirai Pass** (520 ¥) gilt nicht für Busse, dafür aber für Züge der Negishi und Minatomirai Line.

Taxi

Die Website www.yokohamajapan.com/information/getting-around-yokohama gibt Auskunft über die Kosten von **Sightseeing-Taxis.**

Boot

Vom Bhf. Yokohama O-Seite (Anlegestelle gegenüber dem Sōgō Department Store) kann man zwischen 10 und 18.30 Uhr alle 30 Min. per Boot mit der **Sea Bass** in 15 Min. zum Yamashita-Park (s. S. 202) fahren. Dabei legt sie zwei Zwischenstopps ein: Hammerhead Park für das Cup Noodle Museum 130 und den Vergnügungspark Cosmo World (s. S. 199) sowie Pier Akarenga für die Akarenga-Warenhäuser 131. Dies ist vielleicht der schönste Weg von Yokohama Station in die Stadtmitte. Die Endstation Yamashita-Park ist zurzeit (Stand Mitte 2024) **für Renovierungen geschlossen,** man kommt also nur bis Pier Akarenga.

› www.yokohamastation.com/yokohama-sea-bass-water-bus-service-between-yokohama-station-yokohama-bay, Fahrkarte bis Hammerhead Park 700 ¥, bis Pier Akarenga 800 ¥, bis Yamashita-Park 1000 ¥

Seilbahn

Vom Bahnhof Sakuragichō führt eine **Seilbahn** (Skycab) für teure 1000 ¥ über das Wasser zum World Porters (s. S. 199).

EXTRAINFO

Tagestickets ab Tokyo

› **Minatomirai Ticket ab Shibuya** 920 ¥ (Kinder 470 ¥). Anfahrt mit Tōkyū-Toyoko Line und einen Tag lang Benutzung der **Minato Mirai Line.** Das Ticket kann man an jedem Tokyoter Bhf. der Linie kaufen.

› **Yokohama One Day Ticket ab Shinagawa** 1110 ¥ (Kinder 550 ¥). Anfahrt mit Keihin Kyūko Line (Keikyū), einen Tag freie Fahrt mit Yokohama Shiei (U-Bahn), Shiei Bus, Minato Mirai Line, Community-Bus und den Bussen der **Akaikutsu** („Roter Schuh")-Ringlinie. Das Ticket kann man an jedem Keikyū-Bhf. mit Ausnahme Sengakuji kaufen.

Kulinarisches

Chinatown 137

Chinatown lebt von den chinesischen Restaurants und Geschäften. Für den schnellen Hunger gibt es aber auch sehr interessante Snacks zum Mitnehmen, z. B. bei Edosei am östlichen Ende der Hauptstraße. Lokale zu finden ist in dem Gassengewirr fast unmöglich, kaum ein Name ist in lateinischen Buchstaben wiedergegeben, am besten lässt man sich von den wegen der riesigen Konkurrenz angebotenen Ermäßigungen anlocken, reichhhaltige Mittagsbüfetts gibt es ab 1500 ¥. Warteschlangen vor einem Lokal sind in Japan immer ein gutes Zeichen. Generell gelten die Restaurants aber als überteuert, weil sie Touristenpreise verlangen. Teuer, aber auch gut sind klassische Restaurants wie Manchinro, das bereits 1892 eröffnet wurde.

259 [Karte I] **Manchinro** ¥¥¥, 153 Yamashitachō, Tel. 04 5681-4004, https://en.manchinro.com, Di.-Fr. 11-15, 17-22, Sa., So. 11-22 Uhr

Cafés

260 [Karte I] **Cha-no-ma,** Akarenga 2, F3, Mo.-Fr. 11-23, Sa., So. 11-5 Uhr. Café mit offener Küche, günstigen Speisen und Desserts, **Breizh Café** mit bretonischen Lunchgerichten und **Café Berube** mit leckeren Snacks wie *Creamcheese Kare Pan* oder *Marugoto Ebi Kare Pan* (Shrimps und Curry im Brötchen). Es gibt Plätze auf Matratzen, auf denen man auch das Essen serviert bekommt, das fühlt sich an wie Essen im Bett!

261 [Karte I] **Port Terrace Café,** 2-3-1 Shinko, F3 im JICA Museum, Lunch tgl. 11.30-14, Café tgl. 14-17 Uhr. Zum Lunch gibt es ein Dutzend Gerichte, darunter auch halal und vegetarisch, immer auch nicht-japani-

217to©junce11, stock.adobe.com

sche, meist aber asiatische Gerichte. Vor Abbildungen der Gerichte steht je eine Schale mit Marken. Diese Marke zeigt man an der Kasse vor, zahlt den angegebenen Preis (etwa 500–750 ¥), erhält gegen Vorlage des Bons einen Pager und nach wenigen Minuten das bestellte Gericht. Bei gutem Wetter lädt die geräumige Terrasse ins Freie, mit schöner Aussicht auf die Umgebung.

Lunch oder Dinner

› Der Foodcourt **Mirai Yokocho** im Dockyard Garden (B1/B2 des Landmark Tower, s. S. 203) bietet Lokalgassen mit Lunchgerichten um 1000 ¥.
› Ein beliebtes Bar-Viertel ist **Noge** gleich südwestlich von U: Sakuragichō.

Shopping

An und um den Bhf. **Yokohama** befindet sich ein großes und beliebtes **Einkaufszentrum**. Wer nur zum Shopping kommt, braucht die Umgebung des Bahnhofs nicht zu verlassen und muss keinen Schritt auf die Straße setzen: Alle wichtigen Kaufhäuser und Läden sind **unterirdisch** zu erreichen. Verlässt man den Bahnhof nach Osten, geht man durch die unterirdische Einkaufspassage **Porta** (Porta Underground) am **Lumine** vorbei zum riesigen **Sōgō Department Store**. Nebenan steht das Sky Building, ebenfalls mit zahlreichen Geschäften.

Vom Westausgang erreicht man das größere unterirdische Einkaufszentrum **Joinus**, das mit Odakyu, Okadaya More's und Cial verbunden ist und an das die Kaufhäuser **Takashimaya** sowie andere Geschäfte angeschlossen sind.

Geht man vom Bhf. **Sakuragichō** in südöstlicher Richtung über die Benten-Brücke über den Ōka-Fluss und parallel zur Bahn bis zur Kaufhausfiliale Marui, erreicht man die links abzweigende **Einkaufsstraße Basha-michi** (Pferdewagenweg), die rot gepflastert ist und mit ihren altmodischen Telefonzellen und Straßenleuchten den Eindruck einer **Straße des 19. Jahrhunderts** erwecken soll. Die beliebte Einkaufsstraße ist gewissermaßen eine Fortsetzung der 1,3 km langen Fußgängerzone **Isezakichō** mit **500 Geschäften**, die von Marui unter der Bahn hindurch (Nordausgang) nach Südwesten führt. Die Minato Mirai Line (s. S. 207) fährt direkt zum Bhf. Bashamichi. Siehe auch das **Einkaufsviertel Motomachi** (S. 203).

262 [Karte I] **Daisekai,** 97 Yamashita-cho, www.daska.jp, tgl. 9–22 Uhr. Mehrstöckiges China-Kaufhaus mit Attraktionen.

263 [Karte I] **Joinus,** 1–4 Minami-Saiwai, tgl. 10–21 Uhr

264 [Karte I] **Sōgō Department Store,** 2–18–1 Takashima, tgl. 10–20 Uhr, Restaurants bis 23 Uhr

Unterkunft

265 [Karte I] **Kanalian** ¥, 16–5, Daimachi, Kanagawa-ku (nahe JR: Yokohama W-Ausg. 10 Min.), Tel. 313-6442, http://kanalian.com. Eines der wenigen Guest Houses in Yokohama, in attraktivem renovierten Wohnhaus, geführt vom freundlichen, reiseerfahrenen Lee. Versteckt gelegen, Hinweisschilder beachten.

Die Akarenga-Warenhäuser (131) am Hafen sind beliebte Shopppingcenter

Kawasaki

川崎市

Hinter diesem als Motorradmarke bekannten Namen steckt eine **japanische Großstadt** mit 1,5 Mio. Einwohnern, die zwischen Tokyo und Yokohama liegt. Da sie in erster Linie eine **Industriestadt** ist, ist sie nicht touristisch geprägt. Dennoch hat sie einiges zu bieten.

Während der Edo-Zeit entwickelte sich Kawasaki um seine Poststation und vor allem den bedeutenden Tempel **Kawasaki Daishi** (139) herum. Ab 1913 wurde auf neu gewonnenem Land an der Tokyo-Bucht eine **Industriezone** angelegt. Der Hafen gehört zu den größten des Landes. In der Umgebung des Bahnhofs kann man gut shoppen, z. B. in der **Lazona Kawasaki Plaza,** einem riesigen Einkaufskomplex. Sehenswert ist das **Bauernhausmuseum** (Nihon Minka-en) in Mukogaoka-Yuen (Odakyu Line) im Westen, das mit einem Besuch von Enoshima und Kamakura verbunden werden kann.

(139) Kawasaki-Daishi-(Heikenji)-Tempel ★★ [Karte V]

川崎大師 (平間寺)

Der **große Tempelkomplex** dient dem Schutz vor Unglück. An Neujahr besuchen ihn 2–3 Mio. Menschen. In der Nähe befindet sich der Kanayama-Schrein (Wakamiya Hachimangu), in dem u. a. ein Riesenphallus zu sehen ist. Anfang April findet dort ein Fest statt, das wegen seiner Parade von Phallusschreinen bekannt ist (Einzelheiten in jeder Touristeninformation).

› www.kawasakidaishi.com/english, Anfahrt: Keihin-Kyuko Daishi Line bis Kawasaki Daishi Bhf.

Kamakura

鎌倉市, 江の島

Kamakura ist ein **Muss für Tokyo-Besucher, Hauptstadt Japans im 12. Jahrhundert** mit bedeutenden Zen-Tempeln und Schreinen, umgeben von den Hügeln der „Kamakura-Alpen"; **Enoshima** gilt mit seinen **zahlreichen Attraktionen** als „Insel für Verliebte".

Wer das Herz der japanischen Kultur sehen will, muss bekanntlich nach Kyōto fahren, einschließlich eines Abstechers nach Nara. Vor den Toren Tokyos gibt es jedoch ein Ziel, das denen, die aus Zeit- oder anderen Gründen keine Gelegenheit haben, Kyōto und Nara zu besuchen, einen kleinen, aber sehr lohnenden Ersatz bieten kann. Für die Besichtigung der Stadt sollte mindestens ein halber Tag eingeplant werden.

Kamakura, am nordwestlichen Rand der Miura-Halbinsel gelegen, war unter dem ersten Shōgun Minamoto Yoritomo 1192 an Stelle von Kyōto zum Sitz der Militärregierung *(bakufu)* bestimmt worden und blieb bis 1333 faktische Hauptstadt Japans.

Der vom großen Nachbarn China eingeführte Zen-Buddhismus erlebte dank seiner asketischen Strenge und Schlichtheit folgerichtig eine erste große Blüte während der Kamakura-Zeit. So kann man heute noch einige der wichtigsten Zen-Tempel aus jener Zeit, die meist der Rinzai-Sekte angehören, aber auch eine Reihe anderer Tempel und Schreine besichtigen, nicht zu vergessen natürlich das **berühmteste Standbild Japans**, den **Großen Buddha** Daibutsu (140).

Eine Besonderheit der Stadt sind kleine Ausfallsträßchen mit sogenannten *kiridōshi,* kleine in den Fels gehauene

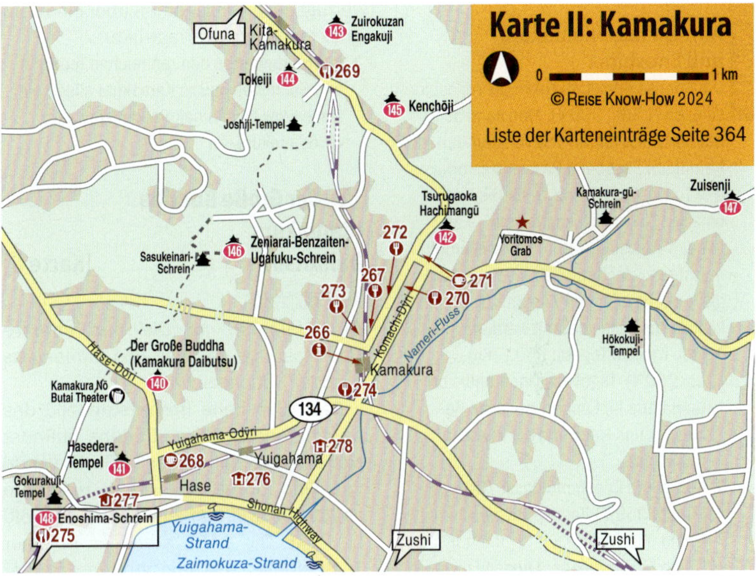

Pässe, die zum Teil schon 800 Jahre alt sind. In und um Kamakura gibt es dazu reizvolle Wanderwege in den liebevoll „**Kamakura Alps**" genannten Hügeln, die steiler sind, als es ihre geringe Höhe vermuten lässt.

Wer keine organisierte Halbtagestour bucht und etwas mehr Zeit mitbringt, kann beispielsweise mit der Eisenbahn (Yokosuka-Line) von Tokyo aus zum eine Station vor dem Zentrum gelegenen **Bahnhof Kita-Kamakura** fahren. Von dort aus lässt sich Kamakura über zwei beliebte Wanderwege sehr reizvoll quasi „von hinten aufrollen", denn in der näheren Umgebung dieses Bahnhofs stehen mehrere bekannte Tempel. Die Hauptachse der Stadt ist jedoch der Zugangsweg vom Meer zum Hachiman-Schrein 142.

Kamakura entdecken

Wer gerne **wandert**, sollte unbedingt die Besichtigungen von Tempeln und Schreinen mit den bezeichneten Wanderwegen, z.B. **Daibutsu Hiking Course** (大仏ハイキングコース) zwischen Bhf. Kita-Kamakura und Großem Buddha 140 und umgekehrt und/oder den längeren **Tenen Hiking Course** (天園ハイキングコース) zwischen Kita-Kamakura und dem Tempel Zuisenji 147 gehen. Man kann auch drei Wanderwege mit dem **Gionyama Hiking Course** zwischen Yagumo-Jinja und Hagidera zu einer Tagestour kombinieren.

Fährt man lieber mit dem **Fahrrad,** kann man ein größeres Besichtigungspensum schaffen und gleichzeitig einige der berühmten schmalen, alten Sträß-

EXTRAINFO

Anreise nach Kamakura und Enoshima

Die Anreise erfolgt ab Tokyo (JR Yokosuka Line, ca. 1 Std., 900 ¥). Man kann auch nur bis Ofuna fahren und von dort den Kamakura Enoshima Pass nutzen oder den Tokyo Wide Pass z. B. für die Kombination Tokyo – Nokogiriyama – Fähre nach Yokosuka – Kamakura. Hierbei müsste nur der Betrag für die Fähre und ggf. derjenige für den Bus zum JR-Bhf. Yokosuka zusätzlich bezahlt werden.

› **Free Kankyo Tegata:** 550 ¥ (Kinder 280 ¥), Tagespass innerhalb von Kamakura für Enoden zwischen Kamakura und Hase und die Busse in Kamakura

› **Kamakura Enoshima Pass:** 700 ¥ (Kinder 350 ¥), Tagespass zwischen Ofuna und Fujisawa, inbegriffen JR Ofuna bis Kamakura, Enoden Fujisawa bis Kamakura und Shonan-Monorail zwischen Ofuna und Shonan-Enoshima, Enoshima/Kamakura Freepass ab Shinjuku 1470 ¥ (Odakyu)

› **Information:** www.city.kamakura.kanagawa.jp/kamakura-kankou/en

chen mit ihren *kiridōshi* befahren, für viele ein echter Höhepunkt. Abseits der geschäftigen Hauptstraße mitten durch Kamakura und der Küstenstraße sind die meisten Straßen sehr ruhig. Man kann auch direkt zum Bahnhof Kamakura fahren, zu Fuß durch die Stadt gehen und für weiter vom Bahnhof entfernte Tempel den **Bus** bzw. die **Enoden-Bahn** zwischen Kamakura und Fujisawa nutzen, wobei die meisten Besucher nur bis **Katase-Enoshima** für einen Besuch der beliebten Insel (s. S. 216) fahren. Kamakura verfügt erwartungsgemäß über eine sehr gute touristische Infrastruktur.

› **Informationen** zu den zahlreichen Tempeln und Schreinen und zu Kamakura allgemein siehe www.city.kamakura.kanagawa.jp/visitkamakura/en

140 Der Große Buddha (Kamakura Daibutsu) ★★★ [Karte II]

高徳院(大仏)

Der Daibutsu ist die berühmteste Buddhastatue der Welt und Kamakuras einziger Nationalschatz.

Das 13 m hohe Bronzestandbild des meditierenden Amida-Buddha befindet sich seit 1252 an dieser Stelle. Es wurde von Ono Goroe oder Tanji Hisamoto gegossen und war einst mit Blattgold bedeckt. Bis 1495 stand es in einer Tempelhalle, wie sein größerer Bruder in Nara (im Tōdaiji). Seit einer Springflut in jenem Jahr jedoch sitzt der Buddha im Freien, wodurch die starke Wirkung von vollkommener Harmonie, Ruhe, gesammelter Kraft, Abkehr von weltlichen Leidenschaften wie Gier, Neid und Eifersucht noch stärker zur Geltung kommt. Der 93 Tonnen schwere Große Buddha steht im Tempelbezirk des Kōtoku-in, der zur Jodo-Sekte gehört und insgesamt sehr sehenswert ist. Man kann dem Buddha übrigens in seinem Inneren ganz profan in den Kopf steigen.

› **Kotokoin Daibutsu,** 4-2-28 Hase, Hase (Enoden) 10 Min., Tel. 22-0703, www.kotoku-in.jp/en/about.html, Eintritt: 200 ¥, tgl. 8–17.30 Uhr

Aufgang zum Tsurugaoka-Hachimangū 142

141 Hasedera ★★★ [Karte II]

長谷寺

Der Hasedera-Tempel ist einer der bekanntesten Tempel Kamakuras. Von ihm bietet sich ein schöner Blick über die Hügel und die Bucht von Kamakura.

Im Tempel befindet sich eine hölzerne Statue der elfköpfigen Kannon aus dem Jahre 721. Aus dem gleichen Baum wurde vom Mönch Tokudo eine zweite Statue geschnitzt, die im Hase-Tempel in Nara steht. Der Legende nach übergab der Mönch eine der beiden Statuen dem Meer, auf dass sie sich ihren Standort selbst aussuche. Und so sei sie nach Kamakura gekommen.

Fast noch berühmter ist der Tempel wegen der **ungezählten steinernen Jizō-Figuren** mit ihren roten Lätzchen und dem mitgegebenen Spielzeug. Es handelt sich um Andenken an verstorbene, vor allem ungeborene, also abgetriebene Babys (in Japan waren Anti-Baby-Pillen bis 1999 illegal, Abtreibungen dagegen an der Tagesordnung). Hier wird ihrer Seelen gedacht. Jizō ist u.a. der Schutzpatron der Kinder.

Nach traditioneller Auffassung werden die Kinder nach dem Tod zum Fluss Sai-no-Kawara gebracht, wo sie die Hexe Shozuka-no-Baba daran hindern will, ins Paradies zu gelangen. Sie zwingt die armen Kinder, Steintürme zu bauen, die sie aber immer wieder zerstört und stiehlt ihnen die Kleidung. Die Jizō verstecken die Kleinen in ihrem weiten Gewand und bringen sie ans Ziel. Die Lätzchen stehen für die Kinder-Kleidung und die Steine im Schoß für die Steintürme.

› 3-11-2 Hase, Hase (Enoden), 5 Min., Tel. 22-6300, www.hasedera.jp/words/english/e1.html, Eintritt: 300 ¥, tgl. 8–17.30 Uhr

142 Tsurugaoka Hachimangū ★★★ [Karte II]

富岡八幡宮

Der im Jahr 1063 in Zaimokuza gegründete und dem Kriegsgott Hachiman geweihte Schrein wurde 1180 von Minamoto no Yoritomo an den heutigen Ort verlegt. Er war die **Keimzelle Kamakuras** und ist auch heute noch das **Herz der Stadt.** Die Prozessionsstraße Wakamiya Oji verlief vom Meer bis zu dem auf ei-

110to-ml

nem Hügel gelegenen Schrein. Die Stadt entwickelte sich links und rechts von dieser Straße. Einst war er der Schutzschrein der Kamakura-Shōgune und der Samurai. Heute hilft er, Liebe zu finden, dazu Gesundheit und ein langes Leben, akademischen Erfolg, Sicherheit im Verkehr und Wohlstand im Haushalt – kein Wunder also, dass er jährlich von 2,5 Mio. Menschen besucht wird! Die in Rot und Weiß gehaltene Haupthalle (Hongu) steht auf dem höchsten Punkt des Geländes und wurde im Stil der Edo-Zeit errichtet. Vor der Treppe zum Hongu steht die kleine Halle Maiden. Hier finden Zeremonien statt und werden Tänze aufgeführt. Es gibt neben mehreren Teichen einen Päoniengarten und ein Schreinmuseum (jeweils gegen Eintritt).

› 1-20-3 Tomioka, JR: Kamakura (Yokosuka Line), O-Ausg. 10 Min., www.hachimangu.or.jp/en, April–Sept. tgl. 5–21, Okt.–März tgl. 6–21 Uhr

143 Zuirokuzan Engakuji ★★ [Karte II]

瑞鹿山円覚興聖禅寺

Der Engakuji, Nummer zwei der fünf großen **Zen-Tempel** Kamakuras, wurde 1282 gegründet. Seine **Reliquienhalle Shariden** mit ihrem Doppeldach (enthält einen chinesischen Quarzschrein mit einem Zahn Buddhas) stammt noch aus dem Gründungsjahr und ist somit das **älteste Zen-Gebäude Japans.** Berühmt ist auch die Tempelglocke aus dem Jahre 1301. Daisetsu Suzuki, einer der im Westen bekanntesten Zen-Gelehrten, lebte hier bis zu seinem Tod 1966.

› 409, Yama-no-uchi, JR: Kita-Kamakura (Yokosuka Line), Tel. 0467 22-0478, tgl. 8–16.30 Uhr, Eintritt: 300 ¥

144 Tōkeiji ★★ [Karte II]

松岡山東慶寺

Gegenüber dem Engakuji auf der anderen Seite der Bahngleise liegt der bekannte **„Scheidungstempel" Tōkeiji**, ein Zweigtempel des Engakuji 143. Damals gab es keine Möglichkeit für Frauen, sich scheiden zu lassen. Der Tempel war so etwas wie ein **Frauenhaus:** Wer es schaffte, sich in ihn hineinzuflüchten – es genügte, wenn die Flüchtenden ihre Sandalen über das Tor warfen – konnte sich nach zwei, drei Jahren Nonnendasein als geschieden betrachten. Auf der Rückseite befinden sich Gräber einiger berühmter Japaner. Südlich neben dem Tōkeiji steht ein weiterer Tempel, der 1281 gegründete Jochiji. Dieser befindet sich am Beginn des Daibutsu Hiking Trail.

› 1367 Yamanouchi, JR: Kita-Kamakura (Yokosuka Line), 3 Min., Tel. 22-1663, https://tokeiji.com (nur Japanisch), tgl. 8.30–17 Uhr, Eintritt: 100 ¥, Schatzhaus 300 ¥

145 Kenchōji ★★ [Karte II]

建長寺

Etwa 20 Min. südöstlich des Bahnhof Kita-Kamakura auf dem Weg in die Stadt liegt in einem bewaldeten Tal der größte **und bedeutendste der fünf Zen-Tempel Kamakuras.** Er wurde 1253 vom chinesischen Priester Tao Lung (Rankei Doryu) im Stil buddhistischer Tempel der südlichen Sung-Dynastie gegründet, brannte 1415 ab und wurde im 17. Jh. originalgetreu wiederaufgebaut. Zu den Schätzen gehören die 1225 gegossene **Glocke** und eine **Holzstatue des fünften Kamakura-Shōgun Hōjō Tokiyori.** Der Tempel untersteht der Rinzai-Sekte. Der Tenen Hiking Trail zum Kakuonji beginnt an seiner Rückseite. Man muss also vorher Eintritt bezahlen.

› 8, Yama-no-uchi, JR: Kita-Kamakura (Yokosuka Line), 20 Min., Tel. 22-0981, www.city.kamakura.kanagawa.jp/visitkamakura/en/places-to-go/temples/kenchoji.html, tgl. 8.30-16.30 Uhr, Eintritt: 300 ¥

146 Zeniarai-Benzaiten-Ugafuku-Schrein ★★ [Karte II]

銭洗弁財天宇賀福神社

In diesem originellen Schrein soll man – besonders im Jahr der Schlange – im Quellwasser einer Grotte sein **Geld waschen** und es somit auf wundersame Weise vermehren. Minamoto Yoritomo, der erste Kamakura-Shōgun, soll in einem Traum die göttliche Botschaft erhalten haben, das Wasser für den Frieden der Welt zu opfern.

› 2-25-16 Sasuke, JR: Kamakura (Yokosuka Line), W-Ausg., 25 Min., Tel. 25-1081, tgl. 8-16.30 Uhr, Eintritt frei

147 Zuisenji ★★ [Karte II]

錦屏山瑞泉寺

Am nordöstlichen Stadtrand liegt am Ende des Tenen Hiking Trail über den Tendai-san (141 m) der Zuisenji. Er wurde 1327 von Musō-Soseki bzw. Musō-Kokushi gegründet. Sein aus natürlichem Fels, Sand und Wasser bestehender und von Bergen umgebener Garten im Momijigayatsu („Tal der herbstlichen Ahornblätter") gilt als **schönster Zen-Garten Kamakuras**, weshalb der Tempel auch als Blumentempel bekannt ist.

› 710 Nikaido, JR: Kamakura (Yokosuka Line), 20-30 Min., Bus Richtung Daitonomiya ab Haltestelle Nr. 4 am Bhf. bis Haltestelle Kamakura-gu, von dort 15 Min., Tel. 22-1191, www.kamakura-zuisenji.or.jp/en/index.html, tgl. 9-16.30 Uhr, Eintritt: 200 ¥

Information und Fahrradverleih

Die Stadt kann gut mit dem Fahrrad erkundet werden, das u. a. gleich beim **Tourist Information Center** (TIC) gegenüber dem Bahnhof Kamakura ausgeliehen werden kann (ab 600 ¥ für 1 Std., 1600 ¥ pro Tag). Die **für die Ausflüge nötige Karte mit Begleitheft** gibt es für 200 ¥ im TIC.

- **266** [Karte II] **Kamakura Tourist Information,** 1-1 Komachi, Tel. 23-3050, -3350, tgl. 9-17 Uhr

Kulinarisches in Kamakura

Ein Überangebot an Cafés und Restaurants, oft auch italienisch oder französisch, wartet darauf, entdeckt zu werden. Snacks zum Mitnehmen *(tabe-aruki)* gibt es ab 120 ¥ an der Hauptstraße **Komachi-dōri:**

- **267** [Karte II] **Asahina,** tgl. 9.30-19 Uhr. Gedämpfte oder gebratene Fischkuchen für 170 ¥.
- **268** [Karte II] **Bergfeld,** 2-13-47 Hase, tgl. 10.30-18.30 Uhr. Deutsche Bäckerei u. Café, beliebt: Meatpie.
- **269** [Karte II] **Hachinoki Kita-Kamakura** ¥¥, 350 Yamanouchi, www.hachinoki.co.jp, tgl. 11.30-15 u. 17-19 Uhr. Kamakura ist ein guter Ort, um die vegetarische Tempelküche Shojin Ryōri kennenzulernen. Ein Michelin-Stern, man sitzt bequem an Tischen oder traditionell auf Tatami, Lunchmenü ab 2500 ¥.
- **270** [Karte II] **Hannari Inari.** Inari Sushi oder Tamagoyaki mit Shirasu für 250 ¥.
- **271** [Karte II] **Ruru Kamakura,** F2, 1-6-28 Yukinoshita, https://ruru-kamakura.jp, tgl.

11–17 Uhr. In die Tischplatten dieses Cafés sind flache Wasserbecken eingelassen – eine Art Zen-Garten unter Wasser. Dort hinein werden die Tabletts mit Tee und Süßspeisen gestellt.

- **272** [Karte II] **Sakura no Yumemiya,** 2-7-34 Komachi, Dango ab 120 ¥
- **273** [Karte II] **Schinken & Wurst,** 13 Onari-machi, Kamakura. Deutsche Bratwürste ab 350 ¥ im Kiosk am Eck vor dem Tunnel am Bahnhof.
- **274** [Karte II] **Yukkohan,** 5-10 Onari-machi, tgl. 10–15 Uhr. Hausgemachtes O-bentō und Snacks wie Hamburger, gut zum Mitnehmen auf die Besichtigungstour.

Enoshima

江の島

Enoshima ist eine durch einen 600 m langen Damm mit dem Festland verbundene **Insel mit zahlreichen Attraktionen:** Tempeln, Schreinen, Grotten, Aquarium und einem Botanischen Garten. Einst war es ein beliebtes Ziel von Flitterwöchnern, als diese sich noch keine Reisen nach Guam, Hawaii oder anderswohin leisten konnten. Mit der kleinen Enoden-Eisenbahn fährt man üblicherweise von Kamakura an der Küste entlang bis zum Bhf. Katase-Enoshima und geht von dort zu Fuß in gut 10 Min. zur Insel. Alternativ kann man per Fähre direkt zur Iwaya-Höhle auf der Rückseite fahren (400 ¥) und gegebenenfalls von hinten zurück über die Insel gehen.

148 Enoshima-Schrein ★★★

江島神社, 裸弁財天

Der Enoshima-Schrein besteht aus drei Schreinen: zunächst dem 1206 gegründeten, 1675 neu errichteten und im Jahr 1976 renovierten Hetsunomiya, dem **Hauptschrein der Göttin der Liebe,** des Glücks und der Schönheit. Er befindet sich hoch oben auf der Insel. Es gibt dort linker Hand in einem kleinen Tempel zwei berühmte Statuen der Benten, vor allem die der nackten Benzaiten *(hadaka Benzaiten,* sie entspricht der Hindugöttin

111to-ml

Saraswati). Der mittlere Schrein, der leuchtend rote Nakatsunomiya, steht hinter dem Hetsunomiya und wurde bereits 853 gegründet. Ein Stück weiter hinten steht schließlich der Ōkutsunomiya, der hinterste Schrein. Der übliche Weg führt über mehrere Treppen nach oben. Es gibt aber auch ein kostenpflichtiges System von Rolltreppen (360 ¥) für die Auffahrt.

› 2-3-8 Enoshima, www.asahi-net.or.jp/~QM9T-KNDU/enoshima.htm, Eintritt frei, der kleine Tempel für die „Nackte Benten" und eine andere Bentenfigur kostet jedoch 150 ¥ Eintritt

Kulinarisches in Enoshima

275 Tobiccho ¥¥, 1-6-7 Enoshima, tgl. 11–21 Uhr. Hier gibt es die Spezialität der Insel: *Shirasu,* Fische mit Krabben auf Reis.

Unterkünfte in der Region

276 [Karte II] **Kaihin-sō** ¥¥¥, 4-8-14 Yuigahama, Tel. 0467 22-0960, www.kaihinso.jp. **Im Stil der Taisho-Romantik:** Elegantes, 1924 als Wohnhaus erbautes und denkmalgeschütztes Haus am Meer. Zwei Zimmer im westl. Stil, der Rest im Anbau japanisch.

277 [Karte II] **Kamakura-Hase** ¥, 5-11 Sakanoshita, Tel. 0467-24-3390. Kleine Jugendherberge mit 12 Betten.

278 [Karte II] **We Home Stay Yuigahama** ¥, 2-22-1 Yuigahama, https://wehome-stay.com/kamakurayuigahama. **In Strandnähe:** sehr sauberes Guesthouse, freundliches Personal, 10 Min. zu Fuß südl. Bhf. Kamakura.

◁ *Aufgang zum Enoshima-Schrein* 148

Fuji-Hakone-Izu-Nationalpark

Hier steht der Fuji-san im Mittelpunkt. Aber auch Hakone und die Izu-Halbinsel sind vielbesuchte und attraktive Ziele. Bei den TIC gibt es gutes Informationsmaterial.

149 Fuji-san (Berg Fuji) ★★★ [Karte III]

富士山

Der Fuji ist der höchste Berg und das Symbol für Japan. Er steht auf der UNESCO-Weltkulturerbe-Liste.

Die Hauptattraktion des Fuji-Hakone-Izu-Nationalparks ist der berühmte Berg Fuji-san, mit 3776 m Höhe **höchster, schönster** und **heiligster Berg Japans.** Er ist ein Ausdruck fast vollkommener Harmonie, ein Berg, der sich mit den Jahres- und Tageszeiten verändert. Einmal im Leben sollte man ihn besteigen, heißt es. Aber das Sprichwort geht noch weiter: „ ... wer es ein zweites Mal tut, ist töricht". Der Autor war schon dreimal oben. Der Name soll sich von einem Ainuwort für „Feuer" *(fuji)* ableiten – der Vulkan ist bisher 18-mal ausgebrochen, zuletzt im Jahre 1707. Ein neuer **Ausbruch** wird sicher kommen, denn trotz des Fehlens von Schwefeldämpfen und Erdbeben gilt der Vulkan noch als geologisch aktiv. Er liegt am Schnittpunkt der Pazifischen mit der Philippinischen Platte.

Seit der Berg, die **Seen und Schreine** wegen ihrer religiösen und kulturellen Bedeutung zum UNESCO Weltkulturerbe zählen (nicht, wie man annehmen könnte, zum Weltnaturerbe – dazu waren die Eingriffe in die Natur zu massiv),

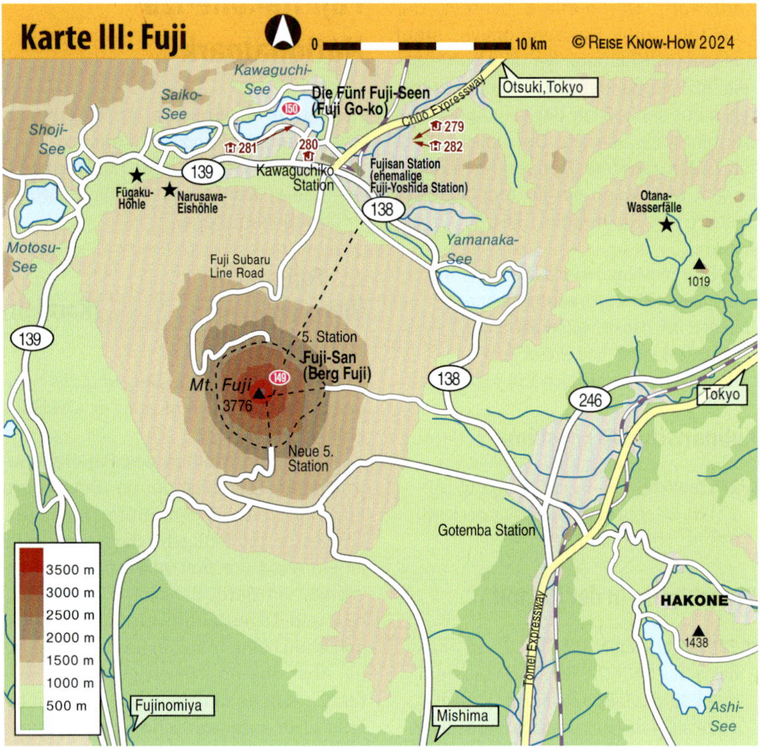

hat der Rummel um den Fuji noch deutlich zugenommen. Übrigens: Ausländer sagen fälschlicherweise gern Fujiyama, Japaner immer: Fuji-san (das Zeichen für Berg kann *-san* oder *-yama* ausgesprochen werden).

Hinweise zur Besteigung

Die Besteigung des Berges sollte nur in der Sommersaison erfolgen (s. S. 219). Vom **1. Juli bis 10. September** ist der Berg „offiziell geöffnet". Auch von Mitte Juni bis Anfang/Mitte Oktober können jedoch sommerliche Verhältnisse angetroffen werden, der Berg ist dann schneefrei. Die meisten **Hütten** sind außerhalb der offiziellen Saison jedoch fest verrammelt, nicht einmal Winterräume gibt es. Anfang Juli kann noch so viel Schnee liegen, dass nicht alle Wege gleichzeitig geöffnet werden können oder noch geräumt werden müssen. Besteigungen außerhalb der offiziellen Saison müssen bei der Polizei angemeldet werden.

Der erste **Schnee** fällt meist Mitte Oktober und bleibt im oberen Teil des Berges ab etwa November liegen. Die Wege sind dann nicht mehr zu begehen. Von Bergsteigern, die z. B. für den Himalaya trainieren wollen, wird der Fuji gerade deshalb auch im Winter (Januar, Februar) bestiegen, aber nur mit entsprechender Ausrüstung. Im Frühjahr, etwa Ende Mai/Anfang Juni, kann man auf den oberen Hängen auch **Skifahren**, aber dann taut auch schon bald der letzte Schnee und der Berg präsentiert sich im sommerlich-braunen Kleid.

Ausrüstung und Verpflegung

Obwohl der Berg hoch ist, lässt er sich im Sommer problemlos ohne besondere Ausrüstung besteigen. Einfache **Joggingschuhe** genügen, allerdings sind sie für den Abstieg über die Aschehänge nicht optimal. Wer für die Knöchel festeres Schuhwerk braucht, wird mit Wander- oder Trekkingstiefeln auskommen. Gamaschen sind für den Abstieg nützlich. Ansonsten empfiehlt sich je nach Zeitpunkt ein **Pullover oder Anorak**, für Kälteempfindliche eine Mütze und Handschuhe. Regen- und Sonnenschutz sind ebenfalls ratsam. Die **Durchschnittstemperatur** liegt im Sommer bei 5 bis 6 °C. Für den Nachtaufstieg ohne Mondlicht ist eine Stirn- oder Taschenlampe notwendig, **nachts** können auch im Sommer die Temperaturen unter Null fallen.

Am besten bringt man sich die eigene **Verpflegung** und Getränke mit. Einfache Gerichte wie Curryreis und Nudelsuppen gibt es zwar in den Hütten unterwegs und auf dem Gipfel, der Preis ist aber der Höhenlage angepasst. An der 5. Station gibt es mehrere **Geschäfte,** die außer Souvenirs auch Kekse und andere Verpflegung (auf japanischen Geschmack ausgerichtet und wesentlich teurer als

EXTRAINFO

Achtung: Nur im Sommer!

Im Winter besteht auf dem Fuji-san die Gefahr von **Neuschneelawinen,** auch sind die **Wege** und Flanken **meist vereist** und ohne Steigeisen nicht begehbar. Zu dieser Zeit gibt es auch keinerlei offene Hütten oder Schutzräume. Touristen sind bereits gestorben, weil sie das nicht wussten und von falschen Voraussetzungen ausgingen!

im Tal) anbieten. Bei Busanreise z. B. ab Shinjuku deckt man sich am besten vor der Abfahrt ein. Eine „Wegreinigungspauschale" von 1000 ¥ wird erhoben. Toilettenbenutzung unterwegs kostet ausnahms- und verständlicherweise 100 ¥, **Toilettenpapier** sollte man selbst mitbringen.

Aufstiegsrouten und Details

Die üblichen Anstiegsrouten auf den Fuji sind alte Pilgerwege, die in **zehn Stationen** *(gome)* unterteilt sind. Die meisten der jährlich rund 500.000 Gipfelbesteiger fahren aber mit dem **Bus** bzw. **Pkw** auf den guten Straßen von Norden (Fuji Subaru Line ab Fuji-Yoshida bzw. Kawaguchiko) oder von Süden (ab Fujinomiya oder Mishima) zur **5. Station** *(gogome)* in ca. **2300 bzw. 2400 m Höhe.** Die Fujinomiya-Route ist die kürzeste, aber von dort sieht man unterwegs den begehrten Sonnenaufgang nicht.

Der **Höhenunterschied** von den sich um den Berg herum gruppierenden **Seen** 150 bis zum Gipfel beträgt fast 3000 m. Zu Fuß sind es von dort etwa **18 Kilometer,** ab der 5. Station verbleiben die 6 bis 8 steilsten. Für den Anstieg auf den klassischen Routen der Edo-Zeit vom Fuß des Berges kann man **vier Rou-**

236to-ml

ten wählen: Murayama, die älteste (von Fujinomiya bzw. Mishima), Suyama (von Gotemba), Subashiri und Yoshida, die beliebteste (von Kawaguchiko): Auf ihr sind es 11 km vom Fuji-Sengen-Schrein, der auch Teil des Weltkulturerbes ist, bis zur 5. Station dieses Wegs.

Wer aus Tokyo kommt, wird in der Regel den Aufstieg von Norden, also die Yoshida-Route auf der Fuji-Subaru Line ab der 5. Station, wählen. Die Gotemba- und die Subashiri-Route im Osten ermöglichen einen leichten Abstieg, weil man auf Vulkanasche-Gefällen regelrecht den Berg hinabrutschen kann. Den Sonnenaufgang kann man von überall sehen. Die 5. Station *(shin-go-gome)* der Gotemba-Route liegt jedoch nur auf 1440 m Höhe, die der Subashiri-Route auf 1980 m. Für den Aufstieg sind sie entsprechend mühsam und nur zu empfehlen, wenn man weniger Trubel will. Manche Besteiger rasten unterwegs ein paar Stunden in einer der zahlreichen **Hütten** am Weg. Oberhalb der 7. Station gibt es mehr als nur eine Hütte pro Station, am Yoshida-Weg etwa 25, am Mishima-Weg 11, am Gotemba-Weg dagegen nur 3.

Der Aufstieg erfordert je nach Kondition 4 bis 8 Std. reine Gehzeit für die gut 1400 Meter Höhenunterschied ab der 5. Station. Wer langsam und gleichmäßig aufsteigt, wird keine Probleme mit der Höhe bekommen. Im Sommer sind die Nachtaufstiege beliebt, geht es doch darum, rechtzeitig zum **Sonnenaufgang** am Gipfel zu stehen und der roten Scheibe – wenn oder falls sie über dem Wolkenmeer auftaucht – ein „Banzai" entgegenzurufen. So oder so ist das Farbspiel des Sonnenaufgangs sehr eindrucksvoll.

Bis zur 7. Station kann man auch **reiten** (12.000 ¥). Der Aufstiegsweg im ständigen Zickzack ist recht fest, nicht wie das auf Vulkanen sonst sehr mühsame Gehen auf loser Asche, ab und zu benutzt man die Hände. Für den Abstieg gibt es auch aus Sicherheitsgründen eine eigene Route.

⌃ *Wahrzeichen Japans: der Fuji-san* 149

Oben am **Kraterrand**, am Ende des Kawaguchi-Weges, gibt es ein kleines Dorf mit Steinhütten, in denen sich Lager, Esslokale, Getränkeautomaten, ein Shintō-Schrein und sogar ein Postamt befinden.

Der Weg **um den Krater herum** lohnt bei guter Sicht. Dann überschreitet man auch den höchsten Punkt Japans: den Buckel, auf dem die seit 2004 automatisierte **Wetterbeobachtungsstation** steht. Die Umrundung des Kraters (Durchmesser 800 m, Tiefe 200 m, Rundweg 3,5 km) dauert etwa eine Stunde. Insgesamt lassen sich leicht 2 bis 3 Stunden auf dem Gipfel zubringen. Der **Abstieg** ist in 1 bis 3 Stunden zu bewältigen. Wer in großen Schritten über die **Aschenhänge** herunterrutscht, ist in gut einer Stunde am Parkplatz, wer brav im Zickzack dem Weg folgt, braucht 2 bis 3 Stunden.

Hütten am Fuji-san

Die Übernachtungsmöglichkeiten in den Hütten **oberhalb der 5. Station** sind sehr einfach, aber nicht billig: 5000–8000 ¥ ohne Verpflegung, Essen (meist Curryreis) noch einmal 1000 ¥. In dem Kapsel-Berghotel Unjokaku („Über den Wolken") an der 5. Station z. B. kostet die Koje 7700 ¥, Mahlzeiten 1100–1700 ¥ (www.unjokaku.jp).

150 Die Fünf Fuji-Seen (Fuji Go-ko) ★★★ [Karte III]

Der Besuch der berühmten fünf Seen, die im Bogen vom Nordosten bis Nordwesten **zu Füßen des Fuji** liegen, ist am bequemsten mit dem Auto durchzuführen, zumal dann auch die Sehenswürdigkeiten abseits der Panoramastraße (Nr. 138) besucht werden können. Es gibt jedoch auch organisierte Bustouren bzw. normale Busverbindungen von Ort zu Ort.

› **Infos:** www.japan-guide.com/e/e6900.html

Yamanaka-See

Er ist mit einer Wasserfläche von 6,5 km² der **größte der fünf Seen.** Hier kann man segeln, windsurfen, Wasserski fahren, rudern, wandern, Tennis oder Golf spielen und im Winter Schlittschuhlaufen oder an den Hängen der umgebenden Berge skilaufen.

Von Hirano am östlichen Ufer lässt sich der 1413 m hohe **Ishiwari-yama**, ein hervorragender Aussichtsberg, in gut einer Stunde auf dem „Ishiwari Hiking Course" besteigen (ab dem Schrein **Ishiwari-Jinja).** In Verbindung mit dem „Ohira Hiking Course", der am nordwestlichen Ufer an der Odeyama-Bushaltestelle beginnt und über den 1295 m hohen **Ohira-yama** führt, lässt sich eine etwas längere Wanderung durchführen.

Zwischen Mitte Oktober und Februar kann man vom See den **„Diamond Fuji"** bewundern: Die Sonne steht dann vor ihrem Untergang kurz genau über dem Gipfel des Fuji 149. Fotografen sind ganz verrückt nach dieser Chance.

› **Anfahrt:** Der See ist mit Fuji Kyūkō Bus z. B. ab Bhf. Fuji-san oder Gotemba erreichbar, www.yamanashi-kankou.jp/english/explore-by-area/fujisan-fujigoko/lake-yamanakako.html

Kawaguchi-See

Der 6,1 km² große Kawaguchi-See bietet vom Nordufer aus den **schönsten Blick auf den Fuji** 149. Im Sommer kann man sich in seinem Wasser nach der Bergbesteigung wunderbar den Vulkanstaub abwaschen und schwimmen. Bootfahren und Segeln sind im Sommer sehr beliebt, im Winter Schlittschuhlaufen und Skifahren an den nahen Hängen. Eine **Seilbahn** und **Fußwege** führen auf den Tenjo-Berg (1080 m). Von dort bietet sich ein grandioser Blick über den See auf den Fuji. Im See liegt die kleine **Insel Unoshima** mit einem Schrein, der der Göttin Benten geweiht ist. Der See ist per Bus und Zug erreichbar, z. B. mit dem Tokyo Wide Pass (s. S. 195). Die berühmte **Chureito-Pagode** ist vom Bhf. Shimo-Yoshida in rund 30 Min. (über 396 Stufen) zu erreichen.

Saiko-See

Der 2,1 km² kleine See gilt als der fischreichste. Im Frühjahr und Herbst kann man angeln. Hier gab es früher die grünen Algenbällchen *(marimo)*, heute kann man sie nur noch im Akan-See auf Hokkaido finden. Am Südufer liegt die **Narusawa-Höhle**, in der eine bestimmte, am Kopf stark behaarte Fledermausart lebt; auch gibt es sehenswerte Lavaformationen. Der Fuji ist von hier nicht zu sehen.

Shoji-See

Der Shoji-See ist mit 0,87 km² der kleinste der fünf Seen. Er gilt als der romantischste. An seinem Südufer führt der Shoji-Pfad durch den **Urwald Aokiga-hara**, der auf der verwitterten Lava des Fuji-Ausbruchs von 864 gewachsen ist. Hier sind schon manche umgekommen, die sich im Wald verirrt hatten bzw. ihn zu Selbstmordzwecken bewusst aufsuchen. Eine beliebte Wanderung führt auf den **Eboshi** (1257 m).

Motosu-See

Der tiefblaue Motosu-See ist mit 133 m der tiefste. Hier kann man im Frühjahr und Herbst Forellen angeln.

Information

Infostellen vor Ort

- **Kawaguchiko Sightseeing Information Center,** im Banhof Kawaguchiko, Tel. 0555 72-6700, https://fujisan.ne.jp/en
- **Mt. Fuji General Information Office,** an der 5. Station der Yoshida-Route von Kawaguchiko

Informationen im Internet

- **Fuji-Besteigung:** http://wikitravel.org/de/Fuji
- **Gary J. Wolff** (www.garyjwolff.com) bietet in den FAQ Antworten auf alle möglichen Fragen zum Thema Fuji-Besteigung.
- **Geführte Touren:** www.fujimountainguides.com
- **App „Fujisan Activities"** der Präfektur Yamanashi (kostenlos für iOS und Android)

Anreise

- **Direktbus von Tokyo** ab Shinjuku oder Tokyo Bus Terminal in 2½ bis 3 Std. bis zur 5. Station. Tickets (einfach 2000–3800 ¥) gibt es vor Ort, Reservierungen sind aber auch in Reisebüros möglich. Abfahrt gegen 19 Uhr, Rückfahrt von der 5. Station gegen Mittag am nächsten Tag. Information: Fuji-Kyūkō Railway, Tel. 03 3352-5487, Keiō-Teito-Railway, Tel. 03 3376-2222.
- Zwischen **1.07. und 31.10.** ist das **Mount Fuji Round Trip Ticket** (JR Express) für 5500 ¥ (Kinder 2750 ¥) erhältlich. Es gilt zwei Tage, man kann mit ihm bis zur 5.Station fahren.
- **Zug:** Normalerweise gibt es mit JR East-Zügen der Chūō Line alle 30 bis 60 Min. einen Zug von Shinjuku nach **Ōtsuki** (normal: 1220 ¥, Express: 1 Std., 2820 ¥). Von dort fährt alle 20 bis 40 Min. ein Zug der **Fuji-Kyūkō Line** nach **Kawaguchi-ko** (Dauer: 50 Min., 980 ¥). Die Direktzüge an Sonn- und Feiertagen (z. B. hin 8.15, zu-

rück 15.45 Uhr, 2200 ¥) benötigen insgesamt 2½ Std. Mit dem **Tokyo Wide Pass** (s. S. 195) muss man nichts extra zahlen, da die Benutzung der Fuji-Kyūkō Line inbegriffen ist.

› **Bus von Kawaguchi-ko** zur 5. Station (Fuji-Kyūkō) von Mitte April bis November, 55 Min., 1780 ¥. Zwischen Tokyo (v. a. Shinjuku) und Kawaguchi-ko verkehren täglich 10 bis 16 Busse (1450 bzw. 1650 ¥).

Unterkunft in Kawaguchi-ko und Fuji-Yoshida

279 [Karte III] **Fuji Yoshida Youth Hostel** ¥, 3-6-51 Shimoyoshida, Tel. 0555-22-0533. Kleine JH mit 13 Betten, gemütlich und freundlich, 10 Min. von Bhf. Shimo-Yoshida, Zimmer mit Tatami. Internationalen Herbergsausweis mitbringen oder vor Ort beantragen.

280 [Karte III] **K's House Fuji View** ¥, 6713-108 Funatsu, Fujikawaguchiko, https://kshouse.jp/fuji-view-e. Hervorragend bewertetes Backpacker Guesthouse. Schlafsäle und Zimmer im japanischen Stil. Vom Bhf. Kawaguchiko sind es ungefähr 20 Min. Fußweg bis zur Unterkunft.

281 [Karte III] **Minshuku Fugakuso** ¥, 1774 Kodachi, Fuji-Kawaguchi-ko, https://r.goope.jp/fugakusou. Sehr freundlicher Service, Do. 19 u. 21 Uhr Teezeremonie, zahlreiche Lokale, Läden, *kombini* in der Nähe.

282 [Karte III] **Mt. Fuji Hostel Michael's** ¥, F2, 3-21-37 Shimo-Yoshida, Fuji-Yoshida, 5 Min. v. Bhf. Gekkoji, https://mtfujihostel.com. Sehr freundlicher Service. Schöner Blick auf Fuji-san. Im F1 Café und Pub, zwei Schlafsäle à 5 Stockbetten, ein Tatami-Zi, kleine EZ und DZ.

151 Kawagoe – das kleine Edo ★★★ [Karte V]

川越市

Kawagoe ist ein bei Touristen beliebtes Städtchen mit sehenswerten erhaltenen Bauwerken der Edo-Zeit.

Die Sehenswürdigkeiten der Stadt, die noch alte Speicherhäuser, Läden, einen Glockenturm, Tempel und ein Schloss aus der Edo- und Meiji-Zeit enthält, sind alle zu Fuß ab dem Bahnhof erreichbar. Man kann aber auch den Co-Edo Loop Bus (eine Fahrt 200 ¥, Tageskarte 500 ¥) und den Tobu Koedo Loop Bus (Tageskarte 300 ¥) nutzen.

› *Kleine Pagode in Kawagoe*

Gebäude wie in Kawagoe gab es einst auch in Tokyo, dort sind sie jedoch durch Erdbeben und Krieg zerstört worden. Für ausländische Besucher gibt es u.a. die Möglichkeit, in Sommerkimonos *(Yukata)* durch die **historischen Viertel** zu spazieren, sich an Kalligrafie zu versuchen, Samurairüstung anzulegen oder traditionelle Bonbons herzustellen. Berühmt ist das große **Fest am dritten Oktoberwochenende,** dann herrscht großes Gedränge, aber dann sieht man auch die für japanische Feste typischen prunkvollen **Festwagen.**

› **Kawagoe,** Tobu-Tojo Line ab Ikebukuro, Express 26 Min., 490 ¥ oder Kawagoe Discount Pass 710 ¥ (Hin- und Rückfahrt), Discount Pass Premium inkl. Loop Pass 1050 ¥ bzw. Seibu Kawagoe Pass (Hin-und Rückfahrt) ab Shinjuku, Takadanobaba, Ikebukuro 700 ¥, mit JR ab Bahnhöfen in Tokyo oder Omiya
› **Kawagoe City Tourist Information,** Tel. 049 222-5556, https://koedo.or.jp/en

Kura-no machi Ichibangai mit Toki-no-kane

Kura sind feuerfeste Speicherhäuser. Sie gehörten früher zu jedem Anwesen. In Kawagoe werden sie heute als Wohnhäuser und Geschäfte genutzt. Die „Ichibangai“ ist die **Haupteinkaufsstraße der Altstadt.** Es gibt zahlreiche Läden für traditionelle Erzeugnisse. Die Straße vermittelt den Eindruck japanischer Städte vor über hundert Jahren. Der Toki-no-kane ist das Wahrzeichen Kawagoes. Er stammt aus dem Jahre 1893 und wurde seit der frühen Edo-Zeit nach jedem Brand wieder aufgebaut, insgesamt viermal. Die Glocken ertönen viermal täglich zwischen 6 und 18 Uhr alle drei Stunden. Erwähnenswert ist in dieser Straße noch das aus dem Jahr 1792 stammende Osawa-Haus. Es gehörte einem wohlhabenden Kimonohändler und gilt als das älteste Lagerhaus der Stadt. Am westlichen Rand der kleinen Altstadt verläuft neben dem Tempel Kenryu-ji die 80 m kurze Gasse **Kashiya Yokocho,** hier gibt es Bonbons und andere Süßigkeiten, aber auch Reisgebäck zu kaufen.

Kita-in-Tempel

Gut 500 m südöstlich der Altstadt steht der aus der Heian-Zeit stammende Tempel, der während des Tokugawa-Shōgunats von Bedeutung war. Einige Gebäude stammen aus dem Edo-Schloss, darunter das Haus, in dem der dritte Shōgun Ietmitsu geboren wurde. Gern besucht wird die Sammlung der 500 Schüler Buddhas *(gohyaku rakan),* hier sind 538 Steinfiguren mit individuellem Gesichtsausdruck zu sehen.

Honmaru Goten

Vom rund 700 m östlich der Altstadt gelegenen Kawagoe-Schloss steht nur noch die kleine Haupthalle. Kawagoe hatte die Aufgabe, Edo von Norden zu beschützen. Deshalb hatte hier ein treuer Gefolgsmann des Shōgunats seinen Sitz.

Kulinarisches

Kawagoe gilt als **Hauptstadt der Süsskartoffel.** Hier benutzt man sie für vielerlei Gerichte, für Nudeln (Soba, Udon), aber auch für Nachspeisen oder als Snack *(tabe-aruki),* z.B. bei Koedo Osatsuan.

283 Koedo Osatsuan ¥, 15–21 Sawai-cho, tägl. 11–17 Uhr. Süßkartoffelchips mit Dip für 600 ¥.

Die andere Spezialität ist Aal *(unagi)*. Eine gute Idee in „Klein-Edo“ ist Lunch in einem der klassischen Gasthöfe, **Ryōtei,** in die man in Tokyo ohne Begleitung selten hineinkommt. In Kawagoe sind sie absolut erschwinglich:

284 **Café Torocco,** 7-1 Saiwaichō, tgl. 10-17 Uhr, Lunch 11.45-15 Uhr, In-Store-Café im Stil eines *kura,* eines traditionellen Lagerhauses. Beliebt sind die Satsumaimo Mini-Kaiseki.

152 Nikkō ★★★ [Karte IV]

日光市

Nikkō ist die **größte kulturelle Sehenswürdigkeit in der Umgebung Tokyos.** Hier befinden sich die **UNESCO-Weltkulturerbestätten** Tōshōgū-Schrein 154 und Rinnōji 153, dazu beeindruckende Natur: **Kegon-Wasserfall,** Chūzenji-See mit Vulkan Nantai-san, Yu-no-ko mit Shirane-san.

Ein Ausflug nach Nikkō lohnt schon wegen dessen atemberaubend schöner Umgebung, die durch die Lage in einem Gebirgstal zu Füßen des Vulkans **Nantai-san** (2484 m), umgeben von heißen Quellen und dem herrlich gelegenen **Chūzenji-See,** von dem in 1300 m Höhe der berühmte Kegon-Wasserfall 100 Meter in die Tiefe stürzt, geprägt ist. Das Hinterland von Nikkō, **Oku-Nikkō,** hält weitere Highlights bereit: die sumpfige Hochebene zwischen dem Chūzenji- und Yu-See (Yu-no-ko), **Senjō-ga-hara,** und den etwas luxuriösen Thermalort **Yumoto,** Ausgangspunkt für die Besteigung des höchsten Berges der Umgebung, des 2578 m hohen **Shirane-san.** Ein ziemliches Stück dahinter liegt ein berühmtes Wandergebiet, die Sumpflandschaft auf der Hochebene **Oze-ga-hara.**

Die berühmteste Sehenswürdigkeit von Nikkō ist jedoch von Menschenhand errichtet: das Mausoleum für **Tokugawa Ieyasu** 154, den ersten der großen Shōgune und Begründer der Dynastie der Tokugawa-Familie, die Japan vor seiner Öffnung nach außen fast 260 Jahre lang regiert hatte. Der **Tōshōgū-Schrein** ist die **prachtvollste Anlage in Japan,** viele seiner Bauwerke sind durch ihre Barockfülle gekennzeichnet, die im starken Kontrast zur Bescheidenheit des Zen stehen. Die Anlage ist Ausdruck der Macht der Tokugawa und als solche zu

Der Tōshōgū-Schrein 154 *in Nikkō ist Weltkulturerbe*

verstehen: Alle Daimyō mussten sich an den Kosten beteiligen (und wurden u. a. so daran gehindert, selbst allzu reich zu werden). Einer von ihnen, Matsudaira Masatsuna, ließ die einst 200.000 Japan-Zedern (Kryptomerien) zwischen 1625 und 1651 pflanzen, sein „bescheidener" Beitrag zu den Gesamtkosten. Heute kann man noch rund 13.000 dieser inzwischen über 300 Jahre alten Bäume, die eindrucksvolle Alleen bilden, bewundern.

Der Besuch der Stadt, die rund 30.000 Einwohner hat, wird oft als Tagestour durchgeführt, aber es empfiehlt sich wenigstens eine **Übernachtung**, möglichst in einem Ryokan. Wenn möglich, sollte man wegen der Besucherscharen Wochenenden und Feiertage meiden. Wer nur einen Tag Zeit für Nikkō hat, wird sich mit dem Besuch des Tōshōgū-Schreins und einer schnellen Fahrt hinauf zum Chūzenji-See mit Besichtigung des Kegon-Wasserfalls begnügen müssen.

Im Hinterland gibt es eine große Zahl reizvoller Wandermöglichkeiten, für die man mehrere Tage ansetzen sollte (mit Übernachtung in einem der vielen kleinen Thermalbäder).

› **Infos zur Stadt:** http://nikko-travel.jp/english

Die wichtigsten Schreine und Tempel von Nikkō

Wenn man vom Bahnhof in etwa 15 Minuten talaufwärts durch den mit Ryokans, Lokalen und Souvenirläden vollgestopften Ort geht, gelangt man zur rot lackierten, **heiligen Shinkyō-Brücke** über den Fluss Daiya. Der Legende nach soll der Priester Shōdō (735–

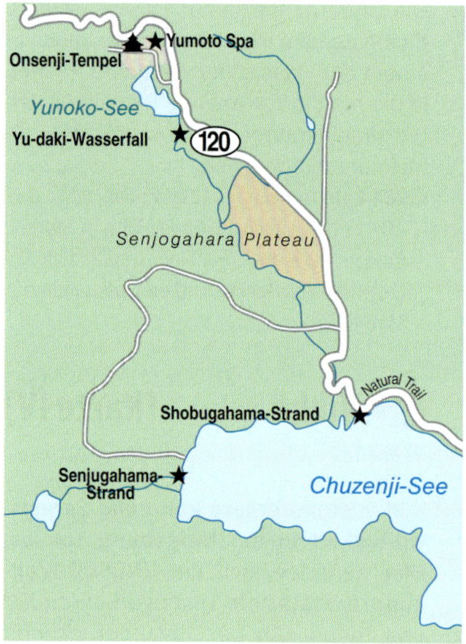

817) auf dem Rücken zweier Schlangen den Fluss überquert haben. Nun führt die Straße rechts am Fluss vorbei. Geradeaus geht es (per Bus) in Richtung Chūzenji-See.

Hinter der Brücke beginnt der breite Weg (Omotesandō) durch den Zedernwald zu den berühmten Tempeln und Schreinen. Insgesamt besteht der Komplex aus 103 Gebäuden mit sakraler Bedeutung. Als Erstes taucht der **Rinnōji** 153 auf:

153 Rinnōji mit Taiyu-in ★★★ [Karte IV]

輪王寺　大ゆ院

Der Rinnōji ist der größte Tempelbezirk der Stadt.

Er gehört der Tendai-Sekte an, der erste Tempel wurde der Überlieferung nach bereits 848 nach dem Modell eines Tempels auf dem Hiei-san bei Kyōto errich-

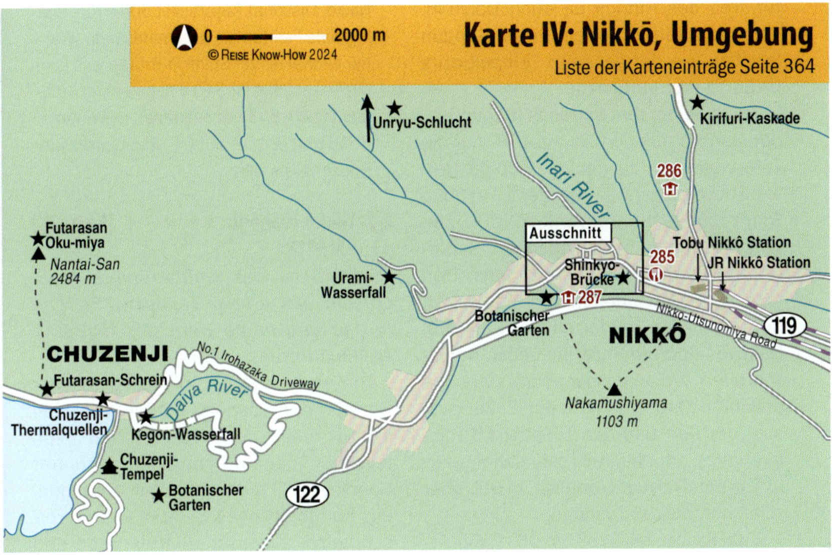
0 2000 m
© Reise Know-How 2024
Karte IV: Nikkō, Umgebung
Liste der Karteneinträge Seite 364
Unryu-Schlucht
Kirifuri-Kaskade
Inari River
286
Ausschnitt
Tobu Nikkô Station
285
JR Nikkô Station
Shinkyo-Brücke
287
Futarasan Oku-miya
Nantai-San 2484 m
Urami-Wasserfall
Botanischer Garten
Nikko-Utsunomiya Road
119
NIKKÔ
CHUZENJI
No.1 Irohazaka Driveway
Futarasan-Schrein
Daiya River
Chuzenji-Thermalquellen
Kegon-Wasserfall
Nakamushiyama 1103 m
Chuzenji-Tempel
Botanischer Garten
122

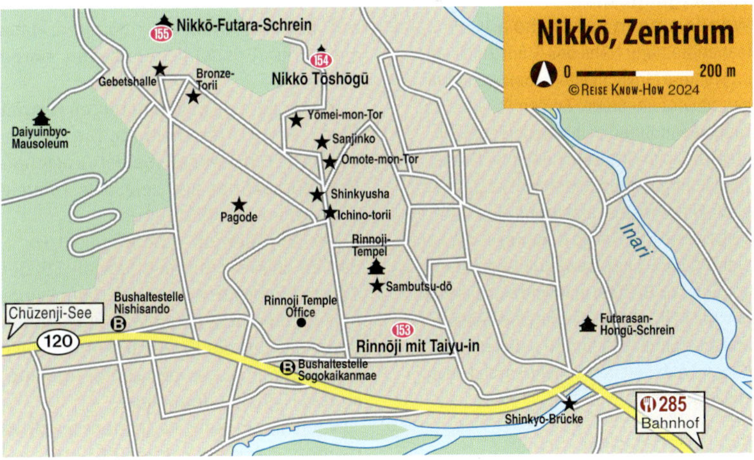
Nikkō-Futara-Schrein
155
154
Nikkō, Zentrum
0 200 m
© Reise Know-How 2024
Gebetshalle
Bronze-Torii
Nikkō Tōshōgū
Yomei-mon-Tor
Daiyuinbyo-Mausoleum
Sanjinko
Omote-mon-Tor
Shinkyusha
Pagode
Ichino-torii
Rinnoji-Tempel
Inari
Sambutsu-dō
Bushaltestelle Nishisando
Rinnoji Temple Office
Chūzenji-See
Futarasan-Hongū-Schrein
120
153
Rinnōji mit Taiyu-in
Bushaltestelle Sogokaikanmae
285
Bahnhof
Shinkyo-Brücke

tet. Teil des Rinnōji ist auch Daiyu-in, das **Mausoleum für den dritten Shōgun Iemitsu**, wie der gesamte Tempelbezirk **UNESCO-Weltkulturerbe.**

Die **Halle der drei Buddhas** (Sambutsudō) stammt aus dem Jahr 1648. Auf die Tempelanlage, zu der der üppige Garten Shōyō-en gehört, folgt der 13 m hohe Bronzepfeiler Sorintō, mit 10.000 eingeschlossenen buddhistischen Schriften ein Symbol des Weltfriedens. Den fast neun Meter hohen Torii aus Granit durften in der Feudalzeit nur Samurai, Daimyōs und die Shōgune selbst durchschreiten. Weiter links im Wald steht das erwähnte Mausoleum für den Enkel Ieyasus (der den Bau des Tōshōgū 154 initiiert hatte): der ebenfalls sehr sehenswerte Taiyuin (Daiyu-in), ähnlich im Stil, aber schlichter als der Tōshōgū.

› 2300 Sannai, Tel. 0288 54-0531, von den Bahnhöfen zu Fuß 15 bis 20 Min. oder Tōbu Bus von den Bahnhöfen JR bzw. Tōbu Nikkō, Discount Tagesticket 500 ¥ für beliebig viele Fahrten bis zur Omotesandō. Wer nur einmal bis zur Shinkyō-Brücke will, kann ein Einzelticket für 310 ¥ nehmen. Im Sommer täglich 8–17 Uhr geöffnet, im Winter 8–16 Uhr, Eintritt: 1000 ¥, Rinnōji Treasure House 500 ¥ extra.

EXTRATIPP

Spaziergänge und Wanderungen von Nikkō aus

In unmittelbarer Nähe des Städtchens gibt es mehrere Möglichkeiten, Rundwanderungen zun unternehmen. An den Ständen der Touristeninformation in den beiden Bahnhöfen oder im Nikkō Kyōdo Center (Nikkō Tourist Information Center) gibt es das Faltblatt „Nikkō Historical Walking Map“, auf dem zwei je 5 km lange Rundwege, der Kanman-Pfad (im Flusstal des Daiya oberhalb der Shinkyō-Brücke) und der Takino'o-Pfad (um die UNESCO-Weltkulturerbe-Tempel und die Schreine herum zu weiteren Heiligtümern) mitsamt den Sehenswürdigkeiten erklärt werden.

154 Nikkō Tōshōgū ★★★ [Karte IV]

日光東照宮

Tōshōgū ist das weltberühmte Mausoleum des ersten Tokugawa-Shōgun Ieyasu und heute Kern des UNESCO-Weltkulturerbes.

Hinter dem Rinnōji 153 beginnt der Bereich des Tōshōgū-Schreins (so benannt nach dem Totennamen von Ieyasu, Tōshō-daigongen, „östlicher Sonnengott“). Links steht eine Pagode, ein buddhistisches Symbol – hier verschmelzen bewusst **shintoistische und buddhistische Elemente.** Das Omote- bzw. Niō-mon-Tor fällt durch die beiden wilden Deva-Könige *(Niō)* auf. Der heilige Pferdestall dahinter weist die vielleicht berühmteste Schnitzerei der Welt auf: die **drei Affen,** die andeuten, dass sie nichts (Böses) sehen, sagen, hören sollen.

Weiter geht es in den mittleren Hof mit Glocken- und Trommelturm. Die Bronzelaterne (1636) wurde von der Grafschaft Holland gestiftet und zeigt das Tokugawa-Wappen verkehrt herum.

Der **Yōmei-mon** („Sonnenlicht-Tor“), das im chinesisch beeinflussten Stil der Azuchi-Momoyama-Periode erbaut wurde und vor dem man den ganzen Tag stehen und vielleicht die Einzelheiten des völlig überladenen Tores betrachten möchte, ist das Highlight der Anlage.

Nach links geht es in den buddhistischen Tempel **Yakushidō,** der berühmt ist für den **„weinenden Drachen“** *(naki-ryu)* in der Honjidō-Halle: Klatscht man in die Hände, rasselt die Decke mit dem gemalten Drachen. Den inneren Hof hinter dem Yōmei-mon-Tor durften einst nur noch Daimyō und hohe Samurai betreten. Das an den Hof anschließende weiß-goldene Kara-mon-Tor ist ebenfalls im chinesischen Stil erbaut. Dahinter steht das **Allerheiligste** des Komplexes, **der Misoradono-Schrein**, in dem die Seelen von Ieyasu, Toyotomi Hideyoshi sowie Minamoto Yoritomo als Gottheiten *(kami)* verehrt werden. Die Seelen der beiden Letzteren wurden auf Befehl von Kaiser Meiji hierher „verlegt“, um der einseitigen Verehrung der verhassten Tokugawa an diesem Ort entgegenzuwirken.

Am Ende des rot lackierten Korridors ist die berühmte Schnitzerei der „schlafenden Katze“ (von Hidari Jingoro) zu sehen. Hinter dem Tor Sakashita-mon geht man über 207 Stufen zum schlichten Grabmal des Ieyasu.

Allein zwischen 1634 und 1636 arbeiteten rund 15.000 Handwerker und Künstler an dem gesamten Komplex. Man nimmt an, dass insgesamt 100.000 Arbeiter am Bau des Schreins mitgewirkt haben.

› 2301 Sannai, Zugang: siehe Rinnōji, Tel. 0288 54-0560, www.visitnikko.jp/en/spots/nikko-toshogu-shrine, Eintritt: 1300 ¥ (Schüler 450 ¥), Museum of Art 1000 ¥, tgl. 8–17 Uhr (Winter bis 16 Uhr).

155 Nikkō-Futara-Schrein ★★ [Karte IV]

日光二荒山神社

Der Futara-Jinja ist ein **dreiteiliger Schrein**, der zu Ehren dreier Vulkan-Gottheiten, nämlich der Vulkane Nantai-san, Nyoho-san und Taro-san im Jahr 767 errichtet wurde. Er ist ebenfalls UNESCO-Weltkulturerbe, zwei weitere Schreine befinden sich am Fuß des Berges am Chūzenji-Sees und auf dem Gipfel des Vulkans. Die Gebäude des Hauptschreins in Nikkō sind schlicht und die ältesten in Nikkō, die Haupthalle stammt aus dem Jahre 1619.

› 2307 Sannai, Tōbu Bus von den Bahnhöfen JR bzw. Tōbu Nikkō, Tel. 0288 54-0535, tgl. 9–17 Uhr (Winter bis 16 Uhr), Eintritt: 200 ¥ (Schüler 100 ¥)

Praktische Reisetipps Nikkō

Anreise

Die Anreise nach Nikkō erfolgt üblicherweise mit der **Tōbu-Linie von Asakusa** nach Tōbu-Nikkō in einem der direkten Züge mit weniger als stündlichem Abstand. Die Fahrzeit beträgt je nach Zugtyp ca. 2 Stunden. Der Nikko Pass kostet 2120 ¥. Man kann auch mit **JR-Zügen** fahren, z. B. von **Ueno** nach Utsunomiya und dort umsteigen nach Nikkō. Nach Utsunomiya fahren unterschiedliche Züge, auch der Tohoku-Shinkansen (Superexpress) hält dort, ist aber wegen des hohen Zuschlags sehr teuer. Ab Utsunomiya gibt es stündliche Zugverbindungen nach Nikkō (einfach 870 ¥). Mit dem **Tokyo Wide Pass** (s. S. 195) muss man nichts extra zahlen und kann ab Tokyo auch den Shinkansen bis Utsunomiya benutzen. Der Pass erlaubt auch den Abstecher nach Kinugawa (Tōbu Nikkō Line).

Kulinarisches

Die lokale Spezialität ist **Yuba**, so etwas wie die „Milchhaut“ bei der Tofu-Herstellung. Yuba gibt es gekocht in Sojasoße und Ingwer, frittiert in Miso, als Suppe u. a.

285 [Karte IV] **Sun Field** ¥¥, Shimo-hatsu-ishi-machi 818, direkt an der Hauptstraße, 1000 m vom Bhf. Tōbu Nikkō, tgl. 10–18.30 Uhr. Kleines Café und Restaurant. Hier gibt es leckere, aus mehreren Gerichten bestehende Yuba-Sets ab 1980 ¥.

Unterkunft

286 [Karte IV] **Nikkō Park Lodge** ¥, 2828-5 Tokorono, www.nikkoparklodge.com. Man fühlt sich wie in einer Hütte: freundlich, gemütlich, ruhige Lage am Berg, allerdings keine Lokale und Läden in der Nähe, dafür isst man in der Lodge sehr gut.

287 [Karte IV] **Turtle Inn Nikkō** ¥, 2-16 Takumi-chō, www.turtle-nikko.com. Ruhig und günstig am Botanischen Garten gelegen, 7 Min. vom Bhf. mit Bus.

116to-ml

Bōsō-Halbinsel (Chiba)

房総半島

Die Bōsō-Halbinsel, die zur Präfektur Chiba gehört und die Ostseite der Tokyo-Bucht begrenzt, bietet nicht nur lange, oft leere **Strände am Pazifik** und ungezählte **kleine Berge**, die zum Wandern einladen, sondern auch – kein Wunder angesichts der Nähe zu Tokyo – eine ganze Reihe touristischer und kultureller Attraktionen.

Ein eigenes Fahrzeug wäre bei den Entdeckungs- oder Ausflugsfahrten von Vorteil, aber – wie immer in Japan – kommt man auch mit Zug und Bus ans Ziel. Trotz der Nähe zu Tokyo ist die Bōsō-Hantō noch recht ruhig geblieben. Nur von Golfplätzen wimmelt es geradezu, über 20 gibt es allein nahe Narita-Flughafen.

Am besten eignet sich der drei Tage gültige Tokyo Wide Pass (s. S. 195) für einen Besuch. Er erlaubt dann nämlich auch Fahrten auf der Miura-Halbinsel mit der JR Yokosuka Line, nachdem man die Tokyobucht mit der Fähre von Kanaya nach Kurihama gequert hat (der Preis für die Fähre – 1000 ¥ – ist allerdings nicht im Pass enthalten).

156 Nokogiriyama mit Nihonji ★★★ [Karte V]

鋸山 & 日本寺

Der Berg Nokogiriyama (329 m), dessen japanischer Name „Sägeberg" bedeutet und auf seine gezackte Kammlinie zurückzuführen ist, bietet **Natur und Kul-**

Blick vom Felsgipfel des Iyo-ga-take auf der Bōsō-Halbinsel auf den doppelgipfeligen Tomi-san

tur satt. Bereits seit über 1300 Jahren befindet sich hier der **Tempelbezirk Nihonji** (Japan-Tempel), der jetzt zur Soto-Zen-Sekte gehört. Er wurde bereits 725, also in der Nara-Zeit auf Befehl des Kaisers gegründet. Im Lauf der Jahrhunderte wurden kleine und große Figuren aus dem Fels gehauen, aber auch von anderswo hergebracht, wie die aus dem vulkanischen Gestein der Izu-Halbinsel geformten Figuren der 1500 Arhat. Am spektakulärsten ist der **Große Buddha** *(Nihonji Daibutsu), der* 31 m hoch ist und damit der **größte Steinbuddha Japans** ist. Er stellt den Yakushi Nyorai, also den Buddha des Heilens, dar und wurde von Ōno Jingorō mit dessen 27 Lehrlingen in dreijähriger Arbeit von 1780 bis 1783 geschaffen.

Sehr beeindruckend ist auch die 100 Fuß hohe Kannon, die in eine riesige Nische der senkrechten Felswand gemeißelt wurde. Beide wurden 1966 restauriert. Die sog. Bonso-Glocke stammt von 1321. Ein von Indien gespendeter Ableger des heiligen Bodhibaumes aus Bodhgaya wurde 1989 eingepflanzt, überlebte aber die japanischen Winter nicht. Die Haupthalle wurde zu Beginn der Meiji-Zeit wie zahlreiche andere Tempel zerstört und später wieder aufgebaut.

Man kann entscheiden, wie man den Berg besuchen möchte: zuerst zu Fuß vom Bhf. Hamakanaya (wo der Express Sazanami nicht hält) zu einem kleinen Schrein (ggf. nach dem Weg fragen) oder kürzer von der Talstation der Seilbahn steil bergauf durch den Wald zum Eingang in den Tempelbezirk direkt bei der 100-Fuß-Kannon (40–50 Min.) und somit in der Gipfelregion oder vom Bhf. Hota aus, wo der Express „Sazanami" (JR Uchibo Line) hält, in 1500 Metern nach Norden zum Beginn des Weges auf den Berg. Hier betritt man bald den Tempelbezirk und hat dort zahlreiche Wegmöglichkeiten (Karte wird am Eingang mitgegeben). Oben gibt es verschiedene, teils spektakuläre Aussichtspunkte, an der Bergstation der Seilbahn auch ein Restaurant und einen Laden. Oder man entscheidet sich für die Seilbahn, die den Besucher in 4 Min. bequem hinauf oder hinunter bringt. Da der Tempelbezirk auf der anderen Seite des Berges fast bis ins Tal reicht, empfiehlt sich jedoch eher eine einfache Fahrt und man muss sich

117to-ml

Die 100 Fuß hohe Kannonstatue in einer Felsnische am Nokogiriyama

entscheiden, ob man mit der Bahn lieber hinauf oder hinunter möchte.

Der Berg ist zwar nicht hoch, aber er hat doch einen echten Gipfel. Dieser ist noch gut 20 Min. zu Fuß vom Rurikō-Aussichtspunkt über mehrere Buckel hinweg entfernt. Der offizielle Wanderweg beginnt auf der Hota-Seite und führt am Nokogiriyama-Stausee vorbei auf dem bezeichneten Rindō (Waldweg) über den Gipfel und im Abstieg an ehemaligen Steinbrüchen vorbei nach Kanaya.

› **Tempelbezirk Nihonji:** 184 Motona, Kyonan, Awa District, Tel. 0470 55-1103, tgl. 9–16 Uhr, Eintritt: 700 ¥ (Kinder 400 ¥)

Kleiner Tempel auf dem Weg zum Gipfel des Nokogiriyama 156

Anreise

› **JR Uchibo Line:** Haltestellen Hamakanaya oder Hota (am besten Special Express „Sazanami", ab Tokyo 90 Min., hält in Hota, nicht in Hamakanaya)

› **Per Auto:** bis zum kostenlosen Parkplatz am Beginn des Tempelbezirks auf der Hota-Seite oder auf Mautstraße bis in die Gipfelregion.

•288 **Nokogiriyama Ropeway,** 4052-1 Kanaya, Futtsu Shi, Tel. 0439 69-2314, www.mt-nokogiri.co.jp/pc/p130000.php, einfache Fahrt 650 ¥, hin und zurück 1080 ¥ (Kinder 290/540 ¥), tgl. 9–17 Uhr (im Winter bis 16 Uhr), bei starkem Wind gesperrt. Seilbahn, die von Kanaya auf den Berg fährt.

› **Fähre** über die Tokyobucht zwischen Kurihama und Kanaya, 1000 ¥, am Hafen Einkaufszentrum mit Lokalen, Abfahrt jede Stunde ca. 15 bis 20 Min. nach der vollen Stunde, www.tokyowanferry.com

TOKYO ERLEBEN

223to-ml

Tokyo für Kunst- und Museumsfreunde

Museen

Es gibt Hunderte von Museen, große öffentliche, daneben bedeutende private Kunstmuseen und Galerien, aber auch jede Menge winzige, oft in Firmen oder größere, in Institutionen untergebrachte themenbezogene Museen. Da, wo sie am Weg von Stadtteilrundgängen liegen, wird auf sie hingewiesen oder sie werden als Sehenswürdigkeiten im Detail erwähnt. Oder es wird auf Websites verwiesen, die – wie in Shinjuku – eine größere Zahl von Minimuseen auflisten.

Wer gern Museen besucht und genug Zeit mitbringt, sollte sich unbedingt den **GRUTTO Pass** *(Guruto Pass)* zulegen. Er wird jedes Jahr neu angeboten und kann in den wichtigsten Museen oder z. B. bei der **Tokyo Tourist Information** im Rathaus 60 für nur 2500 ¥ erworben werden und ist zwei Monate lang gültig. Der Pass ermöglicht je einen freien oder ermäßigten Eintritt in über 100 Museen, Kunstgalerien, Zoos und anderen Institutionen (www.rekibun.or.jp/en/grutto).

Allein im **Ueno-Park** (s. S. 159) und seiner Umgebung gibt es mehrere wichtige Museen. Die Website www.tokyoartbeat.com widmet sich Kunstevents in Tokyo und https://artweektokyo.com führt Dutzende von Galerien samt ihren Konzepten auf.

Vorseite: Pause unter Kirschblüten

Kunst und Kultur (meist japanisch)

20 [G9] **ADMT Advertising Museum.** Das einzige Museum für Werbung in Japan lohnt definitiv einen Besuch (s. S. 61).

M 289 [H8] **Artizon Museum,** 1-7-2 Kyobashi, www.artizon.museum, Di.–Do., Sa., So. 10–18, Fr. 10–20 Uhr, Eintritt 1800 ¥, Schüler und Studenten frei, Onlinebuchung mit Zeitfenster obligatorisch. Das Kunstmuseum zeigt auf sieben Etagen antike Kunst, Impressionismus, moderne japanische Malerei, zeitgenössische Kunst und mehr.

94 [H3] **Asakura-Chōso.** Das Museum für den berühmten Künstler verfügt auch über einen schönen Garten mit Teehaus (s. S. 156).

67 [D4] **Eisei Bunko Museum.** Hier lassen sich einige von der Regierung ausgezeichnete „nationale Schätze" und „bedeutende Kulturobjekte" begutachten (s. S. 129).

M 290 [G8] **Idemitsu Museum of Arts (Idemitsu Bijutsukan),** Teigeki Bldg., F9, 3-1-1 Marunouchi, www.idemitsu.co.jp/museum, Di.–So. 10–17, Fr. 10–19 Uhr, Eintritt: meist 1200 ¥ (G: 200 ¥ ermäßigt). Bedeutende Sammlung asiatischer Kunst, schöner Blick aus F9 auf den Kaiserpalast.

61 [A7] **Kostümmuseum.** Bedeutendes Museum für Modefans (s. S. 123).

11 [H7] **Mitsui Memorial Museum.** Wechselnde Ausstellungen japanischer Keramik (s. S. 43).

56 [D9] **National Art Center Tokyo.** Wechselnde Kunstausstellungen (G: 100 ¥, s. S. 116).

96 [H4] **Nationalmuseum.** Größtes und ältestes Museum Japans mit der bedeutendsten Sammlung japanischer Kunst und archäologischer Funde weltweit (s. S. 160).

47 [C9] **Nezu Museum.** Kunstmuseum vor allem mit Bezug zur Teezeremonie, mit sehenswertem Garten und mehreren Teehäusern (s. S. 102).

020to-ml

119 [J6] **Schwertmuseum.** Museum für Fans von Samurai-Schwertern (s. S. 181).

› **Sumida Hokusai Museum.** Spektakuläres Museum zu Ehren des großen Künstlers Katsushika Hokusai (s. S. 180).

› **Suntory Museum of Art** (s. S. 114). Wechselnde Kunstausstellungen.

34 [C12] **Teien-Kunstmuseum.** Reizvolles Museum in Art-Déco-Villa mit schönem Garten (s. S. 82).

› **Tokyo Metropolitan Museum of Photography** (s. S. 85). Fotoausstellungen (G: manche Ausstellungen frei).

66 [D4] **Tsubouchi Memorial Theatre Museum.** Sehenswertes Museum für Theaterfans (s. S. 129).

M **291** [C10] **Yamatane Museum of Art,** 2-34-4 Hiroo, tgl. 10-17 Uhr, Eintritt: 1000 ¥. Erstes auf Nihonga - Malerei im japanischen Stil - spezialisiertes Museum (G: ermäßigt).

Moderne Kunst

27 [E14] **Hara Museum of Contemporary Art.** Hier wird moderne amerikanische und japanische Kunst gezeigt (s. S. 71).

57 [D10] **Mori Art Museum.** Ausstellungen bedeutender Künstler (G: ermäßigt, s. S. 116).

M **292 Museum of Contemporary Art,** 4-1-1 Miyoshi, www.mot-art-museum.jp/de, tgl. 10-18 Uhr. Zeitgenössische Kunst in einem modernen Gebäude.

› **National Museum of Modern Art** (s. S. 29). japanische und westliche Maler des 20. Jahrhundert (G: frei, Sonderausstellungen ermäßigt).

97 [H4] **Tokyo Metropolitan Art Museum.** Galerie der bedeutendsten modernen japanischen Künstler (s. S. 161).

Westliche Kunst

99 [H4] **National Museum of Western Art.** Der westlichen Kunst gewidmetes Museum (G: 80 ¥ ermäßigt, s. S. 161).

M **293** [B6] **Seiji Togo Memorial Sompo Japan Museum of Art,** 1-26-1 Nishi-Shinjuku, Sompo Japan Main Bldg., F42, tgl. 10-18 Uhr, Entritt: 1000 ¥. Einige berühmte Werke des Impressionismus, darunter die „Vase mit zwölf Sonnenblumen" van Goghs (G: 20 % ermäßigt bei best. Sonderausstellungen).

Nationalmuseum 96 im Ueno-Park

Wissenschaft und Technik

72 [E4] **Druckereimuseum.** Dieses spannende Museum ist der aufwendigen traditionellen Druckkunst gewidmet (s. S. 131).

62 [D7] **Feuermuseum.** Insbesondere für Kinder interessantes Museum (s. S. 123).

29 [H14] **Museum of Emerging Sciences and Innovation.** Dieses Museum wagt einen Ausblick in die Zukunft (G: frei, s. S. 75).

› **Museum of Maritime Science** (s. S. 75). Auf dem Außengelände sind stillgelegte Schiffe zu sehen.

70 [E5] **Museum of Science.** Interessantes Technikmuseum der Tokyo University of Science (s. S. 131).

98 [H4] **National Museum of Nature and Science.** Der japanischen Natur und den Naturwissenschaften gewidmet (G: frei, Sonderausstellungen 100 ¥ ermäßigt, s. S. 161).

22 [F9] **NHK Broadcasting Museum.** Großes Museum zur Entwicklung des Rundfunks (s. S. 64).

M 294 [B13] **Parasitologisches Museum,** Meguro Kiseichūkan, 4-1-1 Shimo-Meguro, Di.–So. 10–17 Uhr, Eintritt frei. Ungewöhnliches Museum, das sich mit der Disziplin Parasitologie beschäftigt. Erklärungen leider fast nur auf Japanisch, wenige auf Englisch.

M 295 [F6] **Science Museum,** 3, Kagaku Gijutsu-kan, tgl. 9.30–16.50 Uhr, Eintritt: 720 ¥, Tel. 3212-8544, www.jsf.or.jp. Museum für Naturwissenschaften, besonders geeignet für Familien, da viel Gelegenheit zum Spielen und Ausprobieren besteht. Wesentliche Bereiche sind Computer, Landwirtschaft und Raumfahrt (G: frei).

Kunsthandwerk

9 [H7] **Bank of Japan Currency Museum.** Münzmuseum der Japanischen Nationalbank (s. S. 39).

111 [J4] **Edo Taito Traditional Crafts Center.** Beliebtes Museum für traditionelles Handwerk (s. S. 174).

Im Schau-Studio des NHK Broadcasting Museum 22

65 [C4] **Färberei-Museum.** Hier erfährt man alles über das Färben von Kimonos (s. S. 129).

M296 [D13] **Hatakeyama Museum,** 2-20-12 Shirokanedai, www.ebara.co.jp/foundation/hatakeyama/information/english.html, Tel. 3447-5787, U: Takanawadai (Toei Asakusa Line), Ausg. A2, 5 Min., Shirokanedai (Namboku Line), Ausg. 1, 10 Min., **bis Ende 2024 geschlossen,** sonst Di.-So. 10-16.30 Uhr, Eintritt: 500 ¥. Das private Museum für asiatische Keramik und Teezeremonie-Utensilien befindet sich in einem gehobenen Wohngebiet. Es wurde 1964 zum Gedenken an den Industriemagnaten Issey Hatakeyama, Spross einer Daimyōfamilie, eröffnet und enthält eine exquisite Sammlung ostasiatischer Keramik. Es ist besonders für Freunde japanischer Teezeremonien interessant. Es werden viermal jährlich in wechselnden Ausstellungen nur 40 bis 50 Objekte ausgestellt. Nebenan befand sich früher das berühmte Restaurant Hannya-en, das einer luxuriösen Wohnanlage weichen musste.

84 [Karte V] **Kita City Asukayama Museum.** Sehr schönes Museum, in dem Holzschnitte gezeigt werden (s. S. 142).

85 [Karte V] **Paper Museum.** Papierherstellung hat in Japan eine lange Tradition. In diesem Museum kann man sich mithilfe von Workshops selbst an dieser hohen Kunst versuchen (s. S. 142).

M297 **The Japan Folk Craft Museum (Nippon Mingeikan),** 4-3-33 Komaba (Meguro-ku), Bhf. Todai-mae (Keio Inokashira Line), W-Ausg., 7 Min., https://mingeikan.or.jp, tgl. 10-17 Uhr, Eintritt 1100 ¥. Der Volkskunst gewidmetes Museum mit 17.000 Objekten der Volkskunst aus Japan und anderen Ländern, wechselnde Ausstellungen.

M298 [A9] **Töpfereimuseum (Toguri Bijutsukan),** 1-11-3 Shōtō, Bhf. Shinsen (Keio-Inokashira Line) 5 Min., JR: Shibuya, U: Hanzomon (Ginza Line), Ausg. Hachikō, 10 Min., Tel. 3465-0070, www.toguri-museum.or.jp, tgl. 10-17.30 Uhr, Eintritt: 1200 ¥ (G: frei). Kleines privates Museum für Freunde asiatischer Töpferkunst mit 7000 Porzellangegenständen aus China, Korea und Japan, die in wechselner Auswahl gezeigt werden.

44 [B9] **Ukiyo-e Ōta Memorial Museum of Art.** Bedeutendstes Museum für Holzschnittkunst im ganzen Land (s. S. 100).

Geschichte und städtische Kultur Edos/Tokyos

115 [J6] **Edo-Tokyo-Museum.** Spektakuläre Architektur in einem der besten Museen Tokyos, **bis 2025 wegen Renovierung geschlossen** (s. S. 179).

124 [K7] **Fukagawa-Edo-Museum.** Zeitreise in ein kleines Stadtviertel der Edo-Zeit (G: frei, s. S. 187).

106 [H4] **Shitamachi Museum.** Beliebtes und anschauliches kleines Vorstadtmuseum, der Alltagskultur Edos gewidmet, **wegen Renovierung vorübergehend geschlossen** (s. S. 165).

Kunstgalerien

Tokyo besitzt Hunderte von Galerien. Allein in der Ginza soll es mehr als 200 geben, teilweise winzig und nur aus einem Raum bestehend und schwer zu finden (s. S. 51). Daneben gibt es über das ganze Stadtgebiet verstreut bedeutende Galerien, hier eine Auswahl:

Nicht-spezialisierte Galerien

G299 [B10] **D47 Museum,** F8, Shibuya Hikarie, 2-21-1 Shibuya, 11-20 Uhr. Trotz des Namens handelt es sich nicht um ein Museum, sondern um kostenlos zugängliche

EXTRATIPPS

Mitaka Ghibli Museum

Das Mitaka Ghibli ist ein Wallfahrtsort für Fans der **Anime-Kultfilme von Hayao Miyazaki.** Das am Rand des weitläufigen Inokashira-Parks gelegene Museum ist so beliebt, dass Onlinereservierungen jeweils **bis zum 10. des Vormonats** getätigt werden müssen (s. Website). Die Eintrittskarte, die man bei Vorlage der Reservierung erhält, ist ein Stück Film.

Das Museum wirkt selbst wie aus einem der Filme des Studio Ghibli entsprungen. Es gibt einen Leseraum und ein kleines Filmvorführungstheater, in dem ein kurzer Film des Studios zu sehen ist. Der **Katzenbus** ist bei Kindern sehr beliebt. Der Museumsladen ist immer voll. Lassen Sie sich nicht einen Bummel durch den Park und den Vorort Koenji entgehen.

307 Mitaka no Mori Jibli Bijutsukan, 1-1-83 Shimorenjaku, Mitaka, JR: Mitaka (Chuo Line), S-Ausg., 15 Min. entlang dem Kanal Tamagawa Josui „Waterworks", alternativ gibt es einen Community Bus vom Bhf. zum Museum (210 ¥, hin und zurück 320 ¥, Kinder 110 ¥, hin und zurück 160 ¥), www.ghibli-museum.jp/en, Mi.–Mo. 10–18 Uhr, Eintritt: 1000 ¥, Kinder 100–700 ¥

Tobacco and Salt Museum

Das Tobacco and Salt Museum befindet sich in der Nähe des Skytree 113 auf dem Gelände von Japan Tobacco. Gezeigt werden in großzügigem, modernem Arrangement Gegenstände und Dokumente zur Geschichte des Tabaks und der Salznutzung.

308 Tobacco and Salt Museum, Yokokawa (Japan Tobacco), www.jti.co.jp/Culture/museum_e/index.html, Di.–So. 10–18 Uhr, Eintritt: 100 ¥, G: frei, Tel. 3476-2041

Galerien mit Kunst aus den 47 Präfekturen, jeweils eine im Fokus.

300 [E6] **P3 – Art and Environment,** Nagamori Bldg., 12 Nandomachi, Dai 5, Tel. 3353-6866, https://p3.org/en/about, tgl. 10–18 Uhr. Ausstellungen, Video- und Klanginstallationen.

301 [C9] **Spiral,** Aoyama-dōri, 5-6-23 Minami-Aoyama. Von Fumihiko Maki entworfenes Gebäude mit mehreren Galerien, dazu Café, Laden, Kino, Theater, Musik.

302 [A7] **Tokyo Opera City Art Gallery,** 3-20-2 Nishi-Shinjuku (Hatsudai, Keio New Line), www.operacity.jp/en/ag, Di.–Do., So. 11–19, Fr., Sa. 11–20 Uhr. Ausstellungen zu Architektur, Design und Mode.

303 [C9] **Vacant,** 3-20-13 Jingūmae, Harajuku, www.vacant.vc, Di.–So. 1–22 Uhr. One-Stop-Kulturzentrum: Theater, Galerie, Buch- und Flohmärkte, Ausstellungen, Lokal.

Architektur und Design

› **21_21 Design Sight** (s. S. 114). Eine bedeutende Galerie in Tokyo Midtown.

304 [D9] **Toto Gallery Ma,** Toto Nogizaka Bldg., 3F, 1-24-3 Minami-Aoyama, https://jp.toto.com/gallerma. Galerie für Architektur.

Fotografie

305 [C7] **Place M,** Kindai Bldg., F3, 1-2-11 Shinjuku, www.placem.com, tgl. 12–19 Uhr. Bedeutende und aufstrebende Künstler.

306 [B6] **Shinjuku Ophthalmologist Gallery,** 5-18-11 Shinjuku, www.gankagarou.com. Hier werden interessante Fotografien, Installationen und Videokunst gezeigt.

Tokyos Architektur von alt bis neu

Künstler der Gegenwart

309 [D9] **Calm & Punk Gallery,** 1-15-15 Nishi-Azabu, www.calmandpunk.com, tgl. 11-19 Uhr. Vielseitige Ausstellungen junger Künstler.

310 [B10] **Nanzuka,** B1, 2-17-3 Shibuya, Di.-Sa. 11-19 Uhr. Viel beachtete alternative Kunstgalerie.

311 [E9] **Ota Fine Arts,** 3F, 6-6-9 Roppongi. Hier stellen die besten japanischen Künstler der Gegenwart aus.

312 [E10] **Take Ninagawa,** 2-12-4, F1, Higashi-Azabu, Tel. 5571-5844, www.takeninagawa.com, Di.-Sa. 11-19 Uhr. Bunt, poppig, Subkultur.

313 [G5] **Tokyo Arts & Space (Wonder Site) Hongo,** 2-4-16 Hongo, www.tokyoartsandspace.jp/en, tgl. 11-19 Uhr. Zentrum für die Erschaffung und die Präsentation moderner Kunst.

314 [E9] **Tomio Koyama Gallery,** 6-5-24 Roppongi, Di.-Fr. 11-19 Uhr. Die Galerie fördert junge japanische Künstler.

Tokyo für Architekturinteressierte

Tokyo ist für den Berliner Architekturprofessor Ulf Meyer (s. S. 243) die **totale Stadt,** die Hauptstadt Asiens, wenn nicht der Welt, nicht nur, weil sie die größte Metropole der Welt ist. Er hält sie für die erste Stadt, die die **Zukunft** der immer stärker urbanisierten Menschheit **vorwegnimmt,** sie umgebe einen vollkommen, sei unentrinnbar, eine wunderbare Katastrophe. In einer Stadt, in der das Grundstück im Schnitt zehnmal wertvoller ist als selbst das teuerste darauf denkbare Gebäude, habe Architektur keinen Anspruch auf Dauer. In Tokyo – so Meyer – werde deshalb stets das Unbaubare gebaut. Monumente entstehen dabei allerdings nicht.

Anders als in den großen europäischen Metropolen gibt es in den meisten asia-

243to-mb

tischen Großstädten heute keine erhaltenen architektonisch bedeutsamen Ensembles mehr. Das gilt auch für das erdbeben- und feuergeplagte Tokyo.

Immer wieder wurde die Stadt **aufs Neue aufgebaut**, doch der Wiederaufbau nach dem Krieg war wie ein Wildwuchs, nicht gesteuert durch detaillierte Stadtplanung. Erst anlässlich der Olympischen Spiele 1964 wurden die Stadtautobahnen angelegt und große Verbindungsstraßen ausgebaut. Dabei wurde auf ästhetische Bedürfnisse wenig Rücksicht genommen, wie das Beispiel Nihonbashi ⓬ („Japan-Brücke") zeigt. Das ursprünglich zur Abwehr von Angreifern angelegte, **verwirrende Straßen- und Gassensystem** wurde jedoch nie grundlegend verändert. In den ersten Jahrzehnten nach Kriegsende nahm man wenig Rücksicht auf die Umwelt. Es ging vorrangig darum, die Industrialisierung voranzutreiben und neuen Wohnraum zu schaffen.

Seit den 1980er-Jahren wurde jedoch die **Umweltverschmutzung** deutlich **verringert** und die Bürger erhielten viele kleinere und gelegentlich auch größere Grünanlagen, Fußgängerpromenaden und andere Verbesserungen ihrer Wohnumgebung (es gibt heute immerhin mehr als 7000 Parks im Stadtgebiet). Auch in Tokyo gibt es wie in anderen Metropolen die Tendenz der **ständigen Erneuerung der Fassaden.** Alles wird anspruchsvoller, dem gegenwärtigen Stilempfinden angepasster und mit mehr Hightech ausgestattet. Die Regierung rechnet mit einer Lebensdauer der Bürogebäude von 15 bis 30 Jahren.

Traditionelle Bauweise

Beispiele traditioneller Architektur findet man noch überall in den **Tempel- und Schreinbezirken.** Besonders in Stadtteilen der früheren *Shita-machi* (Unterstadt, Downtown) wie Asakusa (s. S. 166), Ningyō-chō, aber auch oberhalb davon findet man noch Reste alter **Laden- und Wohnhäuser.** Ihr Fortbestand ist allerdings auf Dauer bedroht.

Die **traditionellen**, in Holzskelettbauweise errichteten **Wohnhäuser** stehen in Bezug zur umgebenden Natur und sind hervorragend an das Klima angepasst konstruiert. Die langen feuchtheißen Sommer Japans verlangen nach Häusern, durch deren Räume die Luft zirkulieren und somit eine leichte Kühlung schaffen kann. Genau das ist der Fall bei japanischen Wohnhäusern: Sie lassen die Luft unter dem leicht erhöhten Fußboden hindurchstreichen und, da die Wände mittels Schiebetüren beliebig

023to-ml

☐ *Fujimi-Wachturm (s. S. 28) im Inneren Palastgarten*

geöffnet werden können, auch überall durch die Räume zirkulieren.

Gegen die Sonne und den häufigen Regen schützt das große, an allen Seiten heruntergezogene Dach. **Holz** als Baumaterial ist angenehm im Sommer und wärmend im kurzen, trockenen Winter, wie er für Tokyo und den größten Teil Japans typisch ist. Auch widersteht die elastische Holzbauweise in Verbindung mit den verputzten Bambuswänden den häufigen Erdbeben besser als Stein- oder Ziegelhäuser.

Moderne Wohnviertel

Die **heutigen Wohnhäuser** Tokyos und der Vorstädte sind in der Regel so klein und stehen so eng beieinander, dass nur **wenig Platz für Gärten** bleibt. Topfpflanzen wie die berühmten Bonsai vor den Häusern sind vielfach Ersatz für nicht oder kaum vorhandene Gärten. Die durchschnittliche Wohnfläche beträgt 60 m². Die Wohn- und Geschäftsviertel der Stadt sind alles andere als schön. Und doch wird das Auge immer wieder überrascht und belohnt, denn **Schönheit** offenbart sich in Tokyo nicht in monumentaler Stadtplanung, sondern vielfach **im Kleinen.**

Meilensteine moderner Architektur

Die moderne Architektur hielt Einzug mit Beginn der Meiji-Restauration (1868), als **westliche Architekten** und Ingenieure ins Land gerufen wurden, um den Anschluss an die westliche Welt auch baulich einzuleiten. Anfangs wurde westliches Design mit japanischer Holzbauweise kombiniert, noch sichtbar in der Villa des **Kyū-Furukawa-Gartens** 86. Um die Wende vom 19. zum 20. Jh. entstanden größere Steingebäude in westlichem Stil. Beispiele in Tokyo sind die **Bank of Japan** (1896, 9), der **Akasaka Detached Palace** (1909, [D8]) und der **Bahnhof Tokyo** (1914) 5, die von Katayama Tōkuma bzw. Tatsuno Kingo geschaffen wurden.

Gleichzeitig entstand eine Gegenbewegung, die **asiatischere Formen** verlangte. Die amerikanischen Architekten Antonin Raymond und Frank Lloyd Wright sowie ihr deutscher Kollege Bruno Taut kamen nach dem Ersten Weltkrieg nach Japan und trugen sehr stark zur Wertschät-

025to-ml

Eisberg - das spektakuläre ehemalige Audi Forum Tokyo [B9] in Harajuku

024to-ml

Cocoon [B6]: der Turm des Mode-Gakuin-College in Shinjuku

EXTRATIPP

Informationen zur Architektur Tokyos

Im T.I.C. (s. S. 326) gibt es zwei Blätter, die „Contemporary Works by Well-known Architects in the Ginza“ bzw. „ [...] in the Omotesando Area“ heißen. Interessante Artikel im Netz sind:

- **30 Iconic Tokyo Buildings to Visit in Japan's Capital City,** im Tokyo Architecture City Guide (www.archdaily.com)
- **Tokyo's Best Contemporary Architecture** (https://whenin.tokyo/Tokyo-s-Best-Contemporary-Architecture)

zung der traditionellen Architektur in Japan wie im Westen bei. Seit dem Ende des Zweiten Weltkrieges finden die großen japanischen Architekten bis heute auch **international Beachtung**, weil sie traditionelle und moderne Elemente harmonisch zu vereinigen vermögen. **Metabolismus** ist eine in Japan entstandene Architekturform, die eine Abkehr von traditioneller Bauweise und vom westlichen Vorbild bedeutete. Die nächste Generation japanischer Architekten rebellierte dagegen und schuf Gebäude des *International Style* und der Postmoderne mit eigener Prägung.

Mit dem Bauboom der 1980er-Jahre ergab sich die Chance, funktionale Gebäude mit künstlerischer Formgestaltung durchzusetzen (während die Masse der Gebäude in Tokyo und anderswo rein funktional ist). Beispiele dafür sind neben der monumentalen „Kathedrale“ des **Tokyo Metropolitan Government** (60) in Shinjuku), das **Tokyo International Forum** (7), die funktionale und doch ästhetisch ansprechende Halle des **Tokyo Me-**

tropolitan Gymnasium (1990) oder das **Spiral Building** in Aoyama (1985), das symbolhaft für die gesamte Architektur Tokyos stehen kann: stilistisch zerstückelt und doch voller Lebenskraft.

In Europa gibt es großartige **Städte am Wasser.** Edo wurde direkt an der Bucht von Edo gebaut. Von O-daiba aus sieht man die Silhouette Tokyos, aber man sieht auch, dass sie nie als Metropole am Wasser gebaut wurde. Mit aufgeschüttetem Land wurde das Wasser ja auch immer weiter von Edo weggedrängt. Es gab sogar ernsthafte Ideen, die ganze Tokyobucht zu verbauen.

Städtebau, wie wir ihn von London, Paris, Berlin und auch New York kennen, ist in Tokyo nie als dreidimensionale Kunstform verstanden worden. Es gibt nur wenige große, zusammenhängende Grundstücke, die städtebaulich entwickelt werden konnten wie Roppongi Hills 57, Tokyo Midtown 54, charakteristischer für Tokyo sind das, was Architekten als Mini-Hochhäuser bezeichnen, noch prägender sind die winzigen, eng zusammenstehenden Wohnhäuser, die Tokyo zu einer eher flachen Stadt machen.

Zukunftsvisionen aus der Zeit der Bubble-Ära

Der Reiz Tokyos liegt im Charme seiner unzähligen Dörfer, aus denen die Megalopolis zusammengewachsen ist. Doch das Experimentierfeld der gegenwärtigen und wohl auch künftigen Stadtplanung liegt auf künstlich aufgeschütteten Inseln in der Tokyo Bay. Sir Norman Fosters **MillenniumTower,** der zu einer 840 m hohen „vertikalen Ginza" mit Raum zum Wohnen, Arbeiten und Leben für 50.000 Menschen durch ein von ihm entwickeltes, roboterhaftes *Automatic Building Construction System (ABCS)* errichtet werden soll, existiert erst als Modell. Aber diese für Japan typische raumsparende Lösung ist nicht die einzige Mega-Idee in der Architektur. Es gibt bereits Entwürfe für eine 3000 m hohe **Pyramidenstadt,** in die Wolkenkratzer gehängt werden, oder gar einen **künstlichen Fuji-san,** der dem Original 149 an Höhe gleichkommt. Diese Ideen erscheinen verrückt, sind aber charakteristisch für die Energie und Vitalität dieser Stadt.

LITERATURTIPP

Architekturführer

- **Ulf Meyer: Architekturführer Tokio,** DOM Publishers 2018, 352 Seiten. Knapp 300 der aus architektonischer Sicht wichtigsten und interessantesten nach dem Krieg errichteten Gebäude werden großformatig in Farbe und Text vorgestellt.
- **Momoyo Kajima, Junzo Kuroda, Yoshiharu Tsukamoto: Made in Tokyo,** Kajima Institute Publishing Co. 2001, englisch,192 Seiten, Paperback. Während der o. a. Architekturführer herausragende und architektonisch interessante Gebäude vorstellt, sind es in diesem Band eher Objekte des Alltags, die Architekten am liebsten ignorieren würden, die aber charakteristisch für Tokyo sind, aus Platzmangel und Notwendigkeit geboren. Der Führer porträtiert in S/W die urbane Situation der Hauptstadt, ohne Sinn für Ästhetik geboren. Die Autoren nennen sie *B-Grade, no good,* japanisch: Dame-Architektur, die Tokyo jedoch stärker prägt als die Schaustücke.

Tokyo für Genießer

Tokyo ist ohne Zweifel eine, wenn nicht *die* **kulinarische Hauptstadt der Welt**, es gibt zwischen 100.000 und über 150.000 Lokalen, keine Stadt der Welt hat außerdem mehr Restaurants, die mit **Michelinsternen** ausgezeichnet wurden. Und jede Küche der Welt ist vertreten. Wer will, kann für umgerechnet 1 Euro satt werden oder locker mehr als 300 Euro für eine Mahlzeit ausgeben. Getränke wie **grüner Tee oder Wasser** kosten in der Regel nichts, **Trinkgeld** ist unüblich!

Japanische Esskultur

Aus einer Küche, die ursprünglich nur das Wenige verwenden konnte, was die Umgebung hergab – Reis, regionales Gemüse und Meeresfrüchte aller Art einschließlich Algen und Seetang – hat sich innerhalb eines Menschenalters ein **Universum an Gaumenfreuden** entwickelt, das allein in Tokyo schon unerschöpflich ist. So soll es dort mehr als 50.000 nur auf Rāmen (s. S. 262) spezialisierte Lokale geben. Dabei empfinden Japaner die Hauptstadt noch nicht einmal als das einzig lohnende Schlemmerparadies.

Die Verwendung hochwertiger, frischer Zutaten ist ein absoluter Grundsatz, wobei **regionale und saisonale Produkte** bevorzugt werden. Der Eigengeschmack der Speisen soll voll zur Geltung kommen.

Da diese Küche **leicht bekömmlich und gesund** ist, erfreut sie sich inzwischen auch im Ausland großer Beliebtheit. Spezialitäten wie **Sushi** waren für Japan-Reisende einst fast ein Horror. Der Gedanke an roh gegessenen Fisch hatte etwas Abschreckendes, selbst für Leute, die sich nichts beim Verzehr von Tatar und Mettbrötchen denken oder genussvoll Austern zu schlürfen vermögen. Nun gilt Sushi auch bei uns längst als ausgesprochen hippe Delikatesse und wird deshalb häufig selbst in chinesischen und anderen asiatischen Lokalen – leider meist in minderer Qualität – angeboten.

Aber die Japaner wären nicht, was sie sind, wenn sie nicht stets **offen für kulinarische Einflüsse** von außen gewesen wären. Ein flüchtiger Bummel durch die Stadtviertel in Tokyo zeigt, wie populär auch die amerikanischen **Fast-Food-Lokale** und daraus entstandene Mischformen mit japanischem Touch geworden sind, wie Mosburger (s. S. 250). Am beliebtesten ist freilich immer noch traditionelles japanisches Fast Food, z. B. Soba, Udon, Rāmen (alle s. S. 262).

Die kleinen, in Tokyo meist rund um die Uhr geöffneten **Convenience Stores, kombini** genannt (s. S. 284), die es mittlerweile tausendfach gibt, bieten westliche und japanische Fertiggerichte und Snacks, ebenso wie die Lebensmittelabteilungen der Kaufhäuser und Supermärkte.

So beliebt Gemüse bester Qualität ist, echte **Vegetarier** sind in Japan sehr selten. Es gibt nicht einmal einen Begriff dafür, man benutzt *bejitarian* (von engl. *vegetarian).* Der japanische Begriff *saishokushugisha* schließt den Verzehr von Fisch und Meeresfrüchten nicht aus. *Sōshoku* („Pflanzenfresser") auf Männer angewandt meint Schwächling. Fleischlose Küche empfinden Japaner als Armenküche, die sie mit dem gewachsenen Wohlstand nach dem Zweiten Weltkrieg gern hinter sich gelassen haben. Dabei ist Fleischgenuss im buddhistisch geprägten Japan erst seit 1872 offiziell gestattet.

EXTRATIPP

Preiswert essen und trinken in „kombini“, Kaufhäusern etc.

In den *kombini* (s. S. 284) kann man preiswerte Snacks erwerben, z. B. **O-nigiri** (mit O-Nori – pergamentartige Meeralgenblätter – umwickelte gefüllte dreieckige Reisklöße) für ca. 100 ¥, beispielsweise *tsuna-mayo* = Thunfisch-Mayonnaise; sie eignen sich hervorragend für kleine Zwischenmahlzeiten. Die Nori-Blätter sind separat verpackt, damit sie knusprig bleiben. Auch Sandwiches und mit Hackfleisch gefüllte warme Teigklöße, *niku-man* genannt, sind beliebt.

In Lebensmittelabteilungen oder Bäckereien gibt es u. a. **kare-pan,** mit Currysoße gefüllte, krapfenähnliche Brottaschen, die etwas über 100 ¥ kosten. Überhaupt gibt es in **Bäckereien** ein riesiges Angebot an *kashi-pan,* Brotspezialitäten.

Viele preiswerte **Fertiggerichte,** oft wahlweise zum Mitnehmen oder sofort Essen, gibt es in *kombini,* Supermärkten und Lebensmittelabteilungen der Kaufhäuser meist **ab 18 Uhr,** manchmal schon früher, um 20 bis 30 % günstiger.

Viele Restaurants bieten mittags günstige Menüs, sog. *lunch sets,* an.

Wer **preiswert etwas trinken** möchte, kauft in Supermärkten, *kombini* oder an Automaten ein. Manche *kombini* verfügen über ein paar Stühle und Tische zum Verzehr vor Ort. Alkoholische Getränke sind in solchen **Izakaya** (s. S. 248) günstig, die einen Einheitsbetrag (meist um die 300 ¥) für Getränke und Gerichte verlangen oder mit ihren **nomihōdai** (Getränkeflatrates) werben.

Bentō-Laden im Bhf. Tokyo (5): Fertiggerichte für die Reise

012to-ml

Essen im Restaurant – einige Tipps

In Japan werden im Schaufenster vieler Restaurants Wachsmodelle der angebotenen Gerichte mit Preisangabe ausgestellt, das gilt jedoch nicht für hochklassige Restaurants. Die Auswahl durch die Kunden geschieht sehr häufig nach der Attraktivität der Modelle, die es übrigens in der Kappabashi (112) für viel Geld zu kaufen gibt. Wer kein Japanisch kann, braucht bei der Bestellung nur noch auf das Modell zu zeigen und „kore o kudasai" („Geben Sie mir dies bitte") zu sagen. Manche Lokale begnügen sich mittlerweile mit der weit preiswerteren Darstellung der Speisen auf Fotos, was aber irgendwie billig wirkt.

In Restaurants sollte man am Eingang warten, bis ein Platz zugewiesen wird. Meist gibt es draußen oder im Foyer Wartebänke. Popularität und Qualität eines Lokals sind häufig an den mehr oder weniger langen Warteschlangen („gyōretsu") draußen zu erkennen. Die meisten Lokale verfügen über Tische mit Stühlen/Bänken. Traditionelle Lokale allerdings bieten Zimmer oder Abteile mit Tatamimatten und niedrigen Tischen, an denen man auf Kissen Platz nimmt. Diese Form nennt man „zashiki". Manche Lokale verfügen über beide Tischformen. Die bequemen „horigotatsu" (Vertiefung unter dem niedrigen Tisch) stellen einen echten Kompromiss dar, allerdings sind diese nicht in jedem Lokal vorhanden.

Hat man Platz genommen und sich entschieden, ruft man die Bedienung mit „Sumimasen" heran oder betätigt die Klingel am Platz. In manchen Lokalen gibt es kein gedrucktes Menü. „O susume wa?" bedeutet: „Was können Sie empfehlen?" Man kann die Auswahl auch dem Chef/der Chefin überlassen und sagt „o makase". Das Essen wird meist gut sein, aber auch teuer. Japaner nennen in Bars, in denen man auch essen kann, dann gern ihr Budget für den Abend, z. B. 3000 ¥.

Menüs gibt es bisweilen in den Abstufungen „nami" (Standard) bis „tokujō" (Spezial, mehr Beilagen).

In den meisten Lokalen bezahlt man an der Kasse am Ausgang, manchmal, vor allem in einfacheren Lokalen, Firmen- und Universitätskantinen, muss man jedoch vorher - meist am Automaten - bezahlen und den Bon beim Bestellen abgeben. Das ist etwas schwierig, weil man vorher wissen muss, was man essen möchte. Achten Sie ggf. auf die Nummer des gewünschten Gerichtes, zur Not können Sie auch um Hilfe bitten: „Sumimasen. Oshiete kudasai." („Entschuldigung. Zeigen Sie es mir bitte.") Beim Weggehen sagt man: „gochisōsama" („es hat gut geschmeckt").

Um ein bestimmtes Lokal allein oder mithilfe von Passanten zu finden, ist es ratsam, sich z. B. im Hotel die Adresse auf Japanisch aufschreiben zu lassen. In den englischen Zeitungsanzeigen erscheinen die Adressen ebenfalls auf Japanisch. Lokale sind häufig sehr schwer zu finden. Deshalb enthalten die Adressenangaben für Lokale immer Stockwerksangaben. Günstige Lokale finden sich in Einkaufszentren und unterirdischen Einkaufspassagen großer Bahnhöfe. Viele kleine Lokale benutzen den kurzen, meist blauen Vorhang, den „noren", um anzuzeigen, dass sie geöffnet sind, Izakaya (s. S. 248) und andere benutzen für diesen Zweck rote Lampions.

Die meisten Restaurants bieten mittags günstige Menüs („teishoku") an. Wer davon Gebrauch macht, kann sich trotz begrenzten Geldbeutels auch in gute Lokale, in denen das Abendessen sonst ein Mehrfaches kosten würde, wagen. So kosten Mittagsmenüs häufig nicht mehr als 500 bis 1000 ¥, in guten Lokalen zwischen 1000 ¥ und 2000 ¥. Allerdings ist es zwischen 12 und 13 Uhr meist sehr voll. Abends kann man Menüs in Family Restaurants u. a. aber auch für etwa 1000 ¥ bekommen. Lunch-Büfetts (jap. „baiking" bzw. „tabehōdai") sind gut und vergleichsweise preiswert, meist muss man hier zwischen 1000 ¥ und 3000 ¥ bezahlen. Sehr häufig sind einige nichtalkoholische Getränke inklusive.

In Uni-Mensen und Kantinen der großen Firmen und Behörden kann man nicht nur preiswert essen, man bekommt auch einen Einblick in das Leben von Studenten, Angestellten und Beamten. Manche Firmen und Behörden verlangen jedoch wegen stärkerer Sicherheitsbedenken als vor „9/11" am Eingang den Dienstausweis. Eine gute Adresse zum Kennenlernen solcher Kantinen ist die im Rathaus in Shinjuku (60)*.*

„LO" bedeutet „last order". Meist kann man bis eine halbe Std. vor Schließung des Lokals bestellen, bei aufwendigen Gerichten bleibt weniger Zeit. „Time Service" bedeutet Ermäßigung für begrenzte Zeit.

***Achtung:** Englische Menüs erleichtern zwar die Auswahl, enthalten in vielen Lokalen jedoch nur einen Teil des Angebots und sind oft ungenau übersetzt.*

In Tokyo gibt es zunehmend rein vegetarische und vegane Lokale. Die hochpreisige buddhistische Tempelküche *shōjin ryōri*, manche chinesisch-buddhistische Lokale und die meisten indischen Restaurants bieten vegetarische Alternativen. Empfehlungen für **Vegetarier und Veganer** gibt die in der Touristinfo (s. S. 326) ausliegende Broschüre „Tokyo Vegan & Vegetarian Restaurant Guide".

Während für einheimische Küche bei uns im Grunde ein Lokaltyp genügt, vielleicht unterteilt nach Hausmannskost und gehobener Küche, gibt es allein für die japanische Küche, *washoku,* die dem UNESCO-Weltkulturerbe zugerechnet wird, mehr als **zwei Dutzend spezialisierter Lokaltypen**, von denen die meisten im Folgenden kompakt und mit Lokalvorschlägen vorgestellt werden sollen.

Leider ist es nicht immer einfach, angesichts des ungewohnten Adressensystems und der für die meisten unlesbaren Schrift bestimmte Lokale zu finden; aber es bleibt ja der Trost, gleich nebenan die Auswahl zwischen Dutzenden anderer Restaurants zu haben. Wie fast überall gilt der Grundsatz: Wo es voll ist, kann man von guter Qualität ausgehen.

Da **Lunchmenüs** fast immer deutlich preiswerter als **Abendmenüs** sind, bieten diese eine gute Gelegenheit, sich auch mal in Restaurants zu wagen, die sonst außerhalb des Budgets liegen, auch wenn sie dann nicht das zeigen, wofür die Küche des jeweiligen Lokals bekannt ist. Man sollte jedoch die Mittagszeit zwischen 12 und 13 Uhr in Lokalen vermeiden, die mittags bevorzugt von Büroangestellten aufgesucht werden. Wer bereits gegen 11.30 Uhr oder kurz nach 13 Uhr kommt, hat größere Chancen auf einen Sitzplatz.

Lokalketten für den preiswerten Einstieg in die japanische Küche

Wer die japanische Küche kennenlernen möchte, dafür aber nicht viel Geld ausgeben möchte, findet hier Empfehlungen für beliebte, zuverlässige Lokalketten. Denken Sie daran: Die Konkurrenz ist in Japan riesig. Die Anbieter können es sich nicht leisten, Qualität und Service zu vernachlässigen – zum Wohl der Kunden!

Cafés

Die beliebtesten Cafés sind die Filialen von **Doutor, Excelsior, San Marco, Café de Crié, Café Veloce** und die Retro-Cafés der **Renoir-Kette.** Man bekommt guten Kaffee und einen Snack für etwa 500 ¥, der Kaffee allein kostet ab 200 ¥. Für die kleine Pause bieten *kombini* zunehmend Sitzplätze und Kaffee ab 100 ¥, dazu gibt es preiswertere Snacks.

Izakaya

Preiswerte und bekannte Lokalketten für die beliebten Izakaya-Kneipen sind **Shirokiya, Tengu, Uotami und Watami.** Sie befinden sich meist in Bahnhofsnähe; Gerichte und Getränke kosten um die 300 ¥. Die riesige Auswahl an Gerichten bietet eine gute Gelegenheit, die japanische Küche und japanische Snacks kennenzulernen, aus Kostengründen am besten zu mehreren.

Rindfleisch auf Reis

Matsuya, Sukiya, Tokyo Chikara Meshi, Yoshinoya sind große Ketten für Gyūdon (Rindfleisch mit Zwiebeln auf Reis) für um oder unter 400 ¥ und zahlreiche andere Gerichte. Yoshinoya besteht seit 1899 und ist der Marktführer; die Filialen in der Nähe von Bahnhöfen sind leicht zu finden. Tokyo Chikara Meshi kredenzt u. a. *Yaki Gyūdon* (gegrilltes

011to-ml

Rindfleisch mit Soße auf Reis) ab 430¥, ist aber in der Stadt weit weniger vertreten. Alle bieten natürlich auch Curryreis-Gerichte ab 350¥. Da japanisches Rindfleisch *(wagyū)* sehr teuer ist, importieren diese Ketten ihr Rindfleisch.

Soba-(Buchweizen-) Nudeln

Fuji Soba, Komoro Soba: Ketten für preiswertes Soba, meist in Bahnhofsnähe, manchmal nur Stehlokale, ab 350¥.

Sushi

Sushiro, Kura-, Hama- und **Kappa-sushi** sind beliebte Ketten für Kaiten-Sushi (s. S. 255). Ein Sushi-Paar bzw. ein Teller kostet ab 110¥, inzwischen meist mehr. Vom Platz aus kann man per Notepad gezielt bestellen, dann kommen die Gerichte frisch zubereitet direkt an den Platz. Jede Kette hat ihre Stärken und Spezialitäten. In Tokyo nimmt die Zahl der Filialen konstant zu.

Tempura

Tendon Tenya: Kette für preiswerte Tempuragerichte ab 560¥, an allen wichtigen Orten vertreten (www.tenya.co.jp/english). Leider sind die Tempurateile dann nicht so knusprig wie direkt von der Theke.

Tonkatsu

gibt es bei **Katsuya, Maisen, Saboten, Tonkatsu Matsunoya** und **Wako.**

Udon-Nudeln

Hanamaru- und **Marugame-Seimen-Lokale** sind ideal für *Sanuki Udon* (frisch zubereitete weiße Weizennudeln mit Brühe) ab 350¥, dazu kostenlos per Selbstbedienung *tenkase* (Tempurakrümel), Sesamkörner, frisch geriebener Ingwer, Wasser und/oder Tee. Die kleinste und preisweerteste Portion heißt *kake sho.*

Yakiniku

Gegrilltes Fleisch gibt es bei Ketten wie **An-an, Gyukaku, One Kalbi, Stamina Tarō** und **Yakiniku King.** Die meisten bieten auch *tabe-hōdai,* z. B. 90 Min. ab 1300¥ bei Stamina Tarō. **Yakiniku Like** ist eine Kette mit Grills für Einzelpersonen an einer Art Theke, mit nur wenigen Tischen für Paare.

Yakitori

Eine bekannte Kette für preiswertes Yakitori ist **Toritetsu.** Daneben gibt es eine große Auswahl weiterer Gerichte.

Yakitori-Lokal unter den Bahngleisen in Yūrakuchō

Lunch in einem der zahlreichen Restaurants der „Ginza Lion"-Kette

> KURZ & KNAPP
> **Dashi**
> Japanische Brühe *(dashi)* besteht meist aus Bonitoflocken *(katsuobushi)*, braunem Seetang *(kombu)*, auch getrocknete Sardinen *(neboshi)*; für die vegetarische Brühe werden hauptsächlich *kombu* und getrocknete Shiitake-Pilze verwendet. Der volle Geschmack von Dashi wird *umami* (aromatisch, herzhaft, rund, voll) genannt, eine der fünf Grundgeschmacksrichtungen, und ist wichtigste Grundlage der japanischen Küche.

Restaurantketten für westliche Gerichte mit japanischem Touch

› **Saizeria**, eine preiswerte und sehr erfolgreiche Family-Restaurant-Kette bietet in über 750 Lokalen italienisch beeinflusste Gerichte ab 300 ¥ (www.saizeriya.co.jp, jap. aber mit bebildertem Menü), ein Glas Rotwein kostet hier nur 100 ¥.
› **Mosburger**, japanische Fastfoodkette für Hamburger mit Elementen einheimischer Esskultur (www.mos.jp/menu/global/english)

Japanische Küche

Regionale Spezialitäten: Kyōdo-ryōri

Spezialitäten aus unterschiedlichen Regionen des ganzen Landes finden sich in Tokyo in großer Anzahl. Gerichte aus Hokkaidō schmecken anders als solche aus Okinawa; die Küche Kyōtos ist feiner als die kräftigere Tokyoter Küche. Eine kulinarische Entdeckungsreise durch die Regionen Japans ist ein köstliches Gaumen-Abenteuer. Erkennbar sind Restaurants mit regionaler Küche am Namen, an einem Symbol (Bär mit Lachs im Maul steht z. B. für Hokkaidō) oder einfach an der rustikalen Ausstattung, die ihnen den Charakter eines *inaka-ya*, eines ländlichen Gasthauses, geben sollen.

Eine preiswerte Möglichkeit, regionale Küche kennenzulernen, bieten die sog. **Antenna Shops** (s. S. 251), in denen man oft auch kleine Gerichte essen kann.

315 [B5] **Haruko** ¥-¥¥, 1-10-1 Hyakunin-chō (am Ende des Lokalblocks westlich neben den Gleisen in Shin-Okubo), Tel. 3368-4677, Mo.-Fr. 17-24, Sa. 16-24 Uhr. Einziges authentisches Ainu-Restaurant in Tokyo, sehr lebhaft und beliebt, preiswerte Gerichte wie *Ohaw* (Suppe mit Lachs, *Kombu* und viel Gemüse), Hirschsteak, Pfannkuchen mit *kitopiro* (wilder Lauch, ähnlich Bärlauch).

316 [B10] **Kyōmachi Koi Shigure** ¥¥, The Prime Bldg., F4, 2-29-5, Dōgenzaka, Tel. 3463-8866, tgl. 17-23 Uhr. Gute Kyōto-Küche in Shibuya.

317 [F5] **Shima** ¥, 2-28 Shimomiyabichō, Mo.-Fr. 11.30-14.30 und 17-23 Uhr. Kleines, bodenständiges Lokal mit authentischer Okinawa-Küche zu sehr günstigen Preisen.

Japanische Haute Cuisine: Kaiseki-Ryōri

Die Kaiseki-Ryōri entwickelte sich ursprünglich aus leichten Zwischenmahlzeiten im Rahmen der Teezeremonie. Der Name leitet sich wohl von den warmen Steinen *(seki)* her, die sich Mönche während des Meditierens auf den leeren Magen *(kai)* legten. Das Prinzip der Küche ist die Verwendung von **absolut frischen, möglichst naturbelassenen, der jeweiligen Jahreszeit entsprechenden Zutaten höchster Qualität.** Die ästhetische Anordnung der Speisen folgt konsequent den Kriterien von *wabi* (Einfachheit, Stille) und

138to-ml

sabi (unaufdringliche Eleganz). Die Arrangements reflektieren die Natur, für Japaner der größte aller Künstler. Jeden Monat wechseln Menüs, Zutaten, Garnierungen und das Geschirr entsprechend dem jahreszeitlichen Charakter. Generell beginnt ein Menü mit einem Appetithappen, dann folgen Sashimi (s. S. 255), ein geköcheltes, ein gegrilltes, schließlich ein gedünstetes Gericht, aber das ist nur das Minimum, es können auch mehr als ein Dutzend Gänge sein.

Die Lokale, in denen Kaiseki-Ryōri bevorzugt gegessen werden sollte, sind **Ryōtei,** elegante Restaurants im Stil traditioneller Wohnhäuser. Ein klassisch gestalteter Garten gehört immer dazu. Das Innere erfüllt die höchsten Ansprüche an japanischer Ästhetik. Die Bedienung *(nakai-san)* ist in schlichte, elegante Kimonos gekleidet. Koto und ähnliche traditionelle Musik tragen zur besonderen Atmosphäre der kultivierten Ruhe in diesen Inseln fernab der Großstadthektik bei. Reservierung ist in den guten Restaurants unumgänglich, in der Regel sogar die Einführung durch Stammgäste. Das gilt vor allem für Ausländer. Wegen der besonderen Etikette beim Genuss der Kaiseki-Ryōri ist es ohnehin empfehlenswert, das erste Mal in Begleitung eines einheimischen Kenners zu kommen. Billig ist das Vergnügen selbstverständlich nicht, man muss mit mindestens 15.000 ¥ (ohne Getränke) rechnen. Die Gerichte sind sehr

KURZ & KNAPP

Antenna Shops

Antenna Shops bieten Produkte und Souvenirs einer Präfektur, machmal auch ein kleines Lokal mit deren Spezialitäten. Es gibt sie in mehreren Stadtteilen, im Kokusai Kōtsu Kaikan an der Ostseite des Bhf. Yūrakuchō sind es mehrere Dutzend.

Restaurant mit Blick auf den Hamarikyū-Garten im F45 des Caretta Shiodome, wo sich auch das Advertising Museum 20 *befindet*

arbeitsintensiv zubereitet. Auch **Ryokan** und gute Minshuku bieten die Möglichkeit, diese Küche zu genießen.

Ausgezeichnete Kaiseki-Ryōri gibt es weitaus erschwinglicher auch in guten Hotels, obwohl ein Ryōtei wegen des Gesamterlebnisses zu bevorzugen ist. Wer Kaiseki-Ryōri kennenlernen will, aber auf den Geldbeutel achten möchte, bestellt am besten ein Kaiseki-Menü *(kaiseki-teishoku)* als Lunch, in der Regel ab 4000 ¥ oder noch kompakter als O-Bentō in der Lackschachtel (Jubako, ab 2000 ¥).

318 Ao ¥¥¥, 3-24-12 Nishihara (U: Yoyogi-Uehara), Tel. 3485-8808, Mo.-Sa. 18-2 Uhr. Sehr gutes Preis-Leistungs-Verhältnis, kreatives Kaiseki, 6-Gänge-Menü 3400 ¥.

Gourmet-Lokale mit Theke: Kappō

Kappō steht für *katsu* (schneiden) und *pō* (kochen). Hinter der Theke der oft gemütlichen, kleinen Lokale *(ko-ryōriya)* stehen in der Regel Meisterköche, die alle Feinheiten der japanischen Küche beherrschen. Auch in Kappō-Lokalen werden saisonale Spezialitäten bevorzugt. *Ko-ryōriya* sind ähnlich wie *Kappō* kleine Spezialitätenlokale, die meist *washoku* servieren. Die Gäste sitzen hier häufig auf Tatami-Matten.

319 [B6] **Nakajima** ¥-¥¥¥, B1, Hihara Bldg, 3-32-5 Shinjuku, tgl. 11.30-14 u. 17.30-22 Uhr. Innovative Kappō-Küche, ein Michelin-Stern, Lunch-Menüs mit Iwashi ab 800 ¥. Am besten kommt man mittags kurz nach Öffnung des Lokals und nicht nach 13.30 Uhr.

Buddhistisch-vegetarische Kost: Shōjin-Ryōri

Aus der Verpflichtung der Buddhisten, nur vegetarisch zu essen, die freilich praktisch nur von Mönchen und Nonnen eingehalten wird, hat sich eine eigene Küche entwickelt, die in ihrer Ästhetik der Kaiseki-Ryōri sehr ähnelt. **Tofu** bildet die Grundlage dieser sehr vielfältigen Kochkunst. Kein Lebewesen inkl. Pflanzen darf prinzipiell für diese Küche geopfert werden, also gibt es auch kein Wurzelgemüse, sondern nur, was über der Erde wächst. In Tempeln, in denen

202to-ml

man übernachten kann, gibt es grundsätzlich Shōjin-Ryōri. *Shōjin* heißt „geistig voranschreiten". Am elegantesten ist die in Zen-Tempeln der Rinzai-Sekte entwickelte Küche. Es gibt einige Varianten, z. B. die *Sansai-Ryōri,* bei der vor allem Wildpflanzen aus den Bergen verwendet werden, und *Fucha-Ryōri,* die sich in chinesischen Tempeln während der Ming-Dynastie entwickelte.

320 [J3] **Bon** ¥¥¥, 1-2-11 Ryusen, Tel. 3872-0375, Mo.-Fr. 12-15 u. 17.30-21 Uhr. Exquisite Fucha-ryōri, vegan, Service und Interieur hervorragend, Lunch Box 3450 ¥ (nur Mo. bis Fr.), Lunch 5000 ¥, Menüs ab 6000 ¥.

321 [I3] **Sasa-no-yuki** ¥¥¥, 2-15-10 Negishi, Tel. 3873-1145, www.sasanoyuki.com. Dieses noch aus der Edo-Zeit stammende Tofu-Restaurant gilt als eines der besten in Tokyo.

322 Takao-san Yakuo-in Restaurant ¥¥-¥¥¥, Takao-chō 2177, Hachioji-shi, nahe dem Gipfel des Takao-san (s. Bergtouren S. 196), Tel. 042 661-1115 (Reservierung notwendig, www.takaosan.or.jp/english), nur Lunch: tgl. 11-14 Uhr. Vegetarische Tempelküche, Shōjin-Ryōri-Menü für 2900 ¥ *(Tengū-zen)* und 3900 ¥ *(Takao-zen).*

Izakaya

Unter die Kategorie der meist kleinen Rote-Laterne-Lokale *(aka-chōchin),* in denen man gemütlich isst und trinkt, fallen v. a. die beliebten Izakaya, die heute großteils als Ketten (z. B. Tsubohachi, Watami) operieren und stets in der Nähe der größeren Bahnhöfe zu finden sind. Sie bieten häufig für Gerichte und Getränke einheitliche Preise um die 300 ¥. Eine Variante sind die **Nomiya,** wo es mehr ums Trinken als ums Essen geht. Das Symbol, an dem man sie oft erkennt, sind dickbauchige, stehende Dachse mit Hut und Reisweinfläschchen *(tokkuri)* in der Hand.

323 [I7] **Sasashin** ¥, 2-20-3 Nihonbashi-Ningyōchō, U: Suitengumae, Ausg. 7; Ningyocho, Ausg. A1 u. A3, Tel. 3668-2456, tgl. bis 22.30 Uhr. Beliebtes, lebhaftes, meist volles Izakaya, gut sind u. a. Sashimi, gegrillter Fisch, gebratener Tofu.

Japanisch-chinesische Küche: Chūka-Ryōri

Es gibt in Tokyo viele Restaurants mit authentischer chinesischer Küche, in denen ausgezeichnet gegessen werden kann. Bekannte und gute Lokale befinden sich vor allem in der Chinatown 137 von Yokohama, aber genauso in der Ginza und in Shinjuku.

Hier ist jedoch die Rede von der volkstümlichen und ebenso preiswerten Variante, *machi-chūka,* wie man sie in den einfachen Lokalen *(shokudō)* findet. Chūka-Ryōri ist voll an den japanischen Geschmack angepasst, aber sowohl die Namen als auch die Zusammensetzung der Grundgerichte verraten die Herkunft. Erkennbar sind diese Lokaltypen an den chinesischen Mustern der Wachsmodellschalen. Beliebt ist die Bamiyan-Lokalkette mit preiswerten Chūka-Gerichten: Gyōza, Chahan, Mabōdōfu, Rāmen.

324 Anda Gyoza ¥, 3-21-2 Nishihara, U: Yoyogi-Uehara (5 Min.), tgl. 11.30-23 Uhr. Kleines Lokal, spezialisiert auf gedämpfte Gyoza mit unüblicher, leckerer Füllung, als Menü mit Chahan und Algensuppe 1320 ¥. Im Bib Gourmand gelistet

325 [G10] **Mihousai** ¥¥-¥¥¥, 1-4-4 Shibadaimon, U: Onarimon (Toei Mita Line), Tel.

Schlange vor dem Tokiwa Shokudō (s. S. 143) in der Togenuki-Jizō-dōri

3433-1095. Chinesische Küche mit angeblich medizinischer Wirkung *(yakuzen)*, täglich wechselnde Menüs für 800 ¥, Mabodōfu 1000 ¥.

Japanisch-westliche Küche: Resutoran/Yōshoku-ya

Genau wie die chinesische Küche wurde auch die westliche an den japanischen Geschmack angepasst. Es ist interessant, in den meist für die ganze Familie gedachten Familienrestaurants *(famiresu)* einmal westliche Gerichte à la Japan zu kosten. Die Zusammenstellung der Gerichte ist für unseren Geschmack bisweilen etwas eigenartig: Spaghetti mit Tomatensoße und Frikadelle, Spaghetti Napolitana mit Ketchup und Würstchen, *katsudon* (Schnitzel mit Ei auf Reis), Hayashi-, Omu- und Curry-Reis. Menüs kosten hier unter oder um die 1000 ¥. Empfehlens- und preiswerte Ketten sind Ginza Lion (s. S. 52), Gusto, Denny's und Saizeriya. Sehr preiswert sind in diesen Restaurants Getränkebüfetts.

326 [G8] **Saizeriya & Gusto** ¥, Ginza-Inz F2, Ginza-nishi 3-1, tgl. 11-23.15 Uhr

015to-ml

327 [H7] **Taimeiken** ¥¥, 1-8-6 Nihonbashi, Tel. 3271-2463, Di.-Sa. 11-21, So. 11-20 Uhr. Eines der klassischen besseren Restaurants für westliche bzw. japanisierte westliche Küche der frühen Showazeit (seit 1931). Die Gerichte sind weniger preiswert als z. B. bei Ginza Lion (s. S. 52), aber mittags sieht man, wie beliebt das Restaurant mit seinem nostalgischen gehobenen Flair immer noch ist.

Eine kleinere Ausgabe sind die **Sunakku** (Snacks), in denen kleine Gerichte wie Spaghetti, Hot Dogs, Hamburger, Sandwiches und Desserts angeboten werden. Nacht-Snack-Lokale sind in Wirklichkeit Bars, die mit diesem Begriff die Sperrstunde umgehen.

Sushi-Lokale (Sushi-ya)

Sushi-Restaurants sind meist kleine, blitzsaubere Lokale mit aus dem hellen Holz der japanischen Zypresse gefertigten Theken und Mobiliar. Unter der gekühlten Glasvitrine der Theke liegen Fisch und Meeresfrüchte des Tages bereit. Sushi-Lokale erkennt man am **blauen Türvorhang** *(noren)* mit den Schriftzeichen für „Sushi" oder einfach mit schlangenförmig langgezogenem „shi" der Hiragana-Silbenschrift.

Drinnen bedient dann der *sushi-ya-san* mit seinem weißen Kittel und dem um den Kopf gebundenen und zusammengerollten Handtuch *(hachi-maki)* seine meist an der Theke sitzende Kundschaft mit der Routine einer langen Ausbildung. Der spezielle Sushi-Reis wird mit Essig, etwas Zucker und Salz gemischt und zu kleinen

◁ Omu-Raisu – gebratener Reis, umhüllt von Omelette mit Demi-Glace-Soße

Häppchen geformt, darauf kommt dann etwas Wasabi und der Fisch u.a. Diese heute übliche Art heißt *Edomae-* bzw. *Nigiri-Sushi* und stammt aus der Edo-Zeit. Die Qualität eines Lokals zeigt sich nicht nur an der selbstverständlichen Frische der Zutaten, sondern auch an der Vielfalt des Angebotes und der mehr oder weniger großzügigen Belegung der Reishappen und am Preis. **Sashimi** (Scheiben von rohem Fisch u.a. garniert mit feinst abgeschälten und in Streifen geschnittenem Rettich, dazu wie beim Sushi Wasabi und Sojasoße) geht den meist paarweise gereichten Sushihappen voraus. Es gibt für Kenner eine bestimmte 6er-Reihenfolge (rot, weiß, blau, gekocht, weich, fest, knackig) oder man bestellt *ichi-nin-mae* („für eine Person").

Zum Sashimi bzw. Sushi wird gern **Sake** getrunken, ansonsten passt **Bier. Grüner Tee,** der im Sushi-ya *agari* heißt, wird zusammen mit Scheiben aus eingelegtem Ingwer mehrfach zwischendurch, gewissermaßen zur Neutralisierung der Geschmackssinne, gereicht.

Außer *Nigiri-sushi* gibt es noch zahlreiche weitere Arten von Sushi, z.B. *Chirashi-sushi,* bei dem bunt belegte Stücke von rohem Fisch auf Reis in einem Lackkästchen serviert werden. **Maki** sind Rollen, die mit Gurke, Fisch usw. gefüllt werden, und mit Reis, umrollt von O-Nori-Blättern. Sushi bezeichnet zunächst den speziellen Reis. Fisch und Meeresfrüchte müssen nicht dazu gehören.

Die preiswerteste Art, Sushi kennenzulernen, sind die **Fließband-Sushi-Ketten** *(kaiten-sushi),* die in Japan sehr ordentliche Qualität bieten, zumal man sich vom Tisch aus ohne Mehrkosten frische Happen bestellen kann, die dann in modernen Lokalen auf einem separaten Band direkt an den Tisch geschickt werden. Kleinere, neue Lokale verzichten ganz auf das Fließband und liefern die Teller auf diese Weise zu ihren Gästen. Es gelten unterschiedliche Preise für unterschiedliche Teller. Grünen Tee zapft man sich am Tisch, Ingwer liegt zur Selbstbedienung bereit. Mit normalem Appetit gibt man so kaum mehr als 1500¥ für 10 Häppchenpaare aus.

KURZ & KNAPP

Sushi-Begriffe

- **Meerrettichsenf (wasabi):** *namida* („Tränen")
- **Salz (o-shio):** *nami no hana* („Wellenblüten")
- **Sojasoße (o-shōyu):** *murasaki* („Purpur")
- **eingelegter Ingwer (shoga):** *gari* („Futter")
- **Stäbchen (o-hashi):** *o-te-moto* („Fingerspitzen")
- **Grüner Tee (o-cha):** *agari*

328 [B10] **Sushi Ouchi** ¥¥-¥¥¥, 2-8-4 Shibuya, Tel. 3407-3543, tgl. 12-13.30 u. 17-21.30 Uhr. Ausgezeichnetes Sushi-Lokal, in dem nur natürliche Zutaten verwendet werden, kein gezüchteter Fisch; der freundliche Chef Ouchi Hisashi stammt aus der Präfektur Fukushima, das Interieur lehnt sich an Bauernhäuser an und ist mit Volkskunst dekoriert. Lunch-Set ab preiswerten 1500¥, Dinner 2100¥, der Wunsch *ittengo-nin-mae* (1½ Portionen) wird gern geäußert.

Japanisches Fondue: Sukiyaki/Shabu-Shabu

Es gibt eigene auf Sukiyaki und Shabu-Shabu spezialisierte Lokale, oft erkennbar am Kuhsymbol, die sehr teuer sind, vor allem wenn sie bestes marmoriertes Wagyū (s.S.258) anbieten. Es hat sich

248to-mb

außerdem eingebürgert, dass zum Sukiyaki gern Wein oder Reiswein getrunken wird. In Familienrestaurants kann man ein Sukiyaki-Menü auch weitaus preiswerter bestellen. Sukiyaki ist unter Ausländern **neben Sushi und Tempura das vielleicht bekannteste japanische Gericht**, das von Einheimischen jedoch nur im Winter gegessen wird.

Der Name leitet sich von Pflugschar *(suki)* und braten *(yaki)* ab, weil es früher, als der Verzehr von Rindfleisch aus religiösen Gründen verboten war, heimlich auf der Pflugschar von den Bauern zubereitet worden sei, heißt es.

Shabu-Shabu-Fondue mit zweierlei Brühe

Mit der Öffnung Japans nach außen ab 1872 wurde von Kaiser Meiji jedoch der Verzehr von Rindfleisch als Symbol für den Fortschritt propagiert.

Die rohen Zutaten sind: hauchdünne Rindfleischscheiben, Chrysanthemenblätter *(shungiku)*, Glas- oder Konyakunudeln, schräg geschnittener Lauch, Pilze, vor allem Shiitake oder Enoki, Chinakohl, Tofu u. a. Wer von einer Zutat Nachschlag möchte, sagt, auf diese zeigend: *„o-kawari o kudasai"*.

Im flachen Topf wird zunächst etwas vom Fleisch angebraten, man kann aber auch gleich einen Teil der anderen Zutaten hinzufügen. Dann wird die Spezialsoße *warishita* (hergestellt aus Sojasoße, süßem Reiswein, evtl. auch Seetang) zugegeben und das Essen kann nach kurzem Köcheln beginnen: Entweder die Bedienung oder die Gäste geben die Zutaten nach Belieben in den Topf. Nach dem Garen werden sie mit den Stäbchen herausgenommen, in eine Schale mit verquirltem Ei getunkt und mit Reis gegessen.

Auf Wunsch wird das Fleisch zu Beginn kurz in Butter angebraten oder vor dem Anbraten in eine Marinade, die Weißwein enthält, gelegt.

Varianten sind **Jingisukan-yaki** (benannt nach Dschingis Khan), mit Lammfleisch, Paprika und Pilzen und **Udonsuki**, mit Udon-Nudeln, Krebs, Kammmuscheln und Gemüse.

Eine nicht minder beliebte Variante des Sukiyaki ist **Shabu-Shabu**, das erst nach dem Krieg erfunden wurde und vor allem bei Ausländern sehr beliebt ist. Es wird im „Mongolischen Feuertopf" *(hoko-nabe)* zubereitet. Die Flüssigkeit im Topf ist eine Art Brühe aus *kombu* (Seetang), in der die Zutaten nur kurz gegart werden. Danach tunkt man sie in Sesamsoße mit Zwiebelwürfeln oder in eine Soße aus Bitterorangen *(ponzu)*. Das Fleisch ist so dünn geschnitten, dass es zum Garen nur einige Male in der Brühe hin- und hergewedelt werden muss, was ein leicht zischendes Geräusch macht: *shabu-shabu*. Zum Abschluss kommen oft flache Nudeln *(kiri-men)* in die Brühe, die dann als Nudelsuppe serviert wird. Als Getränke eignen sich Bier, Reiswein, grüner Tee und trockener Rotwein. Viele essen anschließend gern Eis aus grünem Tee *(matcha aisu kuriimu)*.

329 [J4] **Asakusa Imahan** ¥¥-¥¥¥, 3-1-12, Nishi-Asakusa, Kokusai-dōri, Tel. 3841-1114, www.asakusaimahan.co.jp/english, tgl. 11.30-21.30 Uhr. Die Imahan-Restaurants sind bekannt für hochwertige Wagyū-Rindfleischgerichte wie Sukiyaki und Shabu-Shabu.

330 [C2] **Sainoan** ¥¥, Lumine, Ikebukuro (W-Ausg.), 1-11-1 Nishi-Ikebukuro. Lunchbüfett im F9.

331 [C9] **Yama Warau** ¥¥, F2, 4-9-4 Jingumae, Tel. 5413-3967. Sukiyaki oder Shabu-Shabu, auch allein geeignet.

Frittierte Meeresfrüchte und Gemüse: Tempura

Tempura gehört zu den berühmtesten japanischen Gerichten, der Name stammt jedoch **von portugiesischen Missionaren**, die Ende des 16. Jahrhunderts eine Vorform dieses köstlichen Gerichts mit ins Land brachten. Die Japaner haben das Gericht gern angenommen und mit der ihnen eigenen Hingabe vervollkommnet.

Es gibt viele kleine, einfache, aber auch elegante auf Tempura spezialisierte Lokale. Die Holzfassade mit Schiebetür und der blaue Vorhang mit dem Zeichen für Himmel *(ten)* sind typische äußere Kennzeichen für gehobene Tempura-Lokale. Am besten ist, wie so oft, der Lokaltyp, wo die Gäste an der Theke sitzen, dem Koch zusehen und die fertigen Stücke noch brutzelnd auf dem mit Reispapier belegten Bambusrost serviert bekommen.

Der **Ausbackteig** *(koromo)*, der so unnachahmlich locker wird, besteht lediglich aus Ei, gekühltem Wasser und Mehl. Aber wie er hergestellt und die Stücke darin eingetaucht werden, daran erkennt man den Meister. Kenner behaupten, sie könnten allein am fertigen Teigmantel sehen, ob jemand ein Anfänger mit gerade drei bis fünf Jahren Erfahrung oder ein Meister ist.

Auch das **Öl** (in Tokyo in guten Lokalen Sesamöl) muss die richtige Temperatur haben, was der Koch mit seinen Kochstäbchen prüft. Die Zutaten werden so geschnitten, dass sie optisch am besten zur Geltung kommen, Auberginen z. B. fächerförmig. Die fertigen Stücke werden dann in die Spezialsoße *(tentsuyu*, aus Dashi und Sojasoße mit *mirin*, süßem Reiswein) getaucht, in die noch geraspelter Rettich und Ingwer kommen.

Zum Menü gehört ein Salat aus Seetang oder Berggemüse, Misosuppe, Reis und natürlich die nach und nach servierten Tempurastücke: Krabbenschwänze, Meeraal, Stint, Aubergine, Karotte, Pilze und Perillablatt *(Shisō)* oder gemischtes Gemüse *(kakiage)*, das nur auf einer Seite in Teig getaucht wird. Erst werden die kleineren, dann die größeren Stücke serviert.

Kleinere Menüs sind **Tendon**, zwei Krabben-Tempura u. a. auf Reis mit

Soße, und *Tenju,* Krabben- und Gemüse-Tempura auf Reis in Lackschachtel. *Misoshiro* gehört immer dazu.

› **Tempura Abe** (s. S. 52). Ausgezeichnetes Tempura-Lokal. Besonders empfehlenswert: gemischtes Gemüse im Tempura-Teig.

332 [B6] **Tsunahachi** ¥¥, 3-31-8 Shinjuku, Tel. 3352-1012, www.tunahachi.co.jp/en, tgl. 11-22.30 Uhr. Ausgezeichnete und recht preiswerte Tempura-Gerichte.

Fleisch von der Eisenplatte oder vom Grill: Teppanyaki bzw. Yakiniku

Das Grillen *(yaki)* von Fleisch auf einer heißen Eisenplatte *(teppan)* wurde erst nach dem Krieg **unter amerikanischem Einfluss** eingeführt; davor wurde nur *okonomiyaki* so zubereitet. Entscheidend für den Chef *(itamae)* ist das **Küchenmesser** *(hōchō),* und damit geht er meisterhaft um, wie jeder der rund sechs bis zehn Gäste, die vor ihm an der Theke vor dem Grill sitzen, bestätigen wird. Auch darin liegt der Reiz von Teppanyaki und anderen Zubereitungsarten: Man **verfolgt die gesamte Zubereitungsprozedur** von Steak, Fisch oder anderen Gerichten und bekommt das Essen sofort nach Fertigstellung auf den Teller. Da Fleisch, vor allem das der heimischen Wagyū-Rinder (eingestuft in A, B, C und 1 bis 5, Spitze: A5), in Japan sehr teuer ist, gehören Lokale, die Teppanyaki oder das koreanisch beeinflusste Yakiniku anbieten, zu den teureren. Als Soßen stehen u. a. Soja- und Sesamsoße und geriebener Meerrettich zur Verfügung. Außer der üblichen Zubereitungsart *(regular = futsū)* kann man die Zutaten z. B. auch in Butter *(batā-yaki),* Sherry *(sherii-yaki)* oder auf dem Drahtgrill *(ami-yaki)* garen lassen. Außer Rind- oder Schweinesteak gibt es auch Huhn, Leber, Tintenfisch, Krabben, Krebs, Hummer, Seeohr oder Kammmuschel.

Dazu werden Nudeln und verschiedene Gemüse serviert, beispielsweise Gemüse der Jahreszeit *(kisetsu no yasai)* oder grüne, flache Erbsen *(saya-endo).* Auch Pilze, z. B. dünne champignonähnliche *shimeji,* sind im Angebot. Als Getränk passen sowohl Wein als auch Bier vom Fass und Sake. Die Lokale sind bisweilen – wie Sukiyaki-Lokale (s. S. 255) – an einem Kuhsymbol zu erkennen. Ihr Äußeres ist oft „westernhaft" bzw. rustikal westlich.

333 [D12] **Karashi** ¥¥¥, 3-19-5 Shirokanedai, zwischen JR: Meguro und U: Shirokanedai, östl. Stadtautobahn S-Seite, Tel. 5423-5424, tgl. 17.30-23 Uhr. Entspanntes Restaurant für die seltene Kombination von hochpreisigem Teppanyaki und volkstümlichem Okomiyaki, die bekanntlich beide am Teppan-Grill zubereitet werden. Es gibt jahreszeitliches Gemüse, Seafood, Steaks und Okonomiyaki, viel Wert wird auf die Qualität der Zutaten gelegt, weniger auf raffinierte Rezepte. Teppanyaki-Menü ab 4700 ¥.

Pfannkuchen: Okonomiyaki

Am häufigsten findet man Okonomiyaki als Imbiss *(yatai)* bei Tempelfesten, in Einkaufsvierteln gibt es jedoch auch spezielle Pfannkuchen-Lokale, erkenntlich an den oft orangefarbenen Plastikbuchstaben, die *o-ko-no-mi-yaki* („Grillen wie es beliebt") bedeuten. In Osaka und Hiroshima entstanden eigene Varianten.

Man sitzt dort entweder an einer langen Bar, hinter der die Grillplatte *(teppan)* steht, und lässt sich bedienen oder bereitet die Okonomiyaki am Tisch selbst zu, eine ungezwungene und zuweilen **recht lustige Angelegenheit.**

Bei der Selbstbedienung wird wie bei unseren Pfannkuchen etwas Teig auf der Platte ausgebreitet, auf den man nach Belieben Zutaten gibt, sodass dann ein Zwischending zwischen Pfannkuchen und Pizza entsteht. Man bestellt sich die Hauptzutat, z. B. Austern, Krabben, Krabben mit Ei, Schweinefleisch oder Tintenfisch und bekommt dazu im Topf oder Schüssel den Teig, Kohl, Zwiebeln, Ingwer u. Ä. Das Gas unter der Platte wird angezündet, die Platte mit dem Ölpinsel bestrichen. Auf die Zutaten kann man beim Zubereiten schon die dicke Worcestersoße *(o-sōsu)* oder Sojasoße *(o-shōyu)* geben, zum Schluss kommen gehackte Nori-Blätter und geraspelter, getrockneter Bonito *(katsuo-bushi)* darauf. Mit dem Spatel wird der Teig festgedrückt und am Schluss der Pfannkuchen zerteilt. Darüber gibt man wieder Soße oder Mayonnaise.

Im Sommer, wenn es an der Platte heiß wird, sollte man eher die Theke bevorzugen, wo es moderne Formen der Pfannkuchen gibt *(modan-yaki)*, wie üblich spektakulär zubereitet: Beispielsweise werden zwei ganze Eier auf die Platte geschlagen, die Schalen entfernt, dann kommt Teig drauf und das Ganze wird um 180 Grad gedreht. Eine Variante, die aus Tsukudajima in Tokyo stammt, ist **Monja-yaki.** Diese ist weicher und die Zutaten sind feiner zerkleinert. Okonomiyaki wird oft auch „japanische Pizza" genannt.

› **Monja Kondō Honten** (s. S. 60), 3-12-10 Tsukishima, Tel. 3533-4555, tgl. 17-21.30 Uhr. Seit 1950 geöffnet, Monja für nostalgische 700 ¥.

249to-mb

Schmackhafte Okonomiyaki-Pfannkuchen

334 [D10] **President Chibo** ¥¥-¥¥¥, 6-15-25 Minami-Azabu, U: Hiroo, Tel. 6408-5230, tgl. 11.30-15 u. 17-23 Uhr. Lebhafte Atmospäre, Okonomiyaki nach Osaka-Art, Steaks, Seafood, Gemüse - alles wird direkt vor dem Gast zubereitet.

335 [J4] **Sometaro** ¥¥, 2-2-2 Nishi-Asakusa, U: Tawaramachi (Ginza Line), Di.-So. 12-22 Uhr. Ein Relikt aus der Edo-Zeit, Okonomi-yaki zum Selbermachen, gut für große Gruppen.

Panierte Schweineschnitzel mit Weißkohl: Tonkatsu

Seit der bis dahin aus religiösen Gründen verbotene Verzehr von Fleisch 1872 von Kaiser *Meiji* zugelassen wurde, gibt es panierte Schweineschnitzel *(ton-katsu)*. Sie werden in eigenen Lokalen, **Tonkatsu-ya**, oder – etwas vornehmer – an Spießen paniert in **Kushiage-ya** angeboten. Ein Hinweis zum Auffinden der Restaurants ist ein **Schwein als Dekoration** oder das Zeichen für Schwein *(ton)*. Angestellte gehen gern mittags in diese beliebten und häufig recht preisgünstigen Lokale, Familien abends. *Katsu* kommt von *katsuletto* (Kotlett), *katsu* bedeutet aber auch „gewinnen", was zu Wortspielen Anlass gibt.

Bestellt wird meist ein **Menü** *(teishoku),* das aus mit *panko* panierten, in Streifen geschnittenen Schnitzeln auf einem Bett aus Weißkohlschnipseln besteht, dazu die Triade-(Miso-)Suppe, Reis und eingelegtes Gemüse. Auf das Schnitzel wird etwas von der dicksüßlichen Variante der Worcestersoße *(o-sōsu)* gegeben. Statt des oft fetthaltigen *ton-katsu* kann man auch Filetschnitzel *(hire-katsu),* Lende *(rōsu-katsu)* oder paniertes Hacksteak *(menchi-katsu)* bestellen.

Hängt man an den Namen für das Fleisch die Silbe „-don" an, so erhält man dieses Gericht auf einer Schale Reis serviert, garniert mit Ei, Erbsen und Zwiebeln. Wird Schweinefleisch in Streifen geschnitten und mit Ingwer (ohne Panade) gebraten, heißt das *shōga-yaki.* Beliebt sind auch Kartoffelkroketten *(korokke),* die gern mit Maiscremesoße serviert werden. Andere panierte Gerichte enden auf „-furai" (von engl. *fried),* beispielsweise *kaki-furai* (panierte Austern) oder *ebi-furai* (panierte Garnelen).

336 [C12] **Tonki** ¥¥, 1-1-2 Shimo-Meguro, JR: Meguro, W-Ausg., 16-22.45 Uhr. Hier wartet jeder zunächst auf Einlass in das blitzsaubere, helle Lokal mit den ganz in Weiß gekleideten Köchen. Praktisch jeder bestellt das Standard-Tonkatsu-Menü mit Schweineschnitzel, Weißkohlsalat, Suppe, Reis, Tsukemono, Tee, äußerst effizientes System, die u-förmige Theke um die Küche fasst 30 Gäste.

337 [B10] **Tokyo Tonteki** ¥-¥¥, Camera Akiba Bldg, F8, 1-1 Yodobashi, tgl. 11-15.30 u. 18-23 Uhr. Statt Tonkatsu (Schweineschnitzel) gibt es in Schweinefett gebackenes Schnitzel, garniert mit Knoblauchflocken und Weißkohl für 1000 ¥.

Spieße vom Holzkohlegrill: Yakitori

In der Nähe der Bahnhöfe, besonders in Yūrakuchō unter den Bahngleisen [G8], gibt es die kleinen Yakitori-ya, die am **leckeren Geruch und den roten Laternen** leicht erkennbar sind, in großer Zahl. Der Holzkohlegrill steht oft draußen, drinnen ist dann mitunter nur Platz für eine Handvoll Kunden – zumeist Angestellte benachbarter Firmen, die sich vor der Heimfahrt noch einen kleinen Snack mit ein paar Gläsern Bier gemeinsam mit ihren Kollegen gönnen. Entsprechend lebhaft geht es in diesen **preiswerten Lokalen** zu.

Gegrillt wird eine **reiche Auswahl an Fleisch**, meist Hühnerfleisch inkl. Innereien und Gemüse. Üblich sind kleine schaschlikähnliche Spießchen *(kushi),* wo neben dem Fleisch noch Lauch, Ginkgo-Nüsse, Paprika, Pilze oder Wachteleier gegrillt werden. Vor dem Grillen (am besten über der Glut der Steineiche, die acht Stunden hält) werden die Spieße in eine Würzsoße oder Salz und Pfeffer *(shio-zaki)* getaucht. Hinterher tunkt man sie in eine süße Sojasoße.

Die etwas vornehmere Variante der Yakitori-ya sind die **Okariba-yaki**, in denen Geflügel und Wild (während der Jagdsaison) in traditionellen Räumen mit Tatamimatten serviert werden. Spieße kosten in einfachen Lokalen oft 90 bis 100 ¥, in besseren ca. 250 ¥.

338 [E10] **Ganchan** ¥¥, 6-8-23 Roppongi, Tel. 3478-0092, Mo.-Sa. 17.30 bis 1.30, So. bis 24 Uhr. Lebhaftes, bunt dekoriertes Yakitori-Lokal für knapp 15 Gäste.

339 [D6] **Yakitori Ogawa** ¥¥, Wind Arakichō F1, 9-1 Arakichō, U: Yotsuya Sanchōme, Tel. 5315-4630, tgl. 17-24 Uhr. Eines der Top-Yakitori-Lokale, günstiges Einsteigermenü („tasting course") für 2000 ¥.

Grillen am Herd: Robata-yaki

Der **Grillherd** *(robata)*, an dem der oder die Chefs werkeln, ist umgeben von bunt arrangierten appetitlichen, rohen Zutaten. Er **erinnert an die Feuerstelle in alten Bauernhäusern**, an denen gekocht wurde und um die herum man an kalten Winterabenden saß. In den Bergen gibt es sie noch gelegentlich. An den Wänden der Lokale hängen rustikale Utensilien: getrocknete Feldfrüchte, Reisstrohumhänge und -sandalen sowie allerlei Gerätschaften. Von außen sind sie sowohl an **Dekorationen, die an ein Bauernhaus erinnern**, erkenntlich, als auch an den **roten Laternen mit einem kleinen Dach.** Die Bediensteten tragen *Happi-coat* (Festkleidung) und/oder Yukata. Sie wiederholen, teilweise im Chor (!), jede Bestellung der Gäste und reichen sie ihnen an langen Schiebern hinüber, was zu einer lauten, lustigen Atmosphäre nach Art eines Schreinfests führt. Vom Charakter her sind diese Lokale eher Kneipen (Izakaya), allerdings hochpreisig.

Die Zutaten umfassen fast alles, was in Japan auf den Tisch kommen kann. Man beginnt am besten mit ein paar Gemüsespießen oder einer kleinen Portion Fleisch-Kartoffel-Eintopf *(niku-jaga)*, gefolgt von köstlichem, gegrilltem Fisch. Kartoffeln mit Butter *(jaga-batā)* oder gegrillte Maiskolben schmecken gut dazu.

Japaner beenden auch das opulenteste Mahl mit Reis, eingelegtem Gemüse und Tee. Den Reis gibt es u. a. in den Variationen gegrillte Reiskugeln *(yaki-onigiri)* und Reissuppe *(o-cha-zuke)* aus Reis, grünem Tee, saurer Pflaume und ggf. Lachs. Wer dann noch Hunger hat, kann *gomoku-kamameshi* bestellen: Reistopf garniert mit fünf Zutaten, z. B. Huhn, Krebs, Krabben, Pilzen und Gemüse.

247to-mb

340 [E9] **Inakaya East** ¥¥¥, 3-14-7 Roppongi, www.roppongiinakaya.jp/en/index.html, tgl. 17–22 Uhr. Hochpreisiges Robata-yaki mit Theke um offene Küche, gutes gegrilltes Seafood.

Nudeln

Soba und Udon

Die Leidenschaft der Japaner für Nudeln ist kaum geringer als die für Reis. Hier ist die Rede von den als japanisch geltenden **Buchweizennudeln** *(soba)*, die grau bis graubraun sind und sehr rustikal aussehen, sowie den dicken, weicheren **Weizennudeln** *(udon)*, die ursprünglich aus Ōsaka stammen. Es gibt auch grüne Buchweizennudeln, die ihre Far-

Udon-Nudeln werden als Beilage zu zahlreichen Gerichten serviert

be vom grünen Tee haben, sie werden *„cha-soba"* genannt. Das Aussehen der *soba* kam der Ästhetik des Zen-Buddhismus seit jeher sehr entgegen und entspricht überhaupt dem japanischen Bedürfnis nach *sabi*, schlichter Eleganz. Die auf *„-men"* endenden Nudeln, z. B. Rāmen, werden als chinesische Nudeln bezeichnet, für sie gibt es eigene Lokale (s. rechts).

Nudeln werden gern als leichte **Zwischenmahlzeit im Stehen** *(tachi-gui* = stehend essen) als japanisches Fast-Food vor allem in Bahnhöfen gegessen. Der Vorhang im Eingang der Lokale lässt nur den Blick auf die Beine frei. Dort kostet die Schale voll Soba oder Udon oft unter 300 ¥.

Es gibt aber auch die **rustikal-elegante Variante,** wo in eigenen Lokalen, z. T. auf Tatami-Matten sitzend, am liebsten handgemachte Nudeln *(te-uchi)* verspeist werden. Die Herstellung geschieht oft vor den Augen der Gäste.

In der kühlen Jahreszeit gibt es Schüsseln voller dampfender Soba oder Udon in köstlich-heißer Brühe. Obendrauf kommt je nach Wunsch eine bestimmte Garnierung. Die einfachste Variante ist *kake* (Nudeln, Soße, Lauchzwiebeln) oder *mori* (dasselbe kalt, meist im Sommer genossen), *tanuki* („Marderhund") kommen mit Tempurakrümeln *(tenkasu), kitsune* („Fuchs") mit gebratenem Tofu, *tsukimi* („Mond ansehen") mit Ei, *kakiage* („Öl frittiert") mit frittiertem Gemüse u. a. Man bestellt mit einer dieser Bezeichnungen und dazu Soba oder Udon.

Im Sommer werden die *mori-soba/udon* auf einem Bambusrost *(zaru)* serviert, zusammen mit der kalten Brühe *(tsuke-jiru)*, der Garnierung und dem heißen Nudelwasser. Geriebener Meerrettich und fein geschnittene grüne Lauchzwiebelringe werden in die Brühe gegeben. Dort hinein taucht man die Nudeln, über die man vorher noch die gehackten Nori-Blätter gestreut hat.

Es gibt übrigens eine lustige Variante, *Wanko-Soba* aus der nördlichen Provinz Iwate, bei der die Bedienung hinter dem Essenden steht oder sitzt und so lange Nudelbällchen aus kleinen Schüsseln in die Suppenschale kippt, bis der Gast sie mit dem Deckel verschließt.

342 [H6] **Kanda Matsuya**¥, 1–13 Kanda-Sudachō, Mo.–Fr. 11–20, Sa. und an Feiertagen bis 19 Uhr. Klassisches Soba-Restaurant, Mori-/Kake-Soba 650 ¥.

343 [H6] **Kanda Yabu Soba**¥, 2–10 Kanda-Awajichō, Tel. 3251–0287, tgl. 11.30–19.30 Uhr. Über 130 Jahre altes klassisches Soba-Restaurant im Edo-Stil, Bestellung der Kunden wird zur Küche gesungen, man betritt das Haus durch einen kompakten Garten, Seiro Soba (zehn Teile Buchweizen, ein Teil Weizen).

Rāmen

Eine sehr beliebte Nudelart sind Rāmen, **gelbe chinesische Eiernudeln** *(chūka-men)*, für die es eigene Lokale und Lokalketten gibt. Allein in Tokyo soll es 50.000 davon geben! Oft sind sie an der langen Warteschlange vor dem Lokal zu erkennen. Hier bekommt man Riesenschüsseln mit köstlicher Brühe und passenden Zutaten, neben Schweinebratenscheiben *(chāshū)* z. B. auch Sojabohnensprossen, Lauchzwiebelringe, Maiskörner, Knoblauch und etwas Butter – ausgezeichnete Wärmespender im Winter oder Kraftfutter nach durchtanzter Nacht. Es gibt meist die Varianten *miso-*, *shōyu-* oder *shio-rāmen*, häufig auch *kare-* (Curry) *rāmen*. Gebratene *gyōza* oder *chahan* (s. Chūka-Ryōri S. 253) werden gern als Beigericht gegessen. Die typische Tonkotsu-Brühe, charakteristisch für Hakata- bzw. Kyūshū-Rāmen, wird aus Schweineknochen, Fleisch und Gemüse stundenlang zubereitet, *torigara* mit Hühnerfleisch; in manchen Lokalen wird die Brühe auch aus Sardinen *(niboshi)* oder getrocknetem Bonito *(katsuo bushi)* hergestellt. Meist kostet eine Schale zwischen 500 und 700 ¥, je nach Zutaten, z. B. *zembu nose* (mit allem) auch 900 ¥.

Instant-Ramen in *kombini* kommen oft erstaunlich nah an das Original im Lokal heran. Diese Website stellt die besten vor: www.timeout.com/tokyo/restaurants/the-konbini-connoisseurs-guide-to-ramen.

344 [H8] **Tokyo Ramen Street** ¥, B1, Bhf. Tokyo, Yaesu-Seite, S-Ausg. Ichi-ban-gai Minami-dōri (First Avenue South Street), www.tokyoeki-1bangai.co.jp/street/ramen/en, tgl. 11–22.30 Uhr. Acht berühmte Lokale bieten ihre Rāmen für ca. 1000 ¥ an.

Reisgerichte (inkl. Curryreis)

In den volkstümlichen Esslokalen *(Shokudō)*, die in jedem Viertel zu finden sind und in denen man einfach und preiswert isst, kann man neben Nudelgerichten meist auch ebenso einfache Reisgerichte bestellen. Dabei deuten die auf *-don* oder *-domburi* endenden Gerichte auf japanischen Ursprung und die auf *-raisu* (von engl. „rice“) endenden Varianten auf meist westlichen Ursprung hin. Am bekanntesten sind **Curry Rice** (einst für die Marine kreiertes sättigendes und wohlschmeckendes Gericht, sie bilden einen eigenen Lokaltyp). **Hayashi** (eine Art Gulasch) und **Omu-**

245to-mb

Rice (mit Fleisch und Gemüse gemischter Reis, ummantelt von fluffigem oder dünnem Omelett, übergossen mit Demiglace-Soße). Auch die zur japanisch-chinesischen Küche gehörenden Gerichte wie *chahan* sind dort oft zu finden. *Kaisen-don* ist roher Fisch oder Meeresfrüchte auf Reis. All diese Speisen sind ein **guter, preiswerter Einstieg in die japanische Küche** und erfordern wenig Risikobereitschaft. Grundlage ist immer Reis, darauf kommt die Garnierung. Die landesweit vertretenen Ketten Sukiya, Yoshinoya, Matsuya liefern sich regelrechte Preiskriege zum Vorteil der Kunden und bieten vor allem *Gyū-don* (importiertes Rindfleisch mit Zwiebeln auf

Ein typisches Teishoku-Menü: Reis, Misoshiro (Suppe), Tsukemono (eingelegtes Gemüse), dazu Rindfleisch mit Weißkohl und Kimchi

Reis) an, zu Preisen um oder sogar unter 300 ¥. Es gibt **Teishoku-ya**, in denen es preiswerte japanische Menüs mit Reis gibt, die meisten Betriebs- und Uni-Kantinen bieten diese an. **Hambāgu-ya** (Hamburger-Lokal) bieten Frikadellen, oft mit Ei, auf Reis. Zahlreiche Restaurants spezialisieren sich auf Curry-Reis *(kare-raisu)*.

345 [B10] **Murugi** ¥, 2-19-2 Dogenzaka, Sa.-Do. 11.30-15 Uhr. Alteingesessenes Curryreis-Lokal, seit 1951 im Geschäft und immer noch sehr beliebt, nicht zuletzt wegen der üppigen Portionen. Gerne bestellt wird *tamago-iri* (mit gekochtem Ei).

346 [D5] **Takada Bokusha** ¥, 1-101 Totsukachō, Tel. 3202-2376, Mo.-Sa. 11-20.30 Uhr. Seit 1905 bestehendes Restaurant, besonders günstig: *hayashi rice* nur 770 ¥, Menü mit Kaffee oder Tee 1000 ¥.

347 [I7] **Tamahide** ¥¥, 1-17-10 Ningyōchō, in der Amazake Yokochō westlich der Ningyochō-dōri, U: Ningyōchō, Mo.-Fr. 11.30-16 u. 17-21, So. 16-20 Uhr. Lunch: besonders beliebt und berühmt *Oyako-don* (Reis mit Huhn und Ei), Ingwersuppe, abends: Sukiyaki mit Huhn statt Rind.

In dem traditionellen Lokaltyp **Kamameshi-ya** wird ein gusseiserner Topf *(kama)* in die Öffnung eines kleinen Ofens gesetzt. Allerdings sind die mit dem charakteristischen Holzdeckel bedeckten Töpfe heute eher aus Keramik als aus Gusseisen. Durch Hinzufügen verschiedener Zutaten lässt sich ein sättigendes, leckeres Mahl zubereiten. Es gibt spezielle Kamameshi-Lokale, aber die Kasserolen werden bevorzugt auch in Yakitori-ya angeboten, da mit Spießchen und Häppchen allein der Hunger kaum gestillt wird.

Beliebte Zutaten sind: Bambussprossen, *gomoku* (fünf Zutaten), Huhn, Kastanien, Krabben, Krebs, Lachs, *matsutake* (Kiefernpilz), Seeohr, Shiitake-Pilze und Venusmuschelfleisch.

348 [J4] **Ganso Kamameshi Haru** ¥¥, 1-14-9 Asakusa, U: Asakusa, 5 Min., Tel. 3842-1511, tgl. 11-21.30 Uhr. Seit 1926 wird hier *kamameshi* serviert! Lunch 2000 ¥, engl. Speisekarte.

Eintopf: Nabe-mono

Diese Art zu kochen entstammt den traditionellen Bauernhäusern, in denen ein Topf über der Feuerstelle *(irori)* an einem Haken hing. In den *Nabe-mono-ya*, die an großen Kesseln oder Wachsmodellen mit arrangierten Zutaten im Keramiktopf oder einfach am rustikalen Äußeren erkennbar sind, ist noch etwas von der ländlichen Atmosphäre erhalten.

Eine der Hauptzutaten ist in der Regel Fisch, aber auch Huhn, seltener Rindfleisch; dazu gibt es frisches Gemüse. Man bestellt je nach Zutat mit speziellen Begriffen und hängt daran -nabe an, z. B. Lachs mit Kartoffeln *Ishikari-nabe*, mit Kabeljau heißt er *tara-nabe*, mit Austern *dote-nabe*, mit Meerbrasse ohne Gräten *suki-nabe*, mit Gräten *chiri-nabe*, Fisch mit Udon bestellt man als *udon-suki*, Gemüse mit Huhn oder Fisch als *yose-nabe*. Am Ende wird die nun noch köstlichere Brühe als Reisporridge *(zōsui)* oder mit Udon-Nudeln gegessen. Es gibt Nabe auch mit Wild und Pferdefleisch. *Yanagawa-nabe* enthält *dojo* (Schmerlen, eine Fischart).

349 [I7] **Yamato** ¥¥, 2-8-3 Ningyochō, Tel. 3666-7330, Mo.-Sa. 11.30-13.30 u. 17-22 Uhr. Spezialität: Nabe mit Rind- und Wildschweinfleisch, zum Abendessen Reservierung empfohlen.

EXTRATIPP

Der Eintopf der Sumo-Ringer: Sumo Chanko-nabe

Von nichts kommt nichts, auch **Sumo-Kämpfer** sind anfangs schlank. Da es beim professionellen Sumo keine Gewichtsklassen gibt, hilft außer jahrelangem, hartem Training im „Stall" (s. S. 182), vor allem kräftige Kost, die schnell ansetzt, um so zur nötigen Muskelmasse zu kommen. Zu den täglichen 10.000 Kilokalorien tragen vor allem der Eintopf der **Chanko-nabe,** aber auch Bier bei.

Die Brühe des Eintopfs besteht aus Essig, Sojasoße und Zucker; die wichtigsten Zutaten sind Karotten, Kohl, Tofu und Zwiebeln. Bestellt wird nach der Hauptzutat: Fisch *(sakana),* Huhn *(tori-niku),* Krabben *(ebi),* Rind- oder Schweinefleisch *(gyu-/buta-niku).* Daran wird dann einfach „chanko" angehängt. Abergläubische Sumo-Ringer essen allerdings kein Fleisch von Vierbeinern, denn wenn sie im Kampf den Boden mit einem anderen Körperteil als ihren Fußsohlen berühren, haben sie schon verloren.

Chanko-nabe-Lokale haben eindeutig **Sumo-Charakter;** hinter der Theke steht denn auch meist ein ehemaliger Ringer. Als Folge ihres langen Gemeinschaftslebens gelten Ringer als gute Unterhalter, sie können gut kochen und singen, und viele machen nach der aktiven Zeit ein Lokal auf. Manche haben sogar einen Sumo-Ring in der Mitte des Lokals, wo manchmal Schaukämpfe ausgetragen oder Übungen vorgeführt werden.

351 [J6] **Chanko Kawasaki** ¥¥¥, 2-13-1 Ryōgoku, JR: Ryogoku, W-Ausg., Tel. 3631-2529, Mo.-Sa. 17-22 Uhr. Eines der besten Chanko-nabe-Lokale in Tokyo, kein Fleisch von Vierbeinern.

352 [J5] **Kappo Yoshiba** ¥¥, 2-14-5 Yokoami, Tel. 3623-4480, www.kapou-yoshiba.jp. Chanko-nabe mit ihren traditionellen 17 Zutaten rund um einen Sumoring, in dem bisweilen Yobidashi geübt wird.

Brühe mit Einlage: O-den

Auf den ersten Blick hat O-den wenig Attraktives: In einer **trüben, braunen Brühe** schwimmen weißlich-bräunliche Zutaten wie Tofu, mehrere Sorten Fischkäse, braune gekochte Eier, Rettich und Kartoffeln. Auch Geruch und Geschmack sind gewöhnungsbedürftig. Wenn man jedoch erst einmal auf den Geschmack gekommen ist, wird man O-den mit Genuss verzehren.

Wer in ein O-den-Lokal geht, bekommt freilich weit mehr, als nur die Brühe selbst. Ein komplettes Menü, *teishoku,* umfasst neben dem eigentlich O-den auch noch Miso-Suppe *(akadashi),* Appetithappen und gekochtes Gemüse *(ohitashi).* Am besten, man bestellt *moriawase* (Standardmischung).

Spezielle O-den-ya sind eher selten, am häufigsten sind die Essensstände *(yatai)* in der Nähe der Bahnhöfe, wo man für wenig Geld zwischendurch einen Teller isst und dazu vielleicht noch warmen Sake trinkt. O-den gibt es auch in Supermärkten für die Zubereitung zu Hause und in den vielen *kombini* zu kaufen.

350 [E10] **Oden Fukushimaya** ¥-¥¥, 2-1-13 Azabu-Juban, Mi.-Fr. 11-14 u. 15-19.30 Uhr, Sa., So. durchgehend. Seit über 100 Jahren im Geschäft, typische japanische Winterkost.

› **Otako Honten** ¥ (s. S. 46). Ebenfalls seit rund 100 Jahren im Geschäft, O-den im Kantō-Stil mit heller Brühe (*dashi* aus *Kombu* und *Bonito*). Sehr günstig als Lunch-Set für 670 ¥.

Gegrillter Aal: Unagi

Wie die Yakitori-ya sind auch die Unagi-ya meist **kleine Lokale** (der Vorhang zeigt meist das Hiragana-Zeichen für „u" in Form eines Aals). Kenner bevorzugen wilden Aal, dessen Fleisch weniger zart und fettreicher ist.

Die **Grillprozedur** ist besonders in Tokyo recht **aufwendig:** Nach dem ersten Grillen wird der Aal gedünstet und abgewaschen, daraufhin nochmal in die süßliche Marinade *tare* getaucht und erneut gegrillt. Dadurch werden der Geschmack verfeinert und der Fettgehalt verringert. Auch die gegrillte, knusprige Rückengräte und die feste Leber kann man essen. Die Gäste würzen das Fleisch oft noch zusätzlich mit japanischem Pfeffer *(sansho).*

Da Aal sowohl schwer zu **fangen** als auch zu züchten ist, ist er nicht billig. Er wird immer frisch angeliefert.

Es gibt für einen kleineren, dem Aal verwandten Fisch, die **Schmerle**, eigene Lokale, in denen vor allem die Spezialität *Yanagawa-nabe,* Eintopf aus Schmerle, mit Ei und Gemüse im Keramiktopf gebacken, serviert wird. Ein Gericht besonderer Art ist Jigoku-(„Höllen"-)nabe, wobei die noch lebenden Schmerlen in kochend heißes Wasser mit Tofu geworfen werden: Sie flüchten in den Tofu und werden mit diesem gekocht – sicher nicht im Sinne des Tierschutzes.

353 [J4] **Asakusa Unana,** 2-7-21 (südlich Hanayashiki), Mo., Di., Do., Fr. 10-17, Sa., So. 10-18 Uhr. Imbiss, in dem es ein Stück Unagi auf Onigiri für nur 600 ¥ gibt. Sehr beliebt, daher oft mit Wartezeit.

354 [J5] **Komagata Dojo** ¥¥, 1-7-12 Komagata, tgl. 11-21 Uhr. Berühmtes Lokal im Edostil, spezialisiert auf Schmerle, Menü ca. 2500 ¥, einzelne Gerichte unter 1000 ¥.

Giftiger Kugelfisch: Fugu

Nur Köche mit Sonderlizenz dürfen den Kugelfisch zubereiten, weil bereits winzige Mengen seines in der Leber und einigen anderen Eingeweiden vorkommenden Giftes Tetrahydrotoxin tödlich wirken. Der im *Fugu-ya* (erkenntlich an Laternen in der Form des Fisches, der getrockneten Haut bzw. Abbildungen des Kugelfisches auf dem Türvorhang) servierte Fisch stammt in der Regel vom kaum giftigen Toso-Fugu, der zudem nur im Winter (der sichersten Zeit) gefangen und zubereitet wird. In der Saison kommt er direkt von Shimonoseki, am Westzipfel Honshus, per Superexpress nach Tokyo. Der gezüchtete Torafugu ist nicht mehr giftig, weil er speziell gefüttert wird, sodass sich im Körper kein Gift mehr bildet. Gern wird Fugu gemeinsam mit Eintopfgerichten *(nabe)* gegessen. Es gibt über 30 spezialisierte Fugu-ya, aber über 2000 Lokale servieren in Tokyo den kostbaren Fisch.

355 [H4] **Torafugutei Ueno Ekimae** ¥¥-¥¥¥, 6-7-13 Ueno, www.torafugu.co.jp/en. Kette mit 30 Lokalen in Tokyo, hier der Ableger in Ueno. À la carte ab 1000 ¥, Menüs ab 4500 ¥.

356 [D10] **Usuki Fugu Yamadaya** ¥¥¥¥, 4-11-14 Nishi-Azabu, Tel. 3499-5501. Eines der besten Fugu-Restaurants der Stadt, mit drei Michelinsternen ausgezeichnet, zeitlose Eleganz, Menüs ab 20.000 ¥.

Imbiss und Snacks

O-Bentō

Möglicherweise sind die Japaner die eigentlichen Erfinder des Fast-Food: verpackte Essenspakete *(o-bentō)* gibt es seit Jahrhunderten, auch wenn sie ursprünglich, vor allem unter armen Leuten, hauptsächlich aus Reiskugeln mit einer eingelegten sauren Pflaume und außen herum Salz oder *o-nori* bestanden.

Es gibt eigene Läden, Bentō-ya, z. B. im Bahnhof von Tokyo ❺, Ueno [I4] oder Shinjuku (59), wo man nicht nur die örtliche Spezialität, sondern auch alle möglichen anderen kaufen kann, ohne verreisen zu müssen. Meist bestehen sie aus Reis, Gemüse und Fisch, aber in jeweils anderer Zusammenstellung und oft in attraktiver Verpackung. Daneben gibt es spezielle Läden für übliche, regional nicht spezifische O-Bentō ab 300 ¥, z. B. *Hoka-hoka-bentō* und *Hotto-motto,* wo es auch normale Gerichte zum Mitnehmen gibt. Beliebt sind auch die Kaisen-don-Bentō, also roher Fisch oder Meeresfrüchte auf Reis für 500 ¥ (z. B. bei den Filialen von Donmaru). O-bentō wird oft zur Lunchzeit am Straßenrand für Angestellte oder auf dem Campus von Universitäten feilgeboten, meist kosten sie „one coin“, also 500 ¥.

Onigiri

Die gefüllten, mit Noriblättern umhüllten Reisdreiecke findet man in jedem *kombini.* Inzwischen gibt es immer mehr auf Onigiri spezialisierte Läden und Lokale.

Yatai

In Tempel- und Schreinbezirken, vor allem anlässlich von Festen, in Parks wie dem Ueno-Park (s. S. 159) und anderswo begegnet man immer wieder den überdachten Imbiss-Ständen. Heute tauchen sie immer häufiger in der Nähe von Bahnhöfen auf und nennen sich *yatai-mura* („Yatai-Dorf“).

Internationale Küche

Spezialitätenlokale mit mehr oder weniger authentischer ausländischer Küche gibt es jede Menge. Die Speisekarten sind in der Regel neben Japanisch und der Sprache des Herkunftslandes auch in Englisch gedruckt. Es gibt viele **chinesische Restaurants.** Sehr empfehlenswert sind die zahlreichen, unter Japanern beliebten **koreanischen** Lokale. Es gibt sowohl sehr preiswerte, volkstümliche Lokale als auch hochklassige Restaurants. Häufig sind sie unter der Kategorie **Yaki-niku** bekannt.

Sehr beliebt sind **französische** Restaurants, von denen es in Tokyo angeblich über 2000 geben soll. Nicht wenige von ihnen – auch das ist typisch japanisch – sind besser als vergleichbare in Frankreich. Viele französische Spitzenköche

141to-ml

▷ *Yakisoba (gebratene Nudeln) sind ein beliebter Snack, auch auf Festen*

stehen in Tokyo am Herd. Auch **italienische** Restaurants sind vertreten und es gibt ein ganze Reihe **deutscher** Lokale: Japaner und Japanerinnen lieben die romantisch-laute Bier- oder Weinkelleratmosphäre, da wird gesungen und geschunkelt.

In einer Stadt wie Tokyo gibt es natürlich auch all die anderen ausländischen Spezialitäten – kurz aus der **ganzen Welt.**

EXTRATIPPS

Lecker vegetarisch

- **Shibuya:** Izakaya Masaka (s. S. 92)
- **Harajuku:** Nataraj (s. S. 103)
- **Roppongi:** Sougo (s. S. 117)
- **Shinjuku:** Tamanegi-Honpo Sasuraiya (s. S. 125)

Dinner for One

Soba-, Udon- und Gyūdon-Lokale werden überwiegend von Einzelpersonen aufgesucht. Alle Lokale mit Theke eignen sich dafür im Grunde.

Für den späten Hunger

In Vergnügungsvierteln wie Roppongi (s. S. 111), Shinjuku (s. S. 118) und Shibuya (s. S. 87) haben zahlreiche Rāmenlokale rund um die Uhr geöffnet. *Kombini* (s. S. 284) bieten rund um die Uhr Snacks, Fastfoodlokale sind häufig 24 Std. geöffnet.

Lokale mit guter Aussicht

In zahlreichen Hochhäusern gibt es teure Lokale, die schöne Aussicht bieten. Das **Restaurant Luke** im Sei Ruka Tower (s. S. 59) bietet das zu moderaten Preisen, vor allem zum Lunch.

Gourmetrestaurants

Tokyo ist bekannt für die hohe Anzahl an erstklassigen Restaurants und ist ein wahres Mekka für Gourmets. Der Guide Michelin listet rund 180 Sternerestaurants in Tokyo und zusätzlich oft preiswertere, mit „Bib Gourmand" ausgezeichnete Lokale. Zum Lunch kann man ggf. ohne Reservierung kommen, zum Abendessen muss die Reservierung oft **Monate im Voraus** erfolgen.

› https://guide.michelin.com

Die **Ore-no-Lokale** bieten Spitzenküche zu vergleichsweise günstigen Preisen. Ursprünglich aßen die Gäste im Stehen an der Theke oder an Bistrotischen, heute kann man auch sitzen. In manchen Lokalen sind einzelne Gerichte sehr günstig, aber die meisten Gäste bestellen mehr als eines, ähnlich wie bei Tapas –das summiert sich am Ende. Begonnen hat diesen Trend Takashi Sakamoto („Book-Off", s. S. 284) mit französischer und italienischer Küche, dann kamen auch Lokale mit japanischer Küche hinzu, z. B. Kappō, O-den, Soba, Yakiniku und Yakitori, vor allem in der Ginza (s. S. 47). Unter www.oreno.co.jp/en/restaurant sind eine Liste seiner Lokale und Details zu den Menüs zu finden, rechtzeitige Reservierung ist abends in der Regel zu empfehlen, mittags eher nicht notwendig. Eine Unterform sind B-Gourmetlokale *(B-kyu gurume).* Hier werden häufig lokale Spezialitäten kredenzt, die schmecken und preiswert sind, aber nicht aus Spitzenzutaten bestehen.

357 [G8] **Soba Oreno Dashi** ¥, B1, 5-1 Ginza, Tel. 6274 6894, Mo.–Sa. 11–15 u. 16–23, So., F bis 22 Uhr. Feine japanische Küche, dazu Soba und Udon.

Cafés und Bäckereien

Backwaren: Kuchen, kashi-pan und andere Brotspezialitäten

Erst seit rund 150 Jahren gibt es Bäckereien im westlichen Sinn. *Pan* bedeutet Brot, es kam mit den portugiesischen Missionaren im 16. Jh. ins Land. Heute gehören japanische Kuchen und Torten mit zur Weltspitze. Ein Gang durch das depachika eines beliebigen großen Kaufhauses zeigt dem Besucher, was der Hang zu Perfektionismus und Wettbewerb vermögen. Daneben gibt es Brotspezialitäten, wie wir sie nicht kennen. Es begann mit *anpan* (weiches Brötchen mit Azukibohnenmusfüllung), erstmals von Kimuraya hergestellt. Heute versteht man unter kashi-pan nicht nur süße, sondern auch herzhafte Backwaren. Am bekanntesten ist *karē-pan,* mit japanischem Curry gefüllter Krapfen; beliebt sind auch Hot-Dog-Brötchen gefüllt mit Yakisoba, Kroketten, Schnitzel, natürlich auch Würstchen. Ein Blick in eine Bäckerei zeigt, dass der Fantasie der Bäcker fast keine Grenzen gesetzt sind. Hervorragend ist auch japanischer Toast, *shoku-pan.* Bekannte Backwaren-Ketten sind: Anderson, Fujiya, Kōbeya.

358 [J7] **Katleya (katoreya),** 1-6-10 Morishita, Tel. 3635-1464, tgl. 7-19 Uhr. Seit 1927 bestehende Bäckerei. Hier wurde das im ganzen Land beliebte *Kare-pan* (mit Curry gefülltes Brot, eine Art gefüllter Krapfen) erfunden.

359 [G8] **Kimuraya Pan**, 4-5-7 Ginza, U: Ginza, Tel. 3561-0091, tgl. 10-21.30 Uhr. Auf acht Stockwerken gibt es Lokale, Cafés und eine Bäckerei, unter Einheimischen berühmt für das Anpan-Brot (gefüllt mit Azuki-Bohnen). Kimuraya war die erste Bäckerei in Tokyo!

250to-mb

Westliche Cafés: Kissa-ten

Cafés im westlichen Stil heißen *Kissaten, Kohi-Shoppu* (Coffeeshop), *Kohi-ten* oder Tea Room. Dort kann man westliche Gerichte, Süßspeisen wie Kuchen, Pudding und Eiscreme bestellen.

Echte Cafés konzentrieren sich wie bei uns auf Kaffee, Tee und heiße Schokolade. Die Portionen sind zwar einerseits recht teuer, aber andererseits meist von guter Qualität, und die Gäste dürfen so lange bleiben, wie sie wollen: lesen, einander kennenlernen, geschäftliche Besprechungen durchführen – und Musik hören. Unter den mittlerweile mehr als 70.000 Cafés haben sich viele auf eine

Japan ist ein Paradies für Schleckermäuler

Musikrichtung (Pop, Jazz, Klassik) spezialisiert. Manche Jazz- oder Pop-Kissa bieten sogar Livemusik. **Renoir** ist eine bekannte Kette mit komfortablen Café-Lounges im Stil der 1960er-/1970er-Jahre mit inzwischen klar getrennten Raucherbereichen, gutem Kaffee ab 540¥ und preiswerten Gerichten für Menschen mit Zeit. Es gibt inzwischen auch zunehmend ambitionierte Cafés mit ehrgeizigen Baristas.

Seit Langem sind die preiswerten **Cafés bekannter japanischer Ketten** wie Café de Crié, Doutor, San Marco und Pronto angesagt, wo Kaffee und kleine Snacks zum Frühstück unter 400¥ kosten. Immer beliebter ist jedoch frisch gebrühter Kaffee für 100¥ in *kombini* mit Sitzplätzen für die kleine Pause.

Themencafés und -restaurants

Themencafés gibt es auch in Europa, aber die Konsequenz, mit der diese betrieben werden, und die Vielfalt des Angebots sind in Japan und besonders in Tokyo verblüffend. Sie folgen dabei internationalen Trends, entstehen aber auch neu vor Ort. Die sog. **Maid Cafés** (s. S. 151) sind immer noch „in". Schon gängig sind **Katzencafés**, in denen die Tiere darauf warten (oder auch nicht), von Gästen gestreichelt zu werden, es tauchen aber immer neue Varianten auf der Bildfläche auf: Hunde-, Igel-, Ferkel-, Capybara-, Eulencafés u. a. In der Regel kosten sie Eintritt (Vorschläge: http://animalcafes.com).

360 [B8] **Harajuku Mame Shiba Café,** F3, 1-6-10 Jingumae, 11-18 Uhr. Café mit Mameshiba-Hunden in der hippen Takeshita-dōri, vergleichsweise viele Besucher bei eher wenig Platz, 900¥/30 Min. inkl. 1 Getränk.

361 [H3] **Kotori Café,** 1-8-6 Ueno-Sakuragi, 11-18 Uhr. Tiercafé für Vogelfreunde, keine Pauschale, Getränke 770¥.

362 [B13] **Mipig Café,** 4-11-3 Maguro, tgl. 10-20 Uhr. Hier dürfen in gemütlicher Atmosphäre auf drei Etagen Zwergschweinchen geknuddelt werden. Pauschale 1100¥/30 Min., ein Getränk (ab 660¥) muss mindestens bestellt werden.

363 [E8] **Ninja Tokyo** ¥¥¥, Shin Otemachi Bldg., B1, 2-2-1 Otemachi, www.ninja-tokyo.jp, Mo.-Sa. 11.30-14.30, 17-22 Uhr. Ninjas servieren originelle Gerichte im Dunkeln, sehr beliebt bei Touristen.

› **Samurai Restaurant Time** (s. S. 125).

364 [G9] **Vampire Café,** La Paix Building, F7, 6-7-6 Ginza Chuo-Ku, U: Ginza, B5, tgl. 17-23 Uhr. Italienisch-französische Küche mit blutrotem Vampirdekor und -thema.

365 [C12] **Zauo Meguro** ¥-¥¥, Sun Felista Meguro F5, 2-27-1 Kami-Osaki, www.zauo.com/en/shop. Fisch zum Selbstangeln.

Japanische Cafés: Kanmi-kissa

Cafés im japanischen Stil haben eher traditionellen Charakter. Hier sind Frauen meist unter sich. Männer gehen höchstens in weiblicher Begleitung hinein. Es gibt traditionelle Süßigkeiten wie *Anmitsu* (Gelatinewürfel aus Seetang, süße Sojabohnenpaste, Früchte), *Kaki-gōri* (Raspeleis mit Sirup) oder *O-shiruko* (Bohnenpastensuppe mit Reiskuchen-Stücken).

Getränke

Wasser (Mizu)

Dort, wo es angeboten wird, ist das **generell weiche Wasser** überall genießbar. Es wird in Lokalen stets **kostenlos** serviert, ist heute meist von gutem Geschmack und nicht aus der Leitung, damit entfällt die früher gängige Chlornote.

Tee (O-Cha/Kō-Cha)

Tee, der einst als Medizin aus China eingeführt worden war, **spielt** bekanntlich in der japanischen Kultur **eine große Rolle.** Er wird stets dem Gast – zu Hause wie im Lokal – gleich nach seiner Ankunft, immer wieder zwischendurch und vor dem Aufbruch eingeschenkt und ist immer im Service inbegriffen. Tee ist die Grundlage japanischen Essens: einfach, nahrhaft, ästhetisch. Er neutralisiert den Geschmack, ist erfrischend und durststillend, allerdings leicht bitter.

Der charakteristische, allgegenwärtige **grüne Tee** *(o-cha)* wird nicht wie der schwarze Tee *(kō-cha,* wörtlich: „roter Tee“) fermentiert, sondern gedämpft und erhitzt. Dadurch oxidiert er nicht. Anders als der schwarze Tee sollte der grüne Tee nicht so heiß (80 °C) überbrüht werden. *O-cha* wird nie mit Milch, Zucker oder Zitrone, sondern nur pur genossen. Man trinkt ihn aus henkellosen Tassen oder Bechern (manchmal mit Deckel), indem man das Gefäß *(chawan)* mit der freien Hand unten abstützt und ihn in kleinen Schlucken zu sich nimmt. Diese Regel der Etikette gilt besonders für Frauen. Als Erfrischungsgetränk gibt es grünen Tee auch verdünnt mit Fruchtgeschmack, Honig u. a. Es gibt rund 20 Arten von grünem Tee, der für die Teezeremonie **pulverisierte Tee** heißt **Matcha.**

Calpis und andere alkoholfreie Getränke

Calpis ist ein sehr beliebtes nicht-alkoholisches Getränk aus **fermentierter Milch;** es schmeckt angenehm süß-sauer und wird in verschiedenen Geschmacksrichtungen angeboten. Man trinkt es sowohl mit heißem als auch mit eiskaltem Wasser. Daneben gibt es preiswerte isotonische Getränke wie Aquarius, Dakara, Vitamin Water, etc. Energydrinks wie Lipovitan gibt es in Japan schon seit den 1960er-Jahren.

Reiswein (Sake)

Dieses aus **Reis mit gemalzter Reishefe und Wasser** fermentierte Getränk mit einem Alkoholgehalt von 15–16 % soll den Japanern um 300 v. Chr. von den Göttern verraten worden sein. Sake, auch *Nihon-Shu* (Japan-Wein) genannt, ist trotz der Konkurrenz immer noch eines der beliebtesten Getränke. Er wird bei Festen und zu so beliebten Gerichten wie *Yaki-tori* reichlich genossen.

Seine Herstellung, die der des Bierbrauens ähnelt, dauert fast zwei Monate und war früher auf den Winter beschränkt. Insgesamt sind **4000 Marken** im Angebot. Der Sake aus Niigata gilt ebenso wie der Reis als herausragend.

Sake wird nicht besser durchs Altern. Allgemein unterscheidet man zwischen *ama-kuchi* (süßmundig), *chūo-kuchi* (mit-

⊡ *Grüner Tee ist allgegenwärtig*

tel) und *kara-kuchi* (trocken-mundig). Reiswein wird in drei Klassen angeboten, die in erster Linie durch den Alkoholgehalt bestimmt sind, je mehr Alkohol, desto besser: *tok-kyū* (spezial), *ik-kyū* (1. Klasse), *ni-kyū* (2. Klasse).

Reiswein wird im Allgemeinen körperwarm *(nuru-kan,* 40 °C) oder heiß *(atsu-kan,* 60 °C) getrunken. Man trinkt aus kleinen, oft flachen Schälchen.

Im Sommer schmeckt er auch **kalt**, z. B. „on the rocks" oder mit einer Gurkenscheibe. Traditionell wird Sake jedoch kalt aus einem Zedernholzkästchen (*masu*, mit etwas Salz) getrunken. Die bunten, strohumwickelten Fässer in Tempeln und Schreinen sind übrigens von Firmen gestiftet und werden bei passender Gelegenheit geleert. Inzwischen ist Sake Kult, selbst im Ausland gibt es Sake-Bars, in denen ausgesuchte Sakesorten kalt genossen und von Sake-Sommeliers empfohlen werden.

Es gibt einen **süßen Reiswein, „mirin"**, der nicht getrunken, sondern zum Kochen verwendet wird. **Amazake** (süßer Sake) wird aus fermentiertem Reis hergestellt. Dazu wird der Pilz Kōji zu gekühltem, gekochtem Vollkornreis gegeben. Die Enzyme des Pilzes zerlegen die Stärke des Reises in Zucker. Die Masse wird mit Wasser verdünnt und aufgekocht, geriebener Ingwer passt gut dazu (auch als Instantgetränk zu kaufen).

Bier (biiru)

Dieses im 19. Jh. von deutschen Brauern in Japan eingeführte Getränk hat längst Sake als **beliebtestes alkoholisches Getränk** überflügelt (s. S. 84). Es ist geschmacklich mit unserem Pils vergleichbar, also eher herb. Bier wird auch – bis 22 Uhr – an Automaten in Dosen verkauft. Flaschen enthalten 0,6 l Bier und kosten ab 200 ¥, in Lokalen ist ein Bier selten unter 350 ¥ zu haben. Bestellt wird es vom Fass *(nama)* und kommt dann in Krügen *(jokki)* verschiedener Größe oder in der Flasche *(bin).*

Whisky (uiskii)

Whisky wird am liebsten mit Wasser verdünnt *(mizu-wari)* getrunken. Im Winter recht beliebt ist die **heiße Variante** *(oyu-wari).* In ihren Stamm-Bars (einschließlich Karaoke-Bars) haben die Gäste ihre eigenen, mit Namen versehenen Flaschen im Regal stehen. Es heißt, dass die ersten von Suntory hergestellten japanischen Whiskysorten nur verdünnt genießbar waren. Aber als Perfektionisten haben die Japaner diesen Makel längst ausgeglichen. Die besten japanischen Whiskys können sich heute mit den besten schottischen Single Malts messen. Die Preise für einen einheimischen Whisky liegen zwischen 500 und 700 ¥, für importierte um 100 ¥ höher (pro Glas). Im Supermarkt ist Whisky recht preiswert.

Schnaps (shōchū)

Schnaps wird in Japan wie bei uns aus **Getreide oder Kartoffeln** destilliert, ist trocken und farblos, hat aber nur etwas über 20 % Alkohol. Lange Zeit galt er als Arme-Leute-Getränk, heute ist er „in". Schnaps wird sowohl pur als auch als *high-ball* mit Sirup, Soda und Eis getrunken, was recht erfrischend schmeckt, alternativ mixt man ein Fertiggetränk mit 1 % Alkohol, das *hi sour* heißt, oder Hoppy (Getränk mit Biergeschmack mit 1 % Alkohol) mit Shōchū. Auch halb und halb mit heißem Wasser wie bei Whisky *(oyuwari)* mögen ihn viele. In Supermärkten gibt es ihn in einfacher Qualität literweise für unter 1000 ¥.

Aus *shōchū* wird übrigens der köstliche, süß-saure **Pflaumenwein** *(ume-shu)* ähnlich wie unser Rumtopf hergestellt: eine Lage saure Japan-Pflaumen *(ume)*, darüber eine Lage Zuckerbrocken, darauf *shōchū* usw.

Wein (budō-shu)

Wein hat eine sehr junge Tradition in Japan, ist aber **inzwischen sowohl beliebt als auch von recht guter Qualität.** Die bekanntesten einheimischen Weine kommen aus der Gegend von Kōfu (westlich des Fuji-san 149), beispielsweise aus Katsunuma, oder aus Tokachi (Hokkaidō). Dort trinken ihn die Menschen – nach Sakeart – gern aus 1,8-Liter-Flaschen. Deutsche Weine sind erwartungsgemäß unverhältnismäßig teuer. Fern der Heimat muss man nicht Liebfrauenmilch trinken. Apropos Frauen: Sie trinken gern Wein, meist Rotwein.

Getränkeautomaten

Wohl in keinem Land sind Getränkeautomaten so allgegenwärtig wie in Japan: An fast jeder Ecke, in Zügen, in Hoteletagen und auf manchen Berggipfeln stehen sie, statistisch ein Automat für 20 Personen, also mehr als 6 Millionen. Kalte und warme Getränke kosten meist 100–160 ¥, Bier etwas über 200 ¥.

Smoker's Guide

Viele Lokale verfügen über eigene Raucherbereiche. In Bars und Restaurants mit Angestellten darf nicht geraucht werden. In der Öffentlichkeit gibt es ausgewiesene Raucherplätze.

Tokyo am Abend

Nachtleben

Wenn die Dämmerung über die Megalopolis hereinbricht und die vielfarbigen Neonlichter aufleuchten oder zu pulsieren beginnen, ist dies der Auftakt für ein an Facetten und Nuancen **überreiches Spektrum an nächtlichen Betätigungsmöglichkeiten** und Vergnügen.

Nicht jede Spielart ist dem Abenteuer oder Zerstreuung suchenden Touristen zugänglich, selbst für viel Geld nicht. Das ist charakteristisch für Japan und natürlich erst recht für Tokyo. Man will *Gaijin* (Ausländer) nicht überall haben. In einer Stadt mit **mehr als einer Million Studenten** gibt es andererseits genug Angebote für den schmaleren Geldbeutel, die auch budgetbewussten Besuchern der Stadt offenstehen. Die im Kapitel „Zur richtigen Zeit am richtigen Ort" ab S. 290 genannten Informationsquellen gelten gerade auch für das abendliche Tokyo.

In der Umgebung eines beliebigen Bahnhofs lockt ein unüberschaubares Angebot an Lokalen und Lokälchen, entweder für exquisite Abendessen oder für kleine Snacks und ein paar Getränke.

Auffällig sind die prächtigen **Pachinko- und die Karaokepaläste** (s. S. 277), in denen sich die sangesfreudigen Japaner mit perfekter Technik ihr Selbstbewusstsein aufpäppeln, wenn sie zum Applaus der anderen Gäste mit oft in der Tat wohlklingenden, geübten Stimmen populäre Lieder zum Besten geben. Das alles sind harmlose Vergnügen, die für Tokyo und ganz Japan charakteristisch sind. Aber natürlich ist das nur eine Seite des Nachtlebens.

⊡ *Auf ins abendliche Vergnügen – hier in Shinjuku-Kabukichō [B6]*

Auch wenn Tokyo wie alle Weltstädte niemals schläft, **endet der öffentliche Verkehr bereits um Mitternacht** (von einigen Nachtbuslinien abgesehen) und wird erst wieder zwischen 5 und 6 Uhr aufgenommen. Viele Bars und Lokale in den wichtigsten Vergnügungszentren haben sich daran angepasst und sind bis zur ersten Bahn, also bis 5 Uhr, geöffnet. Wer die letzte Bahn verpasst, kann auch in einem Kapselhotel übernachten (s. S. 337).

Vergnügungsviertel

Einzelne Stadtteile haben sich auf bestimmte Zielgruppen eingerichtet. Shinjuku (s. S. 118) und Shibuya (s. S. 87) gelten als volkstümlicher und preiswerter als andere Viertel; vor allem in **Shibuya** verkehren viele junge Menschen, die nicht das große Geld haben. Sie gehen gern in Grüppchen aus und bleiben in den Izakaya (s. S. 248), Bars und Clubs unter sich. **Kabukichō** in **Shinjuku** ist jedoch eindeutig auf Erwachsene eingerichtet, das benachbarte Viertel **nichōme** (2-chōme) hat sich auf die LGBT-Community spezialisiert. In **Harajuku** (s. S. 94) verkehren modebewusste Teenager, durch **Aoyama** und vor allem entlang der Omotesandō (46) flanieren Erwachsene, vor allem OL *(office ladies)*, die deutlich mehr Geld zur Verfügung haben. Mode wird hier ernst genommen und präsentiert. Man sitzt in Straßencafés à la Paris oder Schwabing.

Der nächste Teil des nächtlichen Austobens findet dann z. B. in den Bars, Discos und Clubs von **Roppongi** (s. S. 111) und **Azabu** (s. S. 111) statt. Touristen und jüngere Tokyoter, die diese Art abendlicher Unterhaltung bevorzugen und gern die Nacht durchfeiern, findet man hier in großer Zahl. Generell wird in Japan allerdings die Auffassung vertreten, dass die Besucher von Diskotheken nicht über 30 Jahre alt sein sollten.

In weniger seriösen Bars, von denen es gerade in Roppongi einige gibt, kann man beim Bezahlen bisweilen eine unliebsame Überraschung erleben, Vorsicht ist also geboten.

Auch in der **Ginza** gibt es fast alles: Varietés, Nachtclubs, unzählige Bars und Lokale, erstklassige Restaurants. Aber die Ginza zieht abends vor allem Firmenangestellte an, von denen viele ihr Spesenkonto belasten dürfen (das in der anhaltenden Rezession freilich stark geschrumpft ist). Da, wo sie nicht selbst zahlen müssen, spielen die Preise keine Rolle. Man lädt in den Club ein, in dem man Mitglied ist, oder wird eingeladen. Ausländer und sogar Einheimische, die nicht persönlich in einen solchen Club eingeführt werden, müssen mit extrem teurem Lehrgeld rechnen, wenn sie überhaupt eingelassen werden: In solche Clubs gehe man wohlweislich nur mit einem Stammgast. Überhaupt ist es typisch für japanische Bars und Clubs, dass sie von der Beziehung zwischen *Mamasan* (Club- oder Barchefin) bzw. deren Hostessen und den zumeist männlichen Kunden leben, während unsere Bars mehr von der Interaktion zwischen den Gästen gekennzeichnet sind. Weitere Zentren des Nachtlebens sind **Ikebukuro**, in geringerem Maße **Asakusa, Ebisu, Shimbashi** und **Ueno.**

Am Ende der jeweiligen Stadtteilbeschreibungen finden sich Tipps für Bars, Clubs, Discos und Lokale für wohl fast jeden Geschmack.

238to-ml

Kanalfest auf der Tennozu Isle (s. S. 68)

Bevorzugte Lokale der Tokyoter

Im Mittelpunkt abendlicher Unterhaltung stehen zweifellos Essen und Trinken. **Männliche Angestellte** und zunehmend auch weibliche, die nach der Arbeit mit ihren Kollegen vor der Heimfahrt noch gemeinsam einige Snacks und Getränke zu sich nehmen wollen und selbst dafür zahlen müssen, gehen gern in kleine, preiswerte Lokale, die allgemein *„aka-chōchin"* („roter Lampion", so benannt nach den außen hängenden Lampions, die aber nichts mit dem „Rotlicht"-Milieu zu tun haben) oder „Izakaya" genannt werden. Das Äußere spielt keine Rolle, wenn nur die Stimmung gut ist. Eine etwas raue Atmosphäre herrscht

Dienerinnen der Unterhaltung – Geishas

Untrennbar mit traditioneller japanischer Abendunterhaltung verbunden sind Geishas (wörtlich: „Kunst-Person"), die bei Banketten zur Unterhaltung der Gäste bestellt werden - freilich eine Unterhaltung im klassischen Sinn: Sie singen alte Lieder, begleitet von der dreisaitigen „shamisen", oder tanzen traditionelle Tänze.

Zu ihrer langen Ausbildung, die meist schon in der Kindheit beginnt, zählt neben vielen Fertigkeiten der klassischen Kultur auch die Kunst der Plauderei, die heikle Themen vermeidet, aber auf schickliche Weise anzüglich sein darf und die Stimmung der „Party" hebt oder dämpft, sollte sie aus den Fugen zu geraten drohen. Geishas werden unterstützt von Geisha-Lehrlingen, den „hangyoku". Wenn sie von ihren Stammhäusern, den Okiya, abgeholt werden, geschieht dies auch heute bisweilen noch mit der „jinrikisha", der guten alten Rikscha, die für Touristen-Rundfahrten wieder populär ist. Die Gebühr für den Auftritt einer Geisha heißt je nach Ryōtei „Blumen-", „Taschen-" oder „Weihrauchgeld".

Im nahen Kyoto ist die Geisha-Kultur noch besonders lebendig, aber auch in Tokyo finden sich immer wieder kulturelle Veranstaltungen oder Teezeremonien, die einen Einblick erlauben. Das Restaurant Kaga (s. S. 132) bietet Geisha-Auftritte im Rahmen eines Dinners.

vor. In Gruppen gehen junge Frauen auch gern in Izakaya und trinken Bier. *Gōkon* und *Kompa* sind Bezeichnungen für Kuppelparties in Izakaya, bei denen je ein Mann und eine Frau mehrere Bekannte mitbringen, die sich noch nicht kennen und so sitzen, dass jeder Mann links und rechts eine Frau sitzen hat und umgekehrt.

Ansonsten bevorzugen **weibliche Angestellte** oder **Pärchen** eine gepflegte Umgebung und gehen z. B. gern in französische oder italienische Gourmetrestaurants.

Wenn hochrangige **Politiker** oder Geschäftsleute wichtige Gespräche hinter geschlossenen Türen führen wollen, tun sie das in Japan oft in der eleganten Atmosphäre der Ryōtei. Geld spielt dabei keine Rolle.

⌃ *Japans Geishas sind akribisch herausgeputzte Kunstfiguren*

Karaoke

Karaoke-Bars sind eine **japanische Erfindung** vom Anfang der 1970er-Jahre. *Karaoke* heißt wörtlich „leeres Orchester" und bezeichnete die Instrumentalversionen von Songs und Schlagern auf Tonbändern, zu denen die Gesangsmelodie von mutigen Laien ins Mikrofon gehaucht werden konnte.

Die Tonbänder wurden längst eingemottet, heute ist alles digitalisiert und die Auswahl an Liedern ist unerschöpflich. Der hüpfende Punkt über den Silben des Liedtextes, der auf Monitoren eingeblendet wird, ist mittlerweile wohlbekannt.

Heute gibt es **Karaokepaläste** mit einzelnen Zimmern (Karaoke-Box) für kleinere Gruppen von Kollegen oder Freunden, wo nicht nur gesungen, sondern auch gegessen und getrunken werden kann. Es gibt selbst Mini-Zimmer für eine Person *(wankara)* und große Räume für über 100 Gäste. Die meisten sind nicht besonders eingerichtet, typisch sind bequeme Sofas rund um einen Tisch, einige sind eingerichtet wie ein Bad, sodass man singen kann wie unter der Dusche – das kostet natürlich extra. Wer über Nacht bleibt, kann in Karaokeboxen sogar auf den Sofas schlafen.

Große Karaoke-Paläste gibt es meist in der Nähe von Bahnhöfen.

Pachinko-Spielhallen

Pachinko, **eine japanische Nachkriegserfindung**, eine Art senkrechter Flipper, ist ein schwer verständliches Phänomen, über das schon ganze Abhandlungen geschrieben wurden: Was ist die Faszination dieser **stumpfsinnigen Freizeitbetätigung** zwischen klappernden Kugeln in Hunderten von gleichartigen Automaten, umgeben von Höllenlärm und Zigarettenrauch? Früher wurden Stahlkugeln per Hand einzeln auf die kurze Reise zwischen Nägeln hindurch geschickt, heute geht es automatisch, wobei die Geschwindigkeit mittels Drehknopf geregelt wird. Das Design der Automatenspiele geht mit der Zeit und wird immer raffinierter und attraktiver. Fallen Kugeln in die geöffneten *tulips*, quillt unten Nachschub – weitere Kugeln – heraus. Bleibt nach dem Spiel eine Schale voller Kugeln übrig, werden sie vorn an der Kasse im Zählautomaten gezählt, und

Pachinko – aus unserer Sicht ein seltsames Freizeitvergnügen – ist ein Milliardenbusiness

144to-ml

Shamisen-Konzert im Kameidō-Tenjin-Schrein 120

dieser „Gewinn“ wird dann gegen billige Konserven, Getränke etc. „verrechnet“, die nebenan in Geld getauscht werden können. Auf den Boden gefallene Kugeln aufzuheben, gilt als unfein. *Pachin* ist übrigens Lautmalerei für das Geräusch der Kugeln.

Die zahlreichen Pachinko-Hallen sind neben den Hallen mit Computerspielen auch tagsüber beliebte Unterhaltungsstätten und ein Milliardengeschäft, das sich die Yakuza-Organisationen nicht entgehen lassen; 70 % der Hallen sind allerdings in koreanischem Besitz, manche dienen sogar **nordkoreanischer Devisenbeschaffung.**

Konzert- und Theaterkultur

Die Liebe der Japaner zu westlicher **klassischer Musik** ist bekannt. Es gibt als Folge des großen Interesses und der massenhaften Beschäftigung mit westlicher Musik viele inzwischen weltberühmte japanische Interpretinnen und Interpreten. In europäischen Spitzenorchestern sind zahlreiche Japaner/innen vertreten. Wer in der Welt der Musik einen Namen hat, kommt auch nach Tokyo und spielt dann meist vor ausverkauften Konzertsälen. Das gilt ebenso für **Ballett** und **Tanztheater.**

Traditionelles japanisches Theater sind **Nō**, **Kabuki**, das Puppentheater **Bunraku**, auch noch **Rakugo** als Ein-Mann-(sehr selten Ein-Frau-)Theater. Das Avantgarde-Theater (angura von Underground), das in den 1960er-Jahren bis Anfang 1970 seine Blüte hatte, gibt es kaum noch. **Butoh-Tanz** wird jedoch immer noch gelegentlich aufgeführt.

366 [G9] **Kanze-Nō-Theater,** Ginza Six, B3, 6-10 Ginza. Das bekannteste Nō-Theater in Tokyo.

367 [A7] **New National Theater,** 1-1-1 Honmachi, Tel. 5351-3011, www.nntt.jac.go.jp. Drei Bühnen für unterschiedliches Publikum, moderne Interpretationen westlicher Dramen, Tanztheater u. a.

368 [B10] **Nō-Theater im Cerulean Tower,** 26-1 Sakuragaoka-cho, in Bahnhofsnähe

369 [H9] **Shimbashi Embujo,** 6-18-2 Ginza, Tel. 3541-2600. Klassisches japanisches Theater, in dem es um den Konflikt zwischen Liebe und Pflicht geht, sog. Super-Kabuki, eine modernere, dramatischere Form des Kabuki als im traditionelleren Kabuki-za.

370 [E9] **Suntory Hall,** 1-13-1 Akasaka, U: Roppongi-Itchome, Namboku Line, Ausg. 3, Tel. 3505-1001, www.suntory.com/culturesports/suntoryhall, Kartenverkauf Mo.-Sa. 10-19, So. 10-18 Uhr. Konzertsaal mit hervorragender Akustik, die große Orgel stammt aus Österreich. Einmal im Monat Do. mittags 30 Min. kostenlose Orgelrezitationen.

371 [H4] **Suzumoto Engeijō,** 2-7-12 Ueno, Chūō-dōri, U: Ueno-Hirokōji, A3, Tel. 3834-5906, tgl. 12-16.30 und 17-21 Uhr. Das älteste Rakugo-Theater Tokyos, untergebracht in einem modernen Gebäude.

372 [C2] **Tokyo Metropolitan Theatre,** 1-8-1 Nishi-Ikebukuro, tgl. 9-22 Uhr. Kunst- und Kulturzentrum mit Theater, Konzertsaal mit einer der größten Orgeln der Welt und Galerien.

Rock, Pop und Jazz

Jazz ist neben der klassischen Musik die am längsten in Japan etablierte westliche Musikform. Seit den 1920er-Jahren gehört Jazz zur japanischen Musikszene. Da gab es die Big Bands bis in die 1950er-Jahre, als die Zeit der Tanzpaläste nach amerikanischem Vorbild ihrem Ende entgegenging. In den 1960er-Jahren fanden die einheimischen Musiker Anschluss an den modernen Jazz. Eine große Zahl von Jazzclubs entstand. Jazz wurde zum Medium der Jungen und der liberalen Intellektuellen. Danach, parallel zur gesellschaftlichen Entwicklung, wurden die Clubs luxuriöser und für junge Menschen auf Dauer zu teuer. Jazzclubs finden sich vor allem in **Roppongi** und **Aoyama.**

Rock und **Pop** folgen ebenfalls dem internationalen Trend. Die japanische Popmusik wird oft von den umliegenden asiatischen Ländern, wo man die weicheren, romantischeren Lieder des Asia-Pop bevorzugt, kopiert. Sehr beliebt sind Teenager-Sängerinnen *(idols = aidoru)* oder Gruppen, bei denen es weniger um Stimmqualität als um das durch Medien angeheizte Gesamtspektakel geht. Außer **J-Pop** hat auch K-Pop aus Korea in Japan begeisterte Anhängerinnen. Ein Gigant in der J-Pop-Szene war die Agentur Johnny & Associates, heute Smile Up, die nach dem Bekanntwerden eines offenen Geheimnisses umstrukturiert wurde (s. S. 280).

Rockmusik ist in der Regel weniger hart als bei uns, aber vertreten sind alle möglichen Stilarten (Literaturtipp: Quit Your Band! Ian F. Martin, awai books,

019to-ml

Rock'n'Roll-Band im Ueno-Park

Johnny & Associates – Geschichte eines zu spät aufgedeckten Skandals

Jeder Japaner kennt die 1963 von Johnny Kitagawa (1931–2019) gegründete Talentagentur ***Johnny & Associates.*** *Über Jahrzehnte beherrschte sie einen großen Teil des* ***J-Pop-Geschäfts*** *und die damit verbundene mediale Präsentation, weil praktisch alle Boygroups bei ihnen unter Vertrag standen. Alles wurde streng geregelt: Proben, Auftritte der Mitglieder in Film, Fernsehen und in japanischen Unterhaltungsshows … Die Dominanz war so groß, dass die Schützlinge der Agentur von den Japanern „Johnnys" genannt wurden.*

Kitagawa war gebürtiger Amerikaner mit japanischen Wurzeln. Nach dem Zweiten Weltkrieg kam er nach Tokyo, managte eine Baseballmannschaft und bildete eine erste Boygroup. Sein Erfolg wuchs mit dem wirtschaftlichen Aufstieg des Landes und dem Beginn der Fernsehkultur nach amerikanischem Vorbild.

Bereits in den 2000er-Jahren wurde bekannt, dass Kitagawa sich seit Jahrzehnten an bei ihm unter Vertrag stehenden Jungen vergangen haben soll. Aber die Macht Kitagawas und der Agentur im Business war so groß, dass die Anschuldigungen wenig Gehör fanden und totgeschwiegen wurden, sowohl intern als auch in der Öffentlichkeit. Zu Lebzeiten Kitagawas traute sich niemand, das Schweigen zu brechen. Johnny Kitagawa starb, ohne dass ihm der Prozess gemacht werden konnte und er hinter Gitter gemusst hätte.

Erst 2023 begann die Aufarbeitung dieses grässlichen Kapitels in der Geschichte der japanischen Popkultur, als eines der Opfer an die Öffentlichkeit trat. Fast zeitgleich veröffentlichte die BBC die Dokumentation „Predator: The secret scandal of J-Pop".

Die Präsidentin und alleinige Anteilseignerin der Agentur, Kitagawas Nichte Julie Keiko Fukushima, musste zurücktreten. Die Agentur wurde in „Smile Up" umbenannt und bestätigte, Entschädigungszahlungen an die vielen Hundert Opfer zu leisten. Eine abschließende juristische Aufarbeitung oder eine mediale Ächtung der Agentur hat es bis heute nicht gegeben.

2016). In der **Elektronikszene** mischen japanische DJs international mit. Kein Trend, keine Mode bleibt unbemerkt und vieles führt zur Bildung von Subkulturen. Der japanische Musikmarkt wird zu 80 % von **einheimischen Interpreten** abgedeckt.

Exporte japanischer Musik in die westliche Musik finden kaum statt. Ab und zu haben oder hatten Interpreten oder Gruppen wie zum Beispiel Kitarō oder Shōnen Knife auch international Erfolg. Man erwartet von japanischen Popmusikern einen exotischen, orientalischen Touch, sonst haben sie international kaum eine Chance.

- **Blue Note** (s. S. 103), berühmtester Jazzclub Japans
- **Shinjuku Pit Inn** (s. S. 125), einer der ältesten Jazzclubs Tokyos
- **Womb** (s. S. 94), einer der größten Clubs in Tokyo, bekannt für seine Lasershows

Tokyo zum Stöbern und Shoppen

Rund **200 Warenhäuser** mit teilweise gigantischen Ausmaßen und **über 200.000 Geschäfte,** die jeden Tag geöffnet haben, machen aus Tokyo ein **Schlaraffenland für Kauflustige.** Japaner sind die wohl anspruchsvollsten Konsumenten der Welt und bereit, für Spitzenqualität viel Geld auszugeben. Daneben gibt es ein wachsendes Angebot an attraktiver Mode und Alltagsprodukten zu Discountpreisen. In den sagenhaften **100-¥-Läden** findet man Tausende Produkte, mit denen man sich fast komplett einrichten könnte! Nicht zu vergessen das **Universum traditioneller Handwerkserzeugnisse,** die es nur in Japan gibt.

Die meisten Geschäfte befinden sich grundsätzlich in der Nähe der großen Bahnhöfe. Hier stehen die größten Warenhäuser. Sie tragen die Namen der gleichnamigen Bahnlinien, die hier beginnen oder enden. Die Umgebung jedes Bahnhofs in Tokyo bietet im Grunde das komplette Angebot einer Groß- oder Kleinstadt. Das gilt gerade auch für die Vorstädte und Vororte, wo sich die Wohnsiedlungen und Schlafstädte für Tokyo um die Bahnhöfe herum ansiedelten. Manche von ihnen – besonders westlich von Shinjuku und Shibuya – sind im Laufe der Zeit so attraktiv geworden, dass Kauflustige extra aus dem Zentrum dorthin fahren. Wo keine Warenhäuser stehen, haben sich in oder in unmittelbarer Nähe der Bahnhöfe moderne Einkaufszentren entwickelt.

Einige Stadtteile haben sich auf bestimmte Käuferschichten spezialisiert, die sogar extra aus Ost- und Südostasien angereist kommen: **Shibuya** (s. S. 87) und **Harajuku** (s. S. 94) ziehen ein-

Akihabara – einst „electric town", heute Mekka der Gamer und Animefans

KURZ & KNAPP

Mehrwertsteuer

Die groß ausgezeichneten Preise sind oft Angaben ohne MwSt. (10 %), die kleinen in Klammern die Endpreise.

Einkäufe über 5000 ¥ sind für Touristen u. U. steuerfrei. In vielen Geschäften weisen entsprechende „Tax-free"-Schilder darauf hin. Die Mehrwertsteuer wird gleich beim Kauf abgezogen. Dazu muss man den Pass vorlegen (zur Ausfuhr s. S. 323).

› www.gotokyo.org/de/plan/tax-free-shopping

deutig modebewusste Teenager und junge Erwachsene an, **Aoyama** wurde zum Modezentrum der Erwachsenen, **Akihabara** bietet alles, was die Welt an Elektronik und an Elektrogeräten produziert und dazu Manga- und Animeartikel, die auch im Nakano Broadway im gleichnamigen Vorort und auch im Vorort Asagaya gut vertreten sind. Die **Ginza** (s. S. 47) ist das gehobene Einkaufsviertel der anspruchsvollen und begüterten Erwachsenen schlechthin, bedient aber auch jüngere Konsumenten und weist zusätzlich allein rund 200 Kunstgalerien auf. Büchernarren kommen aus ganz Japan auf der Suche nach bestimmten Titeln unter den zehn Millionen gebrauchter und antiquarischer Bücher in über 160 Geschäfte rund um den U-Bahnhof Jimbochō [G6] und seit einigen Jahren auch verstreut über die Stadt und Vororte in die Filialen von Bookoff (s. S. 284). **Roppongi** weist mit Roppongi Hills 57 und Tokyo Midtown 54 zwei **Mikrostädte** mit Hotels, Geschäften, Restaurants, Kinos, Lokalen, Gärten und Museen auf. Der auf einer künstlichen Insel in der Tokyo-Bucht entstandene Stadtteil **Odaiba** (s. S. 73) bietet alles, was sich Familien, aber auch junge Menschen zum Einkaufen, Essen und zur Freizeitgestaltung wünschen könnten. Die **Erzeugnisse traditioneller Handwerkskunst** findet man allerdings meist in kleinen spezialisierten Läden verstreut über die ganze Stadt und insbesondere in Asakusa (s. S. 166). Die **Stadtteilbeschreibungen** enthalten jeweils eine Auflistung besonders interessanter Geschäfte.

An **Regentagen** kann man am besten in und um die zahlreichen Tokyoter Bahnhöfe shoppen gehen, allen voran die JR-Bhf. Tokyo, Shinjuku, Shibuya, Ikebukuro, dazu die U: Ginza und Roppongi. Auch die Umgebung des Bhf. Yokohama ist hierfür hervorragend geeignet. Ganze Stadtviertel oder weitläufige unterirdische Passagen voller Lokale und Läden ermöglichen einen Einkaufsbummel, bei dem man nicht nass wird.

Preise

Generell sind die Preise für Konsumprodukte in Japan wegen des traditionellen Vertriebssystems mit mehreren Zwischenhändlern, denen feste Preise garantiert werden, im internationalen Vergleich recht hoch. Der einheimische Markt hat sich grundsätzlich gegen ausländische Konkurrenz abgeschottet. Diese hat es schwer, in Japan Fuß zu fassen, es sei denn, sie bietet besondere Erzeugnisse in Spitzenqualität. Aber nach dem Platzen der „bubble", der Spekulationsblase in den 1990er-Jahren, gibt es nicht nur mehr Discountprodukte, sondern auch Geschäfte für Gebrauchtwaren, was früher undenkbar war. Davon profitiert die stark anwachsende Kette „Book-off" (s. S. 284).

Elektronikprodukte – lohnt der Kauf?

Ob sich der Kauf von Elektronik in Tokyo lohnt, hängt stark vom Wert des Euro ab; bei 140 ¥ pro Euro kann das in großen Discountkaufhäusern wie **Bic Camera** oder **Yodobashi** durchaus der Fall sein.

Man sollte sich vorab über den Preis des gewünschten Produkts informieren. Die Elektronikkaufhäuser liefern sich kräftige Konkurrenz; mal ist dasselbe Produkt bei Bic Camera billiger, mal bei Yodobashi. Die Geräte werden häufig für den einheimischen Markt vermarktet und tragen teils andere Bezeichnungen als im Ausland.

Das Besondere an japanischen Warenhäusern

Ein Besuch in einem Warenhaus *(department store/depāto)* gehört ebenso zum Japanerlebnis wie der Besuch von Tempeln und Gärten, wie Fernsehen oder die Fahrt mit dem Superexpress. Wer in Tokyo etwas zu kaufen beabsichtigt, findet in den großen Kaufhäusern **nahezu alles Gesuchte unter einem Dach.** Warenhäuser versuchen in Japan noch vollständiger in ihrem Angebot zu sein als bei uns. Sie sind auch größer. In Kaufhäusern lernt man am eindrucksvollsten, wie perfekter Service für die Kunden gelebt wird.

Außerdem gibt es für jeden Bereich die **traditionell japanischen und die modernen westlichen Varianten.** Man findet Restaurantetagen, vielfach gibt es Museen, Kunstgalerien und in manchen sogar Theater, dazu auf dem Dach einen Spielplatz für Kinder und oft einen kleinen Schrein, Garten u. a.

In den Tiefgeschossen der Kaufhäuser *(depachika)* sind Abteilungen mit Lebensmitteln, Fertiggerichten – auch von berühmten Sternerestaurants – und häufig auch kleinen Lokalen vorhanden. Viele Lebensmittelstände bieten Kostproben an, mit denen man japanische Speisen schon im Vorübergehen kennenlernen kann. Ein besonderes Erlebnis ist es, sich kurz vor der Öffnung um 10 Uhr am Eingang einzufinden und das **Begrüßungsritual** für die ersten Kunden des Tages zu genießen.

Man kann wie bei uns an der Kasse **bezahlen.** Es gehört jedoch auch zum Ser-

136to-ml

☒ *24 Std. geöffnete Don-Quijote-Filiale in Shinjuku-Kabukichō*

vice, dass die Verkäuferin/der Verkäufer dem Kunden Geld oder Kreditkarte abnimmt und den Bezahlvorgang erledigt. Man kann derweil ggf. im Sitzen warten. Eine perfekte Verpackung der Ware ist selbstverständlich.

Es gibt **zwei Kategorien von Warenhäusern:** die großen namhaften Ketten mit ihren riesigen Häusern und ihrem Angebot an hochwertigen Erzeugnissen und die kleineren, weniger renommierten, aber dafür preisgünstigeren, die meist in der Nähe der Bahnhöfe zu finden sind. Zahlreiche Warenhäuser bieten heute Etagenpläne auf Englisch.

Convenience Stores (kombini)

Kaffee, Eis, Fertiggerichte, Snacks, Lebensmittel, Zeitschriften, Hygieneartikel **kaufen, Geld abheben, Tickets reservieren** und bezahlen (am „Lappi"-Terminal bei Lawson), **Kopien machen,** Anträge für Abholung von Paketen, Koffern etc. abgeben, Kaffee trinken und Snacks essen, all das kann man in den Tausenden von *kombini* **in jedem Viertel.** Die bekanntesten Namen dieser ursprünglich aus den USA stammenden Ladenketten sind Am-Pm, Family Mart, Lawson, Seven-Eleven und Sunkus.

Discount-Ketten: Uniqlo, GU, Don Quijote

Jeans für 500 ¥ gefällig? **Uniqlo** gilt sowohl international als auch in Japan selbst als junge, preiswerte Designermode. In Tokyo in der Ginza ist das Hauptgeschäft, weltweit gibt es über 2700 Filialen, einige auch in Deutschland. An Wochenenden gibt es immer Preisnachlässe auf einzelne Produkte. **GU** ist eine noch preiswertere Marke von Uniqlo. Uniqlo-Kleidung zu tragen gilt als hip, es muss also nicht länger Gucci oder Prada sein wie zur Zeit der „Bubble Economy".

373 [G9] **Uniqlo,** 6-9-5 Ginza, U: Ginza, Ausg. A2, 4 Min., tgl. 11-21 Uhr. 12 Etagen.

In den vollgestopften, teils 24 Std. geöffneten Läden von **Don Quijote** gibt es alles zu Discountpreisen, selbst Lebensmittel. Man muss allerdings suchen oder die Angestellten fragen, was es wo gibt. Oder man findet Dinge, die man eigentlich nicht gesucht hat.

100-Yen-Shops (hyaku-en-shoppu)

Die bekanntesten 100-Yen-Shops sind **Daisō** und **Cando** *(kyando)* mit Tausenden von Artikeln oft auf mehreren Stockwerken, jeden Monat kommen Hunderte neue hinzu. Hier kann man sich fast mit 100-¥-Artikeln (mit MwSt. 110 ¥) einrichten, einige wenige wie Kleinmöbel kosten etwas mehr. Sagenhaft, was es so alles für 100 ¥ gibt! Das meiste wird erwartungsgemäß in China produziert, aber exklusiv für die Konzerne, deshalb kommen Chinesen in Japan auch gern in solche Läden. Erstaunlich viele Artikel werden auch in Japan selbst hergestellt.

Bookoff

Mittlerweile gibt es jede Menge Book-off-Läden, die größeren bieten auch fremdsprachige Bücher *(yōsho).* Und daneben bieten die Läden viele weitere gebrauchte Produkte wie Geschirr, Spielzeug, Kleidung, Sportgeräte.

374 [B6] **Bookoff,** 110 Bldg. F4-6, 1-10-2 Nishi-Shinjuku (gegenüber dem Keio Dept. Store), Shinjuku-Westausgang

Kimonos

Kimono bedeutet „Anziehzeug". Die heutige Form wurde in der Tokugawa-(Edo-) Zeit entwickelt. Sie schränkt allerdings die **Bewegungsfreiheit** der Trägerinnen stark ein – einer der Gründe, weshalb junge Frauen nur noch zu besonderen Anlässen Kimonos tragen, die sie sich zudem in der Regel nicht allein anziehen können. Neue Kimono-Trends erlauben den Trägerinnen allerdings mehr Freiheiten, auch bei den Frisuren, den Sandalen, den *Obi* genannten Gürteln, die es auch schon fertig gebunden gibt, und tragen dazu bei, dass man Kimonos heute wieder häufiger im Straßenbild begegnet, auch bei ausländischen Touristen.

Es gibt Kimonos für **unterschiedliche Anlässe.** Unverheiratete Frauen tragen bunte Exemplare mit langen Ärmeln *(furi-sode);* Kimonos verheirateter Frauen haben kürzere Ärmel. Mit dem Alter bevorzugen Frauen schlichtere Muster und gedecktere Farben, auch die Kimonos für die **Teezeremonie** *(tsuke-age)* haben unaufdringliche Muster und Farben. **Formelle Kimonos** *(mon-tsuki)* sind schwarz, die für freudige Anlässe *(hōmon-gi)* haben vorn prächtige Stickereien, die meist jahreszeitlichen Bezug haben; für Trauerfeiern sind sie schlicht schwarz *(mofuku).* Formelle Kimonos zeigen immer vorn und hinten das Familienwappen *(mon).* Die **Kimonos der Männer** sind schlicht. Zu formellen Anlässen wie der eigenen Hochzeit gibt es einen Überrock *(hakama)* und eine Überjacke *(mon-tsuki).*

Kimonos sind **sehr teuer**, selbst massenproduzierte kosten über 50.000 ¥ (mit Obi und Zubehör 150.000 ¥), formelle sowie handgefärbte Seidenkimonos 300.000 bis über eine Million Yen. Einen Hochzeitskimono nur für einen Tag auszuleihen, kostet bereits 100.000 ¥.

Weitaus günstiger sind **gebrauchte** Stücke. Ausrangierte Hochzeitskimonos *(uchi-kake)* beispielsweise gibt es teilweise äußerst günstig zu kaufen. Alte Kimonos werden gern zu neuen Kleidungsstücken verarbeitet, solche und **gebrauchte**

☐ *Fächer sind ein beliebtes und praktisches Mitbringsel*

EXTRATIPP

Flohmärkte

Sonntägliche (Antik-)Flohmärkte gibt es in mehreren Schreinen und Tempeln, meist 8–15 Uhr: **Yasukuni** 4 in Kudan, **Hanazono** [B6] in Shinjuku, **Gokokuji** 75 nahe Ikebukuro (jeden 2. So. im Monat, ab 7 Uhr) oder **Tomioka Hachimangu** (ab 6 Uhr) in Fukagawa.

Den berühmten Oedo Antique Market im **Tokyo International Forum** 7 gibt es jeden 1. u. 3. So. von 9 bis 16 Uhr, bei Regen fällt er aus (www.antique-market.jp/english). Auf den folgenden Seiten kann man sich über diese und andere Flohmärkte informieren:

› https://tokyocheapo.com/shopping-2/fashion/top-tokyo-flea-markets
› www.tokyojinja.com/shrine-sale-schedule

Kimonos sieht man z. B. auf **Flohmärkten** (s. o.), wo es sie ab etwa 1000 ¥ gibt. Auch Warenhäuser veranstalten jährliche Sonderverkäufe gebrauchter und neuer Kimonos, gute Seidenkimonos gibt es dort bereits ab 2000 bis 5000 ¥.

Die **leichten Kimonos**, die im Sommer, nach dem Bad oder in Onsen (s. S. 288) getragen werden, heißen **yukata.** Bei Frauen sind sie bunt, bei Männern einfarbig bedruckt. Es gibt sie ab ca. 3000 ¥, z. B. im Sommer bei **Uniqlo** (s. S. 284). Die einfachen *yukatas* zum Schlafen heißen *ne-maki.*

Traditionelle Kunst und Handwerk (dentō kōgei-hin)

Trotz der Glitzerwelt der modernen Riesenkaufhäuser und Einkaufszentren existieren zum Teil seit der Edo-Zeit noch immer **Hunderte von kleinen und kleinsten Läden,** in denen japanisches Handwerk und Kunsthandwerk mit der gleichen Perfektion hergestellt wird wie vor Jahrhunderten. Japanische Handwerker sind stolz auf ihr Können, aber sie werden normalerweise nicht reich davon. Manche machen einfach deshalb weiter, weil sie befürchten, dass ihr Handwerk vielleicht mit ihnen stirbt. Zu diesen gehören auch die von der Regierung zu „lebenden Nationalschätzen" ernannten Meister. Für diese ist die Fortsetzung des kulturellen Erbes aber auch eine Bürde, weil sie in ihrer Kreativität durch die Tradition eingeschränkt werden.

Manches Handwerk wird jedoch auch in der heutigen Zeit überleben, weil es einfach zu Japan gehört. Die Menschen wenden sich ihren Wurzeln zu, weil sie das Besondere ihrer Kultur und ihrer Traditionen zu verlieren fürchten. Für Japan-Besucher ist dieses Nebeneinander faszinierend. Es gibt **Dutzende von traditionellen japanischen Produkten** des auch heute noch alltäglichen oder einst täglichen Gebrauchs, die Funktion und Ästhetik miteinander verbinden und immer noch gekauft und benutzt werden.

› Kaufen kann man manches im Bingo-ya (s. S. 133).
› Im **Edo Taito Traditional Crafts Center** 111 kann man sich ebenfalls gut orientieren.

Diese **Websites** stellen einen großen Teil der Produkte in Wort und Bild (Engl.) dar:

› www.tokyo-ryokan.com/shopping_traditionalcraft.htm
› Das Faltblatt: **„Taito City's Traditional Crafts"**, erhältlich in den TIC (s. S. 326), informiert und nennt Adressen für den Kauf von Kunsthandwerk.

⊡ *Im Azaleengarten des Nezu-Schreins* 95 *Ende April*

Tokyo zum Durchatmen

Tokyo soll etwa **7000 Parks und Gärten** haben, man glaubt es zunächst nicht, bis man durch die Stadt bummelt und unterwegs an vielen kleinen und kleinsten Parks vorbeikommt. Die Einheimischen entspannen sich hier und verzehren während der Mittagspause ihre O-bentō (s. S. 266) oder O-nigiri oder was immer sie an Snacks mitgebracht haben.

Die **Östlichen Palastgärten** 2 als Teil des Kaiserpalastes 1 bietet nicht nur einen sehenswerten japanischen Garten, sondern auch eine große Picknickwiese. In dieser Beziehung ist der halb westlich, halb japanisch angelegte **Shinjuku Gyoen** 63 noch beliebter. Am vielfältigsten ist der Yoyogi-Park 42: An Wochenenden und Feiertagen ist dort immer einiges los.

Noch aus der Edo-Zeit stammende klassische japanische Gärten wie der **Koishikawa Kōrakuen** 77, der **Rikugi-en** 81, der **Hama-rikyū** 18 oder der **Kiyosumi-Garten** 123 bieten reizvolle Teehäuser zum Rasten in kunstvoll gestalteter Natur. Der **Rinshi-no-mori** 33 bietet dagegen ein Stück echter Natur mitten in der Stadt. Der **Ueno-Park** (s. S. 159) andererseits ist ein klassischer Park im westlichen Stil voller Museen, Tempel, Schreine, mit einem Zoo 101 und einem im Sommer mit Lotusblumen bedeckten Teich. Und das sind nur die größten der Parks. Die meisten **Tempel** bieten Ruhezonen in der sie umgebenden Hektik, viele haben eigene Gärten. Ohnehin haben die meisten Wohnviertel den Charakter von Dörfern, so behält die Stadt ihr menschliches Maß und ihren menschlichen Rhythmus.

EXTRATIPP

Mukōjima Hyakka-en

Der Mukōjima Hyakka-en ist ein ganzjährig von Künstlern und Literaten bevölkerter und bei den Anwohnern beliebter kleiner Garten für Freunde wilder und gezüchteter Blumen.

•**375 Mukōjima Hyakka-en,** 3-18-3 Higashi-Mukōjima, Bhf. Higashi-Mukōjima (Tōbu-Skytree Line), 8 Min., www.tokyo-park.or.jp/park/format/index032.html, tgl. 9–17 Uhr, Eintritt: 150 ¥

026to-ml

028to-ml

Thermalbäder (Onsen) und Badehäuser

Eine wunderbare Art, zu entspannen, bieten Badehäuser und Thermalbäder. Badehäuser *(sento)* gab es früher in jedem Wohnviertel, heute sind sie seltener geworden. In sog. *super-sento* kann man auch nächtigen und hat mehr Auswahl an Bädern, es gibt Esslokale etc.

- •**376 Daikokuyu,** 32-6 Senju Kotobukichō, U: Kita-Senju, W-Ausg. 15 Min., Di.-So. 15-24 Uhr, Eintritt: 480 ¥. Gilt für viele als Tokyos schönstes klassisches Badehaus. Überdachter *rotemburo* (nicht nach Geschlechtern getrenntes Bad) im Garten, Sauna 400 ¥ extra.
- •**377** [G9] **Komparu-yu,** 8-7-5 Ginza, Tel. 3571-5469, Mo.-Sa. 14-23 Uhr, Eintritt: 460 ¥. Altmodisches Sentō, eine Rarität in der Ginza.
- › **Toyosu Manyo Club** im Senkyaku-Banrai-Komplex neben dem Toyosu Market 128. Thermalbad im Stil der Edo-Zeit.
- › **Landesweite Auswahl an Badehäusern:** www.sentoguide.info

Wunderschöne Kirschblüten im Inneren Palastgarten

Tokyo mit Kindern

Für den Nachwuchs hält die japanische Metropole jede Menge **Beschäftigungsmöglichkeiten** bereit. Viele Tempel und selbst kleine Nachbarschaftsparks haben **Kinderspielplätze.** Auf fast jedem Kaufhausdach gibt es kleine **Vergnügungsparks.** Große Abenteuerparcours sind bei Kindern wie Erwachsenen beliebt. Zu erwähnen sind die großen Vergnügungsparks wie **Tokyo Dome City** (s. S. 137) und allen voran **Tokyo Disney Resort** 125, aber auch eine Reihe sehr interessanter Museen und besonderer Einrichtungen für Kinder. In den Shoppingcentern auf der Insel Odaiba (s. S. 76) finden sich viele Beschäftigungsmöglichkeiten für Kinder, wenn das Wetter mal nicht so gut ist: ein Legoland Discovery Center, Arcade-Spielhallen, Shops für Actionfiguren, ein Skatepark ...

Gute Tipps für Tagesaktivitäten mit Kindern geben das Buch „Kids' Trips in Tokyo: A Family Guide to One-Day Outings" sowie die Websites www.tokyowithkids.com, www.tokyofamilies.net, http://whereintokyo.com/dbinx/kids.html und http://mylittlenomads.com/tokyo-with-kids.

Man kann in Tokyo alles **kaufen,** was für Kinder gebraucht wird. Kinderbücher (jp.) und Spielzeug gibt es gebraucht bei „Book-off" (s. S. 284). Buggies für die Reise sollten nicht so groß wie hierzulande sein, da es in öffentlichen Verkehrsmitteln, auf den Straßen und sonstwo nicht genug Platz dafür gibt.

Ein Spaß für Kinder: der riesige Gundam-Roboter vor dem Diver City Tokyo Plaza (s. S. 76)

Es gibt in und um Tokyo so vieles, was man mit Kindern jeden Alters unternehmen könnte, dass man Wochen und Monate bräuchte, um alle Attraktionen abzuklappern.

235to-ml

Attraktionen für Kinder

•**378** [E13] **Aqua Park Shinagawa,** Shinagawa Prince Hotel, 4-10-30 Takanawa, JR: Shinagawa, W-Ausg., 2 Min., www.aquapark.jp, tgl. geöffnet, wechselnde Öffnungszeiten zwischen 9 und 21 Uhr, Eintritt 1850, Kinder ab 6 J. 1050, bis 6 J. 600 ¥, Vergnügungspark extra. Meeresvergnügungspark mit Aquarien in Bahnhofsnähe. Das Aqua Stadium bietet eine Reihe von Attraktionen wie Delfin- und Seelöwenshows, Mantas, Pinguine, mehrere Aquarien, eines mit 20 m Tunnel zum Hindurchgehen, sogar einen kleinen Vergnügungspark.

62 [D7] **Feuerwehrmuseum.** Kindgerechtes Museum mit vielen Attraktionen.

379 [B9] **Kiddy Land,** 6-1-9 Jingūmae, www.kiddyland.co.jp, Mo.-Fr. 11-21, Sa., So. 10.30-21 Uhr. Seit 1950 bestehendes und immer noch sehr beliebtes Kaufhaus für Kinder.

•**380** [J10] **Kidzania,** Urban Dock Lala Port Toyosu, 2-4-9, Toyosu, 8 Min. zu Fuß von U: Toyosu (Yūrakuchō Line, Yurikamome Line), www.kidzania.jp/en/tokyo, tgl. 10-15 u. 16-21 Uhr. Filiale des internationalen Themenparks, in dem Kinder von 2 bis 12 Jahren in 70 anspruchsvolle Berufe hineinschnuppern können.

125 [Karte V] **Tokyo Disney Resort.** Ein Besuch im Disney Resort dürfte für viele Kinder ein Highlight des Tokyo-Besuchs darstellen.

•**381** [G5] **Tokyo Dome City (Yū-en-chi),** 1-8 Kōraku, meist 10-19 Uhr, Tagespass 4200 ¥, Kinder 2800 ¥, Fahrten extra. Der klassische der größeren Vergnügungsparks in Tokyo, direkt neben der U-Bahn-Station Kōrakuen bzw. JR: Suidobashi.

382 [I13] **Tokyo Water Science Museum,** 3-1-8 Ariake, Di.-So. 9.30-17 Uhr, Eintritt frei, www.waterworks.metro.tokyo.jp/eng/science/index.html. Alles rund ums Wasser und Wasserwerke, interessant auch für Kinder.

101 [H4] **Ueno Zoo.** Bei Kindern beliebter Tierpark.

Zur richtigen Zeit am richtigen Ort

In einer traditionsbewussten Gesellschaft wie Japan behält das Alte neben dem Modernen, Aktuellen seinen angestammten Platz. Die **großen religiösen Feste** im Jahresverlauf locken Tausende und Abertausende Einheimischer in die Tempel und Schreine und zu den Umzügen in deren Umgebung auf die Straßen. Als ausländischer Tourist fällt man überhaupt nicht auf. Jeder Tempel und Schrein hat eigene wiederkehrende Feste und Rituale. Mit etwas Glück erlebt man auch kleine Feierlichkeiten, die irgendwo in der Nachbarschaft stattfinden. In einer Weltstadt ist schließlich immer etwas los.

Die für eine naturverbundene Gesellschaft von Reisbauern charakteristischen **traditionellen Feste (matsuri)** sind einerseits geprägt von **Ritualen** zum Beschwören der Fruchtbarkeit, andererseits von Feiern über die eingebrachten Ernten, denn ihr Jahr folgte dem Rhythmus des Pflanzens und Erntens. Manche dieser archaischen Feste haben auch in den Städten überlebt, wie die Neujahrsrituale oder die seit 500 Jahren in lauen Sommernächten zur Erinnerung an die Vorfahren getanzten **Bon-odori**, andere wurden an die städtische Umgebung angepasst, wie die sommerlichen Feuerwerke am Sumida-Fluss, und wieder andere sind neu entstanden, wie das Yanagi Matsuri in der Ginza im Mai, die spektakulären Choreografien der zweitägigen Genki Matsuri Super Yosakoi in Harajuku im Sommer oder der Samba Carnival (s. S. 296) in Asakusa im August.

Matsuri folgen dem alljährlichen **Kreislauf der Erneuerung.** Jeder Monat hat seinen besonderen natürlichen Reiz, seine eigene Stimmung. Selbst die Plastikdekoration in den Einkaufsstraßen wechselt mit den Jahreszeiten. Viele Feste haben einen religiösen Hintergrund, der sie nicht zuletzt durch den unterschiedlichen Charakter von Shintoismus und Buddhismus für Besucher wie Einheimische gleichermaßen attraktiv macht. Japaner betrachten heute manch traditionelles Fest aus beinahe dem gleichen touristischen Blickwinkel wie wir. Besonders lebhaft geht es bei den Schreinfesten zu, wenn die tragbaren, bis zu einer Tonne schweren **Schreine (o-mikoshi)** von Dutzenden Freiwilliger im Rhythmus der „wasshoi-wasshoi"-Rufe und im wilden Zickzack durch die Nachbarschaft getragen werden. In Japan gibt es keine nationalen Feiertage auf religiöser Basis.

Fällt ein **Feiertag** auf einen Sonntag, ist am darauffolgenden Montag frei.

EXTRATIPP

Aktuelle Infos zu Veranstaltungen

Wöchentlich aufgelegte und in Hotels sowie in manchen internationalen Supermärkten oder in den Touristinfos (s. S. 326) erhältliche Magazine oder Zeitungen, z. B. **„Tokyo Weekender"** (www.tokyoweekender.com), sowie die Websites von **Timeout Tokyo** (www.timeout.jp, „What to do today in Tokyo") und **Tokyo Cheapo** (https://tokyocheapo.com) geben Auskunft, wo wann welches Fest gefeiert wird und welcher Markt oder welches andere Ereignis stattfindet. Das Monatsmagazin **„Metropolis"** (http://metropolis.co.jp) stellt neue Trends, vor allem Events, Konzerte u. a. vor. Die Website www.tokyogigguide.com gibt Tipps für **Konzerte** und andere Veranstaltungen.

Manche sind von vornherein auf einen Montag gelegt, um die Möglichkeit zu einem verlängerten Wochenende zu geben. **Museen,** die sonst üblicherweise montags geschlossen sind, haben dann am Dienstag ihren Ruhetag.

Die Aufzählung der wichtigsten jährlichen Feste und Ereignisse dient nur der groben Orientierung. In den TIC (s. S. 326), im Internet und in Stadtzeitschriften (s. S. 328) erfährt man, was in den nächsten Tagen in Tokyo und Umgebung zu erwarten ist.

Januar

- **1. Jan.,** *Shogatsu:* **Neujahr.** Das wichtigste Fest im Jahresverlauf, vor allem ein Familienfest mit traditionellen vorbereiteten Leckerbissen in Lackkästchen (*o-sechi ryōri,* drei Tage soll die Küche kalt bleiben) und geschmückten Straßen und Häusern. Kaufhäuser bieten Glücksbeutel *(fukuro-bukuro)* an, deren Inhalt mindestens doppelt so wertvoll ist wie der Preis, häufig 10.000 Yen. Die ersten drei Tage des neuen Jahres sind **offizielle Feiertage,** aber die Kaufhäuser öffnen teilweise schon wieder am 2. Januar. Die Neujahrstage sind für Japaner auch eine Zeit für Kurzurlaube: in die heimatlichen Berge zum Skifahren oder an die Strände von Hawaii, nach Südostasien zum Baden. Viele (unverheiratete) Frauen tragen am ersten Arbeitstag des Jahres *(shigoto hajime)* ihre schönsten Kimonos. **Museen** haben meist vom 28.12. bis 3.1. geschlossen.
- **1.–7. Jan.,** *Hatsumode.* Erster Besuch im Schrein oder Tempel, in Tokyo vor allem im Meiji-Schrein 41, wo für Gesundheit und Glück im kommenden Jahr gebetet wird. Zehntausende sind um Mitternacht an Silvester schon zum Meiji-Schrein unterwegs. Beliebt auch: Asakusa-Tempelbezirk 108, Yasukuni-Schrein 4 (mit Nō, Koto-Musik, Tänzen). Man kauft gern Hamaya-Pfeile als Glücksbringer gegen Dämonen.
- **2. Jan.:** Die **Kaiserfamilie** zeigt sich im Kaiserpalast dem Volk. Der Innere Palastgarten ist von 9 bis 15 Uhr geöffnet.
- **1.–5./7. Jan.,** *Shichifuku-jin:* Aufsuchen der **Sieben Glücksgötter** (s. S. 185), z. B. in Ebisu (s. S. 77), Fukagawa (s. S. 178), Mukōjima (s. S. 166), Ningyōchō (s. S. 38), Yanaka (s. S. 153).
- **6. Jan.,** *Shōbō Dezomeshiki:* **Neujahrsparade der Feuerwehr** am Harumi-Pier. Spektakulär die Demonstrationen an Bambusleitern in Kostümen der Edo-Zeit; Beginn ca. 10 Uhr.
- **Zweiter Montag,** *Seijin-no-hi,* **Tag des Erwachsenwerdens.** Offizieller Feiertag: In den Stadthallen der Bezirke versammeln sich die volljährig (20 Jahre alt) Gewordenen zu offiziellen Zeremonien. Dabei tragen vor allem die jungen Frauen ihre schönsten und farbenprächtigsten Kimonos.

231to-ml

Eine Yosakoi-Parade in Ikebukuro

Februar

- **3. oder 4. Feb.**, *Setsubun.* Die nach dem chinesischen astrologischen Kalender an diesem Tag geborenen Frauen und Männer, aber auch z. B. prominente Sumo-Kämpfer, werfen mit gerösteten Sojabohnen gegen mögliche Dämonen innerhalb oder außerhalb des Hauses mit den Worten: „Oni wa soto, fuku wa uchi" („Dämonen hinaus, Glück hinein"). Das Fest wird in allen Tempeln, Schreinen, in den meisten Familien gefeiert. Ursprünglich war das Fest ein Exorzismusritual zur Vorbereitung der Reisfelder für das Pflanzen. Traditionell galt der Tag auch als **Frühlingsanfang** (nach dem Mondkalender; entspricht dem chinesischen Frühjahrsfest bzw. Neujahr, für Chinesen das wichtigste Fest des Jahres). Vor allem in Yokohama wird in Chinatown 137 das **chinesische Neujahrsfest** gefeiert (nach dem Mondkalender bestimmt, zwischen Ende Januar und Mitte Februar), auf Japanisch heißt es *Shunsetsusai.* Es gibt Löwen- und Drachentänze.
- **14. Feb.**, *Valentine.* Unverheiratete Frauen schenken am **Valentinstag** den (jungen) Männern, die ihnen in Schule oder Firma sympathisch sind oder denen sie Respekt zollen müssen, Schokolade *(giri choko)*, im Durchschnitt sind es rund ein Dutzend Kollegen. Wehe dem Mann, bei dem nichts auf dem Tisch steht. Aber: Am *White Day*, einen Monat später, müssen die Beschenkten sich in doppelter Höhe revanchieren (mit weißer Schokolade plus Geschenken wie Modeschmuck). Die Sitte wurde in den 1960er-Jahren von cleveren Händlern eingeführt.
- **25.2.–15.3.**, *Ume Matsuri.* **Pflaumenblütenfest** mit Teezeremonien im Freien *(no-date)* an den Wochenenden. In Tokyo vor allem am Yushima-Tenjin 90.

226to-ml

März

- **3. März**, *Momo-no-Sekku* bzw. *Hina Matsuri:* **Mädchen- oder Puppenfest.** In den Häusern, in denen Mädchen aufwachsen, werden treppenartige, mit rotem Tuch drapierte Gestelle mit Puppen, die den kaiserlichen Hofstaat repräsentieren, aufgestellt. Die Puppen sind die *hina ningyō*, sie sind meist sehr teuer (oft Erbstücke) und symbolisieren häusliches Glück für die Töchter. Häufig erhalten Mädchen bei der Geburt ihre ersten Puppen. Die jungen Frauen feiern Partys, bei denen weißer Reiswein *(ama-zake)* und rhombenförmige Reiskuchen *(hishi-mochi)* angeboten werden.

Der gogatsu-ningyō soll, am „Jungen-Tag" (s. S. 294) aufgestellt, den Söhnen Eigenschaften eines Kriegers bescheren

- **26.3. –15.4.,** *Sakura Matsuri:* **Kirschblütenfest,** auch **Hanami** („Blüten sehen") genannt. Picknick und Trinkgelage zu Füßen der Sakura-Bäume, am intensivsten gefeiert im Ueno-Park (rund 250.000 Menschen pro Tag), sehenswert auch in Chidorigafuchi am Palastgraben (ohne Partys) sowie auf dem Aoyama-Friedhof 49, entlang von Kanda- und Meguro-Fluss und an anderen Orten. Kirschblüten sind die Boten des Frühlings und Symbol für vergängliche Schönheit.

April

- **8. Apr.,** *Hana Matsuri:* **Buddhas Geburtstag, Blumenfest.** Kleine Buddhastatuen werden in Tempeln mit süßem Tee *(ama-cha)* begossen. Es gibt Paraden mit weißen Pappmaschee-Elefanten, besonders beliebt im Asakusa-Tempel 108, Tsukiji-Honganji 16 und im Gokokuji 75.
- **29.4.–3.5., Frühlingsfest.** Meiji-Schrein 41, u. a. *Bugaku, Nō* (s. S. 91), *Kyūdō* (Bogenschießen), klassische Musik, Tänze.

EXTRAINFO

Offizielle Feiertage (shukujitsu)

- 1.1.: **Neujahr** *(Ganjitsu)*
- Zweiter Montag im Januar: **Tag des Erwachsenwerdens** *(Seijin-no-hi)*
- 11.2.: **Staatsgründungstag** *(Kenkoku Kinen-no-hi).* An diesem Tag wurde 660 v. Chr. der erste Kaiser gekrönt.
- 23.2.: **Geburtstag des Tennō** (*tennō tanyōbi*)
- 21.3.: **Frühjahrs-Tag-und-Nacht-Gleiche** *(Shunbun-no-hi).* Besuch der Familiengräber, Frühlingsbeginn.
- 29.4.: **Showa-Tag** *(Shōwa-no-hi).* Bis zum Tod von Kaiser Hirohito (Shōwa Tennō) dessen Geburtstag *(Tennō-no-tanjōbi);* wegen der „Goldenen Woche" (s. S. 294) wurde der Feiertag beibehalten, aber umbenannt.
- 3.5.: **Tag der Verfassung** *(Kempō-kinembi)*
- 4.5.: **Tag der grünen Umwelt** *(Midori-no-hi).* Verbindungsfeiertag zwischen dem 3. und 5.5.
- 5.5.: **Jungen- bzw. Kindertag** *(Kodomo-no-hi)*
- Dritter Montag im Juli: **Tag des Meeres** *(Umi-no-hi).* An diesem Tag wird an die Seereise des Meiji Tennō (s. S. 305) im Jahre 1876 von Hokkaidō nach Tokyo erinnert.
- 11.8.: **Tag der Berge** *(Yama-no-hi).* Japan ist zu 80 % von Bergen bedeckt. Der Tag symbolisiert also deren Bedeutung.
- Dritter Montag im September: **Tag der Alten** *(Keirō-no-hi)*
- Um den 23.9.: **Herbst-Tag-und-Nacht-Gleiche** *(Shubun-no-hi)*
- Zweiter Montag im Oktober: **Tag des Sports und der Gesundheit** *(Tai-iku-no-hi).* Massensportveranstaltungen u. a.
- 3.11. **Tag der Kultur** *(Bunka-no-hi).* Verleihung des Kulturordens an verdienstvolle Persönlichkeiten aus Kunst und Wissenschaft; Musikfestivals.
- 23.11. **Tag des Dankes an die Arbeiter** *(Kinro-kansha-no-hi)*

Zusätzlich zu den Festen, von denen die meisten nicht erwähnt werden können, gibt es bestimmte Tage, die man bei der Besichtigung der Stadt beachten sollte, so finden z. B. im **Meiji-Schrein** 41 samstags oft Besuche der Hochzeitsgesellschaften statt, die Hochzeitspaläste (z. B. der Happō-en 36) haben dann Hochbetrieb. Im **Yoyogi-Park** 42 ist an **Wochenenden** immer etwas los, die **Flohmärkte** finden oft **sonntags** in Schreinen statt, bzw. abwechselnd im Tokyo International Forum 7 und im Yoyogi-Park.

006to-ml

Mai

› **5. Mai,** *Tango-no-Sekku* bzw. *Kodomo-no-hi.* **Jungen-** bzw. **Kindertag.** Stoffkarpfen werden an Fahnenstangen gehisst, um – hoffentlich – im Wind zu flattern. Der **Karpfen** gilt als Symbol für „männliche Tugenden" wie Ausdauer, Energie, Ehrgeiz, Kraft und starken Willen. Karpfen schwimmen kraftvoll gegen den Strom, ebenso sollen Jungen Schwierigkeiten meistern und Hindernisse im Leben überwinden. Drinnen im Haus wird eine Samurai-Puppe *(gogatsu-ningyō)* aufgestellt: Mögen die Söhne stark und furchtlos werden wie Krieger.

› **Mitte Mai: Kanda-Schreinfest.** Bei diesem Fest werden zwei riesige Mikoshi durch die Straßen getragen, in den ungeraden Jahren in großem Stil. Myōjin-Schrein 89 in Kanda.

› **19./20. Mai,** *Sanja-Matsuri:* eines der drei **großen Feste** in Tokyo, mit Geisha-Parade, Prozession mit hundert *mikoshi,* Tänzen usw. im Asakusa-Jinja (Schrein).

EXTRAINFO

Golden Week

In der **Golden Week** vom 29.4. bis 5.5. liegen vier offizielle Feiertage (s. S. 293) hintereinander, meist noch ergänzt durch ein Wochenende. Die Woche wird vielfach für Kurzreisen im Inland, aber auch ins Ausland genutzt (Urlaub ist in Japan sehr, sehr knapp). Überfüllte Züge, Bahnhöfe, Flughallen, Autobahnen und Hotels sind die Folge, eine halbe Million Japaner fliegen dann in die Welt hinaus. Tokyo wird in dieser Zeit dafür deutlich ruhiger.

Juni

› **9./10. Juni,** *Hōzuki-ichi:* **Blasenkirschenmarkt** im Sensōji-Tempel in Asakusa 108; Blasenkirschensträucher und Windrädchen werden verkauft; zugleich heißt dieser Tag *shi-man roku-sen-nichi* = 46.000 Tage: Ein Besuch an diesem Tag ist so viel wert wie 46.000 Besuche an normalen Tagen.

EXTRATIPP

Das Jahr der Blüten in Tokyo

Die **Jahreszeiten** spielen in Japan eine sehr wichtige Rolle, die Blüten und Pflanzen der Jahreszeit werden bewusst wahrgenommen.

- **Januar: Kamelien** *(tsubaki)*, allerdings nur auf den Tokyo-Inseln
- Ende **Januar** bis Anfang **März: Pflaumen** *(ume)*, v. a. im Yushima-Tenjin 90
- Ende **März** bis Anfang **April: Kirschblüte** *(sakura)* in Tokyo, nach Norden zu bis Mitte Mai
- Mitte **April: Blüten-Hartriegel** (*hanamizuki*), quasi als Fortsetzung der Kirschblüten, ursprünglich aus Amerika; **jap. Pfingstrosen** *(botan)*, v. a. im Tōshōgū-Schrein im Ueno-Park 103 **Blauregen/Glyzinien** *(fuji)*, v. a. im Kameidō-Tenjin-Schrein 120
- Mitte **April** bis Mitte **Mai: Azaleen** *(tsutsuji)*, v. a. im Nezu-Schrein 95
- **Juni: Iris** *(ayame, shōbu)*, hauptsächlich im Iris-Garten des Yoyogi-Parks 42, **Hortensien** *(ajisai)*
- Mitte **Juli** bis **August: Lotosblumen** *(hasu)* im Shinobazu-Teich in Ueno (s. S. 159), **Blasenkirschen** *(hōzuki)*, v. a. im Sensōji-Tempel in Asakusa 108, **Winden** *(asagao)*
- Mitte **Oktober** bis Mitte **November:** Ausstellungen von **Chrysanthemen** *(kiku)* in zahlreichen Gärten, Parks und Schreinen
- Mitte **November: Laubfärbung** *(kōyō)* in Tokyo mit den wunderbaren japanischen Ahornblättern *(momiji)*, im Norden ab Oktober
- **Dezember:** goldene Laubfärbung der **Ginkgobäume** *(itchō)*, v. a. in der Ginkgo-Allee zum Meiji-Schrein 41 in Aoyama

- **Mitte Juni in geraden Jahren: Sanno Matsuri** im Hie-Schrein 52 in Akasaka, eines der drei großen traditionellen Feste der Stadt
- *Chūgen:* halbjährliche **Geschenkesaison.** Hier macht man Pflichtgeschenke für Personen, denen man Respekt oder Dank schuldet. Die Sitte hat sich aus den Ahnenopfern zum Bon-Fest abgeleitet.

Juli

- **7. Juli,** *Tanabata.* Sternenfest beruhend auf alter chin. Sage. Bunte Papierstreifen mit Gedichten oder Wünschen werden an Bambusstangen aufgehängt, groß gefeiert wird in Hiratsuka an der Shonanküste unweit von Tokyo und in Sendai.

Tanz des Weißen Kranichs während des Jidai-Matsuri-Umzugs in Asakusa (s. S. 296)

- **13.–16. Juli,** *Mitama-Matsuri.* Die **Seelen der Ahnen** kommen zu dieser Zeit in die Welt der Lebenden, für sie werden Lichter und Laternen angezündet (6000 am Yasukuni-Schrein 4); überall werden **Bon-Tänze** *(Bon-Odori)* veranstaltet, an denen alle – auch ausländische Besucher – teilnehmen können, schöne Atmosphäre, die Tänze ziehen sich teilweise bis Anfang September hin.
- **28. Juli,** *Hanabi-Taikai.* Feuerwerk *(hana-bi* = „Blumenfeuer") von 19 bis 21 Uhr am Edo-Fluss, nahe **Shibamata** und **letzter Samstag** im Juli: großes **Feuerwerk** am **Sumida-Fluss,** Asakusa, Menschenmassen am Flussufer und Partys auf Hausdächern.

August

- **15. Aug.,** *Bon-Sutren* im Sensōji: **Laternen** auf dem Sumida-Fluss, Asakusa. **O-bon** ist das **Fest der Seelen der Ahnen** (Mitte Juli oder Mitte August, vergleichbar mit Allerheiligen). Familien besuchen die Familiengräber, um die anlässlich des Fests zurückgekehrten Geister *(kami)* der Verstorbenen zu grüßen und sie nach Hause zu geleiten. Die Laternen symbolisieren die Heimkehr der *kami* über das Meer ins Jenseits. Es ist auch für die Lebenden die Zeit der kurzzeitigen Rückkehr in die Heimat.

- **Letzter Samstag:** Sambafest in Asakusa (s. S. 166) mit einheimischen und brasilianischen Sambagruppen
- **31.8.–3.11., Herbstfest:** Meiji-Schrein 41, großes Festprogramm zum Dank für gute Ernte

September

- **21.–23. oder 24. Sept.,** *Shubun-no-hi:* („Herbst-Tag-und-Nacht-Gleiche"). Offizieller Feiertag, Besuch der Familiengräber.

Oktober

- **Anfang des Monats,** Tokyo-Fest: zum Gedenken an den Bau der ersten Burg von Edo an der Stelle des Kaiserpalastes im Jahre 1457; u. a. Hafenfest, Parade von blumengeschmückten Festwagen, Laternenprozession.
- **Ab Monatsende: Chrysanthemenmärkte,** z. B. im **Asakusa-Kannon-Tempel** 108
- **Halloweenpartys** werden nach amerikanischem Vorbild gefeiert, besonders in Shibuya. In Ikebukuro gibt es ein großes Cosplay-Festival.

November

- **3. Nov.,** *Jidai Matsuri* (13.30–15.30 Uhr): Umzug mit historischen Kostümen, u. a. auch *shirasagi no mai:* **Tanz des weißen Kranichs.** Sensōji, Asakusa-Tempel 108, Tōkyo. *Tori-no-ichi:* **Hahnenmarkt,** Otori-Schrein, Asakusa. An den Tagen des Hahns (nach asiatischem Tierkreis) werden die Glücksbringer **kumade** (Bärentatzen = reich geschmückte Bambusharken) verkauft.
- **15. Nov.,** *Shichi-go-san:* 3-, 5- und 7-jährige Kinder gehen in hübschen bunten Kimonos bzw. Anzügen gemeinsam mit ihren Eltern zu Schreinen, vor allem zum Meiji-Schrein 41 (auch am darauffolgenden Wochenende), Asakusa-jinja u. a. Die Eltern danken für das **Heranwachsen der Kinder,** Priester bitten in ihrem Auftrag um Gesundheit und Erfolg. Anschließend gibt es Zuckerstangen *(chitose-ame),* und die Kinder läuten die Schreinschelle.

Dezember

- **Dezember:** überall werden **Jahresendepartys** *(bō-nen-kai)* gefeiert.
- **17.–19. Dez.,** *Hagoita-ichi:* Verkauf der reich geschmückten traditionellen Federballschläger *(hagoita)* und anderer **Neujahrsschmuck.**
- **24. Dez.,** Weihnachten spielt als christliches Fest kaum eine Rolle. Kinder feiern Partys, und junge Paare mieten sich für den romantischen Abend ein Hotelzimmer, z. B. in einem der Luxushotels an der Tokyo Bay nahe dem Disney Resort 125, ein teurer Spaß. Als Essen für Heiligabend haben sich seltsamerweise Hühnchen à la KFC eingebürgert.
- **31. Dez.,** *Omisoka.* In vielen Familien werden Reiskugeln *(o-mochi)* geformt; vor bis kurz nach Mitternacht werden die langen Nudeln *toshi-koshi-soba* (Symbol für langes Leben) verzehrt. Um diese Zeit erklingen in allen Tempeln 108 Glockenschläge *(joya-no-kane)* für die 107 Sünden des alten Jahres, einer für die des neuen Jahres. In Tokyo um oder nach Mitternacht Schreinbesuche.

In Shiodome (s. S. 60) ragen Giganten aus Stahl und Glas in den Himmel

TOKYO VERSTEHEN

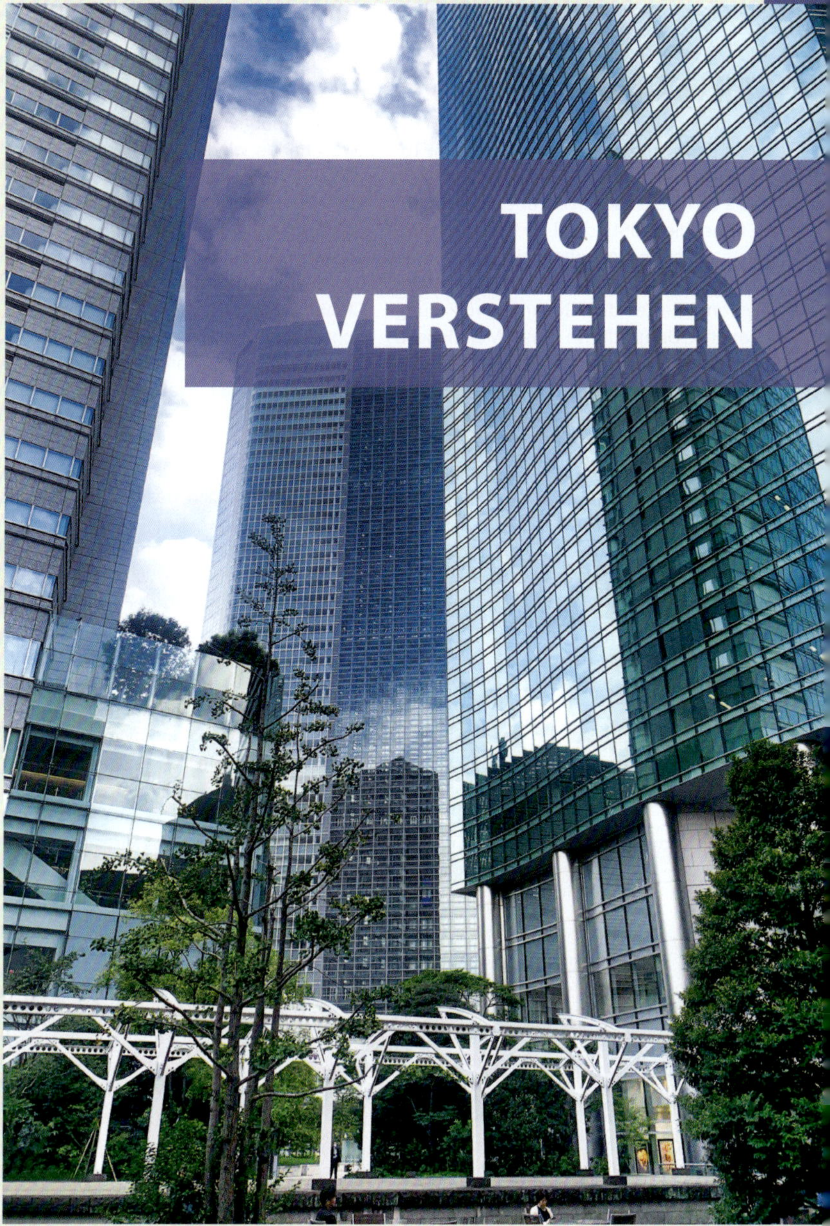

234to-ml

Tokyo – ein Porträt

Aus dem Flugzeug gesehen erscheint Tokyo wie ein unübersehbares Häusermeer, das sich fast lückenlos über die Kantō-Ebene, die größte des Landes, ausdehnt. Das gesamte **Ballungsgebiet** ist die Heimat von rund **35 Millionen Menschen**, einem Viertel der Gesamtbevölkerung Japans. Damit dürfte diese Megalopolis in einer Zeit rasend schnell wachsender Metropolen wie Jakarta und Manila noch eine Weile Weltspitze bleiben. Tokyo als Verwaltungseinheit hat jedoch „nur" **13 Millionen Einwohner** – und das seit Jahren mehr oder weniger unverändert. Aber die Tagesbevölkerung schwillt auf fast das Doppelte an, was „Doughnut" oder „Pfannkuchen-Effekt" genannt wird, weil die Angestellten aus den endlosen Vorstädten morgens zur Arbeit in die Stadt und abends wieder zurück nach Hause pendeln. Die Gestalt der Provinz Tokyo ist recht eigenartig: Als langgezogener Schlauch erstreckt sie sich vom nördlichen Ende der Tokyo-Bucht in nordwestlicher Richtung bis zu den Bergen des **Chichibu-Tama-Nationalparks.** Dort, am Schnittpunkt der drei Präfekturen Tokyo, Yamanashi und Saitama, liegt die höchste Erhebung der Präfektur Tokyo: der **2018 m hohe Kumotori-Yama** („Wolkenzieher-Berg"). Der Stadtkern liegt knapp westlich des 140. östlichen Längengrades und südlich des 36. nördlichen Breitengrades.

Zur Verwaltungseinheit Tokyo gehören auch die Tokyo- bzw. **Izu-Inseln,** bestehend u. a. aus den der Izu-Halbinsel vorgelagerten Inseln – Ōshima (mit dem aktiven Mihara-Vulkan), Niijima, Kōzu, Miyake (mit seinem Anfang 2000 ausgebrochenen Vulkan) und Hachijō sowie die bis zu 1300 km (!) von Tokyo entfernten **Ogasawara-Inseln** (Ogasawara Shotō), auch „Nan-po" („Südliche Inseln") bzw.

⊡ *Der rote Tokyo Tower* 23 *überragt das Tokyoter Häusermeer*

„Bonin-Inseln“ genannt. Diese bilden den Ogasawara-Nationalpark und liegen weit draußen im Pazifik.

Mehrere **Flüsse** durchziehen das Häusermeer, drei bilden Stadtgrenzen: der Tama-gawa im Südwesten nach Kanagawa, der Edo-gawa im Osten nach Chiba, der Ara-kawa im Norden auf einem kurzen Abschnitt nach Saitama. Der eigentliche Tokyoter Fluss ist der kleinste im Bunde, der **Sumida-gawa**, der sehr kurz ist und stets parallel zum Ara-kawa verläuft. In der Tokyo-Bucht wird laufend auf künstliche Weise Land hinzugewonnen. Die Fläche der Präfektur beträgt 2410 km^2, die des eigentlichen Stadtgebietes 581 km^2. Dieses ist in 23 Bezirke *(-ku)* aufgeteilt. Außerhalb gehören noch 26 größere *(-shi)* und sieben kleinere *(-machi)* Städte sowie neun Dörfer bzw. Gemeinden *(-mura)* dazu, wobei dies nicht wörtlich zu nehmen ist: Es handelt sich um große, aber dünn besiedelte Gebiete der Gebirgsregionen und die kleinen Pazifikinseln, deren Autos übrigens meist auf den Bezirk Shinagawa registriert sind.

Die Stadtviertel

Die eigentliche **Stadtmitte** Tokyos ist das 40 ha große Parkgelände des Kaiserpalastes ❶. Zwischen dem Wassergraben, in dem sich die einstige Festung bzw. der heutige Palast befindet, und dem heute nur noch teilweise erhaltenen äußeren Grabenring lagen in der Feudalzeit die Wohnsitze der Lehnsherren und Samurai. Außerhalb hatten sich die Handwerker und Kaufleute angesiedelt.

Heute haben sich um die fast leere Mitte herum die verschiedenen Zentren entwickelt, jedes mit eigenem Charakter. In **Kasumigaseki** und **Nagata-chō** liegen das Parlament und ein Großteil der Regierungs- und Verwaltungsgebäude. In **Roppongi** treffen sich meist junge, amüsierfreudige Nachtschwärmer. Das „Big Business“ hat seine Heimat in **Marunouchi** und **Ōtemachi.**

Die großen Einkaufsviertel sind die elegante **Ginza** mit **Shimbashi** und die an den Knotenpunkten von Bahnlinien entstandenen neueren, quirligen Zentren **Shibuya** mit **Harajuku** und **Aoyama,**

Shinjuku und **Ikebukuro** sowie das traditionelle „Downtown“-Viertel **Ueno** mit **Asakusa**, wobei die Akihabara Electric Town (92) südlich von Ueno spezielle Bedürfnisse befriedigt.

Hochklassige und hochpreisige Wohnviertel liegen u.a. in **Kōjimachi, Akasaka, Azabu** (wo viele Botschaften ihren Sitz haben) und in **Daikanyama, Shirokanedai, Den'en-chōfu, Jiyugaoka, Shimo-Kitazawa** (südwestlich des Zentrums). Überhaupt besteht Tokyo auch heute noch aus Hunderten, wenn nicht Tausenden von „Dörfern“: den ruhigen Wohnvierteln, die oft unmittelbar neben den lauten Geschäftsvierteln liegen und zur erstaunlich hohen Lebensqualität der Stadt beitragen. Allerdings hat es mit Appartementhochhäusern im Stadtzentrum, z.B. an der Mündung des Sumidagawa, eine gewisse Gegenbewegung zurück in die Stadt gegeben.

Das innere Zentrum ist flach, während die Yamanote-Viertel nach Westen hin höher liegen (*Yama-no-te* bedeutet „bergseitig“). Tokyo hat sich seit der Meiji-Zeit überwiegend westwärts entwickelt, nun sind starke Entwicklungsimpulse entlang der Ufer des Sumida-Flusses und in den Stadtteilen im Osten unübersehbar.

Von den Anfängen bis zur Gegenwart

Vorgeschichte Edos

14.000 bis 300 v. Chr. Jungsteinzeit, in Japan **Jōmon-Zeit** nach der Art der eigenständigen Verzierung auf Keramiken (*Jōmon* = Schnurmuster) genannt. Die Gegend um das heutige Tokyo war in dieser Zeit schon lange besiedelt und zeigt **Vorläuferformen der japanischen Kultur**, z.B. Schamanismus, Ansichten über die Natur; die Menschen ernährten sich von Fisch, Muscheln, wilden Tieren, Nüssen, Früchten, Wurzeln und lebten in Grubenhäusern, die halb in die Erde gegraben wurden und mit Strohdächern gedeckt waren. Die Jōmon-Kultur war über ganz Japan verbreitet. Als Jōmon-Volk bezeichnet man jedoch Vorläufer der Emishi und Ainu, die später von den Japanern nach Norden (Tōhoku und Hokkaidō) abgedrängt wurden. In der **späten Phase** (2500–1000 v. Chr.) siedelten angesichts einer Klimaverschlechterung größere Menschengruppen entlang der Ostküste Honshus. Aus dieser Zeit stammt auch der Muschelhaufen *(shell mound)* von Ōmori im Süden Tokyos. Archäologen bezeichnen den nächsten Zeitabschnitt als **Yayoi-Zeit** (Bronzezeit 300 v. bis 300 n. Chr.) wegen der nahe dem Gelände der Tokyo-Universität in Yayoi gefundenen rötlichen, härteren, auf Töpferscheiben hergestellten Keramik. In dieser Zeit soll schon Reisanbau praktiziert worden sein.

Auch die Geschichte des **Asakusa-Kannon-Tempels** (108) weist weit in die Vergangenheit zurück: Im Jahre **628** sollen Fischer mit ihrem Netz aus dem nahen Sumida-Fluss eine kleine Kannon-Statue gefischt haben, die dann zum Bau eines ersten Tempels geführt hat (s. S. 166). Zahlreiche Shintō-Schreine bestanden schon lange vor der Gründung Edos und der ersten buddhistischen Tempel.

Die Ursprünge Edos

1261 baute sich ein jüngeres Mitglied des in Chichibu residierenden Taira-Clans auf einem Ausläufer der leicht erhöhten Ebene von Musashi nahe der Mündung des Flüsschens Hirakawa und unweit der Mündung des Sumida-Flusses ein befestigtes Haus. Er nannte den Ort und seine Familie **Edo** („Flussmündung") und sich selbst fortan *Edo Shigenaga*. Nach seinem Tod erweiterte die Familie ihren Landbesitz, der jedoch unter den Söhnen aufgeteilt wurde. Einer von ihnen hieß Shibuya, so heißt heute noch ein Stadtteil. Das Land wechselte in der Folge mehrfach die Besitzer. Dort, wo jetzt der Kaiserpalast steht, errichtete 1457 ein Mitglied einer von den Minamoto abstammenden Daimyōfamilie, **Ota Dōkan**, ein befestigtes Schloss; er gilt daher als eigentlicher **Gründer der Stadt**. Man weiß wenig über ihn, außer dass er ein geschickter militärischer Stratege war, gern dichtete und als Mönch lebte. Die Grabung des Nihonbashi-gawa (Fluss) und Errichtung des Hie-Schreins 52 sollen auf ihn zurückgehen. 1486 wurde er auf Geheiß eines Fürsten des die Gegend beherrschenden Uesugi-Clans ermordet, woraufhin das Schloss vollkommen an Bedeutung verlor und verfiel.

Toyotomi Hideyoshi (1537–1598), der Einiger Japans nach langen Kriegswirren, besiegte **1590** den Clan der „späten Hōjō" und damit die acht östlichen Provinzen, zu denen auch Edo gehörte. Diese nun bot er seinem Kampfgefährten **Tokugawa Ieyasu** im Tausch gegen dessen drei strategisch bedeutsame Provinzen entlang des Tōkaidō und schlug ihm vor, das Schloss in Edo zu errichten. Zum Missfallen seiner Berater akzeptierte Ieyasu das Angebot und zog noch im selben Jahr dorthin. Die Berater waren entsetzt, denn sie sahen in dem schmalen Streifen Land zwischen der Edo-Bucht und der Wildnis von Musashi wenig Attraktives. Auch fehlte es an Trinkwasser. Es schien, als hätte der schlaue Hideyoshi da einen guten Deal gemacht. Sowieso wollte der seinen potenziell gefährlichsten Rivalen möglichst weit weg von Kyōto und Osaka halten.

128to-ml

☒ *Nachbildung einer alten japanischen Grabfigur im Hibiya-Park* 6

Doch der geduldige und weitsichtige Ieyasu erkannte schnell die Vorteile: Die tief eingeschnittene Bucht von Edo bot mehr Schutz als ein Hafen am offenen Meer, der Ort war der am weitesten vom Festland entfernte, von woher Invasoren wie seinerzeit die Mongolen kommen konnten. Edo lag am Schnittpunkt der Straßen nach Osten, Norden und durch die Berge sowie an der Schwelle zur Kantō-Ebene, der größten Schwemmlandebene des Landes. Freilich musste einiges getan werden. Das wilde, hügelige Land von Musashi war wenig fruchtbar, eignete sich aber immerhin für die Pferdezucht. Da gab es sumpfige Gebiete, durchzogen von mehreren Flüssen, zwischen dem Wasser und dem schmalen Streifen flachen, festen Landes vor den wie fünf Finger einer Hand verlaufenden Ausläufern der Musashi-Ebene (auf diesen Yama-no-te = Berghand genannten Fingern liegen heute Ueno, Hongō, der Kaiserpalast, Azabu und Takanawa). Land musste also gewonnen werden: Hibiya war eine Meeresbucht, die Ginza und Tsukiji waren noch Wasser, die Wellen reichten bis vor das Schloss.

Wie damals üblich plante Ieyasu eine Stadt nach dem Modell von Chang'an in China bzw. Kyōto. Dazu musste er jedoch die Stadt um 100 Grad gegenüber der damals allgemein gültigen chinesischen Regel drehen: statt dem großen Berg für den Gott Xuanwu im Norden, stand der große Berg Fuji im Westen von Edo, im Osten hatte er dafür den Hirakawa-Fluss (für den Drachengott), im Süden die Edobucht (für den Phönix), im Westen den Tokaidō, bewacht vom Tigergott. Ein Haupttempel musste im Nordosten zum Schutz vor von dort erwartetem Unheil errichtet werden. Es wurde der Kan'eiji 102 in Ueno.

Noch während dieser Plan ausgeführt wurde, starb Hideyoshi **1598.** Ieyasu besiegte die Truppen von Hideyori, dem Sohn und offiziellen Nachfolger von Hideyoshi, in der entscheidenden **Schlacht von Sekigahara**, wurde **1603** zum **Shōgun** ernannt und machte Edo zur Verwaltungshauptstadt des **Tokugawa-Shōgunats**, das als **Edo-Zeit** in die Geschichte einging und die bis heute andauernde Blütezeit von Tokyo einleitete.

Edo-Zeit (1603–1867)

Damit wurde jedoch ein neuer Stadtplan notwendig. Nach seiner Machtergreifung baute Ieyasu Edo bewusst als Gegengewicht zu Kyōto aus. Um die über zweihundert Daimyō unter Kontrolle zu halten, mussten sie jeweils ein Jahr in Edo leben, die Familien mussten ganz nach Edo ziehen, gewissermaßen als Pfand. Die Daimyō-Prozessionen nach Edo und in die Heimat zurück mussten auf Kosten der Provinzfürsten mit viel Aufwand und Pomp durchgeführt werden. Das ging ihnen an die Substanz. Vom Schloss aus ließ Ieyasu in einer weiten Spirale Gräben bzw. Kanäle um die Festung herum ziehen. Nahe am Schloss durften sich die engen Verbündeten und Vasallen von Ieyasu ansiedeln. Weiter außen auf der Hügelseite im Westen und Norden bauten die früheren bzw. potenziell gefährlichen Gegner ihre Residenzen. Alles war auf Kontrolle und **Herrschaftssicherung** ausgerichtet. So waren z. B. die Gärtner in den großen Gärten der Samurairesidenzen (z. B. die noch erhaltenen Landschaftsgärten Koishikawa Kōrakuen 77 und Rikugien 81) großteils Spione. Allerdings saßen Spioninnen auch hinter dem Bett des Shōgun, um ggf. zu verhindern, dass der Herrscher Geheimnisse ausplauderte.

Mit den Daimyōs und ihren Samurai kamen zunehmend Leute in die Stadt, die hier eine Chance für ihren Lebensunterhalt sahen. In der Gegend des heutigen Nihonbashi siedelten unterhalb des Schlosses und der Daimyō-Residenzen nahe am Meer die Kaufleute, nördlich davon in Kanda und südlich davon in Kyōbashi die Handwerker, die in bewachten, nach Zünften getrennten Vierteln lebten. Diese tief liegenden Viertel waren die Unterstadt *(shita-machi).*

Die Stadt war gerade gemäß dem Plan fertig geworden, die Residenzen der Daimyō erstrahlten im Glanz der **Momoyama-Epoche,** der über 60 m hohe Turm des Shōgun-Schlosses, der höchste im Lande, überragte Edo, das mit 400.000 Einwohnern schon größer als Kyōto war, als zwei Wochen nach Neujahr des Jahres **1657** die erste der berüchtigten **Feuersbrünste** in der Stadt ausbrach: das *Furisode-* („langer Kimonoärmel") bzw. *Meireiki-* (benannt nach dem Zeitabschnitt Meireiki) Feuer, das nach 80 regenlosen Tagen, verstärkt durch starke Stürme, drei Tage lang wütete und eine zerstörte Stadt hinterließ: 108.000 Menschen starben in den Flammen, durch Ertrinken beim Versuch, den brückenlosen Sumida-Fluss zu durchqueren, oder nach dem Brand im Schneefall an Erfrierung. **Drei Viertel der Stadt waren abgebrannt,** darunter der größte Teil des Schlosses einschließlich des nie wiederaufgebauten Turmes, mehr als 500 Häuser der Daimyō, rund 800 Samurai-Häuser, 350 Tempel und Schreine. Die Regierung verteilte Reis an die Bevölkerung und plante sofort den Wiederaufbau.

Breite Feuerschneisen wurden geschaffen, die Tempel an die damaligen Randbezirke verlegt, wo sie noch heute in großer Konzentration stehen: Tsukiji, Fukagawa, Honjo, Asakusa, Yanaka, Yushima, Hongō, Yotsuya, Azabu. Bei Ryōgoku wurde **1660** die erste **Brücke über den Sumida** gebaut. Sümpfe wurden trockengelegt, neues Land aus dem Meer gewonnen. Der vorher schon künstlich gegrabene Kanda-Fluss erhielt eine 7 m hohe Ufereinfassung. Kiefern wurden darauf gepflanzt, heute sind es Sakura-Bäume.

Die Daimyō bauten sich zwei zusätzliche Residenzen weiter entfernt vom Schloss: In der mittleren wohnten fortan die Familien, in der äußeren bewahrten sie Güter auf oder richteten sie als ländliche Villen ein, zur Erholung oder um sich dorthin im Falle eines neuen Brandes zurückzuziehen. Allerdings wurden sowohl das Schloss wie auch die Fürstenresidenzen weit weniger glanzvoll aufgebaut.

Genroku-Zeit (1688 bis 1704)

Kurze Zeit später begann die städtische Kultur wie nie zuvor zu erblühen, trotz der Herrschaft des berüchtigten fünften Shōgun Tsunayoshi. Nicht nur Edo profitierte davon, sondern auch die anderen beiden großen Städte Kyōto und Ōsaka, die in der kulturellen Entwicklung noch eine Vorreiterrolle spielten. Tsunayoshi hatte zwar die Künste sehr gefördert, aber seine Vorliebe für kleine Jungen und Mädchen sowie die Einführung der Todesstrafe bei Tötung von Hunden u. a. Maßnahmen ließen ihm keinen angesehenen Platz in der Geschichte.

Mit der Blütezeit von Edo wurde es auch wieder enger in der Stadt. Zwar

129to-ml

wurden in den Vierteln der Handwerker und Kaufleute Häuserblocks von etwa 120 Meter Seitenlänge, Hauptstraßen von 18 Meter und Nebenstraßen von 12 Meter Breite als Feuerschutz angelegt. Doch obwohl die Innenräume der Blocks leerstehen sollten, wurden sie nach und nach mit slumähnlichen Langhäusern, den *ura-nagaya,* vollgebaut. Die Wohnungen dort bestanden aus einer winzigen Küche und einem 9 m² kleinen Wohn-/Schlafzimmer, draußen gab es Gemeinschaftsklos. Meist lebten hier Junggesellen. Die Zahl der Frauen wuchs nur langsam. (Noch **1733** gab es doppelt so viele Männer wie Frauen, erst gegen Ende der Edo-Zeit war das Verhältnis annähernd ausgeglichen).

Mit den **beengten Wohnverhältnissen** wuchs wieder die Gefahr von Bränden, zumal die Langhäuser durchweg aus Holz gebaut waren. Unter dem Shōgun Yoshimune wurde durch den Magistraten Ōka Tadasuke ein wirksames System von **Brandwachen mit Feuerbeobachtungstürmen** (die man heute in vielen Vierteln noch sehen kann) aufgebaut und Feuerwehrbrigaden trainiert, die zum Stolz von Edo wurden. Zu Bränden kam es dennoch reichlich. Allein während der Tokugawa-Zeit gab es 97 Großbrände, kein Wunder bei der Bevölkerungsdichte: 69.000 Menschen pro km², das waren mehr als dreimal so viel wie im heute bevölkerungsreichsten Tokyoter Stadtteil Toshima. Im Vergleich dazu hatten die Samurai mehr Platz, in ihrem Wohnbereich lebten 14.000 Personen pro km². In den Bezirken der Schreine und Tempel, die wie die Viertel der Handwerker und Kaufleute 20 % der Stadtfläche einnahmen, lebten nur 4500 Menschen pro km². **Mitte des 18. Jh.** hatte die Stadt **1,3 Mio. Einwohner,** mehr als jede andere Stadt der Welt.

Die auf Vergnügen ausgerichtete Kultur der Städter prägte das Leben in Edo. Da die Kaufleute und Handwerker die unteren Schichten bildeten und keine Aufstiegschancen hatten, im Laufe der von Frieden geprägten Jahre jedoch immer

Blick auf die Stadt gegen Ende der Edo-Zeit

wohlhabender wurden, konnten sie ihren Hedonismus immer ungebremster ausleben, während vor allem die unteren Samurai immer ärmer wurden. Die Grenzen der Schichten verwischten sich. Beide trafen sich in der „fließenden Welt“ (ukiyo, die Halbwelt der Schauspielerinnen und Prostituierten) der **Vergnügungsviertel,** vor allem im eleganten Yoshiwara, das seinerzeit außerhalb der Stadt, nördlich von Asakusa lag und erst nach Ende des Zweiten Weltkrieges von den amerikanischen Besatzern geschlossen wurde. Die Vergnügungsviertel waren angesichts des allgegenwärtigen Frauenmangels die eigentlichen Mittelpunkte des städtischen Lebens. Hier konnten Städter wie Samurai die Zwangsjacke des konfuzianischen Moralkodex und der bürokratischen Strenge des Shōgunats ablegen. Die heutigen Vergnügungsviertel von Shinjuku oder anderswo zeigen, dass sich am Hedonismus der Tokyoter nicht viel geändert hat.

Die seit mindestens drei Generationen ansässigen Bewohner der Stadt, die *Edokko* („Kinder Edos“), galten als leichtlebig, aufbrausend, emotional, verschwenderisch, aber auch großzügig, konnten kein Geld bei sich behalten, pflegten aber andererseits das Image von Connaisseurs (tsū) mit Vorliebe für schlichte Eleganz und Understatement.

Es gab immer wieder Bestrebungen von oben, dem fröhlichen Treiben ein Ende zu bereiten, vor allem **1790** unter dem strengen Matsudaira Sadanobu (der u. a. auch das gemeinschaftliche Baden von Männern und Frauen verbot) und kurz vor Ende der Tokugawa-Zeit, als Edo bereits eindeutige Zeichen von **Dekadenz,** begleitet von **Kriminalität, Epidemien und Naturkatastrophen,** zeigte.

Ende der Edo-Zeit und Umwandlung in Tokyo

1853 tauchte Admiral Perry mit seinen „Schwarzen Schiffen“ auf (diese wurden als Auslöser der nachfolgenden Naturkatastrophen und Epidemien vermutet), bald kamen Ausländer ins Land, und es kam zu Kämpfen zwischen Anhängern und Gegnern der Öffnung zum Westen, zwischen den Truppen des schwach gewordenen Shōgunats und denen des Kaisers. Die Truppen des Kaisers behielten die Oberhand. **1868** verließ der letzte Shōgun Tokugawa Yoshinobu ohne Blutvergießen das stattliche Edo-Schloss, um das herum die Stadt gebaut war, und der junge Kaiser **Meiji Tennō** zog von Kyōto dorthin um, womit sich der **Name der Stadt** änderte: Von nun an war es die „östliche Hauptstadt“, Tō-kyō.

Die Daimyōs kehrten in ihre Heimat zurück. Die Residenzen wurden geräumt. Um den Kaiserpalast 1 herum entstand viel Brachland, welches Platz für das noch heute dort befindliche **Regierungsviertel** von Kasumigaseki und Nagatachō bot. Anfänglich machte sich auch das Militär außerhalb des Palastes breit, es gab ja auch genug Raum zum Exerzieren. Später, nach Abzug des Militärs, siedelte sich unter Führung von Mitsubishi das **Big Business** dort an, wo es heute noch zu finden ist, nämlich in Marunouchi und Ōtemachi. Entlang der Ufer des Sumida wurden **Fabriken** errichtet, ebenso entlang der Tokyo-Bucht zwischen Tsukishima und Shinagawa (heute reicht die Industriezone hinunter bis Yokohama und darüber hinaus). Asakusa blieb noch das Hauptvergnügungsviertel, doch es bekam zunehmend Konkurrenz von der Ginza. **1898** erhielt die Stadt endlich einen Bürgermeister und ein **Rathaus**, es stand damals in Marunouchi. Erst nach dem Zweiten Weltkrieg wurde die Stadt in die heute geltenden 23 Bezirke eingeteilt, die wie unabhängige Städte verwaltet werden.

Mit der Öffnung nach außen kamen die getreu kopierten Errungenschaften des Westens. Der **Verkehr** verlagerte sich von den Wasserwegen auf die Straßen: Pferdebusse, später Pferdetrams und zu Beginn des 20. Jahrhunderts **Straßenbahnen**, Fahrräder, aber auch Rikschas. Dazu wurden die ersten **Steinhäuser** gebaut und ein westlicher Bekleidungsstil setzte sich zunehmend durch. Straßenbahnen waren beherrschendes Verkehrsmittel bis in die **1960er Jahre**, dann verschwanden sie bis auf eine Linie, und die **U-Bahn**, **S-Bahn** sowie die privaten Vorortbahnen übernahmen ihre Funktion und wurden zu einem lebensbestimmenden Element. Die Menschen ließen sich dort nieder, wo die Bahnen entlangführen.

Zweimalige Zerstörung Tokyos innerhalb von 22 Jahren

Im 20. Jh. wurde Tokyo jedoch zweimal zum großen Teil zerstört: am 1. September 1923, 1 Minute vor 12 Uhr durch das große **Kantō-Erdbeben** der Stärke 7,2, dem 140.000 Menschen direkt und indirekt (vor allem durch die drei Tage wütenden Feuersbrünste) zum Opfer fielen. Sieben Jahre dauerte der Wiederaufbau. Viele Menschen zogen aus den Vierteln am Fluss in der Unterstadt, die am schwersten durch das Erdbeben in Mitleidenschaft gezogenen wurde, nach Westen, in die höher gelegenen Bezirke Shinjuku und Nakano.

Japan geriet unter das Joch faschistisch geprägter Militärherrscher, die das Land in den **Zweiten Weltkrieg** trieben. **1945** zerstörten die durch 700.000 amerikanische Brandbomben im Verlaufe von über 100 **Luftangriffen** entfachten Feuersbrünste – besonders schlimm waren die vom 9. und 10. März – erneut die Stadt und forderten nochmals 145.000 Opfer.

Zum Glück waren viele, die nicht in der Stadt bleiben mussten, zu Verwandten aufs Land gezogen; nach den Bombenangriffen taten dies auch viele Überlebende, v. a. Kinder wurden weggeschickt. Die Menschen genossen das friedliche Leben in der Provinz, doch ihren Lebensunterhalt konnten sie nur in der Stadt verdienen. So kehrten sie wieder nach Tokyo zurück, damals gewissermaßen eine Stadt der Besitzlosen und Wanderer.

Wiederaufbau der Stadt und Entwicklung zu einer Megalopolis

Der Wiederaufbau Tokyos erfolgte in erstaunlich kurzer Zeit, allerdings völlig ungeplant. Zehn Jahre nach Kriegsende lag die Einwohnerzahl der Stadt bei sechs Millionen, weitere 20 Jahre später waren es mehr als doppelt so viele.

Für die Olympischen Spiele 1964 wurden die Stadtautobahnen gebaut, die die Stadt weiter verschandelten, und die Straßen erhielten Namen, was aber nur wenig zur besseren Orientierung beitrug. Die **Umweltprobleme** waren angesichts der vielen Industriebetriebe in der Stadt enorm, aber mit der Verlagerung nach Süden entlang der Tokyo-Bucht oder ins Ausland und wegen effektiver Maßnahmen ist die Umwelt in den letzten Jahrzehnten erheblich entlastet worden. Die Stadt hört zwar inzwischen fast auf zu wachsen – die Menschen ziehen zunehmend in die Nachbarpräfekturen –, doch sie entwickelt sich dynamisch weiter.

Tokyo heute

Ein traumatisches Ereignis zum Ende des 20. Jahrhunderts war der **Terroranschlag** der Aum-Shinrikyō-Sekte (Ōmu Shinrikyō, heute: Aleph) mit dem Giftgas Sarin im U-Bhf. Kasumigaseki 1995 mit 13 Toten und über 6000 Verletzten. Er zerstörte den Mythos der völlig sicheren Stadt.

Das **Große Ostasiatische Erdbeben** vom **11. März 2011** hat Tokyo zwar weitgehend verschont, aber die Seele des ganzen Landes hart getroffen.

Die **Coronapandemie** machte dem Optimismus, der den **Olympischen Sommerspielen 2020** vorausging, einen gewaltigen Strich durch die Rechnung. Zwar fanden die Spiele mit einem Jahr Verzögerung 2021 statt, aber unter Ausschluss der Zuschauer.

Seit sich Japan wieder für Individualtourismus ohne Vorbedingungen geöffnet hat, strömen die ausländischen Touristen geradezu ins Land.

Die Tokyoter und ihr Alltag

Die Mentalität der Tokyoter

Ein Dutzend Millionen Menschen, geschweige denn 35 Millionen Menschen der Megalopolis lassen sich nicht typisieren. Doch eine Stadt kann einen eigenen Menschenschlag herausbilden, der sich von der Umgebung unterscheidet. So gelten die Tokyoter unter Japanern traditionell als **neugierig, großzügig, freigiebig, amüsierfreudig, smarter** als die Zugereisten oder Besucher aus den Provinzen. Früher galten sie als **streitlustig**, zumal überwiegend Männer aus allen Teilen des Reiches angelockt wurden, um hier ihr Glück zu suchen und in der starren, aber prosperierenden Gesellschaft ihr Geld für allerlei Vergnügen auszugeben. Bezeichnend ist das Sprichwort „Yoigoshi no kane wa motta-nai" („Man behält Geld nicht über Nacht"). Heute sind Japaner allgemein und auch Tokyoter bekannt für ihr Sparverhalten, was aber nicht auf Kosten der riesigen Vergnügungsindustrie geht.

Osaka war seit jeher eine Stadt der Händler und Kaufleute, seine Bewohner gelten als geiziger, aber auch lauter und witziger und leiblichen Genüssen noch stärker zugetan als die *Edokko,* die Kinder Edos. Apropos Witz: Es heißt, dass es in Tokyo mehr Raben *(karasu)* gibt als in Osaka, weil die Leute dort weniger Verwertbares wegwerfen.

Für die **traditionsbewussten Menschen aus Kyōto** sind die Tokyoter zu laut und vergleichsweise unkultiviert, diese ihrerseits sind stolz darauf, direkter, offener und ehrlicher zu sein. Die Tokyoter sind als diszipliniert und hart arbeitend bekannt, aber das wird den Japanern im Allgemeinen nachgesagt.

Was die Stadt mit Sicherheit noch stärker charakterisiert als die anderen großen Städte des Landes, ist ihr ständiger Wandel. Jede Generation schafft ihr eigenes Tokyo. Die Menschen sind technischen Neuerungen gegenüber aufgeschlossen – **keine Spur von Technik-**

130to-ml

feindlichkeit, wie man sie hierzulande oft antrifft. Was machbar und sinnvoll ist, wird durchgeführt.

Trotz der gewaltigen **Umweltbelastungen**, denen die Riesenstadt ausgesetzt ist, werden Schutzmaßnahmen oft konsequenter und schneller umgesetzt als bei uns. Die Menschen sehen trotz der jahrelangen Rezession nach dem Platzen der *Bubble Economy* Anfang der 1990er-Jahre ohne sichtbare Ängste in die Zukunft. Angesichts ständiger unterschwelliger Bedrohung durch das erwartete nächste große Kantō-Erdbeben leben die Menschen vielleicht auch deshalb gelassener in das unbekannte Morgen hinein, weil sie eine solche gewaltige Naturkatastrophe sowieso nicht verhindern können.

Die Menschen haben bedingt durch das gedrängte Zusammenleben gelernt, aufeinander **Rücksicht** zu nehmen. Der **Bürgersinn** der Tokyoter ist vorbildlich. Nachbarschaft wird gepflegt. Anders als in den übrigen Riesenstädten Asiens gibt es keine Slums. Die Wohnviertel sind auch nachts sicher. Die Werte und Tugenden, die ein Zusammenleben in einer Megalopolis erträglich und sogar angenehm gestalten, sind noch nicht ausgehöhlt. Wir fürchten uns vor amerikanischen Verhältnissen in unseren Großstädten, Tokyo aber ist die sicherste aller Metropolen. Trotz vieler Unbequemlichkeiten, denen die Menschen ausgesetzt sind – die positive, **optimistische Grundstimmung** überwiegt in der Stadt.

Die ausländischen Besucher bestaunen immer die **Kontraste und Widersprüche:** hier die futuristischen Bauten, dort altehrwürdige Schreine und Gärten und nebenan dreigeschossige Schnellstraßen, in deren Schatten liebevoll gepflegte Bonsai vor den Holzhäusern wachsen. Die Tokyoter sind wie alle Japaner stolz auf ihre eigenständige Kultur und halten weitgehend an dieser fest, aber die Anpassung an die Anforderungen des modernen Lebens gelingt ihnen scheinbar mühelos.

Tokyo und der Tourismus

Die Zahl der Touristen ist in den Jahren bis 2019 stetig und deutlich angestiegen. Dieser Trend setzt sich nach der drastischen Zäsur der Coronapandemie ungebrochen fort. Der wachsende Wohlstand in Teilen Asiens, Billigfluglinien, Aufhebung von Visapflicht u.a. führen auch zu einer zunehmenden regionalen Reisetätigkeit. Die Zahl deutschsprachiger Besucher hat sich verdoppelt, 200.000 sind es nun pro Jahr, wobei etwas mehr als die Hälfte als Touristen, die übrigen beruflich einreisen. Insgesamt kamen 2019 fast 30 Mio. ausländische Touristen nach Tokyo, diese Zahl wird 2024 wahrscheinlich übertroffen. Die meisten Touristen kommen aus Korea, Taiwan und Hongkong, auch Festlandchinesen dürfen nach langem Zögern der chinesischen Regierung wieder verreisen und kommen nach Japan, wenn auch weit weniger als früher. Südostasien ist ebenfalls seit Jahren stark vertreten, thailändische Reisegruppen kommen besonders gern zur Kirschblüte (s.S. 295) und Laubfärbung. Unter den westlichen Ländern stehen die USA an der Spitze der Japanreisenden, in Europa sind es Großbritannien, Frankreich, Deutschland und Italien.

Die meisten Tokyo-Touristen sind aber Japaner. Bis zu 420 Mio. Besuche werden pro Jahr verzeichnet, bei einer Bevölkerung von 126 Mio.: Alle Schüler Japans besuchen die Hauptstadt mehrmals im Jahr, das gilt offenbar auch für viele Erwachsene.

Sonntägliche Fußgängerzone nahe dem Kameidō-Tenjin-Schrein (120)

Politik in Japan – die ewige Dominanz der LDP

Die konservative Liberaldemokratische Partei (LDP, kurz: Jimintō) stellt seit dem Ende des Zweiten Weltkriegs mit kurzen Unterbrechungen (zuletzt 2009–2012) die Regierung. Das hat relativ einfache Gründe: Sie ist USA-freundlich und pflegte stets gute Beziehungen zu Big Business und Bürokratie („Eisernes Dreieck"). Außerdem unterhielt die LDP zumindest von der Nachkriegszeit bis in die 1990er-Jahre auch gute Beziehungen zum organisierten Verbrechen, den Yakuza, die mit den von ihnen kontrollierten Schwarzmärkten u.a. die Wirtschaft wieder in Gang bringen halfen. Die Partei profitierte mit ihrer Klientelpolitik am stärksten vom Wahlsystem, das bis in die 1990er-Jahre den ländlichen, bevölkerungsarmen Wahlkreisen unverhältnismäßig viel Einfluss gab, was die LDP durch Begünstigung der Bauern für den kontinuierlichen Machterhalt nutzte. Auch nach der Wahlreform behält sie ihre Klientelpolitik bei. Angesichts der vielen kleinen Oppositionsparteien reichen ihr 20% Rückhalt in der großteils konservativen Bevölkerung für den Machterhalt.

Cheap Japan – kann sich die japanische Wirtschaft erholen?

Nach dem Platzen der **Bubble Economy** zu Beginn der 1990er-Jahre begannen für Japan drei Jahrzehnte der Stagnation, die bis heute nicht überwunden sind.

Das Land war seinerzeit nicht nur die zweitgrößte Wirtschaft hinter den USA, es war auch Spitzenreiter auf zahlreichen Gebieten, v.a. bei der Entwicklung elektronischer Geräte. Angestellte waren wie Beamte ein Berufsleben lang an eine Firma gebunden und konnten deshalb sorgenfrei Familien gründen, Eigenheime erwerben und in die teure Schul- und Universitätsausbildung des Nachwuchses investieren. Zweimal im Jahr gab es Boni in der Höhe von bis zu sechs Monatsgehältern. In teuren Clubs pflegte man nach Feierabend Geschäftsbeziehungen. Das galt allerdings nur für Männer, Frauen hatten keine Karriereaussichten.

Das Platzen der Wirtschaftsblase brachte vielen Firmen das Aus, die überlebenden mussten Kosten sparen, wo es möglich war, die Produktion ins Ausland verlegen, das Lohnniveau niedrig halten und das Prinzip der lebenslangen Anstellung aufweichen.

2012 war **Shinzō Abe** als Premierminister mit dem Versprechen angetreten, die stagnierende Wirtschaft aus der Deflation zu katapultieren. Er wollte dies mit drei „Pfeilen" der nach ihm benannten Politik der **Abenomics** erreichen: expansive Geldpolitik zur Schwächung des Yen und Förderung der Exporte, expansive Finanzpolitik mit gewaltigen Infrastrukturmaßnahmen zur Ankurbelung der Konjunktur sowie Strukturreformen, die mit Liberalisierung des Binnenmarkts, höheren Haushaltseinkommen, der Erhöhung des Anteils von Frauen im Beruf u.a. einhergehen sollten. Doch das Projekt muss als gescheitert angesehen werden, auch weil Abe eine mehr oder weniger versteckte Agenda verfolgt hat, die ihm weitaus wichtiger war: Änderung der Verfassung, Stärkung des Militärs, Eindämmung der Meinungsfreiheit, Festhalten an Strom aus Kernenergie. Angesichts dieser ideologischen Grundhaltung war keine echte Strukturreform zu erwarten. Heute hat ein Großteil der Beschäftigten nur noch Zeitverträge. Japanische Unternehmen verlangen von ihren Zulieferern niedrigste Preise und schnelle Produktion. Neue Phänomene in der traditionell protektiv eingestellten japanischen Wirtschaft sind der Aufkauf japanischer Firmen und Objekte durch ausländische Investoren und die Abwanderung japanischer Experten zu ausländischen, häufig chinesischen Arbeitgebern.

Die Inflation betrug 2023 etwa 3%. Das ist mehr als von der Regierung angestrebt – die höheren Energiepreise tragen die Hauptschuld –, aber immer noch wenig im internationalen Vergleich. Der schwache Yen beflügelt nach den Jahren der Abschottung wegen Corona allerdings den Tourismus.

Premierminister Kishida hat sich erwartungsgemäß von den Abenomics distanziert, obwohl er Abes Politik ansonsten weitgehend unverändert weiterführt. Kishida nennt seine Wirtschaftspolitik „neuer Kapitalismus", allerdings bezweifeln Experten deren Erfolg. Sie unterstützt die Klientelpolitik seiner Partei und verlässt sich auf die Bürokraten, die Japan und seine Wirtschaft managen sollen. Er setzt sich für eine Einkommensverteilung zugunsten der Mittelschicht ein, der sich die Mehrheit der Japaner zugehörig fühlt. Die von den Abenomics bevorteilten Finanz- und Wirtschaftsgrößen hatte er stärker besteuern wollen, aus Angst vor den Auswirkungen an der Börse aber davon Abstand genommen. Der japanische Kursindex Nikkei steht heute höher, als er vor dem Platzen der Bubble Economy war. Aber das Bruttosozialprodukt ist seit 1995 nicht gestiegen.

Die Moon-Sekte und ihr Einfluss auf die Politik Japans

Ex-Premierminister **Shinzō Abe** wurde am 8. Juli 2022 während einer Wahlkampfrede in Nara ermordet. Sicherheitsvorkehrungen für den Fall eines Attentats waren nicht vorgesehen und als nicht notwendig erachtet worden. Abe hatte 2020 auf eigenen Wunsch das Amt des Premiers abgegeben, aber weiter Wahlkampfauftritte für seine Partei, die **LDP**, absolviert, obwohl ein Sieg bei den Oberhauswahlen sicher war.

Was hat das mit der **Moon-Sekte**, die sich **Unification Church** und seit 2015 **Family Federation for World Peace and Unification** nennt, zu tun? Der damals 41-jährige Attentäter Tatsuya Yamagami wurde auf der Stelle festgenommen und gestand, dass er die Moon-Sekte mit dem Anschlag treffen wollte, weil sie das Leben seiner Familie und auch sein eigenes durch die Mitgliedschaft seiner Mutter zerstört habe. Er wollte eigentlich die Sektenführerin treffen, weil das aber nicht möglich war, fand er in Abe, der offenbar enge Beziehungen zur Moon-Sekte pflegte, ein leichteres Ziel.

Yamagamis Mutter, der selbsternannten Kirche vollkommen hörig, verkaufte den Grundbesitz der Familie und spendete ohne deren Zustimmung umgerechnet über 700.000 € an die Sekte, die bekannt dafür ist, ihre Mitglieder auf diese Weise auszupressen. In der Folge verarmte die Familie, sodass der Täter kein Universitätsstudium beginnen und sein an Krebs erkrankter Bruder nicht behandelt werden konnte.

Bereits am Tag des Attentats wurden Vermutungen laut, dass Abes Verbindungen zur Unification Church eine Rolle spielen könnten. Erst nach der für die LDP grandios verlaufenen Oberhauswahl kamen jeden Tag neue Enthüllungen über die **engen Verbindungen der Familie Abe zur Moon-Sekte** zum Vorschein. Insbesondere Abes Großvater Nobosuke Kishi, selbst von 1957 bis 1960 Premierminister, war mit dem aus Korea stammenden Sektengründer Sun Myung Moon gut befreundet. In Abes Kabinett von 2019 waren zwölf Mitglieder der Regierung mit der Moon-Sekte verbunden, sechs davon waren Minister.

Traditionell gibt es eine enge Verbindung zwischen der LDP und religiösen Organisationen, die grundsätzlich konservativ geprägt sind. Ob die neue Regierung unter Premierminister Kishida die Auflösung der Sekte als religiöse – und damit steuerbefreite – Gemeinschaft durchsetzen kann, muss abgewartet werden. Weil die in Japan erhaltenen Spenden neuerdings offengelegt werden müssen, lässt die Sekte ihre Anhänger nun nach Seoul pilgern und ihr Bargeld dort abgeben. Das Geld fließt wie bisher in die südkoreanische Zentrale, in Firmen, die zur Vereinigungskirche gehören, in Lobbyarbeit und geht an politische Organisationen.

Obwohl es sich um eine christliche Kirche handelt, liegt der Lehre der Moon-Bewegung, die weltweit und vor allem auch in den USA aktiv ist, die schamanistische Tradition Koreas zugrunde, die beinhaltet, den Zorn von Verstorbenen zu exorzieren. Daraus leitet Moons Witwe und Führerin der Sekte, Hak-ja Han-Moon, Forderungen gegenüber Japan ab, das für die während der Herrschaft über Korea bis zum Ende des Zweiten Weltkriegs begangenen Kriegsverbrechen Entschädigung leisten soll.

Religion und Brauchtum

Die traditionelle japanische Religionsauffassung

Die traditionelle japanische Religionsauffassung wird durch sieben Besonderheiten charakterisiert:

- 1. Unterschiedliche religiöse Traditionen schließen sich nicht aus, sondern ergänzen sich.
- 2. Zwischen den Menschen und den **Gottheiten** *(kami)* besteht eine enge Bindung; die Natur wird als von *kami* belebt empfunden.
- 3. **Ahnen und verstorbene Familienmitglieder,** z. B. Eltern oder Ehepartner, haben religiösen Bezug. So haben auch heute die meisten Familien zu Hause einen buddhistischen und/oder einen shintoistischen **Hausaltar** *(butsu-dan* bzw. *kami-dana)* zur Ahnenverehrung. Die zu *hotoke-sama* oder *kami* gewordenen verstorbenen Familienmitglieder werden wie Götter um Schutz und Hilfe gebeten.
- 4. **Reinigung** ist eines der Grundelemente japanischer Religiosität, das Konzept der Sünde gehört nicht dazu. Ethische Werte werden verschiedenen Religionen und Philosophien entnommen, so legt Shintō Wert auf rituelle Reinheit und Aufrichtigkeit, Buddhismus auf Mitgefühl und Befreiung von Leidenschaften, Konfuzianismus auf Loyalität gegenüber Höhergestellten und Wohlwollen gegenüber Niedrigergestellten.
- 5. Religiöse Aktivitäten finden ihren Höhepunkt auf jährlich wiederkehrenden **Festen** *(matsuri).*
- 6. Religion ist untrennbar mit dem **Alltag** verbunden. Dies kommt z. B. in der Teezeremonie und bei Familienfeiern zum Ausdruck.
- 7. Bis zum Ende des Zweiten Weltkrieges bestand eine enge Beziehung zwischen Staat und Religion. Religiöse Autorität ordnet sich auch heute noch staatlicher Macht unter, zumal der erste (mythische) Kaiser nach shintoistischer Auffassung von der Sonnengöttin abstammt. Die in der Verfassung garantierte völlige **religiöse Freiheit** führte nach dem Krieg zur Gründung von Hunderten neuer Religionen. Schreine und Tempel müssen sich selbst finanzieren.

Shintoismus (shintō)

Die Vorfahren der Japaner waren wie andere Völker in der Region **Animisten.** Für sie galt die Natur als beseelt von Kräften, die in Japan den Rang von **„kami"**, Gottheiten, hatten. Jede besondere Naturerscheinung, vor allem Vulkane, Wasserfälle, aber auch alte, majestätische Bäume, wird auch nach shintoistischer Auffassung von *kami* bewohnt. So befinden sich Schreine (jap. *Jinja, jingū* oder *miya)* an den schönsten Stellen des Landes, auch auf Berggipfeln oder im Wasser. Man verehrt Erscheinungen der **Natur**, die mächtiger sind als der Mensch, und erhofft sich so Schutz. Verehrt werden aber auch die kaiserlichen und die eigenen **Ahnen**, die Geister Verstorbener, als Schutzgötter. Der Shintoismus *(shin-tō* bzw. *kami no michi* bedeutet „Weg der Götter") kennt keinen Stifter, keine heilige Schrift, keine Dogmen und keine Jenseitsvorstellungen, sondern besteht im Wesentlichen aus Riten, die häufig der rituellen Reinigung und dem Schutz vor Gefahren dienen. Die **Schreine**, in denen die *kami* residieren, hatten ursprünglich eine eigene archaische Architektur, die sich im Verlauf der Jahrhunderte der chinesisch beeinflussten buddhistischen Tempelarchitektur stark angenähert hat. Gekreuzte Giebel, kurze Querbalken in stilisierter Form von

Bonitofischen sind klassische Elemente des Daches. Diesem Ideal am nächsten kommt der Große Schrein von **Ise**, der wichtigste Schrein Japans. Schreintore *(torii),* steinerne Wachhunde und Laternen gehören neben einem Reinigungsbrunnen (für Mund und Hände) zu den Schrein-Attributen, auch um Bäume geflochtene, dicke Strohseile und gezackte Papierstreifen sind Shintō-Elemente. Der Gegenstand, der den *kami* symbolisiert, wird nie gezeigt, selbst die Shintopriester kennen ihn häufig nicht. Meist ist es ein runder Spiegel, wie man an den kleinen Schreinen auf Berggipfeln unschwer erkennen kann. **Gottesdienste** in unserem Sinne finden nicht statt: Man reinigt Mund und Hände am Reinigungsbrunnen, geht zum Schrein, wirft als Opfer meist eine 10-Yen-Münze in den Kasten, rüttelt – wenn vorhanden – an der Schelle, verbeugt sich zweimal, hält beide Hände zum Gebet vor die Brust, klatscht zweimal in die Hände, verbeugt sich zum Schluss noch einmal: das war's, vereinfacht ausgedrückt.

Von der Meiji-Zeit bis zum Ende des Zweiten Weltkriegs wurde Shintō zur Staatsreligion und für den wachsenden Nationalismus instrumentalisiert. So musste in Schreinen auch dem göttlichen Kaiser gehuldigt werden. Damit war es mit der von den Amerikanern diktierten Verfassung vorbei. Schreine werden heute gern als Powerspots, also Kraftzentren, „vermarktet".

Buddhismus (bukkyō)

Der Buddhismus entwickelte sich in Indien und gelangte über China und Korea im 6. Jh. nach Japan. Koreanische Mönche brachten damit zugleich die Kultur des Festlandes und die chinesische Schrift mit, die von den Japanern in der Folgezeit angenommen wurde, da sie damals noch keine eigene Schrift hatten. Der japanische Buddhismus gehört zur Richtung des **Mahayana** *(Daijō Bukkyō,* „Großes Fahrzeug"), nach der die Gläubigen sich nicht nur um das eigene Heil kümmern, wie im Hinayana- bzw. Theravada-Buddhismus *(Shojō Bukkyō),* sondern auch um das ihrer Mitmenschen

132to-ml

> *Hana-Matsuri-Fest (s. S. 293) in Asakusa (s. S. 166)*

und aller Lebewesen. Charakteristisch für den japanischen Buddhismus sind die **zahlreichen Sekten** und deren chinesische Wurzeln, die bis in die Neuzeit hineinreichen.

In der Nara-Zeit wurde während der Regentschaft des Prinzen *Shotoku-taishi* (574–622) der Buddhismus zur Staatsreligion. Die Sekten waren damals noch sehr elitär. In der Heian-Zeit (794–1185) kamen die von Kūkai (Kōbō Daishi) 816 gegründete Shingon- und die Tendai-Sekte hinzu. Beide basierten auf esoterischen chinesischen Vorbildern. Im 12. Jh. wurden während des Kamakura-Shōgunats die Lehre vom „Reinen Land", der sog. Amidismus, eine Gnadenreligion mit den volkstümlichen Hauptsekten Jōdo- und Jōdo-Shinshū und heute über 20 Millionen Anhängern, sowie der Zen-Buddhismus mit den beiden Hauptsekten Rinzai und Sōtō eingeführt. Der radikale Nichiren reformierte im 13. Jh. den Buddhismus und rückte die Lotos-Sutra in den Mittelpunkt seiner Lehre. Die millionenstarke Laienorganisation Sōka Gakkai mit ihrer politischen Partei New Komeitō berufen sich heute noch auf Nichiren. Während des Tokugawa-Shōgunats mussten alle Haushalte die Tempel finanzieren, die wiederum die Haushalte registrierten und als eine Art Einwohnermeldeamt fungierten und somit eine Kontrollfunktion innehatten.

Buddhismus wird auch heute noch von Nationalisten als importierte Religion angesehen. Nach der Edo-Zeit wurden zahlreiche Tempel wie während der Kulturrevolution in China zerstört. Dies war auch eine Reaktion auf die strenge Tokugawa-Herrschaft.

Eine große Zahl neuer Religionen *(Shinshūkyō)* entstand seit Ende der Edo-Zeit, darunter Reiyūkai und die wegen der Sarin-Giftgasanschläge von 1995 in Tokyo berüchtigte Ōm Shinrikyū. **Zen** ist zwar die im Ausland am stärksten mit Japan assoziierte Form des Buddhismus, die auch großen Einfluss auf die Kultur hatte, aber im Land selbst spielt sie eine untergeordnete Rolle.

Die Vermischung verschiedener Religionen

Fragt man moderne, städtische Japaner nach ihrer Religion, werden die meisten sagen: „keine"; fragt man sie, ob sie **Buddhisten** sind, antworten sie vermutlich: „ja"; fragt man sie, ob Shintō („Weg der Götter") ihre Religion ist, antworten fast alle ebenfalls mit „ja". Schließlich ist der **Shintoismus** die ureigene japanische Religion, die außerhalb des Inselreiches fast nicht existiert.

Niemand wird jedoch in Japan offiziell nach der Religionszugehörigkeit gefragt; nirgendwo wird sie registriert; es gibt keine entsprechende Steuer; der **Glaube ist Privatsache.** In der Schule ist Religion auch kein Unterrichtsfach. Das hat Tradition, und so wollte es die von den Amerikanern nach dem verlorenen Krieg diktierte Verfassung, nicht zuletzt, um die Rückkehr zu einem nationalistischen Staats-Shintō zu verhindern. Der Begriff Religion *(shūkyū)* existiert zudem erst seit der Öffnung Japans nach der Edo-Zeit, weil die übrige Welt diesem Konzept offenbar große Bedeutung beimaß.

Shintō-Priester im Yasukuni-Schrein 4

133to-ml

Buddhismus und Shintoismus, die beiden wesentlichen Religionen Japans, ergänzen sich im Alltag problemlos. 30 Tage nach der Geburt geht die Familie mit dem Neugeborenen zum Shintō-Schrein, um dort um Segen und Schutz zu bitten. Jeder Neubeginn wird im Schrein mitzelebriert: das Neujahrsfest und Hochzeiten, obwohl heute viele japanische Paare gern – weil es so romantisch ist – in einer Kirche heiraten möchten. Natürlich wird die Braut dann ein Brautkleid tragen und nicht etwa den Kimono, der für Hochzeiten im Shintō-Ritus obligatorisch ist.

Aber für den **Tod** und die Zeit danach übernimmt der **Buddhismus** die Zuständigkeit. Ahnenverehrung ist zwar auch ein wesentliches Element des Shintoismus, aber Beerdigungen und Rituale zu bestimmten Zeitpunkten nach dem Tod von Angehörigen werden fast ausschließlich in buddhistischen Tempeln zelebriert.

Religionsausübung in Tokyo ist also nicht unbedingt eine Angelegenheit von Frömmigkeit – die findet man ohnehin eher auf dem Lande als in der Stadt – sondern geprägt vom **Brauchtum.** Religiöse Zeremonien gehören zum Alltag, ohne so ernst genommen zu werden wie etwa in Thailand oder in islamischen Ländern. Eine dritte Religion oder, besser ausgedrückt, ein drittes Wertesystem, das in Japans Kultur und Mentalität einen festen Platz gefunden hat, ist der von China übernommene **Konfuzianismus**, der die Beziehung des einzelnen zum Staat, innerhalb von Ehe und Familie und überhaupt innerhalb einer sozialen Gruppe regelt. Wie in China hat

134to-ml

auch der **Taoismus** Spuren hinterlassen, etwa im Glauben an Glück- und Unglück bringende Phänomene. Die schamanistische und animistische Volksreligion hat immer noch gewissen Einfluss.

Christentum

Angesichts der überall spürbaren Toleranz und Großzügigkeit in religiöser Hinsicht ist es kein Wunder, dass es in Japan auch Christen gibt. Doch ihre Zahl überschritt nie rund eine Million Gläubige, das sind nicht mehr als zu Zeiten der ersten christlichen Missionstätigkeit unter dem portugiesischen Jesuiten Franz Xaver im 16. Jh. Das im 17. Jh. unter den Tokugawa-Shōgunen verhängte Verbot des Christentums war kein Akt zeitweiser religiöser Intoleranz, sondern geschah, weil die christliche Lehre sich mit dem Feudalismus nicht gut vertrug, sie war den Diktatoren zu aufrührerisch. Auch fürchtete man – mit Recht – den Einfluss ausländischer Mächte. Der Glaube an nur einen Gott passt ohnedies nicht zum japanischen Konzept, auch ist den meisten Japanern der christliche Glaube tendenziell zu intolerant. Die meisten Christen leben übrigens in Kyūshū – wie noch zur Zeit der ersten Missionswellen. Christliche Schulen, Universitäten und Krankenhäuser haben jedoch überall im Land einen sehr guten Ruf.

Drachentanz vor dem Asakusa-Kannon-Tempel 108

Tokyo und Erdbebensicherheit

131to-ml

Godzilla wirbt für Katastrophenschutz

Vor etwas über hundert Jahren, am 1. September 1923, ereignete sich das **Große Kantō-Erdbeben,** das in und um Tokyo mehr als hunderttausend Menschenleben forderte. Damals war die Stadt noch voll von eng zusammenstehenden Holzhäusern. So wirkten sich die verheerenden Feuerstürme noch stärker aus als das Beben der Stärke 7,9 auf der Richter-Skala selbst. Ein Grund für die Brände war die Uhrzeit des Bebens: 11.58 Uhr, also eine Zeit, wo überall Mittagessen gekocht wurde, vielfach auf offenen Feuerstellen.

Seit den 1970er-Jahren rechnet man bereits mit dem nächsten großen Kantō-Erdbeben, weil man Intervalle von rund 60 Jahren ausgerechnet hatte. Zum Glück ist die Vorhersage bisher noch nicht eingetroffen. Heute geht man davon aus, dass sich innerhalb der nächsten 30 Jahre mit hoher Wahrscheinlichkeit ein großes Erdbeben in der Kantō-Ebene ereignen wird. Wie also ist Tokyo darauf vorbereitet?

Inzwischen ist Japan das wohl am besten **auf Erdbeben vorbereitete** Land der Welt. Trotzdem offenbarte ein starkes **Erdbeben auf der Noto-Halbinsel** am 1. Januar 2024 die alten Schwachstellen: eng zusammenstehende, alte Holzhäuser, die noch nicht wie vorgeschrieben erdbebensicherer nachgerüstet worden waren. So sackten diese Häuser unter dem Gewicht der traditionellen Dächer zusammen und Feuer konnte sich ausbreiten. Immerhin war die Zahl der Opfer mit 223 Personen vergleichsweise gering. Als Folge plant man japanweit einheitliche Bauvorschriften.

In **Tokyo** müssen alle Gebäude weitgehend erdbebensicher gebaut bzw. nachgerüstet werden. In allen Stadtteilen sind offene Flächen ausgewiesen, auf denen sich Menschen bei einem Erdbeben in Sicherheit bringen können: Schulhöfe, Parks, Tempelanlagen. Die Massenverkehrsmittel werden gestoppt, Züge bleiben stehen. Alle Haushalte verfügen über Vorräte an Lebensmitteln, Taschenlampen etc. Es gibt **Zentren für Katastrophenvorsorge**, die **auch Touristen** besuchen können, um z. B. eine Erdbebensimulation zu erleben (s. S. 76 und S. 134). Selbst Kleinkinder lernen bereits, wie sie sich im Fall eines Erdbebens verhalten sollen.

Beim **Großen Ostasiatischen Erdbeben mit Tsunami und Reaktorunfällen** am 11. März 2011 wurde der öffentliche Verkehr in Tokyo umgehend eingestellt. Dabei war die Metropole weniger betroffen als Regionen weiter nördlich.

Ohnehin waren die Schäden durch das Erdbeben selbst überall weitaus geringer als die durch den dadurch ausgelösten Tsunami. Die Reaktorunfälle im **Atomkraftwerk Fukushima Daiichi** wurden durch Stromausfälle und dadurch ausbleibende Kühlung der Reaktoren verursacht. Damals starben fast 20.000 Menschen, japanweit mussten knapp 500.000 Menschen evakuiert werden. Große Gebiete der betroffenen Region sind weiterhin verseucht und unbewohnbar.

Tokyo nach Olympia und Corona

So hatten sich die Organisatoren der **Olympischen Spiele in Tokyo** deren Ablauf nicht vorgestellt! Wie fast alle derartigen Sportveranstaltungen waren auch die Spiele in Tokyo erheblich teurer geworden als ursprünglich kalkuliert. Offenbar hatte man befürchtet, dass bei realistischer Vorausberechnung der tatsächlichen Kosten großer Widerstand gegen die Spiele entstanden wäre. Japanische Mitglieder des Organisationskomitees wurden sogar der Korruption angeklagt.

Jahrelang wurden Sehenswürdigkeiten renoviert und in die Verbesserung der touristischen Angebote investiert. Man erwartete **Millionen von Touristen** – dann wurden die Spiele 2020 wegen der **Coronapandemie** zunächst um ein Jahr verschoben, nur um dann doch praktisch unter Ausschluss der Öffentlichkeit stattzufinden. Gerade einmal **20.000 Zuschauer**, darunter v. a. Angehörige der Athleten und kostenlos eingeladene Schulkinder, durften die Spiele vor Ort erleben. Athleten, Betreuer, Funktionäre und Journalisten hatten wenig Bewegungsfreiheit, außer den Sportstätten und Hotelzimmern sahen sie nicht viel von Tokyo.

Drei Milliarden Menschen weltweit verfolgten die Spiele von Tokyo an Bildschirmen, digitale Plattformen registrierten fast 30 Mrd. Videoaufrufe. Dank der Verfügbarkeit von Internet, Apps und sozialen Netzwerken waren die Spiele von Tokyo **die bisher am meisten verfolgten Spiele der olympischen Geschichte.**

Erst im Mai 2023 fielen die letzten Beschränkungen für Besucher der Stadt und des Landes und seither herrscht geradezu ein Run auf Tokyo. Vieles ist wie zuletzt 2019, dem letzten touristischen Boom-Jahr vor der Pandemie. Kritische Stimmen warnen schon wieder von Übertourismus. Trotz der anfänglich noch bestehenden Beschränkungen kamen 2023 bereits über 20 Millionen Besucher ins Land, angestrebt sind 40 Millionen und mehr – die finanziellen und anderweitigen Anstrengungen für die Olympischen Spiele 2020 waren vielleicht doch nicht ganz umsonst.

PRAKTISCHE REISETIPPS

228to-ml

An- und Rückreise

Flugverbindungen

Direktflüge aus dem deutschsprachigen Raum nach Tokyo bestehen von **Frankfurt, München, Zürich** und **Wien.** Die meisten Fluglinien fliegen den **Flughafen Narita** an, Lufthansa und ANA auch **Haneda.**

Daneben gibt es unzählige **Umsteigeverbindungen** über europäische und asiatische Großstädte. Diese können zwar **günstiger** sein als die Nonstop-Flüge, aber man muss hier auch eine oft **deutlich längere Flugdauer und** ggf. **ungünstige Ankunftszeiten** in Tokyo einkalkulieren. Eine günstige Verbindung erfolgt in Kooperation mit Finnair, British Airways und JAL: aus Europa mit Finnair nach Helsinki bzw. London, von dort mit JAL bzw. Finnair nach Narita.

Die Dauer eines Nonstop-Flugs nach Tokyo beträgt um die 15 Stunden, mit Zwischenlandung etwa 2 bis 5 Stunden mehr. Die meisten Fluglinien fliegen seit Beginn des Kriegs in der Ukraine nicht mehr über Russland oder die Ukraine, sondern über Zentralasien oder die Polroute. Air China fliegt die kürzeste Route über Beijing. Durch die längere Strecke und erhöhte Energiekosten sind die Flugpreise deutlich gestiegen. Flüge nach Narita sind häufig günstiger als die nach Haneda.

Vorseite: Auch das Innere des Hochhauses Solamachi Skytree (113) *wird zum Tango-no-Sekku* *(s. S. 294)* *mit Karpfen geschmückt*

Fahrt in die Stadt

Vom Flughafen Haneda

Die Fahrt vom **International Terminal** in **Haneda** in die Stadt ist problemlos: mit Monorail nach Hamamatsucho, von dort mit der Yamanote Line zum Zielbahnhof, falls dieser auf der Ringlinie liegt, alternativ mit U: Toei Asakusa Line Richtung Asakusa, Richtung Yokohama mit der Keikyū Line. Daneben gibt es zahlreiche Busverbindungen vor allem zu größeren Hotels.

› **Infos:** Tel. 03 6428-0888, www.haneda-airport.com

Vom Flughafen Narita

Der Transit vom Terminal 1 oder Terminal 2 des Flughafens **Narita** in die Stadt geschieht am besten mit den JR-Expresszügen **N'Ex** (1 Std. ab 1500 ¥ nach Tokyo, Shinagawa, Shibuya, Shinjuku, Ikebukuro und Yokohama, www.jreast.co.jp/e/nex), alternativ kommt man mit **Keisei** in die Stadt (nach Ueno ab 1030 ¥, ca. 80 Min.), mit dem **Express Skyliner** in nur 41 Min. für 2470 ¥ (www.keisei.co.jp/keisei/tetudou/skyliner/us). Ein Tokyo Shuttle Bus zum Tokyo Bhf. (5) kostet bei Onlinebuchung 900 ¥, sonst 1000 ¥.

› www.keiseibus.co.jp/en

EXTRATIPP

Abstecher bei An- oder Abreise

Bei Ankunft am **Flughafen Narita** bzw. Abflug von dort empfiehlt sich ein Bummel durch Narita zum berühmten **Tempel Narita-san,** ggf. sogar ein Abstecher zum „Klein-Edo" von Chiba, Sawara (s. S. 194).

Ausrüstung und Kleidung

Alle gängigen **Hygieneartikel** gibt es preiswert bei der stets in Bahnhofsnähe zu findenden Drogeriekette Matsumoto Kiyoshi. Vertraute Artikel und Medikamente sollte man besser von zu Hause mitbringen.

Die **Bekleidung** richtet sich nach der Jahreszeit. Das Klima in Tokyo ist meist etwas bis deutlich milder als in Deutschland, aber im Winter schneit es auch immer wieder mal.

Kleidung kann man in Japan sehr günstig kaufen, z.B. bei Uniqlo und GU (s.S. 284).

224to-ml

Der Bahnhof Shinagawa ist für viele Reisende das Eingangstor nach Tokyo

Autofahren

Wer lieber unabhängig im Auto als per Bahn und Bus unterwegs sein will und keine Angst vor Linksverkehr und fremden Schriftzeichen hat, kann sich natürlich ein Auto mieten. Es finden sich sowohl Filialen der bekannten internationalen Firmen als auch japanische Anbieter, häufig auch Ableger der Automobilproduzenten. Die Riesenstädte sind wegen des dichten Stadtverkehrs und häufig fehlender Parkplätze jedoch **besser mit öffentlichen Verkehrsmitteln** zu bewältigen. Japaner fahren meist diszipliniert, das Tempo auf **Autobahnen** ist auf **100 km/h,** ansonsten auf **60 km/h** beschränkt. Es gilt eine Null-Promillegrenze!

Führerschein

Deutsche und Schweizer müssen eine **offizielle Übersetzung** ihres nationalen Führerscheins durch die **Japan Automobil Federation** (Kosten 3000 ¥) erstellen lassen, um in Japan fahren zu dürfen. Auch der **ADAC Südbayern** bietet einen Übersetzungsservice.

- www.jaf.or.jp/inter/translation/specific_e.htm
- www.adac.de/der-adac/regionalclubs/suedbayern/internationale-fuehrerschein uebersetzung

Österreicher benötigen lediglich einen **internationalen Führerschein.**

Verkehrsregeln

Im Internet finden sich mehrere Quellen für die gängigen Verkehrsregeln auf Englisch, z.B:

- www.npa.go.jp/english/bureau/traffic/index.html
- https://english.jaf.or.jp/driving-in-japan/traffic-rules

Barrierefreies Reisen

Barrierefreie Zugänge zu öffentlichen Gebäuden und Bahnsteigen sind größtenteils vorhanden, auf kleinen Bahnhöfen aber noch nicht durchgehend umgesetzt. Hinweise in Blindenschrift sind nur auf Japanisch vorhanden.

› **Kontakt- und Informationsadressen:** www.accessible-japan.com/wheelchair-accessible-travel-destinations-and-tourist-attractions-in-tokyo

Die Community-Busse in Shibuya sind barrierefrei

230to-ml

Diplomatische Vertretungen

- •**383** [D11] **Deutsche Botschaft,** 4-5-10 Minami-Azabu, Minato-ku, Tokyo 106-0047, Tel. +81 (0)3 57917700, www.japan.diplo.de, Mo.-Do. 8-12, 13-17, Fr. 8-13 Uhr
- •**384** [E10] **Österreichische Botschaft,** 1-1-20 Moto Azabu, Minato-ku. Tokyo 106-0046, Tel. +81 (0)3 34518281, www.bmeia.gv.at/botschaft/tokio.html, Mo.-Fr. 9-12 Uhr
- •**385** [D10] **Schweizer Botschaft,** 5-9-12 Minami-Azabu, Minato-ku, Tokyo 106-8589, Tel. +81 (0)3 54498400, www.eda.admin.ch/countries/japan/de/home/vertretungen/botschaft.html, Mo.-Fr. 9-12 Uhr

Ein- und Ausreisebestimmungen

Touristen aus **Deutschland, Österreich** und der **Schweiz** können ohne Visum bis zu **sechs Monate** im Land bleiben, ein gültiger Reisepass wird benötigt. Die Einreisebestimmungen können sich kurzfristig ändern, daher ist zu empfehlen, sich grundsätzlich kurz vor Abreise beim **Auswärtigen Amt** (www.auswaertiges-amt.de, bzw. www.bmf.gv.at oder www.dfae.admin.ch) zu informieren.

Einverständniserklärung für Minderjährige

Reisen Kinder nur mit einem Elternteil, kann sowohl bei der Ausreise als auch bei der Einreise eine Einverständniserklärung des anderen Elternteils erforderlich sein. Detailinfos erhält man beim Auswärtigen Amt und beim zuständigen Konsulat.

Zollbestimmungen

Bei der Einreise nach Japan wird das Gepäck so gut wie gar nicht kontrolliert. Fleischprodukte dürfen nicht eingeführt werden.

Bei Einkäufen über 5000 ¥ in **Tax Free Shops** und Kaufhäusern in Tokyo muss keine Verbrauchsteuer gezahlt werden (s. S. 282). Wo das möglich ist, werden Touristen in der Regel darauf hingewiesen. Man muss hierfür allerdings das Original seines Reisepasses mit sich führen. Die Einkäufe werden dann mit den Identitätsdaten verknüpft und am Zoll überprüft.

Insgesamt dürfen Waren im Wert von bis zu 430 € in die EU mitgebracht werden. Für die Einfuhr von Tabak und Alkohol in die EU gelten die gängigen Freimengen.

- **Deutschland:** www.zoll.de/DE/Home/home_node.html, Tel. 069 46997600
- **Österreich:** www.bmf.gv.at, Tel. 01 51433564053
- **Schweiz:** www.ezv.admin.ch, Tel. 061 2871111

Elektrizität

Die **Netzspannung** beträgt **100 Volt**, Frequenz 50 Hertz in Ost-, 60 Hertz in Westjapan. Die Grenze liegt westlich von Fuji-City. Geräte wie Rasierapparate, Netzteile u. a. akzeptieren heute in der Regel auch 100 Volt. Sehen Sie am besten vorher nach, ob das Gerät, das Sie nach Japan mitnehmen, kompatibel ist. Die **Pole** sind **flach** wie in den USA. Preiswerte **Adapterstecker** gibt es in Elektroläden oder -abteilungen. Oder man bringt den Adapter gleich von zu Hause mit.

Geldfragen

Den Japanischen Yen gibt es in **Münzen** zu 1, 5, 10, 50, 100 und 500 ¥ sowie in **Banknoten** zu 1000, 5000 und 10.000 ¥.

Generell wird in Japan **Bargeld bevorzugt** und häufig kann man **nicht mit Karte bezahlen**, das gilt für die meisten Läden und Lokale, auch für kleine Hotels.

Am bequemsten erhält man Bargeld an **Geldautomaten** (sog. **ATM**, z. B. von Postbank und Citi Bank, andere Banken akzeptieren häufig keine nichtjapanischen Kreditkarten). **Automaten** finden sich z. B. in den 24 Std. geöffneten **Convenience Stores** *(kombini)*, in Supermärkten, Kaufhäusern usw. In vielen Touristinfos (s. S. 326) gibt es Automaten zum Geldwechseln.

Debitkarten (Girocard) und Kreditkarten

Die gängigen **Kreditkarten** werden in Hotelketten, Kaufhäusern und größeren Ladenketten akzeptiert, allerdings sollte man sich bei der jeweiligen Bank oder beim Kreditkarteninstitut über eventuelle Kosten für die Auslandszahlung informieren. Es kann zudem vorkommen, dass Geldautomatenbetreiber im jeweiligen Land zusätzliche Gebühren erheben.

Wechselkurse

Stand: Mitte 2024

- 1 Euro = 165 Yen
- 100 Yen = 0,61 Euro
- 1 CHF = 169 Yen
- 100 Yen = 0,59 CHF

Tokyo preiswert

Ein Tokyo-Aufenthalt muss nicht teuer sein. Tickets für ***öffentliche Verkehrsmittel*** *sind sehr günstig. Im Kapitel „Tokyo für Genießer" finden sich Tipps, wie man* ***preiswert essen*** *kann (s. S. 245). Unterkünfte gibt es in allen Preisklassen, allerdings muss man bei den sehr* ***günstigen Quartieren*** *Abstriche beim Komfort machen (s. S. 336). Zahlreiche Galerien und Museen sowie Parks und Tempel bieten* ***kostenlosen Eintritt.*** *Für Liebhaber von Museen empfiehlt sich auch der GRUTTO-Pass (s. S. 234). Zu nennen sind auch die* ***kostenlosen Aussichtsplattformen*** *(Rathaus in Shinjuku 60, Bunkyo Civic Center 79, Caretta Shiodome 20, Tokyo Solamachi, s. S. 176, Ebisu Garden Place 37).*

Debitkarten (in Deutschland auch als **Girocard** bekannt) mit Maestro-Funktion sind noch bis zu ihrem Laufzeitende gültig, werden aber seit Juli 2023 sukzessive gegen sogenannte Mastercard-Debit-Karten ausgetauscht, mit denen man ebenfalls im Ausland zahlen und Geld abheben kann. Debitkarten mit V-Pay-Symbol funktionieren außerhalb der EU generell nicht, die neuen Visa-Debitkarten hingegen in der Regel schon. Viele Banken sperren Debitkarten aus Sicherheitsgründen für den Einsatz im außereuropäischen Ausland oder beschränken den Verfügungsrahmen. Man sollte sich im Vorfeld erkundigen und die Karte ggf. freischalten lassen. Für manche Hotelbuchungen, die Miete von Autos o. Ä. ist eine Kreditkarte erforderlich. Debitkarten (die keinen Verfügungsrahmen haben, sondern bei denen die Beträge direkt vom Girokonto abgebucht werden) ersetzen diese nicht.

Umrechnungskurs am Geldautomaten

Beim Abheben von Bargeld in Landeswährung wird manchmal angeboten, dass die Abrechnung mit dem eigenen Konto in Euro erfolgen kann. Das Verfahren ist als Dynamic Currency Conversion (DCC) bekannt. Wählt man diese Option, die ja sicherer erscheint, wird aber ein ungünstiger Wechselkurs zugrundegelegt, der erhebliche Kosten verursachen kann.Deshalb sollte man Abhebungen immer in der Landeswährung vom eigenen Konto abbuchen lassen. Dann legt die eigene Bank den offiziellen Devisenkurs zugrunde.

Preisniveau

Eine Unterkunft bekommt man schon ab ca. 30 € p. P. (Jugendherbergen und Guesthouses ca. 15–18 €), DZ ab ca. 40–55 €. Bei landestypischer Kost reichen bei einfachen Ansprüchen und ohne alkoholische Getränke 12 € (je 3 € für Frühstück und Lunch, 6 € für Abendessen). Preise sind manchmal sowohl in netto als auch in brutto angegeben, d. h. der Endpreis inkl. Mehrwertsteuer (10 %) ist klein in Klammern angegeben.

Die zur Ankurbelung der Wirtschaft geplante Inflationsrate soll 2 % betragen, lag Ende 2023 jedoch, bedingt durch höhere Energiepreise, bei 3 %. Der Yen wird immer schwächer, weil die Bank of Japan an der Nullzinspolitik festhält.

Hygiene

Mitteleuropäer halten sich gemeinhin für sauberkeitsliebend. Stimmt, aber im Vergleich mit Japanern sind wir Schmutzfinken: Mit Schuhen, also dem Schmutz der Straße, in der Wohnung herumlaufen – igitt, denken Japaner. WCs werden im Privathaus nur mit WC-Pantoffeln betreten – das japanische Konzept von Reinheit.

- **Toiletten** sind in Japan grundsätzlich **kostenlos zugänglich und sauber.** Öffentliche Toiletten in Kaufhäusern, Bahnhöfen etc. sind häufig sogar mit Washlet-Funktion (beheizte Klodeckel, Bidetdusche u. a.) ausgestattet.
- **Wasser** aus der Leitung ist **trinkbar,** schmeckt in Tokyo aber nicht gut. Gekocht verschwindet der Chlor-Geschmack.
- **Washlets** (Dusch-WCs) gehören heute in jedes Privathaus, aber auch in Hotels, Kaufhäusern, selbst in Flughäfen und Bahnhöfen sind sie zu finden. Dort gibt es meist einfache Versionen mit 2 bis 3 verständlichen Piktogrammen.

The Tokyo Toilet – öffentliche Toiletten als Kunst

Tokyo ist ein Paradies, was die Anzahl und Sauberkeit öffentlicher Toiletten mit ihren berühmt-berüchtigten Washlets mit futuristisch anmutenden Funktionen betrifft. Im Bezirk Shibuya wurden 17 von überwiegend japanischen Architekten - darunter international bekannten Stars wie Kengo Kuma und Tadao Ando - entworfene öffentliche Toiletten errichtet. Am spektakulärsten sind vielleicht die Glaskabinen, die erst bei Benutzung undurchsichtig werden und abends in unterschiedlichen Farben leuchten. Der deutsche Regisseur Wim Wenders rückte die einzigartigen WCs in seinem 2023 in Cannes uraufgeführten Spielfilm „Perfect Days" in den Mittelpunkt. Der Toilettenreiniger Hirakawa (Kōji Yakusho) pflegt sie mit Hingabe. Ursprünglich war Wenders beauftragt worden, kurze Filme zu den einzelnen Toiletten zu drehen, er ließ sich jedoch zu einem Werk in Spielfilmlänge inspirieren.

- *https://tokyotoilet.jp/en*
- *www.perfectdays-movie.jp*

239to-ml

Informationsquellen

Infostellen in der Stadt

Gleich nach der Ankunft am Flughafen kann man sich noch dort direkt mit Informationsmaterial eindecken. Besonders geeignet sind außerdem das **Tourist Information Center (TIC)** der **Japan Tourist Organization (JNTO)** im Shin-Tokyo Bldg. in der Naka-dōri in Marunouchi, im JR East Travel Center im Bhf. Tokyo (N-Ausg. Marunouchi-Seite) und das Tokyo TIC im Rathaus. Es gibt Dutzende TIC (immer häufiger auch in großen Bahnhöfen), die teilweise auf die jeweiligen Stadtteile spezialisiert sind.

- **JR East Information Center** (s. S. 195), Bhf. Tokyo. An der Yaesu-Seite (Japan Rail Café) sowie auf der Marunouchi-Seite im B1 des Kitte Building befinden sich weitere Informationszentren mit Cafés.
- **Tokyo Tourist Information Office,** im Erdgeschoss des Rathauses 60, www.gotokyo.org/de/plan/tourist-info-center. Reichlich Infomaterial, u. a. gute (Stadtteil-)Karten.

ℹ**386** [G8] **Tourist Information Center,** Shin Tokyo Bldg., 3-3-1 Marunouchi, Tel. +81 3 32013331, www.japan.travel/en/plan/tic-tokyo, tgl. 9-17 Uhr. Weitere Filialen im Shinjuku Bus Terminal (s. S. 122), Flughafen Haneda (s. S. 320 sowie in den Bahnhöfen Keisei Ueno [H4] und Tama.

Die Stadt im Internet

- **https://bento.com** – gute Website rund ums Essen, von einem in Tokyo lebenden Ausländer erstellt
- **www.die-japanreise.de** –Reiseanbieter aus Deutschland, auf dessen Website sich ein umfangreiches Glossar findet (Reiter: Japaninfos)

Meine Literaturtipps

- *Philipp Franz von Siebold:* ***Nippon. Archiv zur Beschreibung von Japan.*** *Das mehrbändige, 1852 erschienene Werk ist als Auszug in „Reisen in Nippon", Verlag der Nation, Berlin, 1968, gebraucht für unter 4€ im Onlinehandel beziehbar. Die ausgewählten Kapitel gewähren einen ausgezeichneten Einblick in das Yokohama und Edo und insgesamt Japan in der ersten Hälfte des 19. Jahrhunderts aus der Sicht eines der damals noch sehr seltenen ausländischen Besucher. Der Arzt und Japan-Forscher kam in niederländischen Diensten nach Japan und ist dort bis heute sehr angesehen. Er starb 1866 in München und wurde dort auf dem Alten Südfriedhof beigesetzt. Das Grab existiert noch heute (Sektion 33, Reihe 13, Nr. 5).*
- *John Morley:* ***Pictures from the Water Trade: An Englishman in Japan,*** *Flamingo, 1988, 259 Seiten, gebraucht im Online-Buchhandel erhältlich. Eines der besten Reisebücher über Japan; der Autor lebte mehrere Jahre in Tokyo und liefert dem Leser intime Eindrücke und Einsichten über ein Land, das sich dem Gaijin, also dem Außenmensch, im Grunde nicht öffnen will.*
- *Robert Whiting:* ***Tokyo Underworld. The fast times and hard life of an American gangster in Japan,*** *Vintage, 2000, nur antiquarisch erhältlich. Wie entwickelte sich Tokyo und Japan insgesamt nach dem Zweiten Weltkrieg während der amerikanischen Besatzungszeit? Dieses Buch gibt eine überraschende Antwort und zeigt*

121to-ml

dunkle Seiten der japanischen und amerikanischen Politik auf, die die Beteiligten lieber vor der Öffentlichkeit verborgen hätten. Ein unterhaltsames, mit Anmerkungen gespicktes Buch zur Nachkriegsgeschichte, die die Grundlage für den rasanten Aufstieg zur größten Wirtschaftsmacht nach den USA bildete.

- *Paul Waley:* ***Tokyo: City of Stories,*** *Weatherhill, 1991, gebraucht im Online-Buchhandel erhältlich. Der Autor erzählt interessante Geschichten und Geschichte hinter den Glas- und Chromfassaden der heutigen Metropole.*
- *Boyé Lafayette De Mente:* ***Japan's Cultural Code Words: 233 Key Terms That Explain the Attitudes and Behavior of the Japanese,*** *Tuttle, 2004. Wer tiefer in die kulturellen Unterschiede zwischen Japan und dem Westen einsteigen und japanische Denkweisen besser verstehen will, kann von diesem Buch profitieren. Auch Japanologen kommen auf ihre Kosten, da die Begriffe mit Kanji, Umschrift und Übersetzung dargestellt werden (einige wenige Fehler inbegriffen), wirklich aufschlussreich sind die erläuternden Texte. Dabei kommt zwar auch immer der Blickwinkel des amerikanischen Autors, der einst mit den amerikanischen Besatzern nach Japan kam, zur Geltung, aber wenn man dies herausfiltert, bleibt ein ausgesprochen wertvoller Beitrag zum besseren Verständnis der „rätselhaften Nation".*
- ***Haruki Murakamis Romane*** *spielen großenteils in Tokyo. Die Handlung ist zwar oft surreal, geprägt von magischem Realismus, die Umgebung in Tokyo wird dabei häufig nachvollziehbar konkret beschrieben, so auch im 2010 erschienenen „1Q84" oder in den zuvor und danach veröffentlichten Romanen „Naokos Lächeln", „Hard-Boiled Wonderland und das Ende der Welt", „Mister Aufziehvogel", „Kafka am Strand", „Die Ermordung des Commendatore" sowie „Die Stadt und ihre ungewisse Mauer". Murakami ist der erfolgreichste und international am meisten beachtete japanische Autor der Gegenwart.*

- **www.gotokyo.org/de** – offizielles Tourismusportal für Tokyo, auch auf Tokyo zugeschnittene Apps
- **http://gurunavi.com** – umfangreicher Restaurant-Guide
- **www.jnto.de** – offizielle Website der Japan National Tourist Organization
- **www.meetup.com/ja-JP/Tokyo-Art-Lovers-Meetup:** Termine von Ausstellungen, Vernissagen, Filmvorführungen und anderen kulturellen Veranstaltungen
- **www.tabibito.de/japan** – Japan-Blog eines deutschen Geographen
- **https://wanderweib.de** – eine Fülle nützlicher und interessanter Informationen von einer in Tokyo lebenden Deutschen.

Publikationen und Medien

Genaue Stadtpläne gibt es flächendeckend nur auf Japanisch. Bei längerem Aufenthalt lohnt der **Tokyo City Atlas.** A Bilingual Guide, Kodansha USA. Auch der kostenlose Stadtplan der TIC (s. S. 326) ist hilfreich.

- **Stadtblätter, Programmhefte:** https://metropolisjapan.com, https://tokyoweekender.com

Empfehlenswerte Tokyo-Apps

- **GO/Taxi app for Japan:** Englischsprachige Fahrdienstleister-App für Japan (kostenlos für iOS und Android)
- **JA Sensei – Japanisch lernen:** per Handy Japanisch sprechen und schreiben lernen (kostenlos für Android)
- **JapanTravel:** viele Informationen rund um die Japanreise (kostenlos für Android und iOS)
- **Tabimori** ist eine Allround-App für Japan-Reisende: Währungsrechner, Wetter, Übersetzungen, WLAN-Spots, Events, Attraktionen etc. (kostenlos für Android und iOS).
- **Tokyo Art Beat:** Mittels dieser App können sich Kunstfreunde über aktuelle Events zum Thema Kunst informieren (kostenlos für Android und iOS).
- **Tokyo Metro Subway Map:** Die App findet die U-Bahn-Stationen nahe der Sehenswürdigkeiten Tokyos, die besten Ausgänge aus den Bahnhöfen, Verbindungen, Stationen mit WLAN und vieles mehr (kostenlos für Android und iOS).

Internet

Internetcafés bzw. **Manga-Cafés** (s. unten) nehmen in Tokyo eine Sonderrolle ein, sie sind mehr als nur eine Ansammlung von Computerarbeitsplätzen. Praktisch alle Unterkünfte verfügen über WLAN. Viele U-Bahnhöfe und städtische Busse sind ebenfalls mit WLAN ausgestattet.

Manga-Cafés

Während in den meisten Teilen der Welt Internetcafés passé sind, sind sie in Tokyo ein fester Bestandteil der urbanen Kultur. Sie dienen allerdings weniger als Computer-Arbeitsplatz. ***Japanische Internetcafés*** *sind häufig eine Welt für sich: dämmriges Licht, Getränkeautomaten, lange Regale mit Mangabüchern, Filmen und Computerspielen, jeder Platz eine eigene Kabine mit dreiviertelhohen, fensterlosen Wänden, darin bequeme Sessel, in denen man auch schlafen könnte, oder sogar Matratzen. Und genau das tun viele Gäste.*

Es gibt Kaffee und kalte, alkoholfreie Getränke aus dem Automaten, in man-

› Infos zu **WLAN-Hotspots** bietet die Website www.wifi-tokyo.jp.

Kostenfalle Datenroaming

Viele Reisende nutzen auch im Ausland eine **mobile Datenverbindung.** Dies ist jedoch häufig mit hohen Kosten verbunden. Man sollte daher vor der Reise bei seinem Netzbetreiber Informationen über evtl. günstigere Auslandsdatenpakete einholen oder zur Sicherheit die Mobile-Daten-Option deaktivieren und nur über kostenlose WLAN-Netze ins Internet gehen oder eine eigene e-SIM (s. S. 334) verwenden.

LGBT+

Homosexualität war in Japan, anders als in anderen Ländern, nie verboten, dennoch wird sie auch heute noch gern verschwiegen. Viele LGBT+ wahren daher nach außen einen „heterosexuellen Schein".

In **Shinjuku 2-chōme** gibt es jede Menge LGBT-Bars. Hier findet man stark aufgefächerte, teilweise für Außenstehende geschlossene Subkulturen vor. Ausländerfreundlich („gai-sen") und bereits tagsüber geöffnet sind:

387 [C6] **Bar Hoshio** ¥, Ozawa Bldg. F1, 2-6-8 Shinjuku. Galerie, Event Space, Musik. Di.–Fr. zum Lunch (11.30–14 Uhr) Currys ab 800 ¥. Von 20 bis 5 Uhr gibt es am Wochenende eine „cover charge" in Höhe von 600 ¥.

388 [C6] **Okamalt,** 3-1-31 Shinjuku, So.–Mi. 13–20 Uhr. Bücherei-Café mit 500–600 Titeln aus To Oguras LGBT-Literatursammlung, 1500 ¥ für 90 Min. Stöbern inkl. Getränk und Snacks.

› http://tokyo.gaycities.com
› www.travelgayasia.com

chen auch Instantnudeln und andere Fertiggerichte, manchmal sogar Duschen und Waschmaschinen. Man kann sein Handy aufladen und Gepäck lagern. Einige Cafés erlauben, dass User ein- und ausgehen, in den meisten endet die Benutzung beim Verlassen des Cafés. In manchen darf geraucht werden, in anderen nicht. Manche Cafés schalten nach Mitternacht die Computer ab, damit die Nutzer schlafen können. Statistiken zufolge haben über 60.000 User schon einmal in einem solchen Internetcafé übernachtet. Über 5000 von ihnen tun dies wiederholt, nicht wenige sind wohnungslos. Tokyos Manga-Cafés sind einerseits ein Paradies für otaku (s. S. 151), andererseits ein trauriger letzter Anker für die Vergessenen der Großstadt.

Die Preise betragen meist 250–400 ¥ für 30 Min., für eine Stunde unter 500 ¥, für drei Std. 900–1300 ¥, für die ganze Nacht 1400–2500 ¥. Auf Reisen sind sie eine Alternative zu Kapselhotels (s. S. 337), wenn man z. B. nach Mitternacht ankommt und frühmorgens weiterfährt.

› ***CYBER@CAFE,** 24 Std. geöffnet, mehrere Filialen in Tokyo, z. B. http://s.cyber-a-cafe.com, www.kaji-icafe.com*
› *Private Website mit konkreten Tipps zur Nutzung: http://youinjapan.net/sleeping/internet_cafe.php*

Maße und Gewichte

In Japan gelten grundsätzlich die gleichen Maße wie bei uns. Die Bezeichnung für Kilometer und Kilogramm wird in der Regel nur verkürzt kiro genannt, im Zweifelsfall also nachfragen. Meter heißt mētoru. Temperaturen werden in Grad Celsius angegeben (dō oder dōshi). Früher gab es viele traditionelle Maßeinheiten, von denen jedoch nur noch die folgenden im täglichen Gebrauch vorkommen:

- **ichi-go (-bin):** 0,18 l (kl. Reisweinflasche)
- **is-shō (-bin):** 1,8 l (große Reisweinflasche)
- **ichi-jō:** Fläche einer Tatamimatte
- **hito-tsubo:** Fläche von 2 Tatamimatten

Medizinische Versorgung

Japaner haben weltweit eine der **höchsten Lebenserwartungen** (87 Jahre für Frauen, 81 für Männer). Die **sehr gute medizinische Versorgung** trägt mit Sicherheit dazu bei.

Die europäische gesetzliche Krankenversicherung (EHIC) kommt nicht für Behandlungen in Japan auf, deswegen sollte vor Reiseantritt eine **private Auslandskrankenversicherung** abgeschlossen werden, die nur eine geringe Jahresgebühr kostet. Alle Belege und Quittungen eines Arzt- oder Krankenhausbesuchs sollten sorgfältig aufbewahrt werden, weil sie zu Hause bei der Versicherung eingereicht werden müssen.

Es gibt viele ausländische Ärzte bzw. solche, die im Ausland studiert haben, die Englisch oder gar Deutsch verstehen. Übliche **Sprechstunden** sind Mo.–Fr. 9–12 und 18.30–21 Uhr, Sa. 9–13 Uhr. In der Regel werden **keine Termine** vergeben.

Die **Botschaften** (s. S. 322) verfügen über Listen empfehlenswerter Ärzte, Kliniken und Krankenhäuser. Auf der Website der amerikanischen Botschaft findet sich eine ausführliche Liste empfohlener, z. T. englischsprachiger Ärzte, Kliniken und Krankenhäuser.

- https://japan2.usembassy.gov/e/acs/tacs-doctors-tokyo.html

Auch das Tokyo Fire Department Disaster & Emergency Information Center gibt Information zu **Krankenhäusern** und wo Englisch gesprochen wird:

- Tel. 3212-2323, www.tfd.metro.tokyo.jp/eng

389 [G5] **Tokyo Medical and Dental University Hospital,** 1-5-45 Yushima, Tel. 03 3813-6111, www.tmd.ac.jp/medhospital/english

In **Notfällen** ruft man über die Nummer 119 einen Notarztwagen. Der kostenlose Krankentransport wird von der Feuerwehr organisiert. Er erfolgt in der Regel ins nächstgelegene Krankenhaus. Wer kein Japanisch kann, sollte beim Anruf Folgendes sagen: „Eigo de hanashite yoroshi desu ka?" („Können wir Englisch sprechen?")

- **Weitere Infos** gibt folgende Website: www.seisakukikaku.metro.tokyo.lg.jp/en/index.html

Medikamente und Apotheken

Medikamente sind in Apotheken *(yaten* oder *famashi)* erhältlich; bei ärztlichen Behandlungen erhält man jedoch die verschriebenen Medikamente, wie auch in anderen asiatischen Ländern üblich, direkt vom Arzt. Die Arzneimittel werden oft in **Pulverform mit Oblaten** verabreicht.

Da japanische und auch amerikanisch orientierte **Apotheken** Medikamente mit anderen Namen als hierzulande verwenden, sollte man den Namen des Inhaltsstoffes angeben. Auch traditionelle Medikamente *(kampo)* auf Kräuterbasis werden verschrieben. Die Einnahme muss jedoch mit dem Arzt abgeklärt werden. Wer bestimmte Medikamente benötigt, sollte sich ohnehin schon **vor der Reise** zu Hause damit eindecken.

Apotheken mit Englisch sprechendem Personal

- **390** [G7] **American Pharmacy,** Marunouchi Bldg., 2-4-1 Marunouchi, gegenüber Bhf. Tokyo, Tel. 5220-7716, Mo.-Sa. 10.30-21, So., F. 10-20 Uhr
- **391** [D11] **Azabu Drugs,** im National Azabu Supermarket, 3-24-22, Nishi-Azabu, Minato-ku, U: Hiroo, Tel. 3405-4362/3442-3495, tgl. 8.30-21 Uhr

Notfälle

- **Notrufnummern:** Polizei japanischsprachig Tel. 110, Polizei englischsprachig Tel. 03 3503-8484, Feuer/Ambulanz Tel. 119. Für Notrufe von öffentlichen Münztelefonen braucht man keine Münzen, man muss nur den entsprechenden Knopf drücken.
- **Polizeidienststellen:** Typisch sind die Koban, die oft winzigen Polizeiboxen *(kōban)*, die in Tokyo in jede Nachbarschaft gehören; Englisch wird meist nicht gesprochen.
- **Tokyo English Life Line (TELL):** Tel. 5774-0992, tgl. 9-23 Uhr

225to-ml

Feuerwehreinsatz mit Rettungswagen

- **Foreign Residents Advisory Center,** Tokyo Metropolitan Government, Tel. 5320-7744, 9-12 u. 13-16 Uhr
- **Health & Medical Information Center,** Tel. 5285-8181, 9-20 Uhr
- **Dolmetscherservice,** Tel. 5285-8185, Mo.-Fr. 17-20 Uhr
- **392** [F5] **Zentrales Fundbüro der Polizei,** Bunkyo-ku, 1-9-1 Koraku, Tel. 3814-4151, Mo.-Fr. 8.30-17.15 Uhr

Kartensperrung

Bei **Verlust der Debit-(Giro-), Kredit-** oder **SIM-Karte** gibt es für Kartensperrungen eine **deutsche Zentralnummer** (unbedingt vor der Reise klären, ob die eigene Bank bzw. der jeweilige Mobilfunkanbieter diesem Notrufsystem angeschlossen ist). **Aber Achtung:** Mit der telefonischen Sperrung sind die Bezahlkarten zwar für die Bezahlung/Geldabhebung mit der PIN gesperrt, nicht jedoch für das **Lastschriftverfahren mit Unterschrift.** Man sollte daher auf jeden Fall den Verlust zusätzlich **bei der Polizei zur Anzeige brin-**

122to-ml

gen, um gegebenenfalls auftretende Ansprüche zurückweisen zu können.

In **Österreich** und der **Schweiz** gibt es keine zentrale Sperrnummer, daher sollten sich Besitzer von in diesen Ländern ausgestellten Debit- oder Kreditkarten vor der Abreise bei ihrem Kreditinstitut über den zuständigen Sperrnotruf informieren.

Generell sollte man sich immer die **wichtigsten Daten** wie Kartennummer und Ausstellungsdatum **separat notieren**, da diese unter Umständen abgefragt werden.

› **Deutscher Sperrnotruf:** Tel. +49 116116 oder Tel. +49 3040504050
› **Weitere Infos:** www.kartensicherheit.de, www.sperr-notruf.de

Wegweiser zum Postmuseum in Mejiro (s. S. 176)

Öffnungszeiten

› **Post:** Bezirkspost Mo.–Fr. 8–19, Sa. 8–15, So. 9–12.30 Uhr, große Filialen z. T. 24 Std., kleine Filialen 9–17, So. 9–13 Uhr
› **Banken:** 9–15 Uhr
› **Lokale:** 11.30–14 u. 17–21/22, Bars häufig bis 5 Uhr
› **Geschäfte, Kaufhäuser:** etwa 10–20 Uhr, Convenience Stores sind bisher meist 24 Std. geöffnet
› **Museen:** von 9/10 bis 16/17 Uhr, Mo. bzw. nach Feiertagen Di. geschlossen
› **Behörden:** Mo.–Fr. 8.30/9–16/17 Uhr, 1. und 3. Sa. 9–12 Uhr
› Zahlreiche Läden und Lokale haben am Montag und/oder Mittwoch **Ruhetag.**

Post

✉**393** [G8] **Tokyo Central Post Office,** 2-7-2 Marunouchi, Chiyoda-ku, Tel. 03 32175231, Hauptschalter tgl. 9–19 Uhr, Briefmarken 24 Std.
› **Informationen:** www.post.japanpost.jp/english/index.html

Die Japan Post Office Bank ATMs sind Mo.–Sa. rund um die Uhr und So. 24–21 Uhr in Betrieb.

Sicherheit

Tokyo ist die **sicherste Weltstadt. Frauen** können in der Regel selbst nachts allein durch dunkle Gassen gehen, ohne Belästigungen befürchten zu müssen. Wohnviertel gelten als besonders sicher.

Dennoch sollte man sich überall, wo Gedränge herrscht (Bahnhöfe, Züge,

Märkte, Tempelfeste) vor **Taschendieben** hüten. Als potenziell unsicher gelten die **Vergnügungsviertel** von **Kabukichō** in Shinjuku, **Roppongi**, in geringerem Maße auch Ikebukuro, Shibuya und Ueno. Sowohl in Kabukichō, aber in noch größerem Umfang in Roppongi gibt es **Abzocker-Bars.** Schlepper, die einen in solche Bars führen wollen, können ein Hinweis darauf sein. Das kann sogar die nette Person sein, die man in einer anderen Bar gerade erst kennengelernt hat.

Drogenbesitz und -konsum wird in Japan hart bestraft. **Prostitution** ist in Japan illegal, es gibt sie jedoch auf vielfältige Weise in versteckter Form.

Chinesische, koreanische und vietnamesische Banden sind vergleichsweise häufig in Raubüberfälle verwickelt, aber Touristen sind davon praktisch nicht betroffen.

Die Ordnungshüter in Japan arbeiten korrekt und haben einen guten Ruf: *o-Mawari-san,* ehrenwerter Herr Nachbar, wird die Polizei in den Wohnvierteln genannt, das sagt eigentlich alles. Was das öffentliche Leben in Tokyo zusätzlich sicher macht, sind die in jedem Viertel zu findenden, kleinen **Polizeihäuschen** (s. S. 331).

Sprache

Japaner tun sich noch immer schwer mit Sprachen außer der eigenen, das gilt auch für junge Japaner. Alle lernen Englisch, die wenigsten können es. Aber in den Touristeninformationsstellen (s. S. 326), Hotels und Guest Houses darf man Englischkenntnisse durchaus erwarten.

- Eine kleine Sprachhilfe Japanisch findet sich auf S. 348.
- Interessierten sei der Kauderwelsch-Sprachführer „Japanisch" aus dem Reise Know-How Verlag ans Herz gelegt, der auf gute Einblicke in die japanische Sprache liefert und so einen Aufenthalt in Tokyo deutlich erleichtert.
- Wer Japanisch auf unterhaltsame Weise lernen will, kann es mit dieser Website kostenlos tun: www.erin.jpf.go.jp.

Stadttouren

- **Geführte Touren zum Selbstkostenpreis:** Die Tokyo Tourism Volunteers bieten 10 unterschiedliche Routen mit Themen wie Asakusa, Gärten und Teezeremonie, Einkaufen in Kaufhaus-Lebensmitteletagen in Shinjuku, Sumo, Odaiba, Architektur und Parlamentsbesichtigung, bezahlt werden nur Fahrtkosten u. Ä. der freiwilligen Stadtführer. Infos: www.gotokyo.org/en/tourists/guideservice/guideservice/index.html.
- **Stadtrundfahrten** bieten die Unternehmen **Skybus Tokyo** (www.skybus.jp, für einstündige Rundfahrten, Kosten je nach Route 1800 bis 2100 ¥), und **Sky Hop Bus** (https://skyhopbus.com, Tagesticket 4500 ¥ auf drei Routen, Asakusa mit Skytree, Roppongi mit Tokyo Tower und Odaiba), **Samurai & Ninja Safari** (www.japanican.com, 4500 ¥) sowie **Hato Bus** (www.hatobus.com, Halbtagestouren ab 4500 ¥).
- **Gokart-Touren** (tagsüber und abends) sind in Tokyo beliebt geworden, Voraussetzung sind Führerschein und Reisepass bzw. internationaler Führerschein. Ab Akihabara (s. S. 146) starten u. a. Akiba Cart (Sasage Bldg. B1, 2-4-6 Soto-Kanda, http://akibanavi.net/en, 1 Std. ab 8000 ¥) und Maricar (4-12-9 Soto-Kanda, http://maricar.com, 1½ Std ab 15.000 ¥). Weitere Anbieter in Asakusa, Shibuya und Shinagawa.

Telefonieren

Mit Hilfsmitteln wie **Pocket Wifi,** dem Erwerb einer **japanischen SIM-Karte** oder einer **digitalen SIM-Karte** (z. B. www.airalo.com/de/asia-esim), die man auch schon zu Hause kaufen und betriebsbereit machen kann, kann man vergleichsweise günstig **mit dem eigenen Smartphone** in Japan telefonieren und surfen.

Vorwahlen

- **Japan:** +81
- **Tokyo:** 03
- **Österreich:** +43
- **Schweiz:** +41
- **Deutschland:** +49

Uhrzeit

Japan kennt keine Sommerzeit, also beträgt der Unterschied zur MEZ im Winter +8, im Sommer +7 Stunden.

Unterkunft

Die unkomplizierteste Art, in Tokyo zu übernachten, bieten **Businesshotels** (s. S. 338). Die Zimmer sind klein, mit Tisch, Stuhl, TV, Wasserkocher, Yukata und Bad ausgestattet. Manchmal gibt es nur größere Bäder zur gemeinsamen Nutzung und Restaurants. Bei manchen Ketten ist ein kostenloses Frühstücksbüfett im Preis inbegriffen. Kleine, persönlichere, individuell eingerichtete **Boutiquehotels** sind etwas teurer als Businesshotels.

Hotels im japanischen Stil verfügen auch über Mehrbettzimmer. Die Zimmer haben Tatamimatten, man schläft in Futonbetten. Solche speziellen Zimmer (*washitsu* genannt) gibt es auch in „westlich" eingerichteten Business- und Luxushotels.

Die teureren Hotels sind in Tokyo berühmt für ihren Service und die Ausstattung. Meist weisen sie auch hervorragende Restaurants, oft mit fantastischer Aussicht, auf. Leider sind sie aber nur für Geschäftsreisende, die sich und ihre Firma nicht blamieren wollen, und für Reisende mit üppigem Budget erschwinglich. Japanische Firmenangestellte, die sich meist nur wenige Tage Urlaub zu nehmen trauen, gönnen sich dann mal den Luxus von 30.000 bis über 100.000 ¥ pro Nacht und bekommen dazu viel Platz im Zimmer – wahrer Luxus in Japan.

Ryokan (s. S. 337) sind traditionelle Reiseherbergen, die man eigentlich auf dem Land findet: elegante Gasthöfe mit ästhetisch eingerichteten Zimmern, Kaiseki-Küche, großem Bad und japanisch gestaltetem Garten. Es gibt Ryokan aber auch in Tokyo, manche beherbergen praktisch nur ausländische Touristen. Dort muss man mit Preisen ab 10.000 ¥/DZ rechnen. **Badehäuser** (s. S. 288), auch *super-sento* genannt, bieten oft unterschiedliche Möglichkeiten zur Übernachtung.

Vor allem in der Umgebung nördlich von Asakusa in Richtung Minami-Senju finden sich einfache **Billighotels,** auch die Umgebung von Ueno bietet zahlreiche preiswerte Hotels. Manche bieten sowohl kleine EZ als auch Kapseln (s. S. 337).

Jugendherbergen (s. S. 336) stehen allen Altersgruppen offen, man sollte diese in Tokyo möglichst rechtzeitig vor der Reise buchen. Bei geringer Auslas-

EXTRAINFO

Buchungsportale

Neben Buchungsportalen für **Hotels** (z. B. www.booking.com, www.hrs.de oder www.trivago.de) bzw. für **Hostels** (z. B. www.hostelworld.com) gibt es auch Anbieter, bei denen man **Privatunterkünfte** buchen kann. Portale wie www.airbnb.de oder www.wimdu.de vermitteln Wohnungen, Zimmer oder auch nur einen Schlafplatz auf einer Couch. Diese oft recht günstigen Übernachtungsmöglichkeiten sind nicht unumstritten, weil manchmal normale Wohnungen gewerblich missbraucht werden. Die japanische Regierung greift deshalb regulierend ein.

tung kann man wie im Ryokan zu zweit in einem Zimmer übernachten, das gilt natürlich auch für Familien (www.jyh.or.jp, Buchung auch auf Deutsch möglich). Es gibt auch zahlreiche **Guest Houses/Hostels**, in denen man ein Stockbett in Mehrbettzimmern oder ein Futon-Bett auf Tatamimatten ab 3000 ¥ pro Person bekommen kann, Einzel- und Doppelzimmer sind jedoch oft teurer als die in Businesshotels.

Love Hotels, kurz *rabuho,* alternativ Amusement/Boutique/Couples/Fashion Hotels genannt, sind neben den **Capsule Hotels** eine weitere japanische Besonderheit. Sie erfüllen das Bedürfnis nach ungestörter Zweisamkeit angesichts oft kleiner Wohnungen und mangelnder Privatsphäre. Das Einchecken erfolgt anonym, oft an kleinen Schaltern mit Sichtblende, manchmal an Bezahlautomaten. Welche Zimmer zur Verfügung stehen, sieht man an den erleuchteten Fotos der Zimmer. Man bucht „Rest“ (meist zwei bis drei Stunden untertags, insbesondere am frühen Abend, 2000–3000 ¥) oder „Stay“. Checkt man abends nach 22 Uhr oder später ein, sind Übernachtungen oft preiswerter als in Businesshotels, man rechne je nach Ausstattung der Zimmer mit 6000 bis über 10.000 ¥. Auschecken muss man dann freilich am nächsten Morgen. Für die Betreiber rechnet sich das, weil sie so dasselbe Zimmer im Schnitt dreimal pro Tag vermieten. Weitere durchaus ungewohnte Übernachtungsmöglichkeiten sind **Manga-Cafés** (s. S. 328) mit abgeschirmten Abteilen und Schlafsesseln.

148to-ml

Ein typisches Love Hotel

In Tokyo wird ab einem Übernachtungspreis von 10.000 ¥ p. P. eine **Bettensteuer** erhoben. Diese beträgt je nach Unterkunftskategorie derzeit 100–200 ¥ pro Nacht und Person.

Backpacker Guest Houses, Hostels und Jugendherberge

394 [C2] **Book & Bed Tokyo** ¥, 1-17-7 Nishi-Ikebukuro, gleich bei Ausg. C8, www.bookandbedtokyo.com. 30 Kojen, geräumiger als Kapseln.

395 [E14] **Guest House Shinagawa-shuku** ¥, 1-22-16 Kita-Shinagawa, Tel. 6712-9440, bp-shinagawashuku.com. **Kleine traditionelle Herberge in der ersten Station am Tokaidō:** nur 2 Min. vom Bhf. Kita-Shinagawa, Tatami- und Mehrbettzimmer mit Stockbetten, Handtuch, Wäsche, Gepäckaufbewahrung, Haartrockner kosten extra!

396 [C6] **Imano Tokyo Hostel** ¥, 5-12-2 Shinjuku, http://imano-tokyo.jp. Beliebtes Guesthouse modern, sauber, eigenes Café, Betten wie Kojen.

397 [J5] **Nui Hostel & Bar Lounge** ¥, 2-14-13, Kuramae, Tel. 6240-9854. Gut für Kontaktfreudige geeignete Unterkunft, nicht zuletzt wegen der auch bei Einheimischen (die Englisch sprechen möchten) beliebten Bar. Mehrbettzimmer.

398 [J4] **Taito Ryokan** ¥, 2-1-4 Nishi-Asakusa, Tel. 3843-2822, www.libertyhouse.gr.jp. Eine in einem alten Holzhaus mitten in Asakusa befindliche und entsprechend beliebte Unterkunft. Tatami-Zimmer.

399 [I3] **Toco Guesthouse** ¥, 2-13-21 Shitaya, https://backpackersjapan.co.jp. Dieses Hostel mit drei Gemeinschaftsräumen mit 6 und 8 Stockbetten und 6 für Frauen ist in einem traditionellen japanischen Wohnhaus untergebracht, dazu noch 3 DZ. Eine Bar und eine Lounge tragen zur Attraktivität bei.

400 [F5] **Tokyo International Youth Hostel** ¥, Central Plaza F18, 1-1 Kagurashi, Tel. 3235-1107, www.tokyo-ih.jp. Moderne Jugendherberge mit Stockbetten nach Geschlechtern getrennt, Familienzi. mit Tatami, Restaurant, TV Lounge, Souvenirladen, Internet.

Günstige Hotels

401 [D9] **Asia Center of Japan (Asia Kaikan)** ¥¥, 8-10-32 Akasaka, Tel. 3402-6111, www.asiacenterofjapanhoteltokyo.com. **Modernes Businesshotel in altehrwürdigem Haus:** In einem Neubau herrscht der Charakter und Preis eines modernen Businesshotels mit Zimmern im westlichen Stil, der Altbau bietet einfache, aber geräumige Zimmer. Mit Frühstück.

402 [K3] **Kangaroo Hotel** ¥, 1-21-11 Nihonzutsumi, Tel. 3872-8573, http://kangaroohotel.jp. Gutes Design, bunte Mischung an Gästen, nicht nur ausländische und japanische Backpacker, Geschäftsleute, Familien, sehr preiswerte DZ, auch 4-B-Zi., einige Tatamizimmer.

403 [G5] **Korean YMCA Asia Youth Center** ¥, 2-5-5 Sarugakucho, Tel. 3232-0611, www.ayc0208.org/en. **YMCA-Hotel in Daikanyama:** kleine, komfortable Zimmer im westlichen Stil.

404 [K2] **Palace Japan** ¥, 2-31-6 Kiyokawa, Tel. 6458-1540, www.palace-japan.com/english. **Behindertengerechtes Hotel:** mit kleinen, sauberen Zimmern, Küche, Münzwaschmaschine u. a., nahe Minami-Senju.

405 [C2] **Sakura Hotel Ikebukuro** ¥, 2-40-7 Ikebukuro, Tel. 3971-223, www.sakura-hotel-ikebukuro.com. **Lebendiges Hotel durch junges Publikum:** Die Sakura-Kette betreibt eine Reihe von beliebten Hotels, die eigentlich Businesshotels sind, aber auf Backpacker eingestellt sind und teilweise Gemeinschaftszimmer anbieten.

Kapselhotels (Capsule Hotels)

Capsule Hotels wurden 1979 in Osaka erfunden und dienten klassischerweise Salarymen oder Partygängern, die den letzten Zug nach Hause verpasst haben, als preiswerte Notunterkunft. Die klimatisierten Kapseln sind etwa 1 x 1 x 2 m groß und mit TV, Radio und Leselampe ausgestattet. Ein Saal hat typischerweise zwei gegenüberliegende Reihen von je zwei Kapseletagen. Die Geräuschisolierung ist gut. Moderne Hotels bieten auch Kapseln für Paare sowie Zimmer für Familien und Gruppen. Es gibt auch Kapselhotels nur für Frauen. Diese sind attraktiver gestaltet und bieten Produkte für Schönheitspflege.

406 [B6] **Shinjuku Kuyakusho-mae Capsule Hotel** ¥, Tōyo Bldg. F3, 1-2-5 Kabukichō, Tel, 3232-1110, http://capsuleinn.com/en. Eines von mehreren Kapselhotels in Kabukichō. Großes Bad und große Lounge, eigenes Frauenstockwerk.

407 [H6] **9 hours Kanda** ¥, 2-9-4 Kajichō (1 Min. östlich des Bhf. Kanda), https://ninehours.co.jp/womankanda. Nur für Frauen, modernes Design.

408 [A10] **Nadeshiko** ¥, Shibuya, 10-5 Shinsenchō, http://nadeshiko-hotel.jp. Nur für Frauen.

Ryokan (Reisegasthäuser)

Ryokan können sehr teuer sein, sie passen auch nicht so recht nach Tokyo, da die sie umgebende Landschaft fehlt. In traditionelleren Ryokan sind zwei Mahlzeiten im Stil der hochklassigen Kaiseki-Ryōri-Küche inbegriffen.

Die **Japanese Inn Group** hat einige auf Ausländer ausgerichtete Ryokan im Portfolio. In den Ryokan dieser Gruppe werden den Mahlzeiten separat berechnet und müssen nicht mitgebucht werden.

› http://japaneseinngroup.com

409 [C2] **Kimi Ryokan** ¥, 2-36-8 Ikebukuro, JR: Ikebukuro, W-Ausg., 5 Min., Tel. 3971-3766, www.kimiryokan.jp. **Angenehm entspannte Atmosphäre:** einfaches Ryokan mit kleinen Zimmern und gemütlichem Wohnzimmer.

410 [H3] **Sawanoya Ryokan** ¥-¥¥, 2-3-11 Yanaka, U: Nezu Ausg. 1, 7 Min., Tel. 3822-2251, www.sawanoya.com/eigo.html. **Freundlich, beliebt, ruhig:** am Rand von Yanaka.

Blick in die Kojen eines modernen Kapselhotels

Businesshotels

Die Hotels der landesweit vertretenen Toyoko-Inn-Kette mit meist in der Nähe von Bahnhöfen gelegenen, preisgünstigen Hotels werden hier nicht separat aufgeführt, da es in Tokyo allein Dutzende davon gibt. Wer dort übernachtet, kann sich beim ersten Einchecken für einmalig 1500 ¥ (Senioren ab 60 Jahren und Studenten zahlen jeweils 1000 ¥) als Mitglied eintragen lassen und genießt dann einige Vorzüge wie frühere Reservierungsmöglichkeit und früheres Einchecken.

› www.toyoko-inn.com/deutsch/index.html

411 [H4] **Hotel Kangetsusō** ¥-¥¥, 2-14-28 Ueno, JR/U: Ueno, 5 Min., Tel. 03 3833-1911, www.kangetsuso.jp. **Perfekt gelegenes, preiswertes Businesshotel:** direkt gegenüber Keisei Ueno Bhf. (Zug zum Flughafen Narita) und Ueno Park. Schöner Blick auf den Park von den zum Park gelegenen Zimmern, Zimmer im westlichen und japanischen Stil.

412 [G10] **Hotel My Stays Hamamatsucho** ¥-¥¥, 1-18-14 Hamamatsucho, JR: Hamamatsucho, N-Ausg. 6 Min., Tel. 6689-3939, www.mystays.com/en-us/hotel-mystays-hamamatsucho-tokyo. **Gute Aussicht:** Manche der Zimmer haben Blick auf den Tokyo Tower. Hotelfiliale einer Kette mit 20 Hotels in Tokyo.

413 [C2] **Hotel Star Plaza Ikebukuro** ¥, 2-10-2 Ikebukuro, JR: Ikebukuro, W-Ausg. 3 Min., Tel. 3590-0005, www.star-hotel.co.jp/en. **Günstig gelegen:** Zentral und in Bahnhofsnähe eignet sich das Hotel als Ausgangspunkt für Entdeckungen.

414 [C2] **Keio Presso Inn** ¥¥, 2-29-11 Minami-Ikebukuro, JR: Ikebukuro O-Ausg. 5 Min., Tel. 5396-0202, www.presso-inn.com/english. **Im Herzen Tokyos:** Sehr gute Betten, Schallisolierung, Frühstück, eigene Frauenetage. Teil einer Kette mit 8 Hotels in guter Lage in Tokyo.

415 [B3] **Richmond Hotel Tokyo Mejiro** ¥, 3-5-14 Mejiro, JR: Mejiro 2 Min., Tel. 3565-4111, http://richmondhotel.jp/en/hotels/index.php. **Günstiges Hotel im ruhigen Mejiro:** Preisgünstiges und nahe dem Bahnhof gelegenes Hotel mit einfachen, zweckmäßig eingerichteten Zimmern.

416 [C6] **Shinjuku Hotel Park Inn** ¥, 1-36-5 Shinjuku, U: Shinjuku-Gyoenmae, Ausg. Shinjuku 2 Min., Tel. 3354-9000, http://www.shinjuku-hotel.com. **In Parknähe:** Zwischen Shinjuku-Gyoen-Park und Yasukuni-dōri gelegen, sehr günstige DZ.

417 [I7] **Sumisho Hotel** ¥, 9-14 Kobuna-cho, Tel. 3661-4603, www.sumisho-hotel.co.jp/english. **Man fühlt sich hier wie in einem Ryokan:** Die Zimmer sind jedoch im westlichen Stil.

418 [G9] **Super Hotel Shimbashi** ¥-¥¥, 5-16-4 Shimbashi, JR: Shimbashi, Ausg. Karasumori, 5 Min., Tel. 3431-9000, www.superhoteljapan.com/en. **Moderne Hotelkette:** Super Hotel betreibt in Tokyo ein Dutzend Hotels, alle DZ bieten noch ein extra Hochbett ohne Zusatzkosten, man kann aus sechs verschiedenen Kissen wählen. Gesundes und sehr leckeres Frühstück.

419 [E8] **The B** ¥¥, 7-6-13 Akasaka, U: Akasaka Ausg. 3b 5 Min., Tel. 3586-0811, https://en.theb-hotels.com. **Gutes Design:** Die Gruppe betreibt ein halbes Dutzend Hotels in Tokyo.

420 [C6] **Tokyo Businesshotel** ¥-¥¥, 6-3-2 Shinjuku, U: Shinjuku, Gyoenmae, 7 Min., Tel. 3356-4605. **Ideal für alleinreisende Frauen:** östlich von Kabukichō gelegen, günstige EZ, Frauen-Etage mit eigenem Bad, DZ für Frauen auch günstiger.

421 [I7] **Villa Fontaine Nihonbashi-Mitsukoshimae** ¥¥, 1-7-6 Nihonbashi-Honchō, Tel.

3242-3370. **Attraktiv gestaltet:** Die Hotels der Villa-Fontaine-Kette haben alle ein sehr gutes Preis-Leistungs-Verhältnis. Sie betreibt ein Dutzend Hotels in Tokyo in günstiger Lage (www.hvf.jp/eng).

Besondere Konzepte

- **422** [I7] **BnA Wall Nihonbashi** ¥¥¥, 1-1 Nihonbashiōdenmachōm, https://bnawall.com. **Bett und Kunst:** Jedes Zimmer ist anders gestaltet. Die an den Wänden hängenden Gemälde werden alle drei Monate gewechselt.
- **423** [F9] **Boutiquehotel 1899** ¥¥¥, 6-4 Shinbashi, https://1899.jp/hotels/tokyo. **Geräumige, geschmackvoll gestaltete Zimmer:** ruhige Lage und Fokus auf grünen Tee – in der Tasse und in bereitstehenden Pflegeprodukten.
- **424** [I6] **Henn-na Hotel** ¥¥, 1-10-5 Asakusabashi, www.hennnahotel.com/asakusabashi. **Androiden am Empfang:** Henn-na bedeutet seltsam. Kurios ist, dass Androiden am Empfang sitzen. Man checkt selbst an Touchpanels ein, meist ausländische Gäste.
- **425** [G6] **Manga Art Hotel** ¥, 1-14-13 Kanda Nishikichō, https://mangaarthotel.com. **Hostel für Manga-Liebhaber:** Schickes Kapselhotel mit einer Auswahl von 5000 Mangas, in denen man schmökern kann.
- › **Muji Hotel** ¥¥¥, F6, über dem Flagshipstore Muji (s. S. 54), https://hotel.muji.com/ginza. **Themenhotel in bester Ginza-Lage:** Die Produkte des Herstellers Muji haben viele Fans in aller Welt, dies ist das Hotel für sie.
- **426** [C6] **Onsen Ryokan Yuen Shinjuku** ¥¥, 5-3-18 Shinjuku, www.uds-hotels.com/yuen/shinjuku. **Onsen mitten in Shinjuku:** Ryokan modern, urban, minimalistisch interpretiert, bequeme Betten im Futonstil. Hervorragende Aussicht vom 18. Stock.

240to-ml

Luxushotels

Tokyo hat hervorragende Luxushotels wie die altehrwürdigen **Imperial Hotel** und **Palace Hotel** am Hibiya Park (6) bzw. Kaiserpalast (1) oder **Okura** und **New Otani** in **Akasaka.** Neuere wie das **Park Hyatt** in Shinjuku oder das **Grand Hyatt** in Roppongi Hills rufen Preise ab 70.000 ¥ auf. Große Namen sind auch **ANA Intercontinental** in Ark Hills, **Mandarin Oriental** in Nihonbashi, **Peninsula ebenfalls** am Kaiserpalast, **Ritz Carlton** im Tokyo-Midtown-Komplex (54) und das **Royal Park Hotel** im Landmark Tower in Yokohama. Vergleichsweise bescheiden gibt sich das **Keio Plaza** in Shinjuku, das erste Wolkenkratzerhotel ab 30.000 ¥, aber sie alle haben dazu beigetragen, dass Tokyo den Ruf einer für Touristen überteuren Stadt hat.

- **427** [E7] **New Otani** ¥¥¥, 4-1 Kioichō, Tel. 3265-1111, www.newotani.co.jp/en/tokyo. **Die „große alte Dame" des 20. Jh.:** Tokyoter Luxushotel mit attraktivem Garten, der auch Tagesgästen offensteht.

Der Empfang im Henn-na Hotel ist von Androiden besetzt

Verhaltenstipps

Etikette

Im alltäglichen Verhalten sind die Regeln der Etikette verbindlich und drängen Fragen der Moral in den Hintergrund. Wichtig ist die **Bewahrung der sozialen Harmonie.** Die normalen Umgangsformen sind von folgenden Verhaltensweisen geprägt:

- **Verbeugungen** sagen etwas über den Status einer Person aus; wer sich tiefer und länger verbeugt, zeigt dem Gegenüber Respekt, ob er diesen nun empfindet oder nicht.
- Harmonische Beziehungen haben Vorrang vor persönlichen **Empfindungen,** die notfalls schon einmal unterdrückt werden müssen. Emotionen sollen vom Gegenüber erfühlt werden, es gilt als unfein, sie mit Worten auszudrücken.
- In der hierarchisch strukturierten Gesellschaft zollen Jüngere den Älteren **Respekt.** Von Frauen wird traditionell erwartet, dass sie gegenüber Männern Respekt zeigen, aber gerade in den Großstädten lockert sich das.

LITERATURTIPP

KulturSchock Japan

Lutterjohann, Martin: **KulturSchock Japan,** Reise Know-How Verlag. Das Buch ist der informative Begleiter, um das Land und seine Bewohner besser zu verstehen. Er erklärt die kulturellen Besonderheiten, die Denk- und Verhaltensweisen der Menschen und ermöglicht so die Orientierung im fremden Reisealltag.

Unterhaltsam und leicht verständlich werden kulturelle Stolpersteine aus dem Weg geräumt und wird fundiertes Hintergrundwissen zu Geschichte, Gesellschaft, Religion und Traditionen vermittelt.

- Die **Sprache** hat klare Regeln, wie man sich selbst bescheiden ausdrückt und die Respektsperson sprachlich emporhebt. Man lobt Haus oder Kleidung des anderen, man schmeichelt ihm „über die Wahrheit hinaus", um mit solchen Komplimenten den Kontakt möglichst reibungsfrei zu machen.
- Das **ästhetische Empfinden** spielt eine große Rolle: im Umgang miteinander, im Präsentieren von Essen, wie man sich bewegt. Man sollte es z. B. unbedingt vermeiden, sich in Gegenwart anderer zu schnäuzen; wenn es sich (wie Niesen) nicht vermeiden lässt, sollte man es abgewandt so diskret wie möglich tun.
- Im Übrigen: wie die Japaner immer sehr **höflich** sein, sich immer wieder verbeugen, *arigatō* (danke) und *domo* (Allzweckwort, etwa: sehr) sagen; **Tatami-Matten** niemals mit Schuhen betreten; nie **im Gehen essen,** obwohl das heute nicht mehr so streng gilt.

Ess- und Trinksitten

Die Höflichkeit verbietet es Japanern, Ausländer auf in ihren Augen unkorrektes Verhalten beim Essen oder Trinken aufmerksam zu machen. Also sollte man sich mit einigen Regeln vertraut machen. Im Zweifelsfall macht man es eben den Einheimischen nach.

- Tabu ist, Stäbchen während einer Essenspause senkrecht in den Reis zu stecken, denn in dieser Form wird er den Ahnen am Hausaltar als Speiseopfer serviert. Das gilt übrigens überall in Ostasien.
- Beim Essen von **Suppe** halten Japaner die Schale nah an den Mund und schlürfen die Brühe hörbar ein – die beste Art, die heiße Suppe zu genießen. Mit den Stäbchen werden dann die festen Bestandteile in den Mund geschoben. Rülpsen ist jedoch – anders als in China – nicht statthaft.

- Um Respekt vor dem „täglich Brot" der Japaner, dem **Reis,** zu bezeugen, sollte dieser bis auf einen kleinen Anstandsrest ganz aufgegessen werden; wenn es geht, sollte man mehr als eine Schale essen.
- **„Einsame Trinker"** sind in Japan verpönt. Stattdessen schenkt man sich gegenseitig ein, d. h. man beobachtet immer auch die Gläser oder Schalen der anderen am Tisch Sitzenden und schenkt den anderen nach, da sich niemand selbst einschenken sollte. In Bars und guten Lokalen übernimmt die Bedienung diese Aufgabe. Sakeschalen werden vor dem **Nachschenken** immer ausgetrunken. Bei Bier und Whisky genügt es, vor dem Nachschenken ein klein wenig wegzutrinken. Das empfiehlt sich besonders für Partys, wo üblicherweise jeder mit jedem anstößt, einander nachschenkt und ein paar Worte wechselt. Die „Profis" nippen jeweils nur ein klein wenig am Glas. Man hält Glas oder Schale beim Einschenken mit beiden Händen.
- Im servicebewussten Japan ist es selbstverständlich, dass in den **Lebensmittelabteilungen der Warenhäuser** das Angebotene probiert werden kann. Manche Spezialität lässt sich so unverbindlich vorkosten. Allerdings sind Touristen in dieser Hinsicht schon fast berüchtigt. Man sollte nicht ausschließlich und hemmungslos kosten, sondern auch das eine oder andere kaufen.

Geschenke

Das **System gegenseitiger Verpflichtungen** ist in der japanischen Gesellschaft stark ausgeprägt. Geschenke sind eine Form von sozialem Austausch, der fein abgestimmten Regeln folgt. Hier sind einige charakteristische Arten von Geschenken bzw. von Situationen, die Geschenke erfordern.

- **Kaeshi:** Rückgeschenk bei Gefälligkeiten zwischen Personen mit gleichem Status oder bei Trauerfeiern (wo das Rückgeschenk ein Drittel bis die Hälfte des Wertes der Spende anlässlich einer Beerdigung ausmachen soll).
- **Miyage:** Wer auf Reisen geht, bringt kleine Geschenke von unterwegs mit, vor allem für die, denen man verpflichtet ist bzw. von denen man auch Mitbringsel erhalten hat; eine ganze Industrie lebt davon.

Jedes Kaufhaus hat große Abteilungen für die in Japan üblichen Geschenke. Es geht nicht um fantasievolle, persönliche Präsente, sondern um die Etikette. Die Verpackung ist wichtiger als der Inhalt, Geschenke lassen sich so auch unausgepackt günstig wieder weiterschenken!

Wenn Sie eingeladen werden, sind Blumen, Süßigkeiten, Souvenirs von zu Hause willkommen. Man gibt und empfängt Geschenke mit beiden Händen, das gilt für alles, auch Visitenkarten,...Empfangene Geschenke werden nicht gleich geöffnet, es sei denn, es handelt sich um persönliche Geburtstagsgeschenke u. Ä.

Allgemeine Verhaltenstipps

- **Manner Mode:** In den Zügen soll man im Abteil nicht **telefonieren.** „Manner Mode" heißt das. Auch in Gärten, Lokalen und Tempeln sollte das Handy nicht benutzt werden.
- **Kritik:** Streben nach Harmonie ist Grundlage sozialen Verhaltens, daher kritisiert man nie in der Öffentlichkeit und unter vier Augen auch nur in Andeutung, Ausnahme: nach Genuss von Alkohol darf man etwas offener sein. Immer die andern ihr „Gesicht wahren lassen!"
- **Schuhe,** die sich leicht an- und ausziehen lassen, sind in Japan günstig, man zieht sie

aus: bei Besuch von Privathäusern, in manchen Firmen und Instituten, in Umkleidekabinen, in traditionellen Herbergen und Lokalen, im Innenbereich von Tempeln. Tatamimatten dürfen nie mit Schuhen, auch nicht mit Pantoffeln betreten werden. WC-Pantoffeln bleiben dort, in normalen Pantoffeln geht man nicht aufs WC!

› **Trinkgelder** sind in Japan mit einer Ausnahme unüblich: In teuren Ryokans, in denen man das Essen auf das Zimmer serviert bekommt, übergibt man dem Zimmermädchen einen Umschlag mit Trinkgeld (nach Gutdünken oder 2000 bis 3000 ¥ pro Zimmer).

125to-ml

Verkehrsmittel

Tokyo hat das vielleicht **kompletteste Verkehrsnetz der Welt:** Es besteht u. a. aus Linien der **JR (Japan Railways) East, Linien** weiterer Bahngesellschaften, insgesamt 13 **U-Bahnlinien** zweier Anbieter, einem engmaschigen **Busliniennetz** (das Touristen eher selten benutzen) und einer verbliebenen **Straßenbahnlinie.** Leider gibt es keinen Verkehrsverbund. Es gibt auch zwei **Schifffahrtslinien,** entlang des Sumida-Flusses und über die Tokyobucht nach Odaiba.

Wie erschließt sich Tokyo am besten?

Angesichts der Größe der Stadt kommt man ohne die Benutzung von **Verkehrsmitteln** nicht aus. Informationen werden außer auf Japanisch, Chinesisch und Koreanisch auch auf Englisch, das man bei einem Tokyo-Besuch zumindest schriftlich verstehen können sollte, bereitgestellt.

Fast unverzichtbar ist die **Yamanote-Ringlinie der JR East**, die in gut einer Stunde das Zentrum Tokyos im und entgegen dem Uhrzeigersinn umrundet. Es werden in jeder Richtung die beiden nächsten größeren Bahnhöfe angezeigt, z. B. von Shinjuku entweder Ikebukuro und Ueno oder Shibuya und Shinagawa.

Die **Tokyo Metro**, erkenntlich am stilisierten weißen M auf blauem Grund, ist eine von den zwei **U-Bahngesellschaften** mit neun Linien, die täglich 5,8 Mil-

Blick vom „Seaside Top“ auf die Gleise beim Bahnhof Hamamatsucho

EXTRAINFO

Tickets und Preise

Einfache Fahrten mit JR kosten ab 140 ¥, U-Bahn ab 160 ¥ bzw. 170 ¥, Transfertickets ab 280 ¥, Bus 210 ¥. Bei 4 bis 5 kurzen Fahrten lohnen die u. a. Tagestickets noch nicht. Einzelne Karten und Tagespässe schiebt man in den Schlitz an der Eingangsschranke und nimmt sie wieder an sich. Einzeltickets werden am Ausgang „geschluckt". Tickets gibt es an Automaten der jeweiligen Bahnlinien (Menüführung auch auf Englisch) und in den Bussen beim Fahrer.

Tagestickets für die **JR-Linien im Zentrum,** für eines der beiden U-Bahnsysteme **Tokyo Metro** und **Toei**, beide zusammen oder gar alle Verkehrsmittel der Stadt lohnen sich nur, wenn man wenigstens 5 bis 6 Fahrten täglich unternimmt. Da die Stadtteilrundgänge durchweg zu Fuß machbar sind, genügt meist nur die ggf. notwendige An- und Rückfahrt. Die Tickets lohnen also vor allem, wenn man in mehreren Stadtteilen Sehenswürdigkeiten aufsuchen möchte. Andererseits ersparen sie den lästigen mehrfachen Fahrkartenkauf, der übrigens mit den Prepaid-Karten **Suica und Pasmo** (s. r.) ebenfalls entfällt. Für Touristen gibt es Discount-Tageskarten (www.tokyometro.jp/en/ticket/value/travel/#anc03).

- **Tokyo One Day Free Ticket** *(Tōkyō Furii Kippu)* 1600 ¥, Kinder 800 ¥, gilt für **JR-Linien** im Zentrum und die meisten Tokyo-Metro- und Toei-U-Bahnlinien.
- **Common One-day Ticket for Tokyo Metro & Toei Subway,** 900 ¥, Kinder 450 ¥, gilt für beide U-Bahnlinien. Das **Tokyo Subway Ticket** kostet nur 800 ¥ und kann auch als 2-Tages- und 3-Tages-Pass für 1200 ¥ bzw. 1500 ¥, Kinder jeweils die Hälfte, gekauft werden. U.a. an den beiden Flughäfen (s. S. 320) erhätlich.
- **Tokyo Metro 24-hour Ticket,** 600 ¥, Kinder 300 ¥, gilt für 9 Tokyo Metro U-Bahnlinien.
- **Toei One-Day Economy Pass** *(Toei Marugoto Kippu)* 700 ¥, Kinder 350 ¥, gilt für die vier Toei U-Bahnlinien, alle Toei Busse, von denen die Shitamachi-Busse für Touristen interessant sind, und die Arakawa-Toden-Straßenbahn.
- **Tokyo Metropolitan District Pass** *(Tōkunai Pass)* 760 ¥, Kinder 380 ¥, gilt für die **JR-Linien** Yamanote, die Chuo- bzw. Sobu Line zwischen Koiwa & Nishi-Ogikubo, sowie zwischen Akabane im Norden und Kamata im Süden. Auf dem Ticket ist das Netz der nutzbaren Linien zu sehen.
- **Toei Bus One-Day Economy Pass,** 520 ¥, Kinder 260 ¥, gilt für alle Toei-Busse
- **Tōkyū-Tagesticket,** 500 ¥, gilt nur für die Busse dieses Unternehmens
- **Toden 1Day Pass,** 400 ¥, Kinder 200 ¥, gilt für die **Arakawa-Toden**-Straßenbahnlinie
- **Yurikamome One-day Pass,** 820 ¥, Kinder 410 ¥, für Fahrten zwischen Shimbashi und auf Odaiba
- **Tagespässe** zwischen Tokyo & Yokohama, s. S. 195

Die Chipkarten **Suica** („Wassermelone") und **Pasmo** sind, sofern ausreichend mit Guthaben aufgeladen, landesweit als Fahrkarte anerkannt. Man muss sie nur an das betreffende Touchpad an den Sperren, in den Bussen usw. halten. Zusätzlich kann man sie v. a. an Bahnhöfen als Zahlungsmittel in Geschäften und an Automaten nutzen. Aufladen kann man sie an den Fahrkartenautomaten. Für die Menüführung ggf. „English" drücken. Für Touristen gibt es die (pfandfreie) **Welcome Suica,** die man mit verschiedenen Beträgen aufladen kann (www.jreast.co.jp/e/pass/suica.html, www.pasmo.co.jp/visitors/en/normalpasmo). Am besten kauft man sie direkt bei den JR-East-Vertretungen am Flughafen.

227to-ml

lionen Passagiere auf 192 km Streckenlänge zu 141 Bahnhöfen transportiert. Die von der Präfektur Tokyo betriebene zweite U-Bahngesellschaft **Toei** *(Tōkyō Eidan)*, erkenntlich am grünen Ginkgoblatt, transportiert täglich 2 Mio. Passagiere auf vier Linien mit 109 km Streckenlänge und 106 Bahnhöfen. In jedem TIC (s. S. 326) und jedem U-Bhf. gibt es den zweisprachigen U-Bahnplan beider Gesellschaften.

Jeder Bezirk betreibt **Communitybus-Ringlinien**, die 100 ¥ kosten. Sie sind gut geeignet, um den eigenen Stadtbezirk besser kennenzulernen, aber nicht unbedingt auf Touristen eingerichtet. In den Stadtbussen der Unternehmen Toei, Tōkyū, Keikyū u. a. werden die Ansagen auch auf Englisch durchgegeben. Die Touristinfos (s. S. 326) bieten englischsprachige Stadtpläne an, auf denen die Buslinien eingezeichnet sind. Expressbus-Terminals sind der **Shinjuku Expressway Bus Terminal** (s. S. 122), der **Bus Terminal Tokyo Yaesu** [H8] und der **Ikebukuro Sunshine Bus Terminal** [D2].

U-Bahn hinter Sicherheitssperren

Taxi

Taxifahren ist teuer, die ersten 2 km kosten 800 ¥ bzw. 500 ¥ für den ersten Km, und der Preis steigt alle 255 m oder 105 Sekunden um 100 ¥. Zwischen 23 und 5 Uhr kommt ein Nachtzuschlag von 20 % hinzu. Bei hohem Bedarf und ungenügendem Angebot bieten potenzielle Kunden den doppelten und dreifachen Fahrpreis. Früher musste man aus der Provinz stammende Taxifahrer gelegentlich ans Ziel leiten, heute geben sie die Adresse einfach ins Navi ein. Daher hilft es, die Adresse auf Japanisch aufgeschrieben oder gedruckt zu haben. Dazu können Sie sa-

126to-ml

Schon lange nicht mehr das modernste Fortbewegungsmittel: eine von Tokyos Straßenbahnen

gen: „Koko made onegai-shimasu" („Bitte bis hier hin"). Wenn Sie aussteigen möchten, können Sie z. B. sagen: „Koko de ii desu" („Hier ist es gut"). Rotes Licht an der Windschutzscheibe und beleuchtetes Dachlicht heißt bei Taxis: zu haben, grünes Licht: besetzt. Heben Sie den Arm zum Heranwinken und lächeln Sie freundlich. Klassische Limousinen als Taxis werden immer seltener, seit die schwarzen, höheren Fahrzeuge mit Schiebetüren hinten (in Anlehnung an die Londoner *cabs)* für die Olympischen Spiele 2020 eingeführt wurden.

Der **Fahrdienstleister Uber** existiert zwar, gilt aber als wenig verfügbar und zu teuer. Geeigneter ist die App **GO/Taxi app for Japan** (s. S. 328).

Wetter und Reisezeit

Die japanischen Jahreszeiten spielen für die Kultur, Religion und Speisen eine große Rolle. **Frühjahr** und **Herbst** sind die **angenehmsten Jahreszeiten** mit Tagestemperaturen zwischen 15 und 25 Grad. Im Winter dominiert niederschlagarmes Wetter in Tokyo und Umgebung mit Tagestemperaturen um die 10 Grad und Nachttemperaturen gegen Null. Manchmal schneit es im Januar und Februar, der Schnee bleibt aber nur in den Bergen länger liegen.

Das Klima ist insgesamt milder als in Mitteleuropa, es gilt als **feucht-subtropisch.** Wirklich subtropisch wird das Wetter im Sommer, erst mit der etwa sechswöchigen Regenzeit *(tsuyu)* ab Juni, gefolgt vom ebenfalls sechswöchigen heißen, oft niederschlagsarmen Sommer. **Heißester Monat** ist der **August** mit Temperaturen bis 40 Grad. Der jährliche Niederschlag beträgt moderate 1500 mm, Taifune erreichen manchmal auch Tokyo, dann aber meist schon abgeschwächt. **Juni bis September** sind insgesamt die **niederschlagsreichsten Monate.** Der *tsuyu* ist keine Regenzeit wie in Südostasien, schließlich fallen auch dann nur 200 mm Niederschlag im Monat. Lange Trockenperioden sind angesichts der maritimen Einflüsse selten, meist wechseln sich regnerische und sonnige Tage ab, wobei der November im Gegensatz zu unserem Klima unserem „goldenen Oktober" entspricht und eher niederschlagsarm und sonnig ist. Die Laubfärbung beginnt in Tokyo erst Mitte November. Wer sie vorher erleben will, fährt nach Norden oder in die Berge. Als niederschlagsärmster Monat gilt in Tokyo der Januar, in Hokkaido und To-

246to-mb

hoku schneit es dann jedoch fast täglich. Die **Badesaison** im Meer endet traditionell am 1. September, unabhängig vom Wetter. Aber die jüngsten Wärmerekordjahre bescherten Tokyo und anderen Orten in Japan noch bis Anfang November Spitzentemperaturen von 26 bis 29 °C – angesichts des globalen Klimawandels eine zweifelhafte Annehmlichkeit. Die **Skisaison** beginnt im November und dauert bis Mai. **Wander-** und **Bergsteigersaison** ist ganzjährig; im **Sommer** ist es zwar sehr heiß, andererseits ist das die Jahreszeit für Bergtouren (s. S. 196) in den Hochgebirgen, die offizielle Saison für den Fuji-san (149) ist auf den 1. Juli bis Mitte September begrenzt.

Pflaumenblüten Anfang März (⌃)

Votivtafeln am Meiji-Schrein (〉)

Durchschnitt	Wetter in Tokyo											
Maximale Temperatur	10°	10°	13°	19°	23°	26°	29°	31°	27°	22°	17°	12°
Minimale Temperatur	3°	3°	6°	11°	15°	19°	23°	25°	21°	15°	10°	5°
Regentage	5	6	10	10	11	11	10	8	11	10	7	4
	Jan	Febr	März	Apr	Mai	Juni	Juli	Aug	Sept	Okt	Nov	Dez

ANHANG

244to-mb

Kleine Sprachhilfe Japanisch

Wer sich intensiver mit dem Japanischen beschäftigen möchte, dem sei der Kauderwelsch-Sprachführer „Japanisch – Wort für Wort“ aus dem Reise Know-How Verlag empfohlen.

Aussprache

Die Aussprache des Japanischen ist für uns einfach. **Vokale** werden etwa wie im Deutschen ausgesprochen. Es gibt eine kurze und eine lange Form. **Lange** Vokale werden üblicherweise in der Transkription so geschrieben: **ā, ē, ii, ō, ū;** ō wird manchmal auch als *ou* geschrieben, entsprechend der Schreibart in den beiden Silbensystemen. Zwischen stimmlosen Mitlauten werden i und u fast verschluckt.

kurz gesprochene Vokale:
a: wie Katze
e: essen, nicht gedehnt wie in beten
i: wie Kitz
o: teils wie Motto, teils wie Foto
u: Zug, aber nicht mit gespitztem Mund

Die Konsonanten ch, sh, j, w, z werden wie im Englischen ausgesprochen.
fu: zwischen h und f, z. B. *fuku* (= wehen)
g: in der Wortmitte leicht nasaliert, etwa wie *ng,* z. B. *nagai* (= lang)
hi: fast wie *ch* in ich
n: am Wortende leicht nasaliert, z. B. *hon* (= Buch)
r: zwischen leicht gerolltem *r* und *l*

Allgemeine Gesprächsformeln

hai	ja
iie/chigai-masu	nein
O-hayō gozai-masu	Guten Morgen
Konnichi wa	Guten Tag
Komban wa	Guten Abend
Oyasumi-nasai	Gute Nacht
Sayonara	Auf Wiedersehen
Hajime-mashite	Grußformel bei der ersten Begegnung, anschließend:
Dōzō yoroshiku	Bitte seien Sie mir wohlgesonnen
Arigatō-gozai-masu/mashita	Vielen Dank
Do-ita-shi-mashite	Keine Ursache
Watashi no namae wa ... desu	Ich heiße ...
Eigo o hanase-masu ka?	Sprechen Sie Englisch?
Nihongo wa hanase-masen	Ich kann kein Japanisch.
Wakari-masen	Ich verstehe nicht.
takai/takaku-nai (desu)	teuer/nicht teuer
O-genki desu ka?	Wie geht's?
Okagesama de	Danke der Nachfrage
dōmo	danke, bitte, Entschuldigung, etc.
dōzō	bitte (anbieten)

+++++ Die wichtigsten Wörter mit dem Bonus-Audiotrack des Kauderwelsch

onegai-shimasu	bitten um
sumi-masen	Entschuldigung (beim Ansprechen fremder Personen)
gomen-nasai/-kudasai	Entschuldigung
Kamai-masen!	Das macht nichts!
Chotto testudatte itadake-masen ka?	Könnten Sie mir etwas helfen?
Kureditto kādo wa tsukaemasu ka?	Akzeptieren Sie Kreditkarten?

Fragewörter

dare?, donata?	wer?
nan?, nani?	was?
dō?	wie?
naze?, dōshite?	warum, weshalb?
itsu?	wann?
dore?, donna?	welcher, was für ein?
doko?	wo?
dochira?	wohin?
ikura?	wie viel, wie teuer?
ikutsu?	wie viel, wie alt?
kore wa nan desu ka?	Was ist das?
ikura desu ka?	Wie teuer ist es?
San-zen en (desu).	(Es kostet) 3000 Yen.
doko de … kae-masu ka?	Wo kann ich … kaufen?
… wa doko ni ari-masu ka?	Wo gibt es …?

Richtungsangaben

koko	hier
kore	dies
sore	jenes
asoko	dort
massugu	geradeaus
migi	rechts
hidari	links
mae	vor
ushiro	hinter
soba	nahe, neben
tonari	nebenan
mukō	gegenüber
kōsaten	Kreuzung
biru	Gebäude
modoru	zurück-/umkehren

Zahlen

Das chinesische System wird zum Zählen und für Mengenangaben verwendet, das japanische für allein stehende Zahlen und wenn das Kategoriewort unbekannt ist.

	Chines. Sys.	Jap. System
0	rei	zero
1	ichi	hito(tsu)
2	ni	futa(tsu)
3	san	mi(tsu)
4	shi, yon	yo(tsu)
5	go	itsu(tsu)
6	roku	mu(tsu)
7	shichi, nana	nana(tsu)
8	hachi	ya(tsu)
9	kyu, ku	kokono(tsu)
10	jū	tō
11	jū-ichi	

15	jū-go
20	ni-jū
80	hachi-jū
100	hyaku
300	sambyaku (assimiliert)
1000	sen, zen
10.000	man
100 Mio	oku

Wochentage

nichi-yōbi	Sonnen-Tag (So)
getsu-yōbi	Mond-Tag (Mo)
kai-yōbi	Feuer-Tag (Di)
sui-yōbi	Wasser-Tag (Mi)
moku-yōbi	Holz-Tag (Do)
kin-yōbi	Gold-Tag (Fr)
do-yōbi	Erd-Tag (Sa)
heijitsu	wochentags
kyū	feiertags

Monatsnamen

Mond heißt *tsuki* bzw. *getsu*, Monat *gatsu*. Die Monate werden von 1 bis 12 gezählt:

ichi-gatsu	Januar
ni-gatsu	Februar, etc.
jū-ni-gatsu	Dezember

Nützliche Wörter

watashi, watakushi	ich
anata	du, Sie
josei	weiblich, Frau
onna	Frau
dansei	männlich, Mann
otoko	Mann
yasui	billig
muryō, tada	kostenlos
ōkii/chiisai	groß/klein
atsui/samui	heiß/kalt

Transport

eki	Bahnhof
densha	Zug (elektrisch)
chikatetsu	U-Bahn
shūden	der letzte Zug
tokkyū	Express
kyūko	Eilzug
kippu	Fahrkarte
jikoku-hyō	Fahrplan
Nan-ji	Wie viel Uhr?
jikan	Stunde/n
... made ikura desu ka?	Was kostet es bis ...?
Kono densha/basu wa ... e iki-masu ka?	Fährt dieser Zug/Bus nach ...?
norikae doko?	wo umsteigen?
nan-ban sen?	welcher Bahnsteig?
Basu noriba wa doko desu ka?	Wo ist eine Bushaltestelle?
Tomete ku dasai	Halten Sie bitte!
Sumimasen koko wa doko deshō ka?	Verzeihung, wo bin ich hier?

Kommunikation

Wi-Fi/konsento ga arimasu ka?	Gibt es WLAN/Steckdose?
Pasokon o tsukatte mo ii desu ka?	Kann ich meinen PC/Laptop benutzen?
Keitai o tsukatte mo ii desu ka?	Kann ich (Ihr) Handy benutzen?

Essen und Trinken

chotto sumimasen	(So ruft man die Bedienung)
menyu	Speisekarte
teishoku	Menü
higawari	Tagesmenü
Itadaki-masu!	Ich esse (entspricht: Guten Appetit!)!
Mō kekkō desu!	Danke, ich habe genug!
Onaka ga ippai!	Ich bin satt!
Onaka ga suita!	Ich bin hungrig!
Nodo ga kawaita!	Ich habe Durst!
Gochisōsama deshita/oishikatta-desu	Es war lecker!
baikingu/tabe-(nomi) hōdai	Büfett/essen (trinken) soviel man will
taberu/tabemono	essen/Essen
*nomu/*nomimono	trinken/Getränk
cho-/chū-/yū-shoku	Frühstück, Mittag-, Abendessen
moriawase	Sortiment
saishokushugi(sha)	vegetarisch (Vegetarier)
shokken	Essensbon
gohan	Reis, Mahlzeit
(o-) kawari	Nachschlag
o-hiya o kudasai	noch Wasser, bitte
onaji mono	dasselbe
(o-) kanjō	Rechnung
yoyaku	Reservierung
otōshi	Appetithappen
kampai	Prost
nigai	bitter
tsumetai	kalt
suppai	sauer
karai	scharf gewürzt
amai	süß
umai	vollmundig
shoppai/shio	salzig/Salz
sato	Zucker
koshō	Pfeffer
shoyu	Sojasoße
o-sōsu	jp. Worcestersoße
shichimi	Gewürzmischung
katsuo-bushi	Bonitoflocken
kombu	Seetangart
shōga	Ingwer
nin-niku	Knoblauch

Das ist
noch nicht alles!
Mehr Reise Know-How gibt es hier:
www.reise-know-how.de
@ReiseKnowHow
@reiseknowhowverlag
@Reise_KnowHow
auf www.reise-know-how.de
für den Newsletter anmelden
Zugspitze, Foto: Aneta Niemitz
Reisen mit Know-How

Register

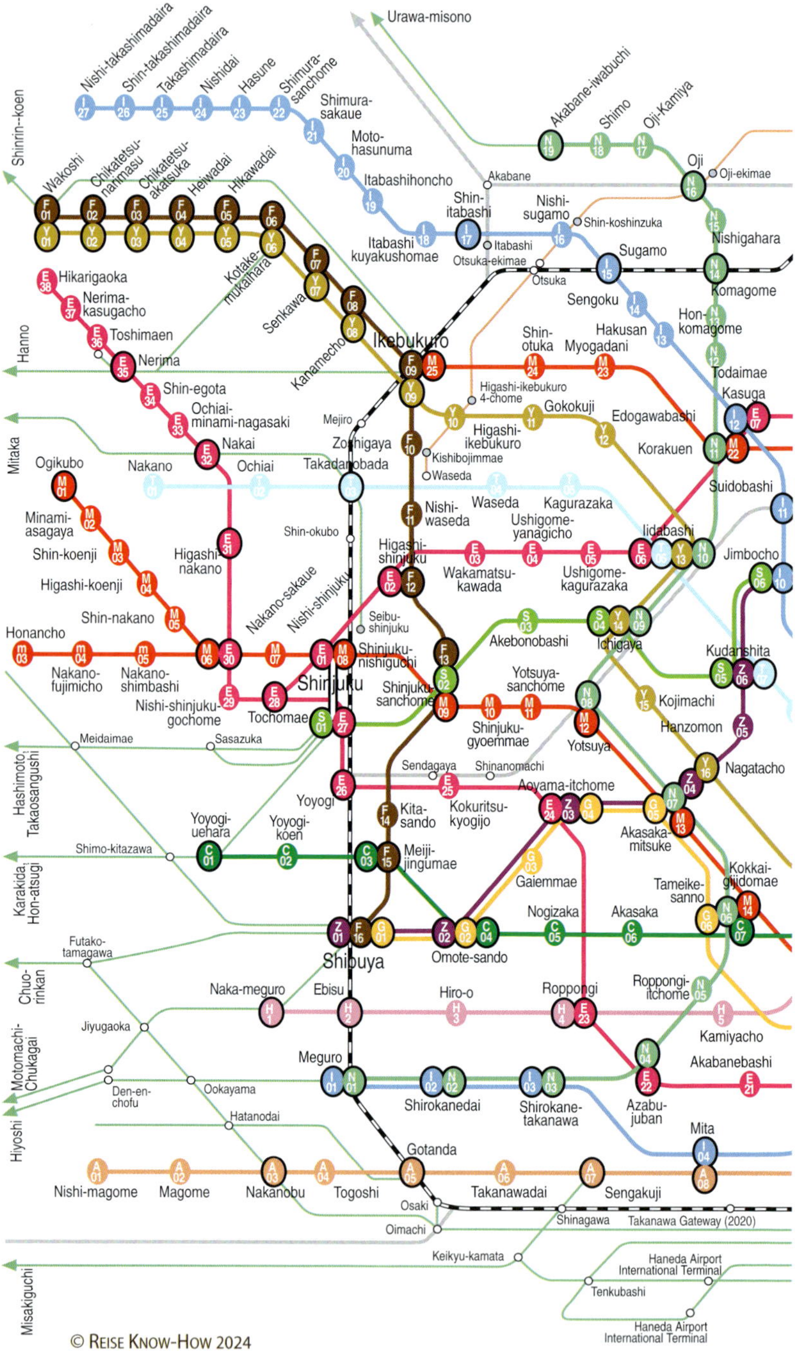

Urawa-misono
Shinrin-koen
Nishi-takashimadaira
Shin-takashimadaira
Takashimadaira
Nishidai
Hasune
Shimura-sanchome
Shimura-sakaue
Moto-hasunuma
Itabashihoncho
Akabane-iwabuchi
Shimo
Oji-Kamiya
Oji
Oji-ekimae
Akabane
Shin-itabashi
Nishi-sugamo
Shin-koshinzuka
Itabashi
Itabashi kuyakushomae
Otsuka-ekimae
Otsuka
Sugamo
Nishigahara
Komagome
Sengoku
Hon-komagome
Hakusan
Todaimae
Wakoshi
Chikatetsu-narimasu
Chikatetsu-akatsuka
Heiwadai
Hikawadai
Kotake-mukaihara
Senkawa
Kanamecho
Ikebukuro
Hikarigaoka
Nerima-kasugacho
Toshimaen
Nerima
Hanno
Shin-egota
Ochiai-minami-nagasaki
Nakai
Mitaka
Ogikubo
Nakano
Ochiai
Shin-otuka
Myogadani
Higashi-ikebukuro 4-chome
Gokokuji
Edogawabashi
Kasuga
Mejiro
Zoshigaya
Higashi-ikebukuro
Kishibojimmae
Waseda
Korakuen
Takadanobaba
Suidobashi
Minami-asagaya
Shin-koenji
Higashi-koenji
Shin-nakano
Honancho
Nakano-fujimicho
Nakano-shimbashi
Higashi-nakano
Shin-okubo
Nishi-waseda
Waseda
Kagurazaka
Ushigome-yanagicho
Iidabashi
Jimbocho
Nakano-sakaue
Nishi-shinjuku
Higashi-shinjuku
Wakamatsu-kawada
Ushigome-kagurazaka
Seibu-shinjuku
Akebonobashi
Ichigaya
Kudanshita
Shinjuku-nishiguchi
Shinjuku
Shinjuku-sanchome
Yotsuya-sanchome
Kojimachi
Nishi-shinjuku-gochome
Tochomae
Shinjuku-gyoemmae
Yotsuya
Hanzomon
Meidaimae
Sasazuka
Hashimoto, Takaosanguchi
Sendagaya
Shinanomachi
Nagatacho
Aoyama-itchome
Yoyogi
Kita-sando
Kokuritsu-kyogijo
Akasaka-mitsuke
Yoyogi-uehara
Yoyogi-koen
Shimo-kitazawa
Meiji-jingumae
Gaiemmae
Kokkai-gijidomae
Karakida, Hon-atsugi
Tameike-sanno
Nogizaka
Akasaka
Futako-tamagawa
Shibuya
Omote-sando
Chuo-rinkan
Naka-meguro
Ebisu
Hiro-o
Roppongi
Roppongi-itchome
Kamiyacho
Jiyugaoka
Motomachi-Chukagai
Meguro
Akabanebashi
Den-en-chofu
Ookayama
Shirokanedai
Shirokane-takanawa
Azabu-juban
Hiyoshi
Hatanodai
Mita
Gotanda
Nishi-magome
Magome
Nakanobu
Togoshi
Takanawadai
Sengakuji
Osaki
Oimachi
Shinagawa
Takanawa Gateway (2020)
Keikyu-kamata
Haneda Airport International Terminal
Tenkubashi
Misakiguchi
Haneda Airport International Terminal

Tokyo, Metroplan

Der Autor

Martin Lutterjohann, Jahrgang 1943, geboren in Göttingen, lebt nach insgesamt zwölf Jahren Entwicklungszusammenarbeit in Südostasien wieder in München, wo er Ende der 1960er-Jahre Psychologie studiert hatte. Er war als Therapeut jahrzehntelang im Suchtbereich tätig, geht gern in die Berge und war bisher in über 150 Ländern und Territorien allein, zu zweit oder als Reiseleiter unterwegs. Die längsten Auslandsaufenthalte verbrachte er in Kambodscha, Thailand und Japan, das er seit 1970 mehr als 20-mal besucht hat und wo er dank eines Forschungsstipendiums insgesamt fast zwei Jahre lebte.

Schon zuvor heiratete er die Japanerin Sakae, die er im gemeinsam bewohnten Studentenheim in München kennengelernt hatte. Sie war auch der Grund für seine langen Japanaufenthalte und den intensiven Einstieg in die japanische Sprache und Kultur.

Schreiben Sie uns

Dieses Buch ist gespickt mit Adressen, Preisen, Tipps und Daten. Unsere Autoren recherchieren unentwegt und erstellen alle zwei Jahre eine komplette Aktualisierung, aber auf die Mithilfe von Reisenden können sie nicht verzichten. Darum: Teilen Sie uns bitte mit, was sich geändert hat oder was Sie neu entdeckt haben. Gut verwertbare Informationen belohnt der Verlag mit einem Sprachführer Ihrer Wahl aus der Reihe „Kauderwelsch".

Kommentare übermitteln Sie am einfachsten, indem Sie die Web-App zum Buch aufrufen (siehe Umschlag hinten) und die Kommentarfunktion bei den einzelnen auf der Karte angezeigten Örtlichkeiten oder den Link zu generellen Kommentaren nutzen. Wenn sich Ihre Informationen auf eine konkrete Stelle im Buch beziehen, würde die Seitenangabe uns die Arbeit sehr erleichtern. Unsere generellen Kontaktdaten siehe Impressum.

Impressum

Martin Lutterjohann

CityTrip PLUS Tokyo

10., neu bearbeitete und aktualisierte Auflage 2024

ISBN 978-3-8317-3878-6

Printed in Germany

Druck und Bindung:
mediaprint solutions GmbH, Paderborn

Herausgeber: Klaus Werner
Layout: amundo media GmbH (Umschlag, Inhalt), Wayan Rump (Umschlag)
Lektorat: amundo media GmbH
Karten: Ingenieurbüro K. Wendler, amundo media GmbH
Anzeigenvertrieb: KV Kommunalverlag GmbH & Co. KG, Alte Landstraße 23, 85521 Ottobrunn, Tel. 089 928096-0, info@kommunal-verlag.de
Kontakt: Reise Know-How Verlag Peter Rump GmbH, Osnabrücker Str. 79, 33649 Bielefeld, Deutschland, Tel. +49-521-946490, info@reise-know-how.de

---

Bildnachweis

Umschlagvorderseite: ©Yann, stock.adobe.com | Umschlagrückseite: ©oben901, stock.adobe.com
Umschlagklappe rechts: Martin Lutterjohann
Soweit ihre Namen nicht vollständig am Bild vermerkt sind, stehen die Kürzel an den Abbildungen für die folgenden Fotografen, Firmen und Einrichtungen. Dreamstime.com: dr | Martin Lutterjohann: ml | Markus Bingel: mb

Liste der Karteneinträge

Hier nicht aufgeführte Nummern liegen außerhalb der abgebildeten Karten. Ihre Lage kann aber wie die von allen Ortsmarken im Buch mithilfe der kostenlosen Web-App angezeigt werden (s. S. 372).

Zeichenerklärung

- Hauptsehenswürdigkeit
- Bar, Club, Treffpunkt
- Bushaltestellte
- Bahnhof (Yokohama)
- Botschaft
- Café
- Galerie
- Geschäft, Kaufhaus, Markt
- Hotel, Unterkunft
- Imbiss, Bistro
- Informationsstelle
- Japan-Railway-Haltepunkt
- Jugendherberge, Hostel
- Kino
- Kirche
- Metro-Haltestelle
- Metro-Haltestelle
- Metro-Haltestelle
- Metro-Haltestelle (Yokohama)
- Museum
- Musikszene, Disco
- Pension, Bed & Breakfast
- Post
- Restaurant, Izakaya
- ★ Sehenswürdigkeit
- ● Sonstiges
- Sporteinrichtung
- Strand
- Tempel, Schrein
- Theater
- Vegetarisches Restaurant

Stadtteilspaziergänge

Tokyo mit PC, Smartphone & Co.

QR-Code auf dem Umschlag scannen oder **www.reise-know-how.de/citytrip-plus/tokyo24** eingeben und die **kostenlose Web-App** aufrufen (Internetverbindung zur Nutzung nötig)!

★ **Anzeige der Lage und Satellitenansichten aller** Sehenswürdigkeiten und wichtigen Orte
★ **Routenführung** vom aktuellen Standort zum gewünschten Ziel
★ **Exakter Verlauf** der Stadtspaziergänge
★ **Audiotrainer** der wichtigsten Wörter und Redewendungen
★ **Aktuelle Infos** nach Redaktionsschluss

GPS-Daten zum Download

Die GPS-Daten aller Ortsmarken und Spaziergänge stehen auf der Produktseite des Titels auf www.reise-know-how.de zum Download zur Verfügung.

Stadtplan für mobile Geräte

Um den Stadtplan auf mobilen Geräten nutzen zu können, empfehlen wir die App „Avenza Maps" von Avenza™. Über die Funktion „Store" kann die „Citymap Tokyo Plus 2024" kostenlos geladen werden.

Die Information über und die Bereitstellung von digitalen Zusatzinhalten (z. B. Web-App, Links, GPS-Tracks o. Ä.) ist eine freiwillige Zusatzleistung des Verlages, auf die kein Anspruch besteht und für deren Richtigkeit aufgrund der Veränderlichkeit solcher Informationen auch nicht gehaftet werden kann. Insbesondere behält sich der Verlag deshalb vor, die Bereitstellung und die Zugriffsmöglichkeit zeitlich zu befristen und den Zugriff hierauf auch vorfristig abzuschalten.